AF896682

Instalaciones y paisajes azucareros atlánticos (siglos XV-XVII)

About Access Archaeology

Access Archaeology offers a different publishing model for specialist academic material that might traditionally prove commercially unviable, perhaps due to its sheer extent or volume of colour content, or simply due to its relatively niche field of interest. This could apply, for example, to a PhD dissertation or a catalogue of archaeological data.

All *Access Archaeology* publications are available as a free-to-download pdf eBook and in print format. The free pdf download model supports dissemination in areas of the world where budgets are more severely limited, and also allows individual academics from all over the world the opportunity to access the material privately, rather than relying solely on their university or public library. Print copies, nevertheless, remain available to individuals and institutions who need or prefer them.

The material is refereed and/or peer reviewed. Copy-editing takes place prior to submission of the work for publication and is the responsibility of the author. Academics who are able to supply print-ready material are not charged any fee to publish (including making the material available as a free-to-download pdf). In some instances the material is type-set in-house and in these cases a small charge is passed on for layout work.

Our principal effort goes into promoting the material, both the free-to-download pdf and print edition, where *Access Archaeology* books get the same level of attention as all of our publications which are marketed through e-alerts, print catalogues, displays at academic conferences, and are supported by professional distribution worldwide.

The free pdf download allows for greater dissemination of academic work than traditional print models could ever hope to support. It is common for a free-to-download pdf to be downloaded hundreds or sometimes thousands of times when it first appears on our website. Print sales of such specialist material would take years to match this figure, if indeed they ever would.

This model may well evolve over time, but its ambition will always remain to publish archaeological material that would prove commercially unviable in traditional publishing models, without passing the expense on to the academic (author or reader).

Archaeopress Access Archaeology

Instalaciones y paisajes azucareros atlánticos (siglos XV-XVII)

Arqueología y patrimonio

María del Cristo González Marrero
Jorge Onrubia Pintado

Access Archaeology

Archaeopress Access Archaeology

Archaeopress Publishing Ltd
Summertown Pavilion
18-24 Middle Way
Summertown
Oxford OX2 7LG
www.archaeopress.com

ISBN 978-1-80327-684-7
ISBN 978-1-80327-685-4 (e-Pdf)

Cover: Formas azucareras del ingenio grancanario de Agaete (Islas Canarias, España): cono cerámico y marcas de oleiros documentadas en distintos moldes recuperados durante el proceso de excavación. Fotos y tratamiento de imágenes: Arqueocanaria.

La publicación de este libro ha sido patrocinada por:

Gobierno de Canarias
Consejería de Economía, Conocimiento y Empleo
Agencia Canaria de Investigación, Innovación y Sociedad de la Información

Con la colaboración financiera de:

CajaCanarias Fundación
Fundación "la Caixa"
UCLM Universidad de Castilla-La Mancha
Instituto de Desarrollo Regional
IAPTe
ULPGC Universidad de Las Palmas de Gran Canaria

Índice

1. Introducción.
La agro-manufactura azucarera y el Atlántico (siglos XV-XVII): materialidades y legados

Jorge Onrubia Pintado
Laboratorio de Arqueología, Patrimonio y Tecnologías Emergentes (IDR), Universidad de Castilla-La Mancha. España
María del Cristo González Marrero
Grupo de Investigación Tarha, Universidad de Las Palmas de Gran Canaria. España

Abstract

Sugar production, essentially a Mediterranean enterprise during the Middle Ages, accompanied the Iberian monarchies as they vied for dominance of the Atlantic. It was a journey that began in the early 15th century and is inextricably linked to the genesis of modern European colonialism which, in the following century, attained the dimensions of early globalisation. Thereafter, the story of sugar was written on the islands and continental regions of both sides of the ocean. These places and their inhabitants bore witness to adaptation, change and resistance in sugar refining and agricultural techniques and the transformed landscapes in which they flourished, resulting in the rapid enrichment of a few and the suffering of many.

This story of what could rightfully be called the first Atlantic sugar cycle can be told thanks to the abundant data provided by various textual and iconographic sources and, increasingly, through the contribution of archaeology with a clear commitment to heritage. And, needless to say, from the indelible imprint of sweet words. The genesis of this book lies in a desire to retrace these words and voices, recorded in this global and interconnected Atlantic setting over the best part of three centuries, and which have become, today, a shared heritage.

Keywords: *Sugar, Atlantic, globalisation, Middle Ages, Early Modern Period, archaeology, heritage.*

Resumen

La producción azucarera, mediterránea en esencia durante la Edad Media, acompañará a las monarquías ibéricas en su pugna por el dominio del Atlántico. Este viaje, iniciado a principios del siglo XV, está íntimamente ligado a la génesis del moderno colonialismo europeo que, ya en la centuria siguiente, adquiere la dimensión de una temprana globalización. A partir de entonces la biografía del azúcar se escribirá en escenarios de las dos orillas del océano, tanto insulares como continentales. Estos lugares y sus habitantes serán testigos de adaptaciones, cambios y resistencias que se manifestarán, provocando el rápido enriquecimiento de unos pocos y el sufrimiento de tantos, en las técnicas agrícolas y azucareras y, asimismo, en los paisajes que las ven implantarse y se construyen y transforman con ellas.

Esta historia de lo que podríamos denominar, con bastante propiedad, el primer ciclo azucarero atlántico puede contarse, felizmente, gracias a los cuantiosos datos ofrecidos por fuentes textuales e iconográficas de diversa índole y, cada vez más, merced al concurso de una arqueología de clara vocación patrimonial. Y, cómo no, también a partir de la huella indeleble de las palabras dulces. En la génesis de este libro está el empeño de ir tras la pista de aquellas huellas y de estas voces, registradas en este contexto atlántico global e interconectado durante casi tres siglos y convertidas, hoy, en un patrimonio compartido.

Palabras clave: *Azúcar, Atlántico, globalización, Edad Media, Edad Moderna, arqueología y patrimonio.*

Résumé

La production sucrière, majoritairement méditerranéenne durant le Moyen Âge, escortera les monarchies ibériques dans leur rivalité pour le contrôle de l'Atlantique. Ce voyage, entrepris aux débuts du XVe siècle, est intimement lié à la genèse du colonialisme moderne européen, qui, un siècle plus tard, aura pris la dimension d'une globalisation précoce. À partir de ce moment, l'histoire du sucre s'écrira sur les scénarios des deux rivages de l'océan, aussi bien insulaires que continentaux. Ces lieux et leurs habitants seront les témoins d'adaptations, de changements et de résistances aussi bien sur le plan des techniques agricoles et sucrières que dans les paysages où elles sont mises en place et qu'elles vont contribuer à façonner. Le résultat de cette dynamique sera l'enrichissement rapide de quelques-uns et la souffrance de beaucoup.

Cette histoire, que nous pourrions qualifier à juste titre de premier cycle sucrier atlantique, peut se construire, fort heureusement, à partir des nombreuses données provenant des sources textuelles et iconographiques de toutes sortes et de plus en plus, grâce aux apports d'une archéologie à vocation délibérément patrimoniale. Et elle est bien sûr tributaire des traces indélébiles d'un nouveau vocabulaire « sucré ». L'origine de cet ouvrage réside en la volonté de remonter la piste de ces voix et de ces indices inscrits dans un contexte atlantique global et interconnecté durant presque trois siècles et aujourd'hui devenus un patrimoine commun.

Mots-clés : *Sucre, océan Atlantique, globalisation, Moyen Âge, temps modernes, archéologie et patrimoine.*

En los inicios del siglo XV, la producción azucarera del Mediterráneo comienza su paulatina "occidentalización". En el origen de esta dinámica se sitúan, entre otras razones, la profunda crisis regional que afecta a los territorios más orientales de la cuenca desde hace décadas y que alcanza su punto culminante coincidiendo con la guerra contra Tamerlán, cuyo desenlace llegará, a la postre, con la conquista turca, y la irrupción y progresiva proliferación de nuevos centros productores y de nuevas variedades de azúcares. Estos hechos provocarán que las reputadas y onerosas producciones levantinas, dominadas por las manufacturas sirio-palestinas, egipcias y chipriotas, vayan a ser poco a poco sustituidas por otras elaboradas en obradores ubicados en el centro y el occidente mediterráneos, de peor calidad, pero más baratas y accesibles para mercados y consumidores finales. Entre estos últimos azúcares destacan los fabricados en Sicilia, en diferentes comarcas de la península Ibérica, singularmente en el reino cristiano de Valencia y en el nazarí de Granada, y, en menor medida, en Marruecos (Cuello 2001; Ouerfelli 2008 y 2016; Abulafia 2008; Jones 2017). Durante toda la primera mitad del cuatrocientos, el desplazamiento hacia el oeste de los centros de producción continúa de manera inexorable, y entre mediados de esta centuria y comienzos de la siguiente, la agro-manufactura azucarera acaba siendo decididamente atlántica.

En este proceso de atlantización serán las monarquías ibéricas, como es sabido, las que encarnen el papel fundamental. En efecto, tras algún tímido intento de desarrollo del cultivo de la caña dulce (*Saccharum officinarum* L.) en su territorio peninsular, y tal vez también de su procesado, Portugal sabe aplicar y mejorar la notable experiencia azucarera, tanto agronómica como manufacturera, acumulada en el Mediterráneo durante la Edad Media para trasladarla a aguas del Atlántico. A partir de ella acomete el acondicionamiento y puesta en explotación de los primeros cañaverales y obradores azucareros en Madeira a finales de la década de 1430 y, más tarde, en el resto de las islas y archipiélagos oceánicos en los que va imponiendo su dominio: Azores, Cabo Verde y Santo Tomé y Príncipe (Vieira 2004; Abulafia 2008; capítulo 3 de este volumen). A su vez, este saber hacer ya plenamente isleño es aprovechado por la corona castellana en Canarias para, según va completando, entre 1478 y 1496, la conquista de las islas que quedarán bajo jurisdicción real (Gran Canaria, La Palma y Tenerife), favorecer la implantación en ellas de esta lucrativa industria de la que será también testigo, en ese mismo momento, la isla señorial de La Gomera (Viña y Ronquillo 2009; capítulos 5, 6 y 11 de este volumen). Desde luego, esta dinámica no puede entenderse cabalmente sin la actividad de los nuevos negociantes lusos y castellanos que irrumpen ahora en los mercados del Mediterráneo y del norte de Europa en competición con los inversores y comerciantes de otros reinos y repúblicas de la cristiandad latina, sobre todo catalanes e italianos. Hasta ese momento, unos y otros, y de manera especial los venecianos, los genoveses y los sicilianos de ascendencia pisana, habían monopolizado en la práctica, junto con franceses, flamencos y germanos, la distribución de este preciado edulcorante que, a estas alturas y gracias al abaratamiento de su coste, ya ha comenzado a desplazar a la miel en la farmacopea, la medicina y las mesas de la nobleza europea (Ouerfelli 2008).

En toda lógica, la naciente actividad azucarera de las islas atlánticas, potenciada por unas condiciones climáticas favorables, recursos madereros abundantes, crecientes inversiones extranjeras y aportaciones de mano de obra servil, tendrá una pronta incidencia en la existente en los territorios vecinos. Pero, a diferencia de lo que sucederá en Andalucía o en el País Valenciano, no provocará siempre un desplome de los mercados y una reorientación de la producción (Cuello 2001; Phillips 2004; Ouerfelli 2008; Abulafia 2008; capítulo 2 de este volumen). Es el caso de Marruecos, región que, a pesar de encontrarse entre las que acreditan una temprana introducción de la cañaduz, conoce una escasa producción azucarera hasta el siglo XIV, tanto a causa de la limitación de las superficies cultivadas como por la falta de implicación de los poderes locales (Ouerfelli 2008 y 2016). Habrá que esperar a comienzos del siglo XVI para que bajo el decidido impulso de la dinastía saadí, y con el inestimable concurso de capitales judíos y también de especialistas madeirenses y canarios (Vieira 2004: 75; Ouerfelli 2016: 57; Santana 2018), se desarrolle, desde las costas atlánticas marroquíes, un activo comercio azucarero que tiene sus bases en las plantaciones y molinos situados al norte del Atlas y, sobre todo, en el Sus (Berthier 1966; capítulo 4 de este volumen).

El resto de la sucesión de acontecimientos es bien conocida. De los archipiélagos del Atlántico medio oriental el azúcar gana, al compás de la expansión colonial ibérica y con la activa participación de maestros y especialistas llegados de Canarias y Madeira, las islas del Caribe y el centro y el sur del continente americano. En los primeros años del siglo XVI ya hay constancia de la plantación de cañas en La Española y de la fabricación de azúcar para consumo local, pero no será hasta la década de 1520 cuando se desarrolle la construcción de ingenios y, con ellos, de una auténtica economía azucarera (Rodríguez 2004 y 2012; capítulo 7 de este volumen). El éxito es tal que a mediados del siglo XVI el 80% del azúcar americano que llega a Europa es elaborado en esta isla (Schwartz 2004a: 10). Además de por la aplicación de políticas proteccionistas, esta llamativa cuota de mercado se explica, en lo esencial, por los problemas que la producción azucarera encontrará, en virtud del colapso de la mano de obra indígena y de la falta crónica de financiación, en Cuba, Puerto Rico y Jamaica, territorios donde las cañas llegan a lo largo de la segunda década del siglo XVI (Schwartz 2004a: 10; Fuente 2004; Woodward 2006). Esta preeminencia también guarda una relación directa con la no incorporación al circuito comercial atlántico de los azúcares mexicanos, cuyos primeros cañaverales habría plantado el propio Hernán Cortés en 1523, guatemaltecos, venezolanos y colombianos (Schwartz 2004a: 11-12; Wobeser 2004; Scharrer 2004; Ramos 2005; Corrales, Corbella y Viña 2014). La última razón que sirvió para apuntalar, en ese momento, el cuasimonopolio azucarero de La Española en el contexto transoceánico no es otra que el tiempo que necesitó la agro-manufactura azucarera brasileña, que acabó cortocircuitando el naciente desarrollo de esta industria en Paraguay y Argentina, para funcionar a pleno rendimiento.

Superado este periodo de adaptación, y a consecuencia también de la decadencia de los obradores de esa isla antillana como resultado de los reajustes provocados en la geografía comercial colonial por el empuje de la minería de plata continental, Brasil se erigirá, entre 1560 y 1670, en la gran potencia azucarera del Atlántico (Schwartz 2004b; Woodward 2006; Oliveira, Jiménez y Silva 2017; capítulo 8 de este volumen). Este apogeo marcará el ocaso definitivo de los centros productores situados al otro lado del océano. En las últimas décadas del siglo XVII, el relevo lo tomará el Caribe británico donde Jamaica y sobre todo la pequeña isla de Barbados liderarán lo que se ha dado en llamar, bastante impropiamente, la "revolución del azúcar" (McCusker y Menard 2004). En este cambio de rumbo será crucial el impulso de los holandeses expulsados por los portugueses, después de un cuarto de siglo de ocupación y conflictos armados (1630-1654), de Pernambuco y las capitanías brasileñas próximas, regiones en las que aquellos se habían familiarizado con el trabajo del azúcar. Y también será esencial la contribución de los lusos de origen judío instalados como colonos en estos territorios, donde constituían un tercio de la población europea (Vieira 2001; Arbell 2001). Estos conversos y criptojudíos llegarán a aquellas islas avalados por los propios neerlandeses, con los que colaboraron abiertamente durante su presencia en Brasil.

El modelo de explotación de Barbados y Jamaica, que descansa, eso sí, en una nueva forma de producción azucarera articulada en torno a grandes plantaciones y fábricas atendidas por una abundantísima mano de obra esclava, se reproduce, cuando Luis XIV decide que el Estado francés asuma la explotación directa de estos territorios ultramarinos, en Guayana y las Antillas francesas. Entre estas islas destaca la producción azucarera de Martinica, Guadalupe y Saint-Domingue, colonia que establece Francia en la parte occidental de La Española en 1659 y que se convierte, a su vez, en el primer productor mundial ya entrado el siglo XVIII (Cauna 2013; Dessens 2017; capítulo 9 de este volumen). Inglaterra, Francia y los Países Bajos se consagrarán, así, como los países que históricamente impulsarán y financiarán las primeras formas canónicas de lo que podemos denominar, con toda propiedad, las economías de plantación.

El desarrollo de la industria azucarera en el Caribe y América del que acabamos de exponer las grandes líneas, y en particular la masiva fabricación y exportación de productos semielaborados como azúcares mascabados y melazas, están directamente relacionados con la generalización de instalaciones de refinado en el centro y norte Europa (Stols 2004). Éstas, ya documentadas a finales del siglo XV y en las primeras décadas del XVI, cuando todavía los azúcares de las islas del Atlántico oriental dominan los mercados, son a la vez la consecuencia de la transformación del azúcar, de una especia y remedio en una mercancía colonial, y de su creciente papel en las estrategias aristocráticas y burguesas de distinción cultural y social. Como sucede con Amberes, el desarrollo de estas refinerías proto-industriales, que hay que distinguir de las pequeñas boticas, tiendas y confiterías donde se practica un procesado artesanal, no se explica solo por la posición central que ocupan en las redes del comercio azucarero los territorios donde están enclavadas sino, también, por el estricto control de los saberes y técnicas de refinado.

En la segunda mitad del XVI y a consecuencia directa de la guerra de Flandes y de la progresiva circulación de los conocimientos especializados, el monopolio de la ciudad belga, que mantiene un activo comercio azucarero con Alemania, el interior de Europa y el Báltico, sucumbe en provecho del norte de los Países Bajos, sobre todo de Ámsterdam, donde las fábricas de azúcar se multiplican exponencialmente en la primera mitad de la centuria siguiente (Harreld 2003; Poelwijk 2003; Stols 2004). Durante el quinientos se producen también, en Inglaterra y Francia, varios intentos de elaborar azúcares que corren una suerte desigual. Pero no será hasta la segunda mitad del XVII cuando asistiremos, de la mano de las elaboraciones llegadas de las Antillas británicas y francesas, a la proliferación de este tipo de obradores en ambos países. Es el caso de las *sugar houses* de Londres, Bristol, Liverpool o Plymouth y de toda una serie de instalaciones francesas donde se procesan los azúcares procedentes de las *habitations-sucreries* de las Antillas bajo dominio galo, sobre todo a raíz de las medidas proteccionistas adoptadas por Jean-Baptiste Colbert, ministro de Luis XIV, de cara a favorecer la exportación del azúcar francés en bruto e imponer, para su tratamiento y el de otros productos semielaborados, el monopolio de las refinerías metropolitanas (Stols 2004; Abel 2011; Normand 2011; Caillet 2016; Villeret 2017; Gutiérrez 2022; capítulos 9 y 10 de este volumen). Al igual que sucede con los establecimientos ubicados en La Rochelle, Burdeos o Nantes, ciudad que gozará rápidamente de una gran reputación por la calidad de sus productos, la mayoría de estas instalaciones de refinado se situarán en puertos oceánicos y en aglomeraciones abiertas a la fachada atlántica mediante el tráfico fluvial. En este momento de gran expansión de la producción azucarera los obradores de refino llegan también a Irlanda (O'Sullivan y Downey 2017).

Esta geografía y esta historia del azúcar forman parte integrante de un proceso global y relacional, plagado de interconexiones, que, a lo largo de casi tres siglos, posibilitará la construcción material y simbólica de la atlanticidad occidental y sentará las bases de la modernidad/colonialidad (Castro-Gómez y Grosfoguel 2007; Mignolo 2012; Kupperman, 2012; Quijano, 2019) y, con ella, de la economía capitalista. Es un hecho que esta dinámica es inseparable del triunfo de una ontología de tipo naturalista (Descola 2005) que, a partir de sus particulares categorías de interioridad y "fisicalidad", de espiritualidad y materialidad, de cultura y naturaleza, permite separar lo "humano" de lo "no humano" favoreciendo, así, la aparición de toda una serie de formas concretas de dominación individual y social, y de explotación, hasta el agotamiento, del territorio y de sus recursos.

Huelga decir que, en su origen, esta globalización no es otra cosa que un proyecto colonial extractivo y violento que se salda con la sumisión de las comunidades indígenas que encuentra a su paso, y con cierta frecuencia con su desaparición física, buscada o no, y que trae aparejados masivos y crueles extrañamientos forzados de contingentes de poblaciones africanas que, mediante la trata, alimentan, en última instancia, el comercio triangular y el desarrollo de las sociedades esclavistas americanas (Klein 2004; Thomas 2006) . No es el momento ni el lugar de entrar en una larga y fecunda polémica (Moore 2000; Schwartz 2004a) que intenta dilucidar hasta qué punto puede resultar adecuado o no hablar para este proyecto de "capitalismo comercial", o de "fase primitiva de acumulación de capital", en un contexto económico y social que acaba dominado por la mano de obra esclava donde, desde luego, difícilmente puede afirmarse que la fuerza de trabajo constituya una mercancía generadora de plusvalías. Pero resulta evidente que las economías de plantación caribeñas, y en particular las de base azucarera, contribuirán de manera activa a la creación de los circuitos comerciales y de los mercados que harán posible la consolidación de las ideologías "propietaristas" y mercantilistas que permitirán, ya entre los siglos XIX y XX y siguiendo un ritmo diferente según los distintos países de que se trate, el desarrollo del capitalismo y de las relaciones sociales y económicas que lo caracterizan (Piketty 2019).

Si en el contexto de esta colonización global e interconectada, el azúcar se erige, sin duda, en la mercadería colonial atlántica por antonomasia, los cañaverales y las haciendas azucareras constituyen, por su parte, la quintaesencia de los espacios materiales que posibilitan su producción, distribución y consumo. Por eso mismo, a través de ellos podemos seguir algunas de las mejores pistas de las que disponemos a la hora de intentar reconstruir y explicar no sólo las estrategias físicas y simbólicas de ocupación y repoblación de los territorios explotados, sino, también, la organización social del trabajo azucarero, caracterizado por un estricto y muy ilustrativo reparto de tareas. Así las cosas, plantaciones de caña y obradores azucareros constituyen, en última instancia, el escaparate privilegiado donde observar, describir y comprender los mecanismos de segregación social y de dominación que son, a la vez, causa y efecto de este proceso.

Las haciendas azucareras fueron auténticos complejos agro-manufactureros y residenciales. En el caso de las instalaciones más importantes, en ellas había viviendas para especialistas y mano de obra esclava, aposentos para cultivadores y comerciantes de paso, moradas para los propietarios, capillas, establos para bestias de carga, almacenes de todo tipo, tejares, caleras, tahonas, huertos y tierras de pan llevar... Como es sabido, para designarlas se empleó en el ámbito luso-hispano, por metonimia y de manera generalizada, el término *engenho*/ingenio que, en su acepción más restringida, se refiere a uno de los sistemas utilizados para la molturación de las cañas.

Pese a que el tipo de cultivo confirió una indiscutible uniformidad a los campos de caña allí donde existieron a lo largo de todo este periodo, la configuración y aspecto de los parcelarios dependió, en lo concreto, de las propias características topográficas de los territorios donde estaban enclavados y de las diferencias existentes tanto en los sistemas concretos de reparto, tenencia y trabajo de la tierra, como en las técnicas agrarias empleadas. Entre estas últimas disimetrías destacan el uso variable del arado y la práctica o no del abonado y, sobre todo, del regadío. Mientras que en Brasil, por ejemplo, los cañaverales de regadío no fueron habituales, consta que en regiones como las islas del Atlántico oriental, el sur de Marruecos o La Española se acondicionaron sistemas hidráulicos, a veces de notable complejidad, que marcaron durablemente, con su impronta, los respectivos paisajes azucareros.

La imagen de parentesco y continuidad que transmiten las extensiones plantadas de caña dulce se prolonga en una llamativa homología y estabilidad cuando nos acercamos a la materialidad de las propias instalaciones fabriles donde se lleva a cabo su procesado. Y ello a pesar de la existencia de innegables diferencias vinculadas a los necesarios procesos de adaptación de los espacios construidos y a la variabilidad de sus escalas. La explicación de este hecho no es otra que la indiscutible y significativa permanencia que podemos observar en los procesos de trabajo durante toda esta fase de atlantización de la agro-manufactura azucarera. Como sucedió también en el periodo propiamente mediterráneo de la historia del azúcar, los cambios técnicos, las rupturas, son escasos y se reducirán en este ciclo, casi con exclusividad, a los mecanismos de molturación. No se trata de un asunto menor pues estamos ante uno de los elementos fundamentales de la cadena de trabajo en todo lo que atañe al rendimiento y la productividad de los obradores azucareros. Más allá de que sean la tracción animal, el agua o el viento la fuerza motriz que mueva los molinos azucareros, que recibirán en los dos primeros casos, respectivamente, los nombres de trapiches e ingenios, la diferencia más sustancial la encontraremos en la materia prima, la forma y la mecánica de las piezas de estos artificios que, al irse adaptando de manera expresa al trabajo en este tipo de instalaciones, acabarán desempeñando un papel cada vez más relevante en la trituración y exprimido de las cañas.

La primera transformación reseñable la encontramos con la aparición de los molinos formados por dos rodillos de madera herrados dispuestos de forma horizontal, conocidos como ejes. La controversia sobre la génesis y difusión de esta tecnología continúa abierta (Vieira 2006 y 2018: 12-16; Stevens-Acevedo 2013; Macías 2017; capítulo 5 de este volumen). Gracias al testimonio de al-Nuwayrī, funcionario de la administración mameluca, sabemos que en los obradores de Siria se empleaban, a comienzos del siglo XIV, tres procedimientos diferentes para moler las cañas, uno de las cuales consistía, precisamente, en la utilización de cilindros de madera (Ouerfelli 2008: 259). Pero, por un lado, no hay modo de determinar hasta qué punto ambos sistemas guardan algún tipo de analogía, por ejemplo, en lo que respecta a la disposición de los rodillos, y, por otro, y más importante aún, ningún dato incita a pensar en una perpetuación en el tiempo y en una difusión en el espacio de los molinos de cilindros de madera sirios. De hecho, habrá que esperar hasta el último cuarto del siglo XV y viajar hasta la isla de Madeira para que encontremos las primeras alusiones a la existencia de molinos azucareros equipados con "*exes*" de madera (Stevens-Acevedo 2013: 15; Vieira 2018: 14-16). A la vista de estas referencias, y con los datos hoy disponibles, cabe albergar pocas dudas de que los ingenios dotados de moliendas de prensado y laminación constituidas por dos rodillos de madera horizontales aparecen en esta isla, si no por primera vez en la historia de la tecnología azucarera, sí, al menos, de manera independiente. Y lo hacen en un contexto técnico hasta entonces dominado por dos tradiciones que, de algún modo, los molinos de ejes contribuyen a fundir en una sola. Por un lado, por las *alçapremas*, prensas de viga manuales, y seguramente accionadas en algunos casos por tracción animal, habituales en los primeros compases de la historia azucarera madeirense. Por otro, por una tecnología azucarera de tradición mediterránea que adapta prototipos de origen aceitero equipados con molinos provistos de muelas de piedra, los *trappeti*, *trapeigs* o trapiches, y con prensas. Es el caso del artificio hidráulico que Diogo de Teive se compromete a construir en 1452 mediante contrato suscrito con el infante don Henrique (Marques 1944: II, 343, doc. 222). Todo apunta a pensar que la aparición de las moliendas de ejes guarda una relación directa con el importante auge que conoce la agro-manufactura azucarera en Madeira a partir de los últimos años de la década de 1460, y muy especialmente entre 1472 y 1493 (Vieira 2004; Ouerfelli 2008: 226-228; Macías 2017: 16-17).

Los molinos equipados con dos rodillos horizontales de madera herrados se difunden a Canarias con los carpinteros y oficiales del azúcar que llegan aquí desde Madeira a fin de acondicionar los primeros artificios de molturación hidráulicos y en esas islas conocen, muy probablemente, algunas mejoras. De los archipiélagos del Atlántico oriental, las moliendas de ejes pasan a La Española, a Brasil y a otros territorios del Caribe y del continente americano, alcanzando también Granada (capítulo 2 en este volumen) a partir de alguno de esos lugares. Hay que destacar que esta propagación semeja producirse con escasas modificaciones. De hecho, al contrario de lo que se ha insinuado (Rodríguez 2012: 284-286), no parece que Gonzalo de Vellosa inventara ningún molino en los inicios de la industria azucarera en La Española. Su contribución se limitó, con casi toda seguridad, a una mera adaptación de esta tecnología llegada de la otra orilla del océano. Lo mismo sucedió más tarde cuando Hernando Gorjón sustituyó las ruedas hidráulicas de descarga vertical, usuales en Madeira y Canarias y utilizadas hasta entonces en la isla de manera exclusiva, por otras de impulso inferior que exigían mayores y más continuos caudales de agua (Rodríguez 2012: 286-287).

La segunda innovación es más relevante, pues aporta una indiscutible eficiencia al bloque de la molienda y, con ella, al rendimiento de toda la instalación. Nos estamos refiriendo a la aparición del molino formado por tres mazas o cilindros verticales. Fabricados en maderas duras, estos ejes iban engranados de tal suerte que el rodillo central, el único que recibía la fuerza motriz, accionaba los otros dos en sentidos de rotación contrarios, lo que permitía la introducción de las cañas por ambos lados del artificio y el prensado reiterado de las mismas, cuantas veces fuera necesario, mediante dos operarios enfrentados que no tenían que desplazarse. De este modo, esta importante novedad técnica posibilitará un mejor y más completo exprimido de las cañas, evitando el uso adicional de prensas, absolutamente necesarias en los molinos de ejes horizontales, y facilitando, de paso, el proceso de cocción por la menor cantidad de impurezas generadas. En relación con la invención e introducción de estos artificios, todo parece indicar que acontece en Brasil, donde estos molinos son conocidos como de *entrosas* (engranajes), de *tres paus* o de *rolos em pé*, a comienzos del siglo XVII, tal vez a través de alguna experiencia previa que podría haber tenido lugar en el Perú (Gama 1983: 122-155; Schwartz 2004b: 163).

Por su parte, por lo que hoy sabemos, no consta que se produjera cambio significativo alguno en el proceso de trabajo ligado a la cocción y cristalización del azúcar para el periodo que estamos analizando si exceptuamos la innovación que, en apariencia, permitió a Francisco de Acosta reducir a la mitad el consumo de leña en las hornallas de los ingenios de La Española en las últimas décadas del siglo XVI (Rodríguez 2012: 287-288). Lamentablemente, no sabemos en qué consistió ese cambio, ni cuál fue su incidencia real en la eficiencia de las casas de calderas, y habrá que esperar hasta inicios del siglo XVIII para que la introducción del denominado sistema de hornos de reverbero, también conocido como tren jamaicano, inglés o francés, suponga una evidente mejora técnica en todo el proceso de cocción, melado y temple del caldo (Gama 1983: 162-165). La novedad radicó, en esencia, en disponer las bases de los distintos órdenes de calderas y tachas sobre un túnel de fuego corrido, lo que permitía aprovechar mucho mejor el calor, con el consiguiente ahorro de combustible, que las tradicionales hornallas dotadas de sus correspondientes cámaras de combustión individualizadas.

Este hecho no deja de resultar llamativo si tenemos en cuenta que, a diferencia de lo que a veces se ha sugerido (Macías 2017), el auténtico "cuello de botella" de la capacidad de producción de un obrador azucarero no estaba en el molino, sino en todo lo relacionado, de manera directa, con el hervido y el melado del jugo procedente de la trituración de las cañas (Gama 1983: 73-82). Y es que cualquier mejora en el volumen y ritmo de la molienda debía tener en cuenta el tamaño de los recipientes donde se realizaba la cocción, su posición respecto a la fuente de calor y el tiempo de permanencia sobre la misma; es decir, en suma, la centralidad crítica de las labores de limpieza y condensación del caldo, y su particular flujo de trabajo. Es muy probable que, como quiere Ruy Gama (Gama 1983: 33-83), esta situación derive de un "estancamiento técnico", de un bloqueo intencional del sistema que permitió mantener, para el periodo que nos interesa, los privilegios de los maestros azucareros mediante su estricto control experimental de toda una serie de complejos procesos físico-químicos, cuyos secretos mantenían celosamente guardados. Solo a partir del siglo XVIII, cuando se rompe el monopolio de estos saberes artesanales y corporativos amparados por la estricta, y excepcional para la época, división del trabajo colonial, llegan cambios suficientemente relevantes. Desde luego, estas modificaciones no resultaron inocuas pues supusieron costes y penalidades elevados: multiplicación de las inversiones en los equipamientos, sacrificio de más mano de obra esclava y depredación inexorable de los bosques y arboledas para el acopio de la madera necesaria para hacer funcionar los fogones a pleno rendimiento.

Hasta ahora solo hemos hablado de los trapiches e ingenios "rurales" situados en las islas atlánticas o en el continente americano, pero, como hemos visto más arriba, en Europa también existieron instalaciones de refinado de carácter urbano. Ya hemos dicho que estas refinerías se localizaban en puertos y ciudades no muy alejadas de la costa. Fueron acondicionadas en antiguas construcciones reutilizadas o en edificios de nueva planta, frecuentemente dotados de varios pisos donde se distribuían los molinos, las calderas y los moldes y ollas de purgación necesarios para la cristalización del azúcar. La fabricación y suministro de estas piezas contribuyó a incentivar la actividad de los alfares locales ya existentes y, en su caso, a impulsar la creación de nuevos talleres de producción cerámica (Stols 2004: 267-275; Gutiérrez 2022; capítulos 9 y 10 de este volumen). Es importante destacar la evidente huella material que dejó en los paisajes urbanos este tipo de manufacturas, presididas por altas chimeneas humeantes que, con bastante probabilidad, se encuentran entre las primeras en adoptar la morfología característica de los modernos prototipos industriales que nos son familiares (Stols 2004: 273; Caillet 2016). Su impronta no solo fue visual pues, además de los evidentes riesgos de incendios vinculados a la actividad de sus calderas, sabemos que sus emisiones provocaron serios problemas ambientales de contaminación y malos olores, a menudo denunciados por los vecinos, que acabaron por hacer necesaria la intervención de las autoridades municipales.

No descubriremos nada nuevo si decimos que nuestro conocimiento de la materialidad de las instalaciones y los paisajes azucareros depende, en muy buena medida, de las fuentes textuales disponibles, ya sean archivísticas o narrativas. Su número es tan elevado y su naturaleza y cronología tan diversas que no tendría sentido alguno intentar siquiera aventurarnos a componer un listado con aquellas que podríamos considerar realmente indispensables. Pero hay algunos textos que destacan por derecho propio. Uno de ellos es, con total seguridad, el tratado *Cultura e opulência do Brasil por suas drogas e minas* (Antonil 1711). Publicado en los primeros años del siglo XVIII, está compuesto por el jesuita toscano Giovanni Antonio Andreoni, que escribió bajo el seudónimo aportuguesado de André João Antonil. En lo que hace a la industria azucarera, sus datos se basan en el conocimiento que Antonil tuvo, entre su llegada a Brasil en 1681 y la fecha de aparición de la obra, del ingenio "real" de Sergipe do Conde, situado en la región de Bahía y fundado en la segunda mitad del siglo XVI. El detalle con que describe las instalaciones y el proceso de trabajo seguido en los obradores azucareros de la época no tiene parangón para ese momento. De hecho, como es sabido, esta pormenorizada relación sirvió de base a Hamilton Fernandes para realizar sus excelentes y conocidos dibujos y reconstrucciones gráficas de estas instalaciones y del conjunto de tareas que tenían lugar en ellas. Estos diseños, de los que se ha llegado a publicar una selección de viñetas en blanco y negro (Fernandes 1971), suministraron la base para elaborar los paneles, el flujograma y las maquetas que, hasta su traslado en 1977, se exponían en el *Museu do Açúcar* de Recife, creado en 1960 bajo el impulso del Instituto del Azúcar y del Alcohol brasileño y pionero en su género.

Hablando de ilustraciones, queda fuera de toda duda que los dibujos a línea, los grabados y las pinturas de época donde se representan los obradores azucareros y su entorno constituyen también una fuente de información fundamental. Esta iconografía no es muy abundante para los primeros compases del desarrollo atlántico de la agro-manufactura azucarera, periodo para el que sobresale, por su gran difusión, el conocido grabado del belga Theodor o Thierry de Bry realizado para ilustrar la primera edición de la *Historia del mondo nuovo* de Girolamo Benzoni, que vio la luz en Venecia en 1565. Sin embargo, durante la centuria siguiente, el número de este tipo de representaciones se multiplica y entre ellas destacan, muy especialmente, las realizadas por flamencos y holandeses durante el periodo en que los Países Bajos ocuparon la región de Pernambuco y otros territorios del noreste de Brasil (Gomes 1998). Sobra decir, con todo, que hay que estar muy prevenidos a la hora de valorar la fiabilidad y la utilidad de estas imágenes pues, como sucede con De Bry, la mayoría de ellas no son obra de testigos de vista, sino que corresponden a recreaciones libres, guiadas por las convenciones iconográficas de la época y los gustos de los artistas y sus comanditarios, de los relatos que ilustran. En este capítulo de representaciones gráficas hay que incluir también la cartografía, cuya compulsa y estudio sistemáticos están en condiciones de aportar datos de gran utilidad (Barbosa y Ruiz-Peinado 2017; Silva 2017).

No hace falta insistir en la importancia de la arqueología a la hora de posibilitar el conocimiento y análisis de aquellos elementos materiales y grupos humanos que permanecen poco visibles o directamente ocultos, de manera consciente o involuntaria, en la documentación textual e iconográfica conservada. Buena prueba de ello son los estudios realizados en los últimos años en el campo de la arqueología de la esclavitud y de la diáspora africanas, tan relevantes para la cuestión que nos ocupa (Ogundiran y Falola 2010; Marshall 2015). Dicho esto, hay que reconocer que la información arqueológica de que disponemos para los obradores y los paisajes vinculados a la agro-industria azucarera atlántica para la época que nos interesa es, hoy por hoy, bastante limitada.

Con toda probabilidad, el estudio arqueológico más completo y ejemplar sigue siendo el que llevó a cabo en los años 50 y 60 del pasado siglo Paul Berthier en las instalaciones saadíes de Marruecos (Berthier 1966; capítulo 4 de este volumen). Sin salir del sector oriental del Atlántico, y por lo que hace ahora a las islas, conviene recordar que no se conoce, ni se ha excavado, ningún trapiche o ingenio en los territorios isleños que permanecieron bajo dominio portugués, donde, sin embargo, los hallazgos de cerámicas azucareras, fabricadas en alfares metropolitanos para los que empezamos a disponer de algunas caracterizaciones arqueométricas, son numerosos y ubicuos (Sousa 2011: I, 214-217 y 423-458; capítulo 3 de este volumen). En cuanto a Canarias, hay que decir que, por fortuna, hemos asistido en los últimos años a un progreso muy considerable de la arqueología relacionada con instalaciones azucareras en la isla de Gran Canaria y, en bastante menor medida, también en La Gomera y Tenerife (capítulos 5 y 6 de este volumen; Pou *et al.* 2020).

La situación resulta también muy insatisfactoria en el Atlántico occidental. En el Caribe, y a pesar de su capital importancia en la difusión y adaptación de la tecnología azucarera, los datos arqueológicos sobre los trapiches e ingenios de La Española, tanto en el sector que forma parte hoy de la República Dominicana como en el que constituye la actual República de Haití, siguen siendo muy limitados (capitulo 7 de este volumen). Y eso que los responsables de la administración competente dominicana han impulsado, desde el año 2003, la inclusión en la Lista del Patrimonio Mundial de la UNESCO del itinerario cultural inicialmente denominado *Ruta de los primeros ingenios azucareros.* A la postre inscrita, en 2018, en la lista indicativa bajo el nombre de *Primeros ingenios coloniales azucareros de América*, esta propuesta incorpora, como bienes individuales, las instalaciones de Boca de Nigua, Diego Caballero, Engombe y Palavé. En Jamaica disponemos del conocido estudio que Robyn Patricia Woodward llevó a cabo en el molino de Sevilla la Nueva, cuyo funcionamiento se data a inicios del siglo XVI (Woodward 2006) y que hoy forma parte del Seville Heritage Park, sitio arqueológico multisecuencia incluido en la lista indicativa de Patrimonio Mundial de la UNESCO en 2009. En este conjunto patrimonial se integran también los restos de la New Seville sugar Plantation, instalación fundada en 1670 tras la conquista británica de la isla, producida quince años antes. Para las Antillas menores, tenemos constancia de la excavación, en Guadalupe, de un obrador azucarero de la segunda mitad del siglo XVII donde se ha documentado cerámica azucarera procedente de Europa que también se ha hallado en otros yacimientos de la isla (Casagrande 2011; Yvon y Casagrande 2011; Casagrande 2018; capítulo 9 de este volumen).

En el caso del área continental, solo la arqueología de Brasil ofrece, por lo que sabemos, algunos datos relevantes; aunque, desde luego, la información disponible queda muy lejos de la enorme importancia que tuvo aquí la industria azucarera en los siglos XVI y XVII y de su gran potencial en términos de uso social de este excepcional legado material. Por su notable valor arqueológico y patrimonial, en este contexto destaca el ingenio de São Jorge dos Erasmos, muy probablemente construido en 1534 y activo hasta el siglo XVIII, que puede ser considerado el punto de partida de la manufactura azucarera brasileña a gran escala y un ejemplo de gestión de un bien cultural (Andreatta 1999; Morais, Piedade y Maximino 2004-2005; capítulo 8 de este volumen). Entre las iniciativas más recientes, cabe reseñar las intervenciones arqueológicas realizadas en los últimos años en varios ingenios del litoral norte de Pernambuco, donde estas instalaciones llegaron a contarse por centenares: las excavaciones y el estudio paisajístico acometidos en el sitio arqueológico del ingenio del Meio, y los sondeos practicados, en el marco del proyecto *Os Primeiros Engenhos Coloniais da Sesmaria Jaguaribe*, en los ingenios de Jaguaribe e Inhamã (Silva 2017; Oliveira, Jiménez y Silva 2017; Rodrigues *et al.* 2017). También hay que destacar las labores de campo ejecutadas en el ingenio de Murucutu, situado en la región de la Amazonia y probablemente en funcionamiento desde comienzos del siglo XVII, y las tareas de prospección arqueológica e inventario de instalaciones azucareras llevadas a cabo en la región de Bahia (Costa 2020; Etchevarne 2017).

No podemos cerrar esta apretada relación sin hacer una alusión a la arqueología de las instalaciones de refinado de azúcar de la fachada atlántica del continente europeo, a las que ya nos hemos referido más arriba. Aunque para ellas disponemos de abundantes datos textuales, y de algunos interesantes documentos iconográficos, la aportación de la arqueología es asimismo digna de ser retenida. Es el caso de los trabajos llevados a cabo en las *sugar houses* del puerto de Sutton, de Londres o de Bristol, en Inglaterra, donde también abundan los testimonios de cerámicas azucareras de producción local (Gutiérrez 2022; capítulo 10 de este volumen). En lo que hace a Francia, y más allá también de los frecuentes hallazgos de formas y ollas de purgación producidos en varias de las ciudades y puertos donde consta la existencia de refinerías, la información arqueológica es considerablemente menor pues solo se han documentado, que conozcamos, los restos constructivos de una instalación azucarera en La Rochelle (Abel 2011; Normand 2011; capítulo 9 de este volumen).

Varias de las investigaciones y proyectos arqueológicos a los que acabamos de aludir encontrarán reflejo en esta obra. Y tal vez no sea ocioso señalar, en este punto, que, en el origen de esta recopilación, se sitúa un proyecto de investigación sobre la arqueología de los primeros paisajes azucareros de Gran Canaria. La propuesta no llegó a cuajar, pero de aquella iniciativa abortada, y de nuestra convicción de la necesidad de insertar el estudio de la materialidad del primer ciclo de la industria azucarera canaria en un contexto histórico decididamente global e interconectado, se deriva el impulso que ha acabado por hacer germinar la idea de este libro coral. Huelga decir que esta obra mancomunada, articulada a partir de una serie de estudios de caso completados por algún que otro estado de la cuestión con vocación regional, está en deuda con los autores y autoras que han tenido la amabilidad y la generosidad de acudir a nuestra llamada.

Desde sus inicios, la idea que teníamos de lo que habría de ser esta publicación planteaba ir más allá de la mera actualización y presentación de nuestros conocimientos sobre este objeto de estudio. Sobre todo, porque no hay que olvidar que la arqueología, como disciplina indiciaria que es, tiene como misión rastrear y recuperar las ausencias del presente y, por ello mismo, está activamente implicada en los procesos de rememoración y patrimonialización. Así las cosas, hemos optado por dar cabida en esta recopilación a todas aquellas eventuales propuestas que nacieran con la intención de poner de relieve las implicaciones que para la producción y trasmisión de legados históricos y culturales han tenido, y tienen, las investigaciones sobre arqueología azucarera. Y no nos estamos refiriendo solo al patrimonio habitualmente llamado material. Pues haciendo buena la sugerente y atinada recomendación de Marc Bloch de convertir la palabra en un objeto de estudio histórico (Bloch 1993: 135-146), este libro se cierra, como se verá, con un texto de arqueología lingüística que explora y hace emerger una herencia solo nominalmente intangible. Y es que, en el ámbito del patrimonio, material e inmaterial no son más que dos elementos dialógicos, dos contrarios complementarios, que la urgencia del pensamiento relacional debe acabar reconciliando, de una vez por todas, frente al esencialismo dualista con el que nos ha acostumbrado a pensar el racionalismo cartesiano. Porque, ¿qué hay de realmente inmaterial en el papel, la tinta y el ductus de la escritura de los documentos donde se ha conservado la huella de las palabras, o en las gargantas que las articulan, a partir de su sustancia sonora y sus texturas, en una determinada longitud de onda que necesita de la materia para propagarse y llegar a nuestros oídos?

La relación de trabajos que pueden leerse a continuación se abre con el texto de Adela Fábregas (capítulo 2) cuyo interés para esta recopilación descansa, en buena medida, en observar cómo el desarrollo de la agro-manufactura del azúcar en el Atlántico impacta en la producción de una de las regiones mediterráneas de tradición azucarera más próximas, junto con Marruecos, a los nuevos centros productores. Con anterioridad a ese momento, el azúcar nazarí lleva un tiempo diversificando sus elaboraciones con variedades de calidad media y baja, pero competitivas, que pueden ser sometidas a nuevos procesos de refino en los puntos de venta y que se adaptan bien a la tradición productiva local y a sus particulares sistemas de tenencia de la tierra y de organización del trabajo campesino. Estos azúcares desaparecerán en la segunda mitad del siglo XV del comercio internacional, reorientándose hacia los mercados regionales, aunque no dejarán de producirse. De hecho, los repobladores castellanos encontrarán intactas las instalaciones azucareras cuando llegan a Granada a finales de la centuria para reactivar en ellas la elaboración del azúcar y construir nuevos ingenios, de mayor entidad arquitectónica, que incorporarán algunas de las innovaciones técnicas producidas en los obradores atlánticos, como los molinos equipados con dos ejes horizontales de madera herrados.

La siguiente aportación (capítulo 3), firmada por André Teixeira, Ricardo C. da Silva, Inés P. Coello, Filipa G. Silva y Sara Ferreira, tiene como principal desafío abordar, desde el punto de vista de la arqueología, el examen del papel crucial que el reino de Portugal desempeñó en la expansión y comercialización del azúcar; proceso que, como los mismos autores y autoras señalan, guarda, junto con otros factores, una relación directa con el poblamiento de sus islas atlánticas a lo largo de los siglos XV y XVI. Para esa primera centuria existen testimonios escritos del cultivo de caña en el territorio continental, que no hace sino prolongar una tradición acreditada para época islámica. Pero ignoramos si esta práctica agraria incluía el procesado del azúcar. De hecho, no hay ninguna referencia documental relacionada con la presencia aquí de ingenios, ni tampoco vestigio arqueológico alguno, si exceptuamos un hallazgo producido en el castillo de Silves que plantea problemas de interpretación. Así las cosas, los únicos testimonios arqueológicos existentes en el territorio continental vinculados, hoy por hoy, con la agro-manufactura azucarera son los relacionados con los hallazgos de moldes y ollas de purgación, más conocidas en este ámbito como porrones. Gracias a ellos, y a la documentación escrita, ha podido establecerse, con precisión, la existencia de varios centros productores desde donde estas cerámicas partían, por decenas de millares, hacia los ingenios de las islas atlánticas y de muchas otras regiones azucareras de ambos lados del océano. Ante la ausencia de otras evidencias, son estas mismas cerámicas las que permiten balizar, en la actualidad, la arqueología de las haciendas azucareras en Madeira, Azores y Cabo Verde. En Santo Tomé no se ha producido ningún hallazgo de este tipo, pero las fuentes documentales son explícitas a la hora de acreditar también su llegada masiva a esta isla.

Ya hemos indicado antes que las instalaciones azucareras de Marruecos, donde los textos prueban la existencia del cultivo de la caña dulce desde la Alta Edad Media, han sido objeto de un estudio arqueológico modélico por parte de P. Berthier. Y a revisitar este trabajo dedican Morgane Godenier y Abdallah Fili el capítulo 4 de esta obra. En lo concreto, ambos autores abordan el análisis arqueológico conjunto de diez de esos centros de transformación, situados todos ellos en el entorno inmediato de Tarudant, y de sus respectivos sistemas hidráulicos, caracterizados por la presencia de grandes acueductos. A pesar de presentar un estado de conservación variable, todos estos sitios ofrecen grandes similitudes estructurales que comparten, de hecho, con instalaciones similares ubicadas al norte del Atlas, también excavadas y analizadas en su momento por Berthier. Es especialmente ilustrativa la aproximación crítica que los autores hacen al parcelario de los campos de cultivo, y en concreto al problema que plantea su ubicación topográfica y su irrigación, para la que es posible plantear la existencia complementaria de acequias y galerías drenantes (*jettaras*). De este examen y del estudio y datación de los ingenios azucareros parece deducirse, con poco margen para la duda, que nos encontramos ante un proyecto estatal impulsado por la dinastía saadí que, con seguridad, tuvo un impacto importante en el poblamiento de la región y no dejó de provocar resistencias por parte de las poblaciones locales. Es probable que sea esta misma voluntad política explícita de conseguir a toda costa un azúcar de calidad, competitiva en los mercados internacionales, la que explica el recurso a maestros del azúcar y otros especialistas madeirenses y canarios que, como vimos más arriba, puede rastrearse en las fuentes textuales.

Los dos textos que vienen a continuación están consagrados a las islas Canarias. El primero de ellos (capítulo 5), que nosotros mismos hemos coescrito junto con Valentín Barroso y Pedro Quintana, se acerca a la materialidad de los ingenios que molieron en Gran Canaria entre los siglos XV y XVII. A partir de un intento de identificación y localización de los mismos, y de determinación de su periodo de funcionamiento, este trabajo acomete un examen pormenorizado de los elementos materiales y técnicos propios de los espacios donde se procesó la caña, desde su llegada al molino hasta el secado y embalado de los panes de azúcar, y de los procesos de trabajo que tenían lugar en estos recintos. Y ello desde una perspectiva decididamente vinculada con la arqueología y la historia de las técnicas. A este fin hemos puesto a contribución toda la información textual disponible y los relevantes datos que van aportando las investigaciones arqueológicas que se están realizando, a día de hoy, en cuatro de estos ingenios. La aportación fundamental de nuestro estudio está constituida, por un lado, por un detallado análisis técnico de las moliendas de los ingenios de la isla que, entre otras cosas, ha permitido confirmar, de manera definitiva, la disposición vertical de las ruedas hidráulicas que movían los molinos y el correlativo emplazamiento y funcionamiento horizontal de los dos rodillos de molturación de que estaban equipados. Por otra parte, y en el caso de las dependencias de cocción, purga y refinado, resultan muy significativos los nuevos datos presentados en relación con la configuración y funcionamiento de la sala de calderas, y singularmente de las baterías de hornallas, y con la caracterización de las cerámicas azucareras.

El segundo trabajo sobre arqueología del azúcar en Canarias (capítulo 6) toma como estudio de caso la isla de La Gomera y ha sido elaborado por Juan Francisco Navarro y Juan Carlos Hernández. En él se presentan los resultados preliminares de las primeras observaciones arqueológicas realizadas en el ingenio de Alojera, levantado en una fecha imprecisa a finales del siglo XV y asociado a asentamientos ocupados por los antiguos habitantes de la isla. No resulta en consecuencia sorprendente que los restos materiales de esta instalación, que reúnen un buen número de cerámicas de importación entre las que se incluyen las consabidas formas azucareras, convivan con algunas piezas gomeras fabricadas a mano. Ante la ausencia de excavaciones arqueológicas, la organización de la instalación puede reconstruirse, provisionalmente, a partir de la distribución espacial de los vestigios superficiales y con el concurso de la toponimia y la tradición oral que contribuyen, asimismo, a ilustrar la naturaleza de los contactos coloniales que los primeros portugueses llegados a La Gomera tuvieron en esta parte del territorio insular. La presencia en la zona de poblaciones nativas de manera continuada está acreditada, además, por los primeros resultados de las excavaciones llevadas a cabo en las cuevas de Herrera González, también estudiadas en el marco de este proyecto de carácter integral. Las dataciones que ofrece este yacimiento, escalonadas entre las postrimerías de la etapa prehispánica y el siglo XVII, lo convierten en un testimonio material excepcional a la hora de afrontar el análisis del largo proceso de aculturación que protagonizaron los indígenas de esta isla, mucho más complejo de lo que imaginamos al decir de los autores de este capítulo.

Siguen luego dos capítulos consagrados a las que fueron, como hemos visto más arriba, las dos principales regiones azucareras del otro lado del Atlántico hasta finales del siglo XVII: La Española y Brasil. La contribución sobre la isla antillana (capítulo 7) está firmada por Santiago Duval. Como se sabe, la caña dulce llegó aquí con Colón en 1493, con ocasión de su segundo viaje a las Indias, y su cultivo fue reintroducido en 1501 con variedades traídas de Canarias. Durante la primera mitad del siglo XVI llegaron a existir en La Española, entre trapiches e ingenios, casi treinta instalaciones azucareras que se convirtieron en los principales centros poblacionales de la isla. A pesar de este destacado papel en la organización del espacio habitado y en la economía colonial, pues, como ya hemos comentado antes, de estas fábricas procedía el 80% del azúcar que en este momento llegó a Europa procedente de América, es muy poco lo que se sabe en la actualidad de la arqueología de estas instalaciones. Solo se han realizado labores de excavación en el complejo azucarero de Diego Caballero y, aunque más limitadas, también en el de Engombe, cuyos resultados se presentan en este trabajo, en paralelo a otras observaciones arqueológicas correspondientes al obrador de Boca de Nigua, completamente reedificado en el siglo XVIII, a la instalación de Sanate y al ingenio que Alonso de Suazo levantara cerca de la desembocadura del río Ocoa. Tal y como se ha indicado más arriba, las tres primeras fábricas azucareras componen, junto con la hacienda de Palavé, el conjunto de bienes individuales que incluye la ruta cultural de los ingenios dominicanos inscrita en la lista indicativa del Patrimonio Mundial de la UNESCO.

En el siguiente texto (capítulo 8), Vera Lucía A. Ferlini, Beatriz P. Jordão, André M. de Mello y Rodrigo Christofoletti nos acercan a las ruinas del obrador azucarero de São Jorge dos Erasmos, el ejemplo de ingenio fortificado más antiguo conservado para toda Sudamérica. Como vimos, esta instalación puede ser considerada como el punto de partida de la agro-manufactura azucarera brasileña a gran escala que, como también hemos señalado, dominó los mercados internacionales desde mediados del siglo XVI hasta el tercer cuarto del XVII. El equipo redactor del trabajo empieza por reivindicar, a partir de este estudio de caso, la potencialidad teórica y metodológica del concepto de paisaje cultural que antes que ellos, y cuando aún no era una noción de moda entre las y los expertos y las administraciones y organismos internacionales, invocara Luis Saia, el arquitecto que a finales de los años 50 del pasado siglo asumió la responsabilidad de restaurar y recalificar este conjunto, hoy Monumento Nacional. De forma complementaria, sus miembros emprenden un recorrido por las últimas cinco décadas de intensa actividad llevada a cabo en esta antigua fábrica azucarera cuyos restos se han convertido, hoy, en un laboratorio privilegiado donde poder examinar, en detalle, la complicada convivencia entre naturaleza, espacios construidos, modos de producción y prácticas sociales y culturales. Esta convergencia de condicionantes físicos y de contextos socioeconómicos y culturales locales en constante cambio se ha plasmado, al cabo, en la construcción de un paisaje cultural que refleja una identidad compleja y dinámica, y que se expresa en una narrativa que intenta evitar la hegemonía de cualquiera de las numerosas disciplinas comprometidas con la comprensión histórica de este bien cultural, ejemplo de gestión patrimonial. Contra lo que pudiera en un principio parecer, la reciente urbanización del entorno del ingenio, en modo alguno inocua para las ruinas, ha contribuido a generar una mayor concienciación entre los habitantes de la zona que, vinculados efectiva y afectivamente con su patrimonio, se han convertido en los más celosos guardianes de este notabilísimo vestigio arqueológico, auténtico mediador entre pasado y presente.

Los capítulos 9 y 10 nos llevan de vuelta a la orilla oriental del Atlántico para servir de ilustración, esta vez, a las instalaciones que, como hemos visto, proliferaron a lo largo de las costas de Europa central y septentrional para procesar inicialmente los azúcares cristalizados en este lado del océano y para acometer, sobre todo, el refinado de los productos semielaborados que, más tarde, empiezan a llegar de forma masiva de las Indias occidentales. En el primero de estos textos, debido a la pluma de Sébastien Pauly y colaboradores, se intenta reconstruir, gracias al concurso de las fuentes documentales y de la arqueología, la historia de estos obradores en la Francia en los siglos XV y XVI, cuando el azúcar llega de Madeira, Canarias, el Sus marroquí o América a través de Amberes o de los puertos lusos. El balance es magro pues para esas centurias los datos textuales son escasos y los arqueológicos prácticamente inexistentes, si exceptuamos los restos de cerámicas azucareras, datadas en la segunda mitad del siglo XVI, localizados en Ruán. La explicación de este hecho parece residir en una ausencia de demanda dado que consta que, para ese momento, las preferencias de consumo se decantan todavía del lado de los azúcares poco o nada transformados que se dispensaban en las boticas y en las farmacias de las instituciones religiosas, o que se emplean para la preparación del tabaco. Habrá que esperar a que se produzca una demanda significativa de azúcares blancos y otras elaboraciones refinadas por parte de las élites aristocráticas y burguesas para que cuajen, de manera definitiva, los proyectos de establecimiento de refinerías en el Hexágono francés Y, como sabemos, eso no sucederá hasta bien entrado el siglo XVII cuando la documentación escrita y la arqueología se conjugan para acreditar una proliferación de datos relacionados con la implantación de obradores de transformación azucarera correlativa a la creciente llegada de azúcares mascabados y melazas procedentes de las Antillas francesas, donde se utilizan cerámicas azucareras importadas que el autor también presenta en este trabajo. En realidad, no será hasta las décadas de 1650 a 1680 cuando podamos hablar, propiamente, del inicio del apogeo de las instalaciones de refinado francesas.

Como ya sabemos, este es el momento en que también florecen las fábricas de refino azucarero en Inglaterra de que da cuenta, en el capítulo 10, Alejandra Gutiérrez, quien se remonta en su pesquisa hasta la Edad Media cuando el azúcar alcanzó las costas inglesas desde el sur de Europa para acabar consumido, en forma de siropes, mermeladas, compotas o frutas escarchadas, en las mesas de los sectores privilegiados de la sociedad de la época. Esta situación permanece prácticamente inalterable hasta mediados del siglo XVI, momento en que ciudades como Bristol o Londres comienzan a refinar las elaboraciones importadas de los mismos lugares que acabamos de enumerar para el caso de Francia. Se trataba, entre otras cosas, de contrarrestar la competencia de Amberes que, como hemos visto ya, se había convertido en el principal mercado azucarero de Europa. Pero la gran transformación que conduce a la generalización de las instalaciones de refinado azucarero en Inglaterra se produce, en efecto, a partir de mediados del siglo XVII con la explotación de las recién incorporadas colonias antillanas de Barbados, Montserrat y San Cristóbal y Nieves, desde donde llegaban productos semielaborados a las refinerías locales, como las de Gloucester o York. A partir de entonces, el ritmo de producción se multiplicó a la vez que lo hizo la difusión y el consumo de los azúcares. Solo entre 1700 y 1766 el número de refinerías de Londres aumentó en 114. Las huellas materiales de todo este proceso tienen, como advierte la autora, una presencia desigual en las distintas etapas. De tal modo que mientras apenas hay rastros seguros que puedan adscribirse a los primeros momentos, para el periodo de apogeo aún se conservan algunos edificios y otros se han documentado arqueológicamente, como el de la casa de azúcar londinense situada en la finca de los números 61-75 de la Mortlake High Street.

Hemos adelantado unas líneas más arriba que el trabajo que cierra este libro sería una de las contribuciones de la obra dedicadas a explorar el patrimonio azucarero atlántico, en este caso a partir de un ejercicio de arqueología lingüística. Y, en efecto, Dolores Corbella y Ana Viña nos acercan, en la última entrega de esta colección de textos (capítulo 11), al particular legado oral y escrito de la cultura del azúcar cuyas huellas pueden rastrearse, a través de la documentación de archivo y de la toponimia, en su tránsito desde el Mediterráneo hasta el Atlántico, itinerario de ida y vuelta donde Madeira y Canarias constituyen, lo sabemos bien, dos escalas fundamentales. Las autoras destacan cómo el léxico emparentado con la caña y la producción de azúcar se enriqueció en la misma medida en que el cultivo se hizo intensivo, se introdujo el molino hidráulico y se empleó cada vez más mano de obra esclava. Hay en estas palabras diferencias léxicas debidas a la propia geografía, cuyos efectos diatópicos se manifiestan, sin ir más lejos, en voces como aduana, ingenio, almazara o trapiche, resabios árabes como los que denuncia la palabra zafra, que se mantuvo en Madeira y de allí pasó a Canarias y luego a América, o decisivas influencias lusas que, entre otros muchos ejemplos, quedan reflejadas en el uso de palabras como bagacera, cañavereros o desburgadores. Para seguir, paso a paso, el proceso de conformación de este rico vocabulario azucarero multicultural es preciso decapar, pacientemente, los estratos lingüísticos donde se ha ido sedimentando la memoria verbal y gráfica de los cañaverales, de los ingenios y los trapiches, con sus tiempos y sus espacios, sus tareas y sus productos, y, por supuesto, acercarse a las hablas de esos hombres y mujeres cuyo esfuerzo, casi siempre anónimo, hizo posible que el azúcar se convirtiera, para lo mejor y para lo peor, en una de las mercaderías fundamentales de esta primera globalización colonial. Gentes que, sin pretenderlo, consiguieron, además, que a este trasiego se sumaran otras preciosas mercancías en forma de voces tan evocadoras como buganga, que llegó a América desde Canarias, donde arribó incorporada a las algarabías de los esclavos subsaharianos que consumieron buena parte de sus vidas trabajando, de sol a sol, en los ingenios de estas islas.

Bibliografía

Abel, V. 2011. La production sucrière à Marseille. Apports archéologiques à la question. En *Archéopages*, 31: 52-61.

Abulafia, D. 2008. Sugar in Spain. En *European Review*, 16-2: 191-210.

Andreatta, M.D. 1999. Engenho de São Jorge dos Erasmos: prospecção arqueológica, histórica e industrial. En *Revista USP*, 41: 28-47.

Antonil, A.J. 1711. *Cultura e opulencia do Brasil por suas drogas, e minas. Com varias noticias curiosas do modo de fazer o assucar; plantar, & beneficiar o Tabaco; Tirar Ouro das Minas; & descubrir as de Prata. E dos grandes emolumentos, que esta conquista da America Meridional dá ao Reyno de Portugal com estos, & outros generos, & Contratos Reaes*. Lisboa, Officina Real Deslandesiana.

Arbell M. 2001. Les Juifs séfarades des Antilles et le sucre (Barbade, Surinam, Cayenne, Pomeroon, Martinique). En Eadie E. (dir.) *La route du sucre du VIII*[e] *au XVIII*[e] *siècle*: 133-141. Martinica, Ibis Rouge Éditions.

Barbosa, B.F. y Ruiz-Peinado Alonso, J.L. 2017. Engenhos de açúcar na cartografía colonial do século XVI e XVII. En Oliveira C., Gheti N.A. y Allen S.J. (org.) *Arqueologia de engenhos. Volume 1: Paisagens e pessoas*: 107-126. Recife, Editora UFPE.

Berthier, P. 1966. *Un épisode de l'histoire de la canne à sucre. Les anciennes sucreries du Maroc et leurs réseaux hydrauliques. Étude archéologique et d'histoire économique*. París, Ministère de l'Éducation Nationale-CNRS-Centre Universitaire de la Recherche Scientifique. 2 vols.

Bloch, M. 1993. *Apologie pour l'histoire ou Métier d'historien*. Edición anotada por É. Bloch, prefacio de J. Le Goff, París, Armand Colin.

Caillet, G. 2016. Le raffinage du sucre et ses conséquences environnementales : les cas de La Rochelle et d'Orléans. En Fournier P. y Massard-Guilbaud G. (dirs.) *Aménagement et environnement. Perspectives historiques*: 195-206. Rennes, Presses universitaires de Rennes (Histoire).

Casagrande, F. 2011. Une sucrerie de la seconde moitié du XVIIe siècle dans la région de Basse-Terre. En *Archéopages*, 31: 44-45.

Casagrande, F. 2018. Le destin d'une habitation-sucrerie de l'île de la Basse-Terre en Guadeloupe. En *Les Nouvelles de l'archéologie*, 150 : 36-39.

Castro-Gómez, S. y Grosfoguel, R. (eds.) 2007. *El giro decolonial. Reflexiones para una diversidad epistémica más allá del capitalismo global*. Bogotá, Siglo del Hombre Editores-Universidad Central-Pontificia Universidad Javeriana.

Cauna, J. de 2013. Patrimoine et mémoire de l'esclavage en Haïti : les vestiges de la société d'habitation coloniale. En *In Situ. Revue des patrimoines*, 20. DOI: https://doi.org/10.4000/insitu.10107.

Corrales, C., Corbella, D. y Viña, A. 2014. *Léxico azucarero atlántico (siglos XVI-XVII)*. San Millán de la Cogolla, Cilengua-Instituto Historia de la Lengua (Glosarios II).

Costa, D.M. 2020. Arqueologia no Engenho do Murucutu: um Sítio Histórico na Amâzonia Brasileira. En *Antrope*, 12: 30-58.

Cuello, A. M. 2001. El azúcar y la caña de azúcar en el mundo mediterráneo en el siglo XV. En Eadie E. (dir.) *La route du sucre du VIIIe au XVIIIe siècle*: 63-88. Martinica, Ibis Rouge Éditions.

Descola, Ph. 2005. *Par-delà nature et culture*. París, Éditions Gallimard (Bibliothèque des sciences humaines)

Dessens, N. 2017. Révolution et migration: la route du sucre dans les Amériques. En *Caravelle*, 109: 31-43.

Etchevarne, C. 2017. Bahia de todos os engenhos. En Oliveira C., Gheti N.A. y Allen S.J. (org.) *Arqueologia de engenhos. Volume 1: Paisagens e pessoas*: 49-68. Recife, Editora UFPE.

Fernandes, H. 1971. *Açúcar e álcool, ontem e hoje*. Río de Janeiro, Ministério da Indústria e do Comércio, Instituto do Açúcar et do Álcool (Coleção Canaveira, 4).

Fuente, A. de la. 2004. Sugar and Slavery in Early Colonial Cuba. En Schwartz S.B. (ed.) *Tropical Babylons. Sugar and the Making of the Atlantic World, 1450-1680*: 115-157. Chapel Hill-Londres, The University of North Carolina Press.

Gama, R. 1983. *Engenho e tecnologia*. São Paulo, Livraria Duas Cidades.

Gomes, G. 1998. *Engenho & Arquitetura. Tipologia dos edifícios dos antigos engenhos de açúcar de Pernambuco*. Recife, Fundação Gilberto Freyre.

Gutiérrez, A. 2022. Sugar refining at Plymouth: archaeological excavations at the Boatyard, Sutton Harbour. En *Post-Medieval Archaeology*, 56-2: 127-150.

Harreld, D.J. 2003. Atlantic Sugar and Antwerp's Trade with Germany in the Sixteenth Century. En *Journal of Early Modern History*, 7(1-2): 148-163.

Jones, R. 2017. *Sweet Waste. Medieval sugar production in the Mediterranean viewed from the 2002 excavation at Tawahin es-Sukkar, Safi, Jordan*. Glasgow, Potingair Press.

Klein, H. 2004. The Atlantic Slave Trade to 1650. En Schwartz S.B. (ed.) *Tropical Babylons. Sugar and the Making of the Atlantic World, 1450-1680*: 201-235. Chapel Hill-Londres, The University of North Carolina Press.

Kupperman, K.O. 2012. *The Atlantic in World History*. Nueva York, Oxford University Press (The New Oxford World History).

Macías Hernández, A. M. 2017. Tecnología e industria azucarera. El molino de cilindros horizontales. En *Revista de Historia Industrial*, 67: 13-38.

Marques, J. Martins da Silva. 1944. *Descobrimentos portugueses. Documentos para a sua história*. Lisboa, Instituto para a Alta Cultura. 2 vols.

Marshall, L.W. (ed.) 2015. *The Archaeology of Slavery. A Comparative Approach to Captivity and Coercion*. Carbondale, Southern Illinois University Press (Center for Archaeological Investigations, Occasional Paper 41).

McCusker, J.J. y Menard, R.R. 2004. The Sugar Industry in the Seventeenth Century. A New Perspective on the Barbarian "Sugar Revolution". En Schwartz S.B. (ed.) *Tropical Babylons. Sugar and the Making of the Atlantic World, 1450-1680*: 289-330. Chapel Hill-Londres, The University of North Carolina Press.

Mignolo, W.D. 2012. *Local histories/Global designs. Coloniality, subaltern knowledges, and border thinking*. Princeton-Oxford, Princeton University Press (Princeton Studies in Culture/Power/History). Reimpresión de la edición de 2000 con un nuevo prefacio.

Moore, J.W. 2000. Sugar and the Expansion of the Early Modern World-Economy. Commodity Frontiers, Ecological Transformation, and Industrialization. En *Review (Fernand Braudel Center)*, 23-3: 409-433.

Morais, J.L. de, Piedade, S.C. y Maximino, E.P.B. 2004-2005. *Arqueologia da Terra Brasilis*: O Engenho São Jorge dos Erasmos, na Capitania de São Vicente. En *Revista de Arqueología Americana*, 23: 349-384.

Normand, É. 2011. Archéologie et raffinage du sucre à La Rochelle aux XVIIe et XVIIIe siècles. Premier état de la question. En *Archéopages*, 31: 46-51.

Ogundiran, A. y Falola, T. (eds.) 2010. *Archaeology of Atlantic Africa and the African Diaspora*. Bloomington-Indianapolis, Indiana University Press (Blacks in the diaspora).

Oliveira, C.A. de, Jiménez Lara, P. y Silva Junior L.S. da 2017. Os engenhos coloniais no litoral norte de Pernambuco: o engenho Jaguaribe – primeiros resultados da pesquisa arqueologica. En Oliveira C., Gheti N.A. y Allen S.J. (org.) *Arqueologia de engenhos. Volume 2: Tecnologias, produção e consumo*: 9-40. Recife, Editora UFPE.

O'Sullivan, M. y Downey, L. 2017. Sugar-refining. En *Archaeology Ireland*, 31-4: 49-52.

Ouerfelli, M. 2008. *Le sucre. Production, commercialisation et usages dans la Méditerranée médiévale*. Leyde-Boston, Brill (The Medieval Mediterranean, 71).

Ouerfelli, M. 2016. La production du sucre en Méditerranée médiévale. Peut-on parler d'un système esclavagiste ? En *Rives Méditerranéennes*, 32: 41-59.

Phillips, W.D. 2004. Sugar in Iberia. En Schwartz S.B. (ed.) *Tropical Babylons. Sugar and the Making of the Atlantic World, 1450-1680*: 27-41. Chapel Hill-Londres, The University of North Carolina Press.

Piketty, Th. 2019. *Capital et idéologie*. París, Éditions du Seuil (Les livres du nouveau monde).

Poelwijk, A. H. 2003. *"In dienste vantsuyckerbacken". De Amsterdamse suikernijverheid en haar ondernemers, 1580-1630*. Hilversum,

Verloren (Amsterdamse historische reeks, Grote serie XXXI).

Pou, S., Pérez, G. M., Prieto, D. y Fernández, E. J. 2020. El ingenio azucarero de los Soler (Vilaflor de Chasna, Tenerife). En *La Tajea, revista cultural*, 47: 10-13.

Quijano, A. 2019. *Ensayos en torno a la colonialidad del poder*. Compilado por W. Mignolo, Ediciones del Signo, Buenos Aires (El desprendimiento).

Ramos Gómez, O.G. 2005. Caña de azúcar en Colombia. En *Revista de Indias*, LXV (233): 49-78.

Rodrigues, V., Oliveira, C., Tavares, A. y Lima, J. 2017. Poder e consumo no Engenho Inhamã, litoral norte de Pernambuco, Brasil. En Oliveira C., Gheti N.A. y Allen S.J. (org.) *Arqueologia de engenhos. Volume 2: Tecnologias, produção e consumo*: 87-110. Recife, Editora UFPE.

Rodríguez Morel, G. 2004. The Sugar Economy of Española in the Sixteenth Century. En Schwartz S.B. (ed.) *Tropical Babylons. Sugar and the Making of the Atlantic World, 1450-1680*: 85-114. Chapel Hill-Londres, The University of North Carolina Press.

Rodríguez Morel, G. 2012. *Orígenes de la economía de plantación de La Española*. Santo Domingo, Editora Nacional.

Santana Pérez, G. 2018. Las migraciones del azúcar: intercambios humanos entre Canarias y Marruecos en el siglo XVI. En *Hespéris-Tamuda*, LIII (2): 207-222.

Scharrer, B. 2004. Las herencias del azúcar. En García Acosta V. y Florescano E. (eds.), *Mestizajes tecnológicos y cambios culturales en México*: 129-165. México, Centro de Investigaciones y Estudios Superiores en Antropología Social.

Schwartz, S.B. 2004a. Introduction. En Schwartz S.B. (ed.) *Tropical Babylons. Sugar and the Making of the Atlantic World, 1450-1680*: 1-26. Chapel Hill-Londres, The University of North Carolina Press.

Schwartz, S.B. 2004b. A Commonwealth within Itself. The Early Brazilian Sugar Industry, 1550-1670. En Schwartz S.B. (ed.) *Tropical Babylons. Sugar and the Making of the Atlantic World, 1450-1680*: 158-200. Chapel Hill-Londres, The University of North Carolina Press.

Silva Junior, L.S. da 2017. O caminho da Várzea do Capibaribe: O Engenho do Meio e sua paisagem arqueológica, Recife-PE. En Oliveira C., Gheti N.A. y Allen S.J. (org.) *Arqueologia de engenhos. Volume 1: Paisagens e pessoas*: 127-161. Recife, Editora UFPE.

Sousa, É.D.M. 2011. *Ilhas de Arqueologia. O quotidiano e a civilização material na Madeira e nos Açores (séculos XV-XVIII)*. Lisboa, Universidade de Lisboa. Tesis doctoral inédita. 2 vols.

Stevens-Acevedo, A.R. 2013. *The Machines that Milled the Sugar-Canes: The Horizontal Double Roller Mills in the First Sugar Plantations of the Americas*. Bogotá-New Jersey.

Stols, E. 2004. The Expansion of the Sugar Market in Western Europe. En Schwartz S.B. (ed.) *Tropical Babylons. Sugar and the Making of the Atlantic World, 1450-1680*: 237-288. Chapel Hill-Londres, The University of North Carolina Press.

Thomas, H. 2006. *The Atlantic Slave Trade. The History of the Atlantic Slave Trade 1440-1870*. Londres, Phoenix.

Vieira, A. 2001. Les Juifs, l'île de Madère et l'expansion culturale et commerciale du sucre dans l'Atlantique. En Eadie E. (dir.) *La route du sucre du VIIIe au XVIIIe siècle*: 89-100. Martinica, Ibis Rouge Éditions.

Vieira, A. 2004. The Sugar Economy of Madeira and the Canaries, 1450-1650. En Schwartz S.B. (ed.) *Tropical Babylons. Sugar and the Making of the Atlantic World, 1450-1680*: 42-84. Chapel Hill-Londres, The University of North Carolina Press.

Vieira, A. 2006. A Madeira na história do açúcar e da tecnología no espaço atlàntico. En *XVI Coloquio de Historia Canario-Americana*: 1788-1808. Las Palmas de Gran Canaria, Cabildo Insular de Gran Canaria.

Vieira, A. 2018. *Madeira. Canaviais, engenhos e escravos*. Funchal, Centro de Estudos de História do Atlântico (Cadernos de divulgaçao, 2).

Villeret, M. 2017. L'art délicat du raffinage du sucre : la discrète évolution des techniques (France, fin XVIIe-fin XVIIIe siècle). En *Artefact. Techniques, histoire et sciences humaines*, 6: 95-113.

Viña, A. y Ronquillo, M. 2009. Canarias en el primer ciclo del azúcar. En Luxán Meléndez, S. de y Viña Brito, A. (dirs.) *La empresa azucarera en Canarias. Siglos XV-XX*: 13-104. Las Palmas de Gran Canaria, Destilerías Arehucas-Ayuntamiento de Los Llanos de Aridane.

Wobeser, G. von 2004. *La hacienda azucarera en la época colonial*. México, Universidad Nacional Autónoma de México-Instituto de Investigaciones Históricas.

Woodward, R.P. 2006. *Medieval legacies: The Industrial Archaeology of an early Sixteenth-Century Sugar Mill at Sevilla la Nueva, Jamaica*. Burnaby, Simon Fraser University. Tesis doctoral inedita.

Yvon, T. y Casagrande, F. 2011. La production de formes à sucre de Guadeloupe et de Martinique. Apport de l'archéologie aux données des sources textuelles. En *Archéopages*, 31: 40-43.

2. El azúcar en el reino nazarí de Granada. Entre tradición y renovación[1]

Adela Fábregas García
Universidad de Granada. España

Abstract

The lands of al-Andalus maintained a sugar tradition the first traces of which date back to the 10th century. However, sugar production only flourished under the influence of speculative forces following the incorporation of these lands into the Western market space at the end of the Middle Ages.

The Nasrid Kingdom of Granada, the last Islamic stronghold in the Iberian Peninsula, was the scene of this peak in the history of Andalusian sugar. Commercial success was linked not so much to a substantial modification of production methods as to bold and highly effective commercial strategies and, above all, to the adaptation of this product to the new trends in Western markets, which brought it to a wider spectrum of consumers.

According to the information we have so far, the Nasrid sugar processing systems remained faithful to traditional Andalusian production methods, in terms of both technology and the organisation of labour, as will be demonstrated in our analysis through a review of the few material remains that have survived from that time and, above all, from the written records that describe them briefly. What did change, however, was the sugar that was produced. A new generation of Mediterranean sugars, notably from Granada, but also from Sicily and Cyprus, offered new medium to low quality varieties, with much lower degrees of refining, which provided strong competition for the much more expensive traditional sugars from the East. One of the factors in their success was that these new sugars could be further purified at the point of sale. This practice had by now become increasingly common in markets such as Barcelona, Bruges, Venice, Bologna, Seville and Lisbon, and later in Genoa itself. It also helped lower prices and make the product more accessible. In our opinion, this new production scenario, strongly mediated by the interests of the great European trading companies and their representatives, was a significant advance in the history of Mediterranean sugar since it contributed to consolidating its future as a product of mass consumption.

Keywords: *Sugar, production, trade, al-Andalus, Nasrid Kingdom.*

Resumen

Las tierras de al-Andalus mantuvieron una tradición azucarera cuyos primeros indicios se remontan al siglo X. Su éxito productivo, sin embargo, se vería marcado por la sólida vertiente especulativa que desarrollaría este artículo a partir de la incorporación de aquellos territorios al espacio de mercado occidental a finales de la Edad Media.

El reino nazarí de Granada, último reducto islámico en la Península Ibérica, sería el escenario de este momento álgido en la historia del azúcar andalusí. Su éxito comercial se vincula, no tanto a una modificación sustancial del modelo productivo, como a unas estrategias comerciales audaces y muy eficaces y, sobre todo, a su adaptación a las nuevas tendencias de los mercados occidentales, que acercarían este producto a un espectro de consumidores más amplio.

[1] Estudio realizado en el marco del Proyecto de Investigación de Excelencia de la Junta de Andalucía "Industria y comercio en al-Ándalus: siglos XII-XV" (A-HUM-040-UGR18/P18-FR-2046).

Según las informaciones con que contamos hasta el momento, los sistemas de elaboración de azúcar nazarí permanecerían fieles a la tradición productiva andalusí, tanto a nivel tecnológico, como de organización de los sistemas de trabajo, algo que observaremos en el presente análisis mediante el repaso de los escasos restos materiales que nos han llegado de la época y, sobre todo, de las alusiones documentales que nos los describen someramente. Sí sería distinto, sin embargo, el azúcar que se producía. Una nueva generación de azúcares mediterráneos, entre los que se cuenta con mucha fuerza el granadino, pero también los azúcares sicilianos y chipriotas, ofrecerían nuevas variedades, de calidades medias y bajas, con grados de refinado mucho menores, que hicieron fuerte competencia a los tradicionales azúcares orientales, mucho más caros. Una de las claves de su éxito consistió en que estos nuevos azúcares podían ser expuestos a nuevos procesos de purificación en los puntos de venta. Se trataba a estas alturas de una práctica cada vez más común en mercados como Barcelona o Brujas, Venecia, Bolonia, Sevilla o Lisboa, y más tarde en la misma Génova. Una práctica que contribuiría a bajar los precios y a hacer más accesible el producto. A nuestro juicio, este nuevo escenario productivo, fuertemente mediatizado por los intereses del gran comercio europeo y de sus representantes, supuso un avance muy importante en la historia del azúcar mediterráneo, ya que contribuiría a consolidar su futuro como producto de consumo masivo.

Palabras clave: *Azúcar, producción, comercio, al-Andalus, Reino Nazarí.*

Résumé

Les premiers témoignages de la tradition sucrière des terres d'al-Andalus remontent au Xe siècle. Cependant, la spéculation a fortement marqué l'essor de la production à partir de l'incorporation de ces régions dans l'espace de marché occidental à la fin du Moyen-Âge.

Le royaume nasride de Grenade, dernier bastion islamique de la péninsule Ibérique, sera la scène de ce moment culminant de l'histoire du sucre andalou. Cette réussite commerciale n'est pas tant liée à une modification substantielle du modèle productif qu'à des stratégies commerciales audacieuses et très efficaces et surtout, à l'adaptation aux nouvelles tendances des marchés occidentaux qui déboucheront sur une démocratisation progressive de sa consommation.

L'information que nous possédons actuellement révèle que les systèmes d'élaboration du sucre nasride sont restés fidèles à la tradition productive andalouse, que ce soit sur le plan technologique comme sur celui de l'organisation des systèmes de travail. L'analyse présentée ici se fonde sur les quelques restes matériels de l'époque mais surtout sur les documents qui les décrivent sommairement. Le sucre était, quant à lui, bien différent. Une nouvelle génération de sucres méditerranéens, entre autres, celui très important, provenant de la région de Grenade mais aussi les sucres siciliens et chypriotes, offraient de nouvelles variétés, de qualité moyenne et faible, aux degrés de raffinage plus bas. Ils faisaient concurrence aux sucres traditionnels orientaux, beaucoup plus onéreux. Un des facteurs de cette réussite résidait dans le fait que les nouveaux sucres pouvaient faire l'objet de processus de raffinage novateurs directement dans les points de vente. Il s'agissait alors d'une pratique de plus en plus courante sur les marchés de Barcelone ou Bruges, Venise, Bologne, Séville ou encore à Lisbonne et plus tard, sur le propre marché de Gênes. Ce procédé avait contribué à la baisse des prix et à le rendre plus accessible. Cette nouvelle situation, fortement médiatisée par les intérêts du grand commerce européen et par ses représentants, a signifié une grande avancée dans l'histoire du sucre en Méditerranée, ce qui en fera dans le futur, un produit de grande consommation.

Mots-clés: *Sucre, production, commerce, al-Andalus, royaume nasride.*

El azúcar de caña es un artículo de dilatada tradición comercial. Su historia está marcada por la vertiente mercantil temprana que adopta ya en el mundo medieval y el consecuente carácter especulativo que tiene su producción desde el primer momento. El caso del azúcar producido en las costas meridionales de la Península Ibérica durante la última fase de ocupación musulmana de la zona, entre los siglos XIII y XV, es una muestra de la tradición y experiencia de los azúcares mediterráneos como artículos de comercio de cierto peso en la red mercantil bajomedieval.

Con el avance del gusto por lo dulce en la cultura latina a partir del siglo XIII, se va constituyendo una coyuntura extremadamente favorable para el azúcar nazarí, que gozaba ya de una tradición productiva consolidada a lo largo, al menos, de los tres siglos anteriores, de elaboración de azúcar de caña en Al-Andalus. La posibilidad que se ofrecía a los comerciantes europeos de obtener este preciado artículo en un mercado como el nazarí, más próximo, de fácil acceso y abierto a todo tipo de oportunidades, determinó su éxito en el mercado europeo, en principio bajo la consideración de artículo de lujo que aún mantenía en la época. Posteriormente ampliaría su espectro de mercado a partir de una diversificación cualitativa que impulsarían azúcares como el granadino o el siciliano, elaborados y vendidos en calidades medias y bajas, dependiendo de su grado de refinado (azúcar de una, dos o tres cocciones). Con ello se ayudaría a "generalizar" su disfrute en calidades más accesibles a nuevos grupos de consumo. La tercera clave del éxito del azúcar nazarí en los mercados europeos de los siglos XIV y XV tiene que ver con una estrategia comercial acertada por parte de los principales gestores de su distribución en Europa, grupos mercantiles genoveses que, a partir de criterios de oportunidad y golpes de efecto, llegan en ocasiones a inundar y colapsar el mercado europeo del azúcar con las variedades nazaríes (Fábregas 2000). Todo ello convirtió el azúcar en uno de los artículos estrella del comercio nazarí, presente de manera contundente en los principales mercados de Europa, tanto del polo atlántico como mediterráneo.

Sin embargo, lo que calificamos como un avance sustancial en la historia del azúcar, su definitivo impulso comercial por áreas productoras como Chipre, Granada, Sicilia o Valencia, algo más tarde, se detiene en este punto. Una ampliación del espectro de los niveles y ámbitos de consumo del azúcar y un aumento de los volúmenes de producción, humildes en todo caso, son las claves del éxito del azúcar en los mercados del Occidente bajomedieval.

Este éxito en el mercado, este aumento de demanda de azúcares de peor calidad, pero más baratos, no llegaría a traducirse en ningún momento de la historia del azúcar en el Mediterráneo en un aumento extraordinario de los niveles productivos. Sobre todo si lo comparamos a las cantidades de azúcar que muy poco después vamos a ver llegar a esos mismos mercados desde las islas atlánticas, primero, y desde América después. Se trata de cifras sencillamente incomparables, que hablan ya de una realidad completamente distinta.

Aquí es donde se aprecia una contradicción muy evidente. Justo cuando asistimos a la gran eclosión azucarera en el mercado europeo, a finales del siglo XV y primera mitad del XVI, se produce el desplome de la presencia de los tradicionales azúcares mediterráneos[2]. El mercado europeo se abre definitivamente al azúcar a lo largo del siglo XVI, diversificando su espectro cualitativo y sobre todo ampliando su accesibilidad a grupos de consumo mucho más amplios, gracias al abaratamiento de su coste. Sería lógico pensar que el éxito del azúcar permitiría al mercado absorber en estos momentos todos los aportes, antiguos y nuevos, de mayor o menor calidad, sin alcanzar en ningún momento niveles de saturación. Sin embargo esto no ocurre. La penetración de nuevos azúcares como el portugués, producido en Madeira, hasta antiguas zonas productoras del Levante mediterráneo[3], no es más que un tímido avance de lo que sucedería más adelante con los azúcares americanos, que llegarían a saturar el mercado europeo.

Hay que aclarar que, al menos para el caso del azúcar producido en Granada, su desaparición del mercado internacional ya en la segunda mitad del siglo XV no supone una interrupción de la producción. Lo que

[2] Nazarí, por supuesto, pero también azúcares sicilianos, chipriotas, egipcios y más tarde valencianos o marroquíes, que se mantendrían siempre en unos niveles muy discretos frente a la "marea azucarera" americana.

[3] En 1495 el navío real Çezimbra lleva 2.185 arrobas de azúcar madeirense a Quíos y Constantinopla (A(rquivo) N(ational) T(orre) do T(ombo), Leitura Nova, Livro de Extras, fol. XVI r-vto). Pero ya en 1502 se cargan para Génova y Quíos 18.000 arrobas (ANTT, Corpo Cronologico, II, maço 6, doc. 1), en 1503 5.000 arrobas para Roma (ANTT, Corpo Cronologico, II, maço 7, doc. 182) y a Venecia llegan 15.000 arrobas en 1507 (ANTT, Corpo Cronologico, II, maço 12, doc. 183) y 5.000 en 1508 (ANTT, Corpo Cronologico, I, maço 7, doc. 12). Por último, ese mismo año parten para Aigües Mortes, Venecia y Roma 30.000 arrobas (ANTT, Corpo Cronologico, III, maço 2, doc. 22).

se observa es un cambio de orientación en su distribución que ahora se limita a los mercados regionales y, en particular a los locales, en este último caso de manera mucho más marcada. Esta nueva dimensión local de la comercialización de azúcar granadino se alterna con el transporte de la materia prima, o escasamente elaborada, hacia nuevas plataformas productivas situadas en otros núcleos peninsulares. Pero en absoluto se desactivan las tareas productivas y de transformación, cuyas infraestructuras encontrarán los nuevos pobladores castellanos en perfectas condiciones a su llegada a la Costa en los últimos años del siglo XV.

Un estudio en la misma línea referente a cualquiera de los restantes azúcares medievales vendría a ofrecer similares resultados. Resulta especialmente reveladora la coincidencia en todas ellas de dos circunstancias sorprendentes. La fugacidad de su éxito y el descalabro que supone su contraposición frente a los nuevos azúcares atlánticos a partir del siglo XVI. ¿Qué está ocurriendo?

Los investigadores, centrados en analizar las posibles causas del declive productivo y comercial de estos azúcares mediterráneos, explicaban la cuestión en claves diversas.

Una de las tesis que más fuerza adquirió tenía que ver con los límites ecológicos que imponía la planta y el trabajo asociado a la misma. Las áreas ya de por sí en las fronteras ecológicas de adecuación vegetativa de la planta, como la mediterránea, estaban constantemente expuestas a mínimas variaciones que constituirían amenazas decisivas a la prosperidad del cultivo. Es el caso de cambios climatológicos, aunque sean mínimos, o del agotamiento de recursos vegetales susceptibles de ser utilizados como combustible en el proceso de transformación del jugo de la planta en azúcar.

Pero la más recurrida de las justificaciones, clásica, adoptada prácticamente sin excepción en todos los estudios sobre el azúcar mediterráneo, responsabiliza precisamente a la dura competencia de los nuevos azúcares atlánticos y sobre todo americanos, que barrerían literalmente a los antiguos azúcares mediterráneos de los mercados europeos[4]. Ha sido una versión útil incluso para explicar el declive de las islas atlánticas. Y muy ligada a ésta, la teoría del atraso tecnológico mediterráneo refuerza la superioridad de rendimientos de estos nuevos espacios.

¿Podemos seguir manteniendo la ecuación en estos términos? Los avances que en los últimos años se han realizado en el conocimiento de la realidad socioeconómica nazarí, así como el seguimiento mucho más ajustado de los procedimientos técnicos vinculados con la historia de la producción de azúcar en Granada, nos hacen entender la necesidad de replantear la cuestión a partir de otras premisas.

1. Máquinas, técnicas, producción

El surgimiento exacto de la caña de azúcar (*Saccharum officinarum* L.) no se conoce. Parece que es un cultivo que debió de tener ancestros silvestres en Nueva Guinea, Sureste asiático e Indonesia. Se trata de espacios comprendidos en la franja tropical, con una uniformidad térmica acusada a lo largo de todo el año y con un régimen pluviométrico con índices de hasta 1.500 mm anuales, con lluvias concentradas en verano.

Su periplo hacia Occidente parte desde la India, desde luego a un ritmo bastante ralentizado en las primeras etapas, hasta el punto de poder decir que todavía en el siglo VII la encontramos encerrada en los valles mesopotámicos del Imperio Sasánida, donde es cultivada y manipulada para extraer azúcar. Lo cierto es que, en su viaje hacia Occidente, la planta se está alejando cada vez más de su medio natural originario y debe de superar unos condicionantes medioambientales que amenazan con frenar de manera definitiva su introducción en los nuevos espacios mediterráneos.

[4] Heyd ya apuntó tal posibilidad (1967: 690) posteriormente seguida por autores como Berthier (1966: 274) o Pérez Vidal (1973), secundado en el caso específico de la compañía Humpis de Ravensburgo por Lapeyre (1985: 24-45).

El Islam, que es una cultura sincrética como pocas, con una enorme capacidad de reconocer, asimilar y refundir elementos de culturas ajenas a la propia, hace posible su introducción en espacios ecológicamente hostiles como éste. Hay que recordar que las exigencias ambientales de la planta son muy particulares en sus áreas de origen, con unos márgenes climatológicos bastante estrictos respecto a las temperaturas que puede soportar y, sobre todo, a las necesidades y ritmos de avituallamiento hídrico. Desde luego estas condiciones no se dan en el Mediterráneo. Pero no son irreproducibles. Un sistema agrícola que perfecciona de manera muy notable, entre otras cosas, los sistemas de irrigación artificial (Watson 1998), es capaz de reproducir las condiciones naturales primigenias en las que vivía la caña. Por eso, junto a la planta, deben de viajar también un conjunto de técnicas, ligadas fundamentalmente a sistemas de irrigación artificial y esto es lo que consigue construir y perfeccionar la cultura árabe y extenderla allá por donde pasan.

A partir de este punto, su itinerario es suficientemente conocido y corre en paralelo al de la expansión islámica. A mediados del siglo VIII se sabe de su presencia ya en Egipto, donde se verá generalizada a lo largo del siglo IX, y en el siglo X asistimos a su introducción plena en las tierras ribereñas del Mediterráneo que va tocando el Islam hasta alcanzar Al-Andalus y el Magreb al-Aqsa, los límites occidentales del Mediterráneo. Más adelante, a partir del siglo XIII, podremos adivinar plenamente el contenido y significado económico que asume esta planta a través de lo que podríamos reconocer como su segunda difusión mediterránea (Malpica 2008: 27-40). Se trata de una reintroducción en muchos casos, que la llevará de manos de la iniciativa latina a islas mediterráneas como Chipre, Creta, Sicilia o Mallorca, o de nuevo hasta la Península Ibérica, donde llegará hasta Valencia, Algarbe portugués e incluso hasta Coimbra. En esta ocasión, que se prolongará y fortalecerá hasta el siglo XV, el impulso está auspiciado ya por presupuestos económicos vinculados netamente a principios de rentabilidad comercial que se van asociando a esta planta y a su preciado azúcar.

No sólo el proceso de adaptación de la planta se ve beneficiado por la capacidad de la cultura árabe para experimentar, asimilar y mejorar técnicas agrícolas. El procedimiento de transformación del jugo de esa caña en azúcar se ve también extraordinariamente enriquecido por prácticas tecnológicas conocidas y aplicadas con anterioridad a otros procesos productivos, que se revelan adecuados también para su adaptación a la producción azucarera.

Vamos ahora a ocuparnos del procedimiento técnico de elaboración del azúcar a partir de la caña. Éste se inicia en el momento mismo en que se corta la planta. Se abre entonces un proceso delicado, que no puede ser interrumpido y sobre todo que tienes unos límites de tiempo muy estrechos para la finalización de las primeras fases, porque pasadas 72 horas la caña empieza a perder su concentración sacarífera.

El trabajo de transformación, que comprende las tres fases fundamentales de extracción del jugo, cocción y purga o refinado, se inicia una vez cortada la caña con la extracción del jugo mediante trituración y prensado de la caña de azúcar, según la tradición tecnológica mediterránea. Una vez extraído el zumo de la caña, que es el paso más urgente, se pasa a las labores de depuración del jugo recién extraído y a su cristalización mediante cocción. Estas tareas se desarrollarán en un espacio de cocinas, también contiguo a la zona de molienda, hasta donde se conduce el jugo a través de canalizaciones que conectan los dos espacios y de los que también se conservan huellas fácilmente identificables.

Con el hervido se detiene la acción microbiológica, se retiran proteínas innecesarias y se va eliminando el exceso de agua de manera progresiva a lo largo de diferentes cocciones de la melaza resultante. La cocción se realiza en grandes calderas de metal, las tachas, que se reciclan con frecuencia, de manera que es difícil seguir su rastro, tal y como sucede también con todo el instrumental auxiliar, espumaderas, cucharones....

Esta delicada fase concluirá, una vez definitivamente decantado y espesado el caldo (melaza), con la cristalización del azúcar, que se producirá a lo largo del proceso de enfriamiento de dicha concentración.

Con esta última operación se accede a la última fase de cristalización, blanqueo y refinado que se realiza en unos recipientes particulares, los llamados conos de azúcar. Estos recipientes, junto a los porrones que recogen la melaza sobrante, son las cerámicas específicas de la producción azucarera preindustrial y cuya aparición no deja lugar a dudas acerca de la existencia de esta actividad. El blanqueamiento de los cristales depurados es el paso final, realizado en conos más pequeños colocados en bancos por decantación de las melazas, cuyo exceso se recoge en los porrones. Para facilitar el blanqueo, que puede durar 30 ó 40 días, se va depositando periódicamente sobre el azúcar una masa de barro aguado, preferiblemente hecho a partir de una tierra muy fina denominada greda, que tiende a bajar, filtrándose por los cristales y arrastrando con ella los restos de melaza que puedan quedar adheridos a los mismos. De este modo se obtiene el azúcar mucho más blanco y puro, que en todo caso va contaminándose conforme el cono se acerque a su vértice inferior, donde siempre quedarán restos de deposición de las mieles.

Una de las etapas del proceso de elaboración de azúcar donde se concentran mayores avances tecnológicos corresponde a la fase de molienda para extraer el jugo de la caña. En el Mediterráneo se recurre rápidamente a su tradición tecnológica para aplicarla al trabajo del azúcar, utilizando el molino de aceite romano para triturar las cañas.

Hasta mediados del siglo XVI en que se introducen importantes innovaciones, la molienda de caña de azúcar recurre al mecanismo de rueda de piedra vertical tradicional de la almazara romana. Una vez troceadas las cañas, se trituran y machacan, resultando de ello una pulpa que, como las aceitunas, ha de ser prensada para extraer todo su jugo por aplastamiento. Troceado, trituración, aplastamiento y prensado, son, por tanto, pasos ineludibles en el proceso de molienda tradicional. Aún así, las variantes en que deriva el procedimiento dan lugar a múltiples interpretaciones acerca de diferentes momentos de la evolución tecnológica de los procedimientos del trabajo azucarero, y, sobre todo, de la posible correspondencia entre ésta y un aumento de los niveles de productividad.

Una variación sustancial que puede darse en este punto tiene que ver con la fórmula energética que se emplee, a saber: la tracción animal o la energía hidráulica. El uso de esta última puede suponer un mayor grado de efectividad en el proceso de molienda derivado de la mayor rapidez y de la posibilidad de prescindir de labores de cuidado y recambio de la fuerza animal. Hasta tal punto llegan las ventajas que David Watts llegó a calcular los niveles de productividad de uno y otro sistema, estimando que la tracción animal aportaría un tercio del total de la producción estimada en un ingenio movido por fuerza hidráulica (Watts 1990: 113). Ante tales diferencias y la certeza de la utilización de ambos sistemas ya en el Mediterráneo, se pretendió ver en el uso de la energía hidráulica o animal el primer gran avance tecnológico operado en los procesos productivos azucareros. Es, sin embargo, en nuestra opinión, el primer punto del discurso en el que se detectan ciertas anomalías.

Por supuesto que se conoce el recurso a la energía hidráulica en los mecanismos de molienda del mundo mediterráneo, que se aplica a tantas otras actividades productivas. E incluso se utiliza desde bien temprano en la actividad azucarera. Sabemos de su uso en los procesos de molienda de caña utilizados en épocas tempranas en Palestina, donde se identifican sistemas de molienda de caña utilizando energía hidráulica en la primera época ayyubi, es decir, desde finales del siglo XII (Porëe 1995: 377-510; Taha 2009: 181-191) y en Chipre (Von Wartburg 1995: 81-116). Pero lo cierto es que su conocimiento, su aplicación al trabajo con la caña no es generalizado. En el reino nazarí, por ejemplo, se recurre a la utilización preferente de sistemas de molienda accionados por fuerza animal aún a finales del siglo XV, es decir mucho tiempo después de que sean practicados sistemas de molienda movidos con energía hidráulica.

Lo cierto es que no hemos llegado a identificar hasta el momento vestigios de ninguna factoría azucarera nazarí. Lo poco que conocemos acerca de estas estructuras nos llega fundamentalmente a través de testimonios escritos, que las citan como "aduanas de azúcar". Los escasos datos de que disponemos nos las describen como edificios de poca o mediana entidad arquitectónica, a los que llegan a llamar "casas", situados incluso en el centro de las villas. Disponían de un molino de una o dos piedras, a lo más. Pueden contar además con una sala de prensas y con otra habitación para purgar el jugo. Como edificio anejo podemos encontrar un corral, que se utilizaría para los animales que participaban en la molienda, ya que los molinos eran de sangre. Además, las bestias utilizadas para hacerlos girar se aprovecharían también para el transporte.

La práctica se mantiene aún a principios del XVI, tal y como muestran los restos arqueológicos más antiguos de una plataforma de transformación de azúcar localizados en la costa de Granada. El hallazgo fue localizado hace unos años en Almuñécar, ciudad de la costa granadina y epicentro de la región azucarera, en el recinto del castillo de San Miguel (Malpica 2006: 385-400). Entre los restos sacados a la luz se cuentan las ruedas del molino que corresponden aún, a principios del XVI, a este sistema de molienda y que, por el espacio en que se hallan integradas y ante la ausencia de restos de una estructura hidráulica compleja, deben corresponder aún a un molino de sangre.

Así nos lo confirma también una documentación de fundamental importancia, ya que describe el instrumental perteneciente a una de esas plataformas de extracción de azúcar activa en momentos inmediatamente posteriores a la conquista castellana, aunque perfectamente identificable como un espacio productivo nazarí, extremo que se confirma a partir de la identificación de sus antiguos propietarios[5]. En dicha documentación se enumera lo siguiente (Arroyal et al. 2010: 82-83):

> *Herramientas e aparejos de aduana:*
> *Cinco ruedas de piedra, las tres asentadas para moler e acurar, e las dos, por asentar*

No es el único ejemplo que podemos destacar de adopción discriminada de soluciones tecnológicas. Más adelante, vinculado también al proceso de molienda, se sabe de la invención de otra solución tecnológica fundamental: el molino de ejes. Tras la trituración de la caña con el método de molienda tradicional, se obtenía una pulpa que, como las aceitunas, debía ser prensada para extraer todo su jugo por aplastamiento. De manera que asociado al molino y en un espacio contiguo se solía situar un mecanismo de prensado. Por el momento no se ha localizado ningún resto de prensa en Granada, pero por las dimensiones que pudieron tener las plataformas primitivas, bastante discretas, seguramente serían simples, posiblemente de tornillo, que sabemos que se usan más adelante también en Madeira, y que tienen cabida en un espacio doméstico o limitado espacialmente. De nuevo viene en nuestra ayuda el ya citado documento de 1504, que nos confirma la presencia de 3 prensas de tornillo en el trapiche de Motril que nos describe[6],

> *Tres prensas con husillos y vergines e tableros e aparejos.*
> *Otro husillo e quatro piedras viejas por asentar.*
> *Otros tableros gruesos anchos de las dichas piedras, demas de los que estan asentados..."*

La aparición del ingenio de ejes supuso la simplificación inmediata de los procedimientos de extracción del jugo. La substitución de la antigua trituración por la táctica de laminamiento y aplastamiento llevaba a la eliminación de etapas subsidiarias como el cortado de la caña. Evidentemente constituye un ahorro considerable de tiempo y esfuerzo. Quedan evidentes pruebas de ello en el caso granadino a través de testimonios incluso muy tardíos. La descripción que D. García Niño de la Puente Guevara (1680: 47-48) dedica en 1679 a los trabajos que se desarrollan en Motril en torno a la caña dulce lo deja bien claro,

[5] Mahomat Aben Foto y Ali Alazeraque, socios granadino y valenciano respectivamente, que la venderán a su nuevo propietario, Don Francisco de Madrid, secretario de los Reyes Católicos, entre 1495 y 1497. En el año de 1504 se prepara el inventario de Don Francisco, ya fallecido, para incorporarlo a su testamento. Entre las muchas propiedades que ha conseguido adquirir, destacan las diversas propiedades que compra en Motril, localidad de la costa de Granada. A(rchivo) G(eneral) S(imancas), R(egistro) G(eneral) S(ello) I-1504 (Arroyal et al 2010; doc. 1. 1504, enero, 19. Medina del Campo, pp. 39-180, específicamente p. 66.

[6] AGS, RGS I-1504 (Arroyal et al. 2010).

Molida la caña en los exes, la lleuan en unos esportones de esparto a el quarto de vigas, donde ay quatro, dos que llaman de recibo, y dos de recargo, y cada una de dichas quatro vigas tiene de veynte y una à veynte y dos varas de largo, y consta de diez pinos Reales, y de a onze las de recargo, unidas con fuertes çeños de yerro, y maromas, aqui una, y otra vez se esprime la caña yà molida, y se haçe gauaço, que puesto a secar sirve de leña para los quaxos de las mieles...

El complejo azucarero de la Palma de Motril, objeto de investigaciones pormenorizadas, ofrece algunas claves significativas del último salto en la historia preindustrial del azúcar granadino. La exhumación de los restos arqueológicos del ingenio levantado a finales del siglo XVI y activo a lo largo de todo el XVII, muestran un conjunto ya más complejo, de una entidad arquitectónica relevante que permite la integración de todo el proceso en un espacio único. Cuenta con una espectacular sala de prensas, que incluye al menos cuatro grandes prensas de viga, que combinan mecanismo de tornillo y palanca, una sala de molinos, no conservada, cocinas situadas en los sótanos de la casa solariega y salas de purga y refinado.

Pero sobre todo muestra una racionalización y planificación de los espacios adecuada a la optimización máxima del proceso de trabajo, que de este modo transcurre sin interrupción hasta concluir sus últimas fases. Se han modificado de manera significativa las dimensiones de las plataformas de transformación de azúcar activas en la región azucarera granadina y se ha planificado un procedimiento integrado de trabajo. Con ello se accede a unas capacidades de producción a mayor escala, que permiten absorber gran parte de la cosecha cañera en aumento progresivo a lo largo del siglo XVII. Y sin embargo las limitaciones productivas de la zona persisten en todo momento, hasta el punto de no verse necesaria la adopción de una tecnología avanzada que incluiría, como no, el ingenio de mazas o rodillos, en el que los productores granadinos no estarían interesados al menos hasta mediados del siglo XVII.

Cerrando el tema, digamos que la aparición del tren jamaicano, también conocido como sistema de hornos de reverbero, tiene más que ver con una racionalización de los recursos medioambientales a través del ahorro de combustible, importante en la gestión de las grandes cantidades de caña que se trabajan en las plantaciones americanas, que con una multiplicación productiva. De hecho sabemos que aún mediante el uso de una batería de calderas, la evaporación al aire libre supone un desperdicio muy importante de los niveles de rendimiento en el proceso de concentración (Moreno 1997:216).

En todo caso, la impresión que se extrae de todo lo visto, es que estamos frente a una producción que utiliza centros de no demasiada entidad arquitectónica, con una técnica que podríamos calificar de elemental, más que de otra cosa. No parece sentirse la necesidad de planificar una organización mejor articulada en los procesos de trabajo. La tecnología adecuada para mejorar de manera sustancial los niveles productivos se conoce, pero no se aplica. Llegados a este punto cabe preguntarse seriamente hasta qué punto los condicionantes tecnológicos resultan realmente determinantes. ¿Este aparente retraso tecnológico precipita la supuesta crisis del azúcar granadino, tal y como se ha planteado en alguna ocasión? ¿O estamos en realidad ante la última expresión de una realidad socio-económica, que no puede, que no quiere dar más de sí, que encuentra fuertes condicionantes de otro tipo para crecer?

2. Campesinos, hombres, no esclavos

Estas consideraciones han sido desarrolladas en otro trabajo publicado hace un tiempo (Fábregas 2018: 301-331), así que de manera muy esquemática podemos decir que la realidad socioeconómica del mundo nazarí está marcada por una fuerte prevalencia de la economía campesina, si bien se detectan signos evidentes del inicio de un proceso de reorientación especulativo-comercial de una parte de su economía. La estructura agrícola nazarí, heredera directa de la andalusí, está marcada por la hegemonía productiva de la agricultura irrigada. Estos sistemas de regadío son creados y mantenidos en el seno de pequeñas comunidades rurales de origen gentilicio, que determinan profundamente sus características morfológicas y funcionales. Esto quiere decir que, por un lado, producen espacios agrícolas de dimensiones limitadas no sólo por la rigidez de los sistemas de captación y almacenamiento del agua, sino también por las posibilidades de mantenimiento y gestión del sistema que asuma dicha comunidad. Por otro, generan espacios productivos dedicados a cubrir las necesidades de subsistencia del grupo campesino, que podría dar lugar a intercambios múltiples, aunque no concentrados hasta el punto de generar un sistema de mercado. Es poco, por tanto, el margen que deja este tipo de agricultura a cultivos de carácter especulativo.

El azúcar es un bien de consumo prescindible y reemplazable. No cubre unas necesidades prioritarias en las sociedades que lo conocen y consumen, y tampoco lo hace ni es objeto de aprovechamiento directo por parte de las comunidades que lo producen. Sólo la esperanza de una alta rentabilidad, no social, sino económica, determina la elección de su cultivo.

Sin embargo, se trata de un cultivo extraordinariamente exigente, al menos en el mundo mediterráneo. Para satisfacer las exigencias biológicas de una planta tropical se tuvieron que reservar tierras particularmente valiosas, como lo eran las tierras de regadío. Dichas tierras quedarían excluidas, por tanto, del sistema agrícola propio de unas economías campesinas basadas, en muchos casos, precisamente, en sistemas de agricultura irrigada y en los altos índices de productividad y sobre todo de promiscuidad de estas tierras como estrategia de autoabastecimiento. Es valiosa también la dedicación exclusiva de una infraestructura, equipamientos y trabajo durante un periodo de tiempo determinado, el que sigue a su cosecha hasta ser transformada en azúcar. Pero es sobre todo costosa, tal y como ya hemos comentado, porque no supone una aportación considerable al equilibrio y mantenimiento del sistema social al mundo campesino que asume sus cuidados.

Mientras el mercado del azúcar se mantenga en los niveles de demanda propios de un artículo de lujo de consumo limitado a sectores muy restringidos de la sociedad europea, la capacidad productiva de los espacios azucareros tradicionales cubrirá de sobra esta demanda. Incluso se instaurará una fuerte competencia entre azúcares de calidad y condiciones de aparición en el mercado similares. Cuando el consumo de azúcar sea objeto de una escalada espectacular, cuyos primeros progresos se detectan ya desde principios del siglo XVI, la inadecuación de los antiguos sistemas de trabajo a estos nuevos volúmenes de producción requeridos es, no sólo evidente, sino dramática.

Conclusiones

Siguiendo con atención la historia mediterránea del azúcar plasmada en el caso de Granada, observamos que factores como la racionalización de recursos o la adopción de nuevas tecnologías constituyen más que desencadenantes de nuevas situaciones, soluciones adoptadas por áreas afectadas por una enorme presión productiva, ejercida por la creciente demanda y sobre todo por su enorme capacidad proveedora.

Sin embargo, las posibilidades de desarrollo de la producción azucarera en el mundo mediterráneo estaban limitadas. No se trata de una limitación tecnológica, sino fundamentalmente social. En el sistema azucarero mediterráneo, aún desarrollado a iniciativa del gran comercio europeo y a instancias de personajes ajenos a la sociedad agraria que impera en estos territorios, la organización del trabajo descansa sobre el campesinado autóctono y es llevado a cabo dentro de los parámetros, más o menos desvirtuados o degradados, de las antiguas formas de propiedad y explotación imperantes en un sistema social tan rígido como el de las comunidades campesinas. Las extensiones de tierras dedicadas a ella fueron reducidas en áreas de cultivo muy consolidadas y que había que transformar de manera radical para implantar un monocultivo. La dependencia de la mano de obra no llegaba nunca al nivel de la esclavitud. La dinámica campesina evitaba una expansión que hubiera cambiado sustancialmente el paisaje y los mecanismos de trabajo.

Bibliografía

Arroyal, P.J., Cruces, E., Gutiérrez, R., y Martín, Mª. T. 2010. *Diplomatario del reino de Granada. Registro General del Sello 1504*. Granada, Universidad de Granada.

Berthier, P. 1966. *Les anciennes sucreries du Maroc et leurs reseaux hydrauliques*. Rabat, Impr. Françaises et Marocaines.

Fábregas García, A. 2000. Vías de acceso del azúcar del reino de Granada al mercado europeo: la Sociedad de los Frutos (siglos XIV-XV). En *Actas do II Seminario Internacional de História do Açúcar. Historia do Açúcar. Rotas y Mercados*. Funchal, Centro de Estudos de Historia do Atlántico: 22-52.

Fábregas García, A. 2018. Commercial crop or plantation system? Sugarcane production from the Mediterranean to the Atlantic. En Th. Glick, A. Malpica, Retamero, F. y J. Torró (eds.), *From Al-Andalus to the Americas (13th-17th centuries). Destruction and construction of Societies*. Leiden-Boston, Brill: 301-331.

García Niño de la Puente y Guevara, F. 1680. *Recuerdos para el escarmiento de las Diuinas iras y efectos de las Soberanas misericordias, experimentados en la epidemia contagiosa padecida, y perfecta sanidad lograda en la muy noble, y leal ciudad de Motril este año de 1679*. Granada.

Heyd, W. 1967. *Histoire du commerce du Levant au Moyen-Âge*. Amsterdam, A. M. Hakkert.

Lapeyre, H. 1985. Els mercaders estrangers al Regne de València en els segles XV i XVI. En A. Furió, *València: un mercat medieval*. Valencia, Diputación Provincial de Valencia: 24-45.

Malpica Cuello, A. 2006. Aportaciones de la Arqueología a la Historia del Azúcar: el caso de la costa de Granada (Motril y Almuñécar). En *Actas del IV Seminario Internacional de História do Açúcar. "Açúcar. Preços, medidas e fiscalidade"*, Madeira, Centro de Estudos de Historia do Açucar: 385-400.

Malpica Cuello, A. 2008. La caña de azúcar y la producción azucarera desde el mundo mediterráneo a las islas atlánticas. Una interpretación de "modelos". En A. Viña, M. Gambín, y M. D. Chinea (coords.), *Azúcar. Los ingenios en la colonización canaria (1487-1525)*. Tenerife, Cabildo de Tenerife: 27-40.

Pérez Vidal, J. 1973. *La cultura de la caña de azúcar en el Levante español*. Madrid, CSIC.

Porëe, B. 1995. Les moulins et fabriques à sucre de Palestine et de Chypre: Histoire, géographie et technologie d'une production croisée et médiévale. En N. Coureas y J. Riley-Smith (eds), *Cyprus and the Crusades, Papers given at the International Conference 'Cyprus and the Crusades', Nicosia, 6-9 September 1994, Nicosia, Cyprus* "Research Centre: 377-510.

Taha, H. 2009. Some aspects of sugar production in Jericho, Jordan Valley. En *A Timeless vale: Archaeological and related Essays on the Jordan Valley in honour of Gerrit van der Kooij on the Occasion of this Sixty-fifth Birthday*, Leiden: Leiden University Press: 181-191.

Von Wartburg, M.L. 1995. Design and Technology of medieval refineries of the sugar cane in Cyprus. A case of study in industrial archaeology. En A. Malpica (ed.), *Actas del Quinto Seminario de la caña de azúcar. Paisajes del azúcar*, Granada, Diputación Provincial de Granada: 81-116.

Watts, D. 1990. *The west Indies: patterns of development, culture and environmental change since 1492*. Cambridge, Cambridge University Press.

Watson, A. 1998. *Innovaciones en la agricultura en los primeros tiempos del mundo islámico: difusión de los distintos cultivos y técnicas agrícolas del año 700 al 1100*. Granada, Editorial Universidad de Granada.

3. The sugar production cycle in the Atlantic archipelagos of the Portuguese expansion (15th-18th centuries): the material remains

André Teixeira
History Department and CHAM, FCSH, Universidade Nova de Lisboa. Portugal
Ricardo Costeira da Silva
CEIS20, FLUC, Universidade de Coimbra. Portugal
Inês Pinto Coelho
CHAM, FCSH, Universidade Nova de Lisboa. Portugal
Filipa Galito Silva
Archaeologist. Portugal
Sara Ferreira
CHAM, FCSH, Universidade Nova de Lisboa. Portugal

Abstract

Sugar cane cultivation, attempted in Portugal during the late Middle Ages, played a major role in the 15th and 16t centuries settlement of the Atlantic islands. Written sources attest to the importance of sugar mills both for the occupation of the Azores, Cape Verde and particularly Madeira and São Tomé and Príncipe archipelagos and for the establishment of new insular societies and trade circuits. Neither the material remains relating to this process nor the impact of this new product in Portugal are well known. However, a number of archaeological research projects conducted in recent years have contributed data regarding the production of the ceramic forms used in the sugar refining process, mainly originating from the regions of Lisbon and Aveiro. These objects were manufactured and distributed in enormous quantities throughout the North Atlantic area. Their study provides information on the logistics of sugar agriculture, a characteristic feature of early colonial societies.

Keywords: *Portugal; Early Modern Age; Atlantic Ocean; ceramics; sugar moulds.*

Resumen

El cultivo de la caña de azúcar, experimentado a finales de la Edad Media en Portugal, fue el gran responsable del poblamiento de las islas atlánticas en los siglos XV y XVI. Las fuentes escritas testimonian la importancia de los ingenios de azúcar no sólo en la ocupación de los archipiélagos de Azores y Cabo Verde, y muy especialmente de Madeira y São Tomé y Príncipe, sino también en la constitución de las nuevas sociedades insulares y de nuevos circuitos de comercio. Tanto los vestigios materiales de este proceso, como el impacto del nuevo producto en Portugal, son mal conocidos. Sin embargo, una serie de investigaciones arqueológicas realizadas en los últimos años han permitido conocer los centros productores de formas cerámicas asociadas al proceso de refinado del azúcar, principalmente en las regiones de Lisboa y Aveiro. Estas piezas fueran fabricadas y distribuidas en enormes cantidades en el espacio norte-atlántico. Su estudio aporta informaciones sobre la logística de esta producción agrícola tan característica de las primeras sociedades coloniales.

Palabras clave: *Portugal; Edad Moderna; Oceano Atlántico; cerámicas; formas de pan-de-azúcar.*

Résumé

La culture de la canne à sucre à la fin du Moyen-Âge au Portugal est responsable, en grande partie, du peuplement des îles atlantiques aux XVe et XVIe siècles. Les sources écrites témoignent de l'importance des sucreries non seulement *dans le peuplement des archipels des Açores et du Cap-Vert et plus particulièrement de Madère et São Tomé et Príncipe mais, aussi, dans la mise en place de nouveaux modèles de société insulaire et de nouveaux circuits commerciaux. Les vestiges matériels de ce processus et les répercussions de cette nouvelle denrée au Portugal sont mal connus. Cependant, ces dernières années, une série de recherches archéologiques ont permis de connaitre les centres de production des ustensiles céramiques associés au processus du raffinage du sucre, principalement dans les régions de Lisbonne et d'Aveiro. Ces pièces ont été abondamment fabriquées et distribuées dans l'espace nord-atlantique. Leur étude apporte des informations sur la logistique de cette production agricole caractéristique des premières sociétés coloniales.*

Mots-clés: *Portugal, temps modernes, Atlantique, céramiques, moules à pains de sucre.*

1.Introduction

It is hardly possible to draw a portrait of Portuguese economic history without considering the relevance of sugar production and trade since the late Middle Ages and throughout the early modern period. Despite the growing number of studies published on the subject, it is still difficult to obtain an overview of this economic cycle and to be aware of its true significance and impact on Portuguese society. Furthermore, many aspects of local experiences in the different areas where sugar economy developed, in the scope of Portuguese overseas expansion, are still largely unknown.

Sugar-related facilities and landscapes are not limited to the places where sugar is cultivated and processed. Besides its material dimension, the history of sugar encompasses a range of different aspects. As far as production is concerned, certain specific features concerning raw materials, manufacturing techniques and tools, as well as the recruited workforce (partly slaves), need to be addressed. Following production, a whole new process takes place, from sugar trade routes to the consumption patterns of various regions and social strata, and the different uses of sugar.

The overwhelming majority of studies on the history of sugar in Portugal and its overseas territories have been based on written sources. Archaeology - our main research work field - has hardly contributed to the study of this subject, despite its huge potential. References to sugar cane cultivation on the Portuguese mainland in the 15th century do exist, but there is little material evidence that attests to it. Nonetheless, from the late 1400s onwards some Portuguese pottery centres acquired a relevant role in the sugar production cycle, becoming the main producers of the ceramic vessels required to purge sugar: after repeatedly boiling the juice extracted from the sugar canes, the resulting substance would be poured into these conical ceramic vessels with a hole at the base, allowing the molasses to flow out leaving the sugarloaf inside the container. These vessels were massively exported to the sugar production areas, given the absence, at least in early times, of local pottery production.

Bearing in mind the broadness of this subject area and the impossibility of sketching a complete overview, this chapter seeks to highlight the contribution of archaeology to the knowledge of sugar production and trade in Portugal and its Atlantic archipelagos between the 15th and 18th centuries. The medieval background will be addressed, followed by a summary of the different sugar mould productions known in Portuguese mainland. Lastly, their use at the sugar mills of the Atlantic archipelagos will be analysed, in the context of the respective economies. We will not discuss herein yet another issue that archaeology has addressed in recent years: the consumption of sugar in Portugal during the same period (Teixeira *et al.* 2015: 22-25).

2. Medieval background

Sugar cane was an ancient crop in Asia and is thought to have reached the Mediterranean during the Arab expansion. It quickly spread along the far Western Mediterranean, extending to the northern coast of Morocco and the south of the Iberian Peninsula, particularly the Levantine regions of Valencia and

Granada. Sugar cane cultivation developed rapidly, becoming one of the main sources of wealth in the region during the golden period of the Caliphate of Cordoba (Parreira 1952: 15-16; Godinho 1968: 278). Even though written documentation is scarce, sugar cane farming is supposed to have existed and thrived in the present-day Portuguese territory under Islamic rule, in the so-called Gharb al-Andalus, and remained after the Christian conquest (Moreno 1997: 210). Indeed, molasses was sent from Portugal to Bruges in late 12th century (Godinho 2008: 308).

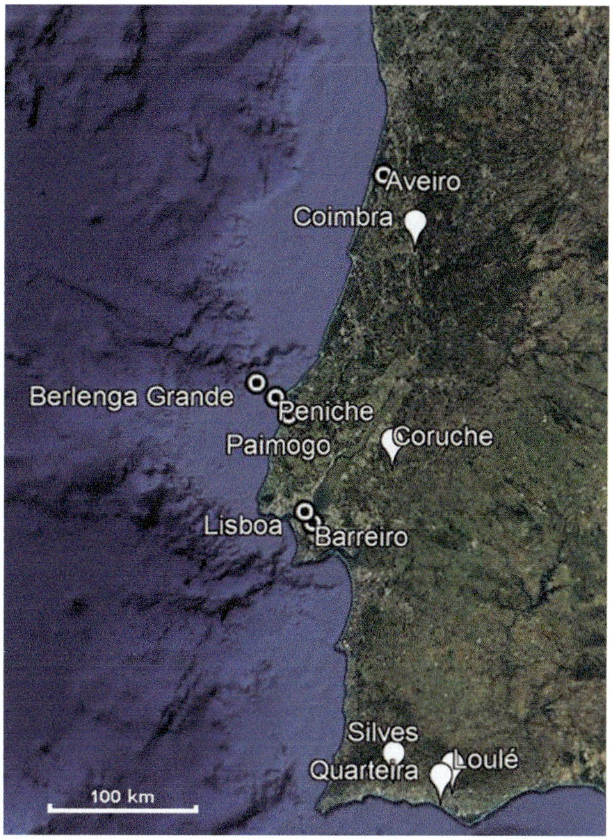

Figure 3.1. Sugar cane cultivation areas and sugar mould production centres in Portugal. Based on Google Earth maps

The 15th-century written sources suggest that this culture would have persisted mainly in the South of Portugal, i.e. the Algarve region (Figure 3.1). Around 1416, an anonymous author describes Portugal, among other European kingdoms, and the Algarve region in particular, highlighting that here 'sugar, dates and other excellent fruits grow, due to the heat' (Nascimento 1977: 260). In 1404, in a charter issued by King João I (1385-1433), some lands owned by the monarch in Quarteira (Algarve) were assigned to João de Palma, a Genoese merchant involved in the sugar cane farming on the king's behalf, so that he could 'better grow the said sugar cane and increase its profits'. Likewise, in 1409, a new charter of King João I refers to the lease of a "vegetable garden" ('horta') in Loulé for planting sugar cane (Parreira 1952: 18-19; Godinho 2008: 308). These documents testify to the care and commitment of the monarch with regard to sugar cane farming. This seemingly indicates that good profit was being made, and that at this time Genoese trade was interested in these Algarve regions, investing in and fostering sugar cane cultivation. Its success is proven by its high export rates from Quarteira and Loulé in 1410, resulting in considerable activity at the customs and tollhouses of these towns (Iria 1988: 386).

By then, sugar cane farming would not be confined to the south of the country, but you do not known all the regions where it was introduced and its true extent (Figure 3.1). These plantations were also flourishing further north, in the fields of the Mondego River, near Coimbra, as witnessed in 1451 by a German - Niklas Lankmann von Falkenstein - who travelled to Portugal as a representative of Emperor Frederick III on the occasion of his marriage to Leonor, the daughter of King Duarte (1433-1438) (Parreira 1952: 19). The chronicle of his mission includes the unequivocal words 'Oh Portugal, good land! They have an abundance of bread, wine, and olive oil there, and much and diverse tree fruits (...). In many places, sugar cane is grown! ' (Nascimento 1992: 51-53). Another German author, the knight Georg von Ehingen, describing his journey to Portugal between 1456 and 1458, wrote 'The country is also well built, and the best and sweetest fruits grow there, grapes, corn, oil, sugar, and there is also much salt' (Letts 1929: 31), further strengthening the evidence. One final reference, taken from the farce 'Judge from Beira (*Juiz da Beira*)', by the Portuguese poet and playwright Gil Vicente, staged in 1525, shows that sugar cane cultivation (in this case, in the fields of the Sorraia River, one of the last tributaries of the Tagus) became widespread on the Portuguese mainland and was maintained even after sugar cane agriculture was introduced in the Atlantic islands: 'Whoever wants to rent,/ The moors of Coruche,/ Before the bidding rises,/ They are up for auction,/ New and safe lands,/ Which have never been ploughed,/ Oh, what scrubland for bread!/ What valleys for saffron,/ And sugary canes!'.

The aforementioned examples attest to the cultivation of sugar cane in mainland Portugal, namely near rivers and well-irrigated areas, but they do not definitely prove that solid sugar was produced in the country. Actually, no known documentation mentions sugar mills in Portuguese mainland. An animal-powered mill was identified at the Castle of Silves and has been associated with sugar production trials sponsored by Prince Henry the Navigator, prior to its introduction on the island of Madeira (Gomes 2012). Further intervention at the adjoining spaces is expected to shed light on the function of this particular mill. What seems clear is that a well-developed activity did not exist in Portugal, as happened in other Iberian kingdoms. Still, sugar might have been produced on a small scale, for local and regional consumption.

3. Pottery production centres

Continental Portugal was part of the sugar production process during Early Modern Age. This was particularly relevant in terms of the supply of sugar moulds, which were essential during the purging phase, as mentioned above. A steady and large-scale flow of these moulds reached the volcanic islands of Macaronesia. The locations where the sugar moulds were manufactured coincide to a large extent with the country's main pottery areas, whose products attained considerable national and international dissemination, namely the regions of Lisbon and Aveiro. Faint production remains are also known in the Lourinhã region, in the southern-central coast of Portugal.

3.1. On the south bank of the Tagus: Mata da Machada and Santo António da Charneca

The discovery of the archaeological pottery sites of Mata da Machada and Santo António da Charneca (in the present-day municipality of Barreiro), during the early 1980s and late 1990s, respectively, ultimately consolidated the perception of national historians and archaeologists concerning the part played by Portugal in the history of sugar (Torres 1990).

Located on the estuary, on the south bank of the Tagus River, close to one of its tributaries (the Ribeira de Coina), these finds were situated in a landscape of extensive pine forests, mainly due to the presence of the Real Mata da Machada royal woods, as it was called in the 14th century (Torres 2005: 2). The clay pits on the river's south bank proved favourable to the establishment of pottery activities, and other potential potteries have been identified at Pinhal das Formas and Pinhal dos Fornos, in addition to the aforementioned ones. In the 15th century, concurrently with agricultural production, countless economic activities were undertaken on the basis of the exploitation of this region's natural resources: the extraction of salt; providing firewood for baking bread and biscuit, namely at the Royal Oven or Royal Biscuit Factory of Vale do Zebro, which provided foodstuffs for the oceanic armadas; felling of wood for shipbuilding at the Telha factory or for other vernacular uses; the construction of tide mills for grinding cereals; and the creation of pottery and lime kilns (Pais 1963: 5; Paulo and Guinote 2000: 37-43). The economic dynamics of the 16th and 17th centuries attracted not only merchants but also other families from inland Portugal to this region.

The excavation of the archaeological site of Mata da Machada unveiled three structures: a muffle kiln, used for firing glazed ceramics; a large kiln, used to produce unglazed pottery; and a warehouse area. A waste dump was also discovered at Santo António da Charneca. Both sites yielded much diversified ceramic assemblages, featuring household ware, such as pots, pans, plates, bowls, jugs, pitchers and basins, as well as net sinkers, roof tiles, bricks and sugar moulds (Carmona and Santos 2005; Barros *et al.* 2012). The coinage found among the waste of the Mata da Machada site indicated that this pottery workshop operated between 1450 and 1550 (Torres 2005: 4), but its chronology is probably more recent, essentially from the first half of the 16th century (Coelho and Teixeira 2018: 264). The proximity of the Mata da Machada and Santo António da Charneca sites supports hypothesizing that both may have belonged to the same large mass production pottery complex. The pastes are similar: they were thrown on a fast wheel and were subjected to oxidised firing, going from beige to red, having a hard texture, and some medium size inclusions of quartz and grog, and a few small inclusions of muscovite, biotite, red iron oxide. There are also numerous morphological parallels among the identified forms, although the volume of data from the first site enables a more detailed characterisation of the production (Barros *et al.* 2006: 37; Silva 2012a: 72-73).

Thus, four types of sugar moulds have been produced in this area (Silva 2012a; Silva 2012b). Type I has a slightly everted rim, a rounded or flattened lip, with a diameter between 18 and 22 cm; the body is conical but the bottom is U-shaped, with a hole at the base. This type can be divided in two subtypes, I.A and I.B, besides several variants, resulting from minor formal variations. In broad terms, type III resembles the previous one, with a slightly everted rim and rounded lip, and stands out due to its reduced size, with a rim diameter of 14 cm. Type II includes larger forms, with rim diameters of 28 to 38 cm. At Mata da Machada, subtypes have been defined according to the type of rim (with variants), always slightly everted and collared: II.A, rectangular; II.B, round; II.C, semi-circular. The lower end differs from Type I by having a ring foot, with round or square cross section. Type IV has an inverted drop-shaped rim tapering downwards, with diameters between 35 and 40 cm. 'Potter's stamps' are relatively scarce in the studied sample, having been recorded the 'chicken foot', a set of circles, a cross and a 'deer foot' (Figure 3.2).

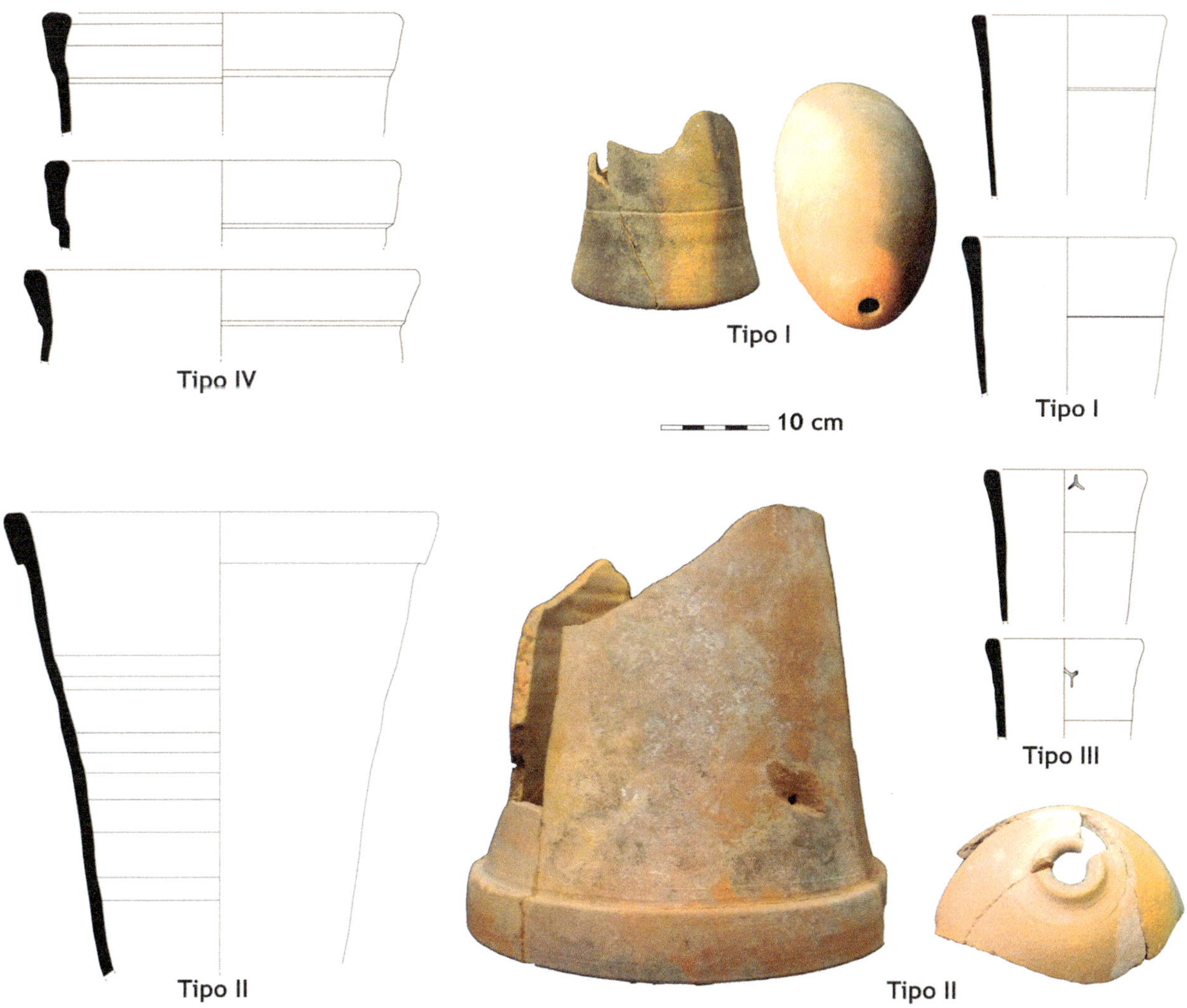

Figure 3.2. Typology of the sugar moulds from the Mata da Machada pottery workshop, Barreiro

Thus, the typological study revealed four sugar mould types of three distinct sizes: small, medium, and large. The quantitative analysis indicates the clear predominance of type I (medium), which may be related to the interference of the royal power in the typification of these ceramics. Indeed, we are aware of the attempt to normalize the size and morphology of the moulds, as early as the 1470s, during the reign of King Afonso V (1438-1481), but only implemented in 1501, under King Manuel I (1495-1521). The goal was to standardise the size of sugarloaves, to ensure their quality and tax uniformity. Following the potters' regulation issued by King Manuel I, the production of larger forms, such as type II, ceased, in an attempt to homogenize type I forms. The smaller type III may correspond to a small-scale or even domestic production.

The significant percentage of items with manufacturing and firing flaws suggests the poor quality of these ceramics, which could be one of the reasons for the abandonment of these pottery complex. Unlike the other producers associated to the industrial complex of the south bank of the Tagus, the potteries addressed herein do not seem to have achieved the required product quality, thus making room for the development of other national pottery centres, namely in the region of Lisbon (Silva 2012a: 93-94).

3.2. Lisbon

Until a few years ago it was thought that the production of sugar moulds in the region of Lisbon was limited to Barreiro, an area of mass production for the Portuguese expansion. However, recent archaeological works have shown that these vessels were also made within the city, or in its immediate surroundings, which had a long pottery tradition.

Figure 3.3. Sugar moulds production centre at Rua das Portas de Santo Antão, Lisbon. © Neoépica Lda

The most relevant findings resulted from the archaeological works carried out at Rua das Portas de Santo Antão (Figure 3.3), one of the main access routes to Lisbon from the North. During the restoration of the late 18th-century Anunciada palace, several pottery levels were found underneath the building, dating from the end of the 15th century to the beginning of the following century. These remains correspond to three circular-shaped kilns filled with basins, tiles and mainly sugar moulds (Cardoso *et al.* 2017: 1715 and 1721). The moulds are conical, with an everted, collared and rectangular section rim. Two different sizes were observed: one with rim diameters ranging from 18.2 to 21 cm, heights between 38 and 40 cm, and holes of 1.2 to 1.5 cm diameters; other with a rim diameter around 30 cm. The pastes are siliceous, with medium grain and hardness, compact and homogeneous, showing visible inclusions (muscovite, smoky quartz, milky quartz, rose quartz, red and brown iron oxide); some pastes also feature chamotte and fossil shells. These objects were thrown on a fast wheel, fired in oxidising conditions and display reddish shades; the surfaces were coated with similarly reddish clay slips (Cardoso *et al.* 2017: 1718).

Despite not corresponding to production deposits or the same chronology, we would nevertheless highlight the archaeological works conducted at Praça D. Luís I, on Lisbon's riverside, where 320 sugar mould fragments (116 MNI) were recovered underneath a structure adjacent to the São Paulo fort, built in the second half of the 18th century. The whole assemblage shows plain (non-collared) rims, with diameters between 18 and 32 cm (Ferreira 2015: 23-28). No parallels with the known productions from Barreiro and Aveiro have been found so far. The presence of this set of moulds is seemingly related to a 1751 charter, by which the Englishman Christiano Henriques Smith was allowed to establish a sugar refinery at the São Paulo church square, right next to the fort (Pereira 1900: 38). This location had been a logistical base for Brazilian trade since the 17th century.

3.3. Aveiro

The city of Aveiro played a relevant role in the sugar production cycle as a sugar mould production centre. In recent years there has been a systematic record of the occurrence of these vessels, which are abundant in both terrestrial and underwater archaeological contexts, resulting either from random finds or archaeological interventions (Alves *et al.* 1998; Morgado 2009; Morgado *et al.* 2012; Coelho 2012; Silva 2018). Whole moulds are commonly found throughout the historic centre of the city, used as adobe wall cresting or as structural elements in the gables of the oldest buildings (Figure 3.4). These reused pieces consistently show production flaws, most of them being deformed or broken. In this region, the use in construction of rejected pieces, unsuited for the commercial circuit, can be explained by the absence of a rocky substrate.

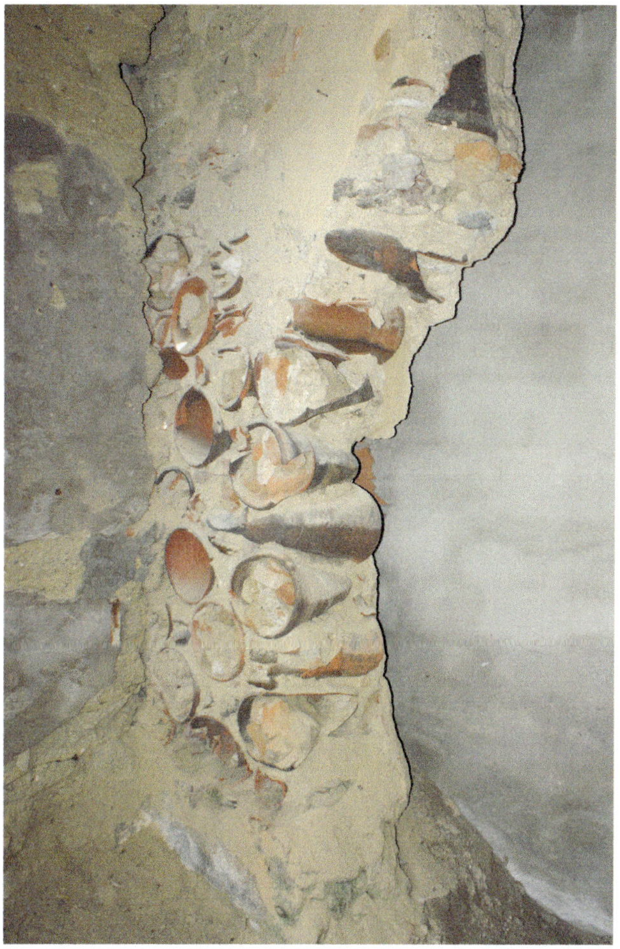

Figure 3.4. Sugar moulds used in a Casa do Seixal wall, Aveiro. © Paulo Morgado

Besides this type of random finds, the growing number of archaeological excavations on the edge of the former Bairro das Olarias [lit. potteries' quarter] yielded significant assemblages of this type of vessels from sealed stratigraphic contexts. This has contributed to clarifying the manufacturing chronologies, morphologies, and typologies of these objects, thus allowing scale and production dynamics estimates. Nearly all the sugar moulds originate from similar archaeological contexts: the infills of pits dug into the bedrock (Morgado *et al.* 2012). The configuration of these negative structures, the clayish bedrock they were dug into, their proximity to the former Bairro das Olarias and the presence of deformed ceramics (sugar moulds being the most abundant type) let us to conjecture they may be related to the potteries, even though their specific function is still unknown.

In addition to terrestrial contexts, there are also several underwater findings, on the muddy shores of the Aveiro lagoon. Notwithstanding, we would highlight the Ria de Aveiro B-C archaeological site, where, besides the remains of unglazed and tin-glazed sherds, and kaolin pipes, there were also fragments of sugar moulds of various shapes and sizes (Alves *et al.* 1998; Coelho 2012). This context has been interpreted as a result of port activities, namely accidents during loading and unloading operations, or the cleaning of on-board waste or of the coastline. However, it may have also been caused by one or several shipwrecks, since a considerable number of ceramics were found in stacks, suggesting a commercial nature of the cargo. It is worth mentioning the use of the micro-toponym *Gran Caravela* precisely on the area where the largest concentration of ceramics was found and also some ships' timbers (Alves *et al.* 1998: 199; Coelho 2012: 757-770).

Despite the differences of the provenance contexts, Aveiro sugar moulds show similarities, from a technological and morphological point of view. The macroscopic analysis of the ceramic pastes does not allow us to create a detailed, secure, and rigorous definition of the typology. If, on the one hand, the homogeneity of the pastes is clear, on the other hand, the multitude of firing and finishing tecniques would lead to an unreasonable dispersion of the assemblage. The paste is globally sandy, light-coloured, slightly orange, with a compact texture, hard, not very depurated, with abundant, poorly distributed, smallto medium sized inclusions – one can easily observe rounded grains of milky quartz, mica and small dark-coloured iron oxide particles. The firing is mostly oxidizing, but the core of the rim, where it is thicker, is often reduced. The surfaces were smoothed and quite commonly covered with a thin greyish/brownish slip.

Up to now, the definition of an overall typological framework for sugar moulds has never been attempted. This type of systematisation has only been carried out individually, for each assemblage. In plain terms, it is possible to differentiate four variants within the Aveiro group (Figure 3.5):

Type I - smaller pieces, with semi-circular collared rims and flattened lips, outlined by incision or slightly everted outwardly, ca. 18 cm in diameter and ca. 36 cm in height.

Type II - slightly larger vessels, with a plain rim, rounded lip, which may feature a more cylindrical mouth, measuring ca. 22 cm in diameter and 42 cm in height.

Type III - vessels of intermediate size, with a plain rim and a more rounded lip, between 24 and 29 cm in diameter and ca. 47 cm in height. This is the most abundant group.

Type IV - larger vessels, with a collared rim, a flattened and demarcated lip, with diameters between 39 and 43 cm; the height could not be estimated, because of its fragmentation level. These are probably the vessels that have been designated by the term 'bell', which are part of type 1 from Machico (Sousa 2006), although in Madeira Island they can reach 55 cm in diameter, as we shall see.

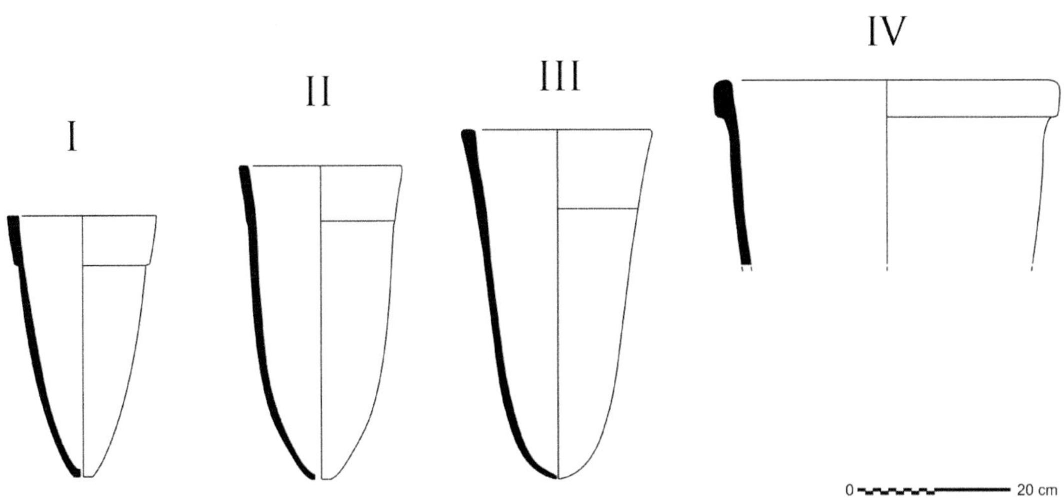

Figure 3.5. Typology of the sugar moulds from the Aveiro pottery workshop

To obtain an approximate notion of the mass that each type of mould could hold, a calculation exercise was carried out based on the diameters and heights of the Ria de Aveiro B-C assemblage. The estimated internal volume and mass allowed the identification of three types, with an average capacity between 4 and 10 dm^3. Mass calculations were performed for each type of sugar mould based on its internal volume and the sucrose density (1.587 kg/dm^3), indicating the following weights for Types I, II and III, respectively: 6.348 kg, 11.109 kg, and 15.870 kg. This experimental essay reveals a concern with the standardization of the vessels' volume and with their proportional manufacture, as evidenced by the legislative initiatives already referred to, during the reigns of Kings Afonso V and Manuel I (Coelho 2012: 761).

Pottery has been described and documented as having significant economic importance for Aveiro since at least the 16th century. However, although the medieval and early modern pottery areas are known, it was only recently that combustion structures (three or four kilns) were identified for the first time, possibly corresponding to one or more workshops located inside the city's walled perimeter (Gomes *et al.* 2019: 36-39). Until the detailed study of this important find is completed, it is not known whether, at any time, it may have been related to the manufacture of sugar pottery. In this sense, the production of these vessels in Aveiro is archaeologically attested by the recurrent reuse of deformed pieces on the walls of the town houses, by their possible presence in the cargoes of early modern ships identified in the Aveiro lagoon - essentially carrying locally produced items - and by their frequent occurrence (rather than other types of ceramic vessels) in archaeological contexts of disposal. However, in historical terms sugar cane agriculture or sugar production are not known in this region.

The historical documentation is quite clear and corroborates the archaeological information. For instance, in one of the 1626 minutes of the municipal council of Funchal (Madeira Island), the aldermen of this municipality, aware of the shortage of sugar moulds for the expected sugar cane production, sent for Cosme Camelo, the owner of a caravel, 'and told him that this land lacked moulds and that he was to dispatch the caravel, which he had just bought, to Aveiro to rapidly fetch moulds to prevent the loss of a large amount of canes, whoch would happen if the moulds were not fetched. And the said Cosme Camelo replied that he wanted to send for the moulds and that he (...) was committed to bringing back the said caravel full of moulds from Aveiro' (Sousa 2006: 14). Thus, the Aveiro mould production must have played a significant role in the transatlantic trade circuits. Manuel Cabrera's study indicates that, between 1560 and 1575, 13,850 sugar moulds were imported from Aveiro to the Canarian mills, owing to their good quality (1987: 9). This connection is also attested by the archaeological finds from the Agaete sugar mill (Gran Canaria Island) (González *et al.* 2018).

The diachrony of the Aveiro sugar mould production needs further clarification. The beginning of the production is not entirely clear. It is frequently set in the 15th century, when sugar cane was introduced in Madeira and the Azores. Nevertheless, so far this type of vessels has not been found in archaeological contexts predating the 16th century. The earliest evidence was found in the vaulted ceiling of the upper choir of the Santo António church in Aveiro, located near the former pottery quarter and built in 1524. An assemblage of ceramic wastes (mostly defective) was recovered here, including a number of sugar moulds (Silva 2018). Regarding the end of their production, Councillor José Ferreira da Cunha e Sousa stated in 1908 that 'In the Olarias quarter I only met two elderly men who told me they had been potters, but no longer worked (...). Moulds for the so-called sugarloaves were also made here and shipped to Brazil, but this ceased after the unfortunate 1810 treaty. Some of these moulds were used in the construction of backyard walls and I have seen quite a few in the wall surrounding the Fábrica farm, on the Corredoura side' (1940: 22). This suggests that production extended until the early years of the 19th century.

This broad production diachrony stands in contrast with the other major production centre of the Barreiro region, already referred to, which was abandoned by mid-16th century. Therefore, while the true scope of the other known centres remains unknown, Aveiro is regarded as the great producer of sugar pottery in mainland Portugal and the main supplier of the sugar mills of the major Atlantic sugar-producing centres. Also, this region's unglazed pottery seems to have spread widely around the Atlantic, with finds in north-western Iberia, the North Atlantic coasts of Europe, the archipelagos of Macaronesia, in North America and in Brazil (Carvalho and Bettencourt 2012: 743-744).

3.4. Paimogo and Peniche

Archaeological works unveiled a possible sugar mould manufacture in a poorly studied coastal region of south-central Portugal. Its dimension must have been incomparably smaller than its Lisbon and Aveiro counterparts. The finds are centred in the Paimogo site, near the town of Lourinhã, and in the city of Peniche, some 5km apart, but also in Berlenga Grande, an inhospitable island, scarcely inhabited, ca. 10km off the coast of Peniche.

The first ceramic remains were found on the surface in Paimogo. The recovered assemblage included 26 rims with diameters ranging from 17.5 to 44 cm, featuring reddish semi-compact pastes, and surfaces covered with a similarly coloured slip. The macroscopic analysis of the assemblage supports concluding that they are different from the pottery produced in the aforementioned regions, hence this must be a local pottery production (Sousa 2006: 17).

The Peniche findings have enhanced this possible existence of a production centre around this area. The site located at 13-23 Rua de Afonso de Albuquerque yielded a rather fragmented assemblage (17 MNI) from the late 16th century to the first half of the 17th century. The macroscopic analysis point to three different manufactures, with pastes varying from orange to red and pink, mainly compact, with abundant small-sized inclusions (mica and quartzite). These moulds are mostly 18 to 22 cm in diameter, but two items reach 29 and 34 cm. Their rims are thickened, with rounded lips and surfaces covered with a matching coloured slip. Given the similarities between this assemblage and the Paimogo one, we would hypothesise that both sets were produced in the same workshop, either at Paimogo or at the Geraldes site, near Peniche, where a ruined dwelling featured several sugar moulds reused as building material (Constantino 2017: 1659).

The presence of this type of vessels in 16th- and 17th-century stratigraphies might be correlated with the remarkable growth of Peniche during this period, associated to its intense maritime activity, noticeable, for example, in the fact that Peniche was the second Portuguese port with the highest number of pilots appointed to the Brazil route (Polónia 1995: 271-353).

The findings of sugar moulds at the fishermen's quarter in the island of Berlenga Grande is rather puzzling. This is an early modern age context, possibly related to the Misericórdia monastery that existed here between 1513 and 1548. A total of 77 fragments were identified (65 rims and 12 bases), featuring rather compact, orangey pastes with abundant small and medium-sized inclusions such as quartz, limestone, white mica, dark coloured iron oxide particles and nodules of poorly fired clay. Two different manufactures were recorded: one showing an oxidizing firing and smoothed surfaces covered with a matching coloured slip; and another featuring reduced/oxidised firing, with beige and greyish slips. Rims are mostly thickened; a lesser number of items have collared rims; diameters range between 16.9 and 23.4 cm. The production centre remains undetermined, but it is possible that these moulds were made at the Paimogo pottery, given its proximity to the island (Lourenço and Bugalhão 2006: 50-56).

The presence of this type of vessels at the site may be related to the function of the island as an anchorage on the Atlantic routes. It possibly served as a port of refuge for the vessels carrying sugar moulds from nearby potteries to the Atlantic sugar centres. Their presence here may also be linked to the sustenance of the monastic community that lived on the island during the first half of the 16th century, or to the payment of assistance services to ships mooring at Berlenga. As a matter of fact, one of the reasons for the foundation of the monastery was the need to provide spiritual and religious assistance to the seamen that called at the island (Lourenço and Bugalhão 2006: 59-60).

4. The insular sugar-producing centres

Sugar was undoubtedly one of the major boosters of the Portuguese occupation of the Atlantic archipelagos. The islands served other fundamental strategies, such as support for Atlantic navigation or the trade along the African coast, in different degrees depending on the cases. But in all of them there was always a concern to settle population by promoting productive activities that ensured the population's self-sufficiency or the production of export goods. This was the only way to secure Portuguese ownership of the islands, which was fundamental given their strategic location, essential for maritime expansion, one of the kingdom's main objectives from the 15th century onwards (Figure 3.6).

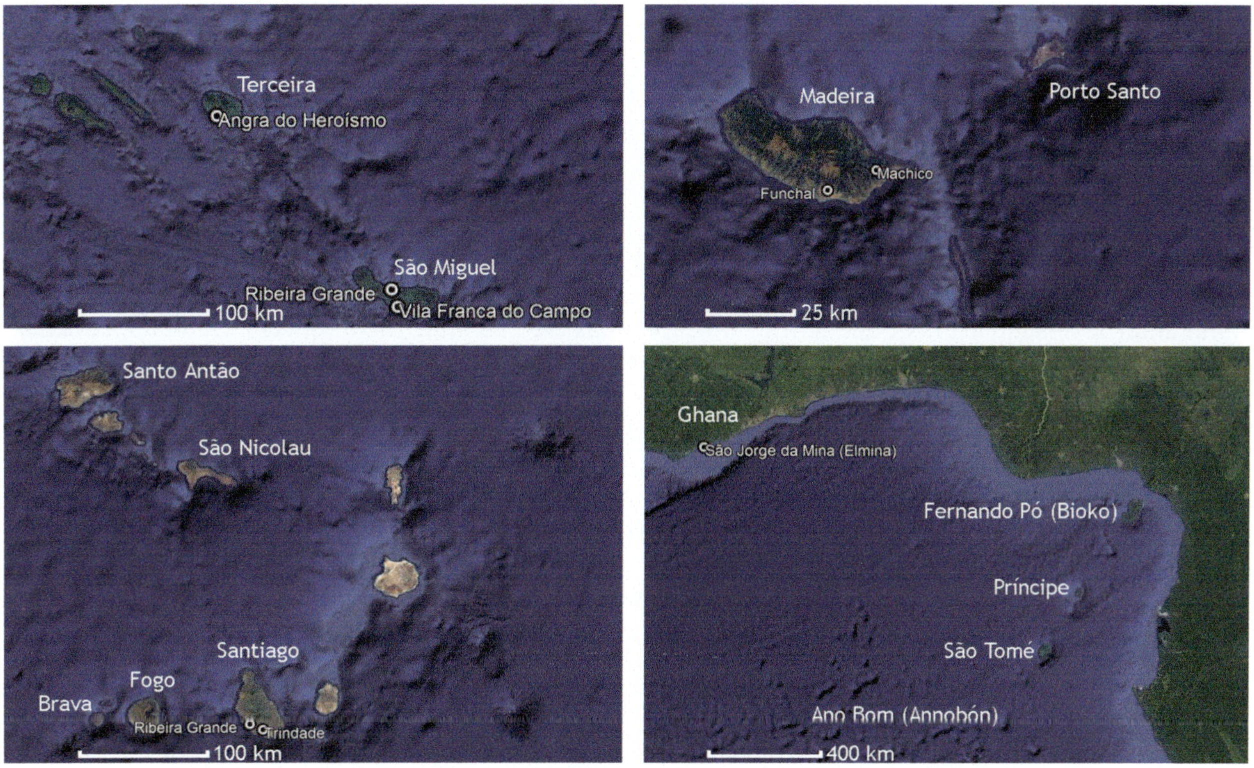

Figure 3.6. Sugar-producing centres in insular territories occupied by the Portuguese

4.1. Madeira

The island of Madeira, found in 1419, played a decisive role in the Atlantic expansion of sugar cane. The good natural conditions for agriculture and the dispute between the Portuguese and Castilian kingdoms for control of the ocean led to a fast settlement, essentially by Portuguese population. During the first half century of occupation, wheat was the dominant crop. This was the basis of the European and Mediterranean diet and was therefore introduced in the island to provide sustenance for the settlers. The virgin state of the land and the weather conditions enabled abundant harvests, leading to grain exports. Wine was also introduced here, mainly for local consumption.

However, as early as the 1430s, sugar cane cultivation was tried out, with very promising results. Enormous profits could be obtained with a product that was a luxury in Europe by then. In less than four decades, wheat was replaced by sugar as the dominant product of insular agriculture, with production volumes that made Madeira one of Europe's major suppliers during the last decades of the 15th century and at the beginning of the following century. The volume of sugar reached 90,000 arrobas in the last years of the 15th century, peaking at more than 225,000 arrobas in 1506, and then falling to 125,000 arrobas in the second decade of the century. It again fell sharply to around 75,000 and 50,000 arrobas in the following decades, reaching 35,000 arrobas in the 1580s, which is still a significant volume, although far from the glory years. Regardless of its volume, Madeira sugar had always been recognised as one of the highest quality compared to its Atlantic competitors, and had also been used for the renowned production of fruit preserves, also intended for export (Vieira 1989; Ribeiro 1993: 345-352; Rodrigues 2005).

The profits from sugar production led to a profound transformation of the mountainous landscape of Madeira, especially in the southern slopes and more timidly in the northeast, with the clearing of native forests, the creation of large terraced areas and the construction of *levadas* (rural water conduits), hallmarks that still exist nowadays (Sousa 2012: 288 and 424). Thus, sugar and its profits were the great driving force behind the settlement, resulting in significant urbanisation. In the early days sugar was produced in *alçapremas*, hand mills that squeezed the cane. But from the second half of the 15th century onwards, the *engenhos* (sugar mills) began to be used, i.e. animal-powered and particularly water-powered mills. This period also saw the creation of the first regulations concerning the craftsmen involved in the production, the sugar masters, and the supervising officials, the *alealdadores*, who were responsible for guaranteeing quality (Rodrigues 2005: 106-107; Sousa 2012: 427).

By the end of the 15th century there were 14 sugar mills and 80 sugar masters on the whole island. A century later there were only 34 sugar master, a number that gradually decreased during the 17th century. Sugar production seems to have started in the territory of Machico, one of the first urban centres of the island and the headquarters of one of the two capitanias created after the discovery. However, Funchal, the other capitania, ended up being more important since it had the best sugar cane areas, due to its orographic, climatic and weather conditions. Funchal accounted for 75% of the entire Madeira production (Vieira 1993).

Despite these historical evidences, the finds of sugar mills corresponding to this initial phase of Madeira's history are non-existent. One of the possible reasons for this is that the industrialisation of this activity in the 19th century - in a new surge of this product on the island - could have entailed the construction of new structures on top of the previous animal or water-powered mills (Figure 3.7). This would explain the invisibility of the 15th- to 17th-century mills, which are possibly buried and awaiting archaeological research (Sousa 2012: 137, 449-452).

Figure 3.7. 19th-century sugar mill in Faial, Madeira, where fragments of early modern sugar moulds were found. © Élvio Sousa

In contrast to this lack of traces, sugar moulds are abundant and therefore the best material indicator of sugar production in Madeira. Curiously, some of these ceramic remains, dating from the 16th and 17th centuries, are frequently found in the vicinity of 19th-century mills, sometimes re-used in their construction. Nevertheless, it is not enough evidence to prove the ancient and lasting operation of these sugar mills (Sousa 2006: 20).

The first finds of sugar pottery in Madeira originate from underwater contexts, in the 1960s. In the following decade, archaeological interventions conducted at the Piedade Convent of Santa Cruz yielded the first significant sugar mould assemblage (Sousa 2006: 15-19). New finds were made in the 1980s, at Praça Cristóvão Colombo, in Funchal. A first typology of these objects found in the archipelago was then established (Gomes and Gomes 1998: 343). However, the most significant archaeological contribution to the study of sugar production in Madeira was authored by Élvio Sousa in the 2000s, in Machico. A complete sugar pottery typology was thus created, based on finds from homogeneous 16th- and 17th-century stratigraphies (Sousa 2010: 309). Three groups were defined (Figure 3.8): Type 1, composed by large vessels with collared rims, thickened outwardly, with flattened or convexed lips, and diameters between 42 and 55 cm, which could be the 'sinos' (bells) referred to in coeval sources; Type 2, medium sized objects, also with collared rims, and flattened or convexed lips, with diameters from 30 to 39 cm; and the smaller sized Type 3, with plain rims, and roundish lips, with diameters from 20 to 28 cm (Sousa 2010: 308). Type 1 and 2 vessels feature reddish or brownish pastes, with a semi-compact texture and quartz, mica, and feldspar inclusions as well as fired clay nodules; the surfaces were covered with matching-coloured slips. Type 3 is different, as its surfaces are covered with an orange, sometimes greyish slip (Sousa 2010: 308).

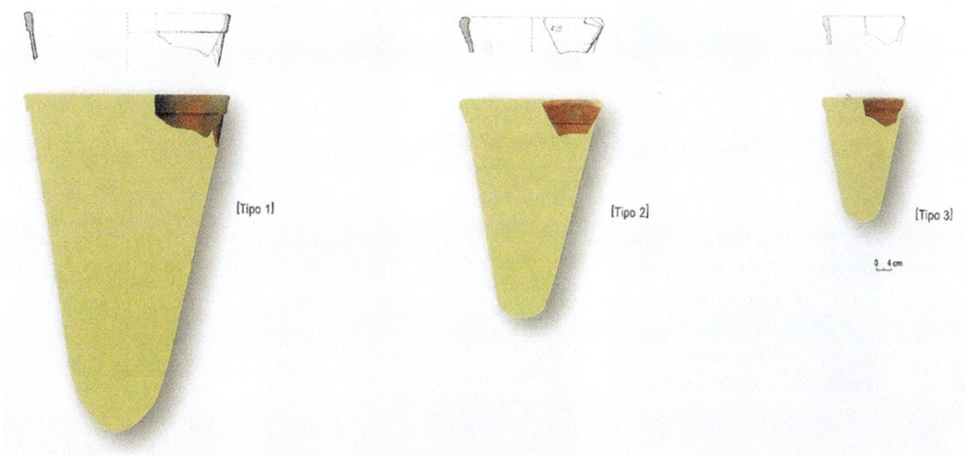

Figure 3.8. Typology of the sugar moulds from Machico, Madeira. © Élvio Sousa

Concerning the Funchal finds, archaeological works conducted at sites such as the palace of Rua do Esmeraldo (1990), the Consuls' palace (1994-1995), the manor of Dona Mécia (2000) and the students' courtyard of the Jesuits' college (2001) also yielded a considerable assemblage of this type of vessels (Sousa 2006: 24). Its analysis enabled the definition of two types (Figure 3.9), both with slightly thickened plain rims: a medium-sized one, with rims measuring 24 to 28 cm in diameter, and a smaller one, with rims ranging from 18 to 23 cm. In metrical terms, both types are similar to the Type 3 defined for Machico (Sousa 2006: 24-25).

The Madeira mills would certainly require large amounts of vessels to cope with the sugar production cycles. The mineralogical analysis of local clays revealed their poor suitability for pottery production, with an absence of sodium and potassium, in addition to the refractory properties required for this type of vessel, which must be able to withstand high temperatures (Sousa 2012: 214). In this sense, the provenance of the sugar moulds used in Madeira seems to be mainland Portugal, according to archaeometric studies. While data from contexts of the end of the 15th century and the beginning of the following century indicate diverse unknown origins for these moulds, the 16th- and 17th-centuriy stratigraphies are indicative of Aveiro productions. Moreover, as mentioned before, a 1626 document attests to the import of Aveiro ceramics to supply Funchal's sugar production (Sousa *et al.* 2005: 297; Sousa 2012: 215-216).

The spatial distribution of sugar pottery finds in Madeira, leaving aside their probable occurrence in mills that was not yet archaeologically confirmed, suggests their use in wealthy families' residencies. Indeed, these people may have promoted massive sugar production, but also could have refined sugar in a small scale, to prepare preserves and confectionery, namely using copper cauldrons, such as the one unearthed from a well in Machico (Sousa 2006: 28).

Figure 3.9. Sugar moulds from Funchal, Madeira. © Élvio Sousa

4.2. Azores

The first Azorean island was discovered in 1427 and the subsequent exploration of the other islands lasted until 1452. The settlement of the nine islands also progressed over time, first the eastern group from 1427 onwards, then the central group during the second half of the century, and finally the western group, already at the beginning of the 16th century. This archipelago globally adopted the exploitation system used in Madeira, but played a much more relevant role in supporting ocean navigation, due to its geostrategic location. During the 15th to 17th centuries, Terceira Island, and particularly the city of Angra do Heroísmo, was a place of refuge and resupply for the armadas returning to the Iberian Peninsula from Africa, America or Asia. As far as the agricultural exploitation of the archipelago is concerned, wheat and woad were outstanding crops, both being remarkably profitable. The former turned the Azores into the great Portuguese supplier of this vital cereal, while the latter, a dyeing plant, fuelled commercial circuits in the Iberian Peninsula, Flanders, and England, where textile manufactures were thriving. Wine was also important, mainly for self-consumption. Vineyards, like the other crops, were grown on the *fajãs* (supratidal zone made from lava flows and landslides, at the foot of coastal cliffs), while cattle breeding took place in the hillier areas (Matos 1989; Gil 1989; Meneses 2005: 209-257).

When compared to the archipelago of Madeira, the Azores played a less prominent role in sugar production. Sugar cultivation was tried out on several islands, particularly in São Miguel, as early as the second half of the 15th century. Cane fields were planted and water-powered mills were installed, using water from the streams, which also allowed irrigation, especially around the main settlement, like the Água d'Alto mills in Vila Franca do Campo. At the turn of the century, the Azores archipelago produced around 20,000 arrobas, while Madeira reached 90,000. Production fell sharply during this period, due to inadequate climate conditions and competition from other sugar-producing centres. Imports were even required, first from Madeira, then from São Tomé, and mostly from Brazil. Nevertheless, sugar mills continued to be a hallmark in the landscape of some of the Azorean islands, particularly São Miguel (Meneses and Rodrigues 2005: 351-353).

In archaeological terms, and just like Madeira, the sugar mills of this period are completely invisible in the Azores. One can partly justify it by Azores intense seismic activity that resulted in continuous damage, e.g. the 1522 earthquake completely destroyed Vila Franca do Campo, leaving a recognizable mark in the archaeological record (Bento 1990; Guerrard *et al.* 2021). Once more, the material remains of sugar production are limited to the findings of sugar moulds, namely in wealthier or religious contexts, such as the Convent of Jesus in Ribeira Grande (São Miguel Island), and the Convent of São Gonçalo, in Angra do Heroísmo (Terceira Island). The rims of the moulds from the Convent of Jesus belong to a type of small dimensions: they are plain, with diameters between 18 and 23 cm. They can be included in the aforementioned type 3 from Machico, which may indicate contacts between insular sugar-producing centres, linked to the Aveiro pottery region. The same origin is attributed to the finds from the Convent of São Gonçalo, with slightly collared rims. Finally, we should mention the fragment recovered at the shipwreck Angra J, in the Angra Bay, with a protruding collared rim and ca. 35.2 cm in diameter, which is similar to the Machico type 2 (Sousa 2012: 438-440; Bettencourt and Carvalho 2010: 83-84).

Fragments of *porrões* or pots were also recovered at the Convent of Jesus of Ribeira Grande. These vessels are also related to the production of sugar and its derivatives - the sugar moulds were set on these *porrões* to drain the molasses into the latter. They were slightly round vessels sitting on a flat base (for stability), with narrowed necks. The pastes are compact and reddish, macroscopically identical to the productions from the Aveiro region (Sousa 2012: 430-431).

4.3. The Cape Verde archipelago

Unlike Madeira and the Azores, the Cape Verde archipelago did not feature good natural conditions for agriculture, given its aridity, resulting from a hot and very dry climate, in addition to a poor geology. The main attractiveness of these islands was their geographical position bordering the rivers of Guinea, where a significant slave traffic began a few years after the discovery of the archipelago, in 1460. In broad terms, the inhabitants of Cape Verde fostered a circuit with the African coast slave markets, reselling these slaves to the Iberian traders who called at the archipelago, on their route to America, particularly to the Castilian Indies. This type of settlement led to a scarce human occupation of the archipelago, centred on the islands of Santiago and Fogo (Silva 1991).

Thus, during the first century of Cape Verde's occupation, the only export productions were cattle breeding and cotton plantations, along with maize and beans (nowadays the basis of local gastronomy). This foodstuffs were mainly intended for the Africans, who ended up staying on these islands as the main source of labour - although in much lesser numbers than those transported by the Atlantic trade. It was therefore impossible to replicate the Mediterranean agriculture, as had occurred in Madeira and the Azores. In this sense, the attempts to introduce sugar cane, possibly brought from Madeira by the end of the 15th century, were not very successful. Any intentions of turning sugar cane into a profitable product utterly failed. A typical slave society was thus created in Santiago and Fogo, polarised by white Europeans and black Africans. The profits from the traffic of the latter allowed the former to enjoy prosperity and to maintain a certain cosmopolitanism (Silva 1991: 183-192).

However, this situation changed from the end of the 16th century onwards, with the presence of an increasing number of slave traders from other European nations in the rivers of Guinea, making the intermediation of the inhabitants of Cape Verde unnecessary. The Portuguese and the Castilians were also forced to relocate their businesses closer to the sources of slave supply. This change disrupted Cape Verdean society, with a reduction in the influx of new European and African settlers and a growing miscegenation of the archipelago's inhabitants, increasingly isolated from the major oceanic trading. This situation, combined with the decadence of the capital, Ribeira Grande, led the Santiago elites to settle on their inland farms, thereby attaching new importance to agriculture and livestock breeding. Indeed, by the last quarter of the 16th century, the inland population of Santiago nearly equalled the number of city dwellers. Thus, in the islands with a more prominent relief, due to its large number of streams, new agricultural spaces were becoming consolidated, since they practiced irrigation, and were not so dependant on the unstable rainfall regime. In this context, 'water plays a decisive role in structuring the landscape', and it is water 'more than anything else, that determines the value of the land' (Silva 1995: 282-283). Hence, the streams of the eastern and north-eastern slopes and the central plateau of Santiago became ideal locations for agriculture, avoiding the arid desolation of the rest of the island, which explains the establishment of the main farms and the best crops there.

These riverside areas were well-suited for sugar cane cultivation, which spread over the irrigated lands of Santiago. Two exploitation types can be distinguished (Figure 3.10): plantations on large estates, where wells were dug, tanks and irrigation channels built, and mills erected for the extraction of the product; and small-scale cultivation units, where the sugar was obtained by crushing the cane in pestles. Therefore, this was a crop that required substantial investment, which reduced the group of people capable of developing it. On the one hand, it needed a lot of water, requiring sophisticated irrigation systems and, on the other, the complex process of transformation into sugar, grog or molasses required suitable mills. Moreover, from late 16th century onwards, skilled labour was increasingly employed, the so-called sugar masters (Carreira 1982).

It was only in the second half of the 17th century that significant productions were reported, although there are references to the archipelago's lack of quality mills, like those used in Brazil, to where sugar cane was exported. By then sugar cane should have also been spread to other Cape Verde islands such as Santo Antão, São Nicolau and Brava. However, there is no data proving the export of Cape Verdean sugar in relevant amounts (Carreira 1982). Its production, which was only successful in Santiago and Santo Antão, must have only been used for the archipelago's consumption and to supply the armadas; a 'backyard crop', essentially intended to assist the needs of its producers (Torrão 2013). Geographical reasons, such as the scarcity of irrigated land and land saturation, as well as the domestic and technologically rudimentary nature of most farms, resulted in a lower quality product, which may have contributed to the poor competitiveness of this production when compared to Madeira, São Tomé and Príncipe or Brazil. Only grog (the traditional drink of the archipelago), manufactured by a simpler process, was successful as an export product, being one of the trading goods on the rivers of Guinea, since at least the end of the 16th century (Teixeira 2005; Torrão 2013).

The remains of these Cape Verdean engenhos are no more than toponyms. For example, the Ribeira dos Engenhos, which flows into the Várzea dos Engenhos, in western Santiago, was the location of one of the largest sugar farms in the archipelago (Torrão 2013). Near the streams of the islands referred to above, it is still frequent to find processing units using sugar cane to produce grog, employing traditional production methods, although there is no evidence that these have any roots in the period we are dealing with here.

Figure 3.10. Valley in the city of Ribeira Grande, Cape Verde. This is one of the areas suited for agriculture on the island of Santiago, namely for the cultivation of sugar cane

Once more, sugar moulds are, so far, the only material evidence of this insular production, although in this case their findings are sporadic. The main assemblage was identified at the Trindade site. According to historical records, this was the location of another major sugar cane farm, owing to the abundance of water. Archaeological works conducted in the surroundings of the local chapel yielded 209 sugar mould fragments, about 60% of the total number of identified ceramics, most of which were found in secondary deposits. Three types of rims were recorded: collared, thickened outwardly and straight. This assemblage shows similarities with examples from both Barreiro and Aveiro (Almeida and Monteiro 2019). These ceramics were also recovered at the anchorage of the old city of Ribeira Grande, in the course of works aimed at the commercial exploitation of underwater cultural heritage. One of the recovered vessels had a beige paste, resembling large containers of Andalusian origin, like the *botijas* (Figure 3.11); others were made with red clay, and can be classified as productions from the Lisbon region.

Figure 3.11. Sugar mould found in the anchorage of Ribeira Grande, Cape Verde, probably of Andalusian production. © Museu de Arqueologia, Praia, AGO-051-98-609

4.4. The islands of the Gulf of Guinea

The settlement of the Gulf of Guinea islands was complex. São Tomé, Príncipe and Annobón were uninhabited upon the arrival of the Portuguese in the 1470s, which was not the case with Fernando Pó (Bioko). Geographical issues were, once again, the greatest constraint to the occupation of these territories, due to the proliferation of deadly diseases, the high density of the vegetation, high humidity and rainfall, and the impossibility of replicating the Mediterranean agriculture. The distance from the Iberian Peninsula was also an inhibiting factor. Thus, in these islands the great initial attraction was also the trade with the African coast: on the one hand, access to slaves and chili pepper at various locations in the gulf; on the other hand, support for the Portuguese settlement of São Jorge da Mina (Elmina), on the gold coast (present-day Ghana), where this precious metal was traded.

From the 1480s until the early 16th century, only the island of São Tomé was occupied, followed by Príncipe. The attempts to occupy Annobón had little success and in Fernando Pó the Portuguese presence was always residual. The settlement was made up of two population groups: Portuguese or other European nations' whites, who were the insular elite, despite the fact that many were convicts and Jews; and black Africans, most of them slaves, who were the labour force. From early on, slaves escaped to the interior of the island, which was very difficult to access, from where they attacked the established colonial society. The scarcity of Europeans also encouraged from the onset the society's miscegenation, and some 'mulattoes' even achieved a relevant place in the island's society (Henriques 1989; Serafim *et al.* 2005).

In the early stages of the occupation there was a tendency to introduce agriculture and pastoralism to meet the slaves' food requirements, but from the end of the 15th century onwards sugar cane was also introduced, namely in the lowlands of northeast São Tomé. This was followed by the installation of mills at the beginning of the 16th century; sixty mills are known to have existed by the middle of the century (Figure 3.12). The abundance of water, firewood, and heat, combined with the fertility of the soil, enabled the rapid and large-scale growth of sugar cane. Thus, there was a remarkable increase in pro-

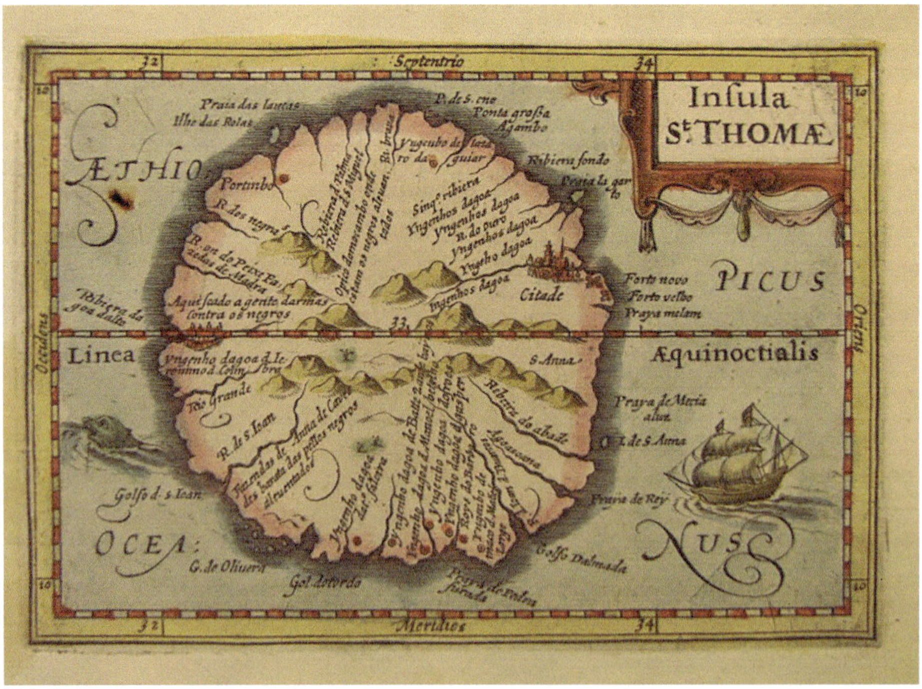

Figure 3.12. Representation of the São Tomé Island, by Petrus Bertius, *Tabularum Geographicarum Contractarum* (1606), indicating the location of several water-powered mills (*'ingenio dagoa'*) and an African slaves' *mocambo* (hideout) (*'o pico do mocambo onde estavam os negros alevantados'* / 'the peak of the *mocambo* where the black insurgents were')

duction throughout the 16th century, occupying most of the arable land: from 100,000 arrobas in 1517 to 150,000 in 1545 and 175,000 in 1578, clearly surpassing Madeira's figures after the second quarter of the century. However, the sugar from São Tomé was darker and softer than the one from Madeira, and therefore of poorer quality and more perishable. Artificial drying techniques during the purging phase, seeking to reduce the intense atmospheric humidity, were not effective. Because of that the price of São Tomé sugar was always lower than that of Madeira, making it attractive to European markets, such as Flanders or Italy (Henriques 1989; Serafim *et al.* 2005).

From 1580 onwards, the volume of sugar production began to decline as a result of a combination of factors: soil exhaustion and pest attacks; competition from the Brazilian and Antillean sugar, where there were better conditions for drying the product and more sophisticated sugar cane milling processes; the attacks and destruction of mills during French and Dutch incursions (1567 and 1599), as well as their competition throughout the Gulf, which even led to the occupation of the archipelago between 1641 and 1649 by the later; the raids launched against these production centres by slaves who fled inland (1574 and 1595-96); and the emigration of many islanders to Brazil. Quantities were greatly reduced, the best years reaching 60.000 to 80.000 arrobas in São Tomé and 500 arrobas in Príncipe, but some years only reached much lower figures, especially during the said attacks. This break in production was worsened by the gradual reduction of the sugar price throughout the 17th century, thereby reducing the profits of the local producers. Between 1710 and 1736, the number of mills decreased from 19 to seven, at a time when this activity had almost disappeared (Serafim *et al.* 2005).

The non-existent archaeology of São Tomé and Príncipe prevents us from knowing any material remains of this activity. Moreover, the density of the vegetation and the extensive production of cocoa and coffee in contemporary times, occupying the most desirable agricultural areas - and perhaps overlaying former sugar-mill areas - further contribute to this invisibility. Certainly, as in the other archipelagos mentioned above, ceramic moulds were also imported from Portugal, and very significant amounts of 'sugar clay moulds' and 'clay bells' received by the Crown's agents in São Tomé are mentioned in the written sources. For the sake of example, in the 1532-35 and 1535-37 periods, respectively 11,521 and 7,538 moulds / 384 and 281 bells were received (Pinheiro 2012: 27-46). This archaeological heritage still awaits research and study.

5. Conclusions

With a poorly known medieval background, sugar production in mainland Portugal does not seem to have achieved any significant relevance, despite references to the existence of crops in the Mondego and Sorraia valleys, as well as in the Algarve, during the 15th century. In the same century, however, the Portuguese began experimenting with this plant in the Atlantic archipelagos they reached in the scope of their overseas expansion, at a time when sugar was a luxury product on European markets. Success was uneven, due to the geographical conditions of each of these areas. After initially accomplishing extraordinary results in Madeira, where it quickly became the main export product, it was less successful in the Azores and, particularly, in Cape Verde, only reaching significant amounts again in São Tomé and, to a much lesser extent, in Príncipe and Annobón, also becoming an almost exclusive profit crop in these islands of the Gulf of Guinea.

As an export product intended for European markets, Madeira sugar had a major impact in the last decades of the 15th century and the first decades of the following century. From the second quarter of the 16th century onwards, São Tomé overtook Madeira in terms of quantity, establishing itself as the main producer of sugar in the area under Portuguese control. Even so, it is important to emphasise that both products retained their markets, given their diversity: sugar from Madeira was always considered better than sugar from São Tomé, lighter and harder, targeting a wealthier clientele. Obviously, from the end of the 16th century onwards, Brazil largely surpassed these productions, with hundreds of mills gradually being installed along its coast as the occupation of that colossal territory was being consolidated. In any case, it is clear that sugar cane marked the landscape of all the Macaronesian archipelagos, including the Canary Islands, which we have not addressed herein since the Portuguese presence eventually ceased. Sugar has indelibly shaped these insular societies, namely their gastronomy, with echoes that reach our days.

Unfortunately, the material record of this important activity is still incipient, naturally owing to the still embryonic state of archaeology of the Portuguese expansion and early modern period throughout these territories. Landscape studies are also rather scarce. The sugar mills, the true rural settlement cells of these areas, have not yet been detected, contrasting with the Brazilian record, where a number of these facilities has already been published. The whole range of houses, warehouses, milling, cooking and sugar-purging areas, hydraulic systems or workshops is still to be documented, as well as the material culture directly associated with them. Thus, the only significant remains are the sugar moulds, essential objects in the purging process, widely used in these production units.

In one of the clearest examples of manufacturing development associated with the logistics of the Portuguese Atlantic expansion, pottery complexes were created or developed in mainland Portugal for the production of these ceramic vessels, among other objects, due to the obstacles faced to do it on the islands. Gigantic cargoes of these moulds were therefore transported by ship to the Atlantic sugar production centres between the 15th and 17th centuries, along with a series of other goods required for the settlement of the territories. Initially, from the end of the 15th century to the middle of the following century, the potteries of the Lisbon region were arguably the main source of supply, from kilns located in the Mouraria area of the city and from the great complex installed on the South bank of the Tagus, which nowadays is symptomatically called Barreiro [lit. clay pit]. Subsequently, in the second half of the 16th century and throughout the following century, Aveiro attained primacy, when its ceramic products clearly went beyond the borders of the Portuguese empire. It was a time of growing uniformity in terms of morphology and size of the sugar moulds, the embodiment of a state which sought to control production quality and taxation. In any case, the archaeological links between the pottery and the sugar centres have not yet been established in general. Actually, more than clear conclusions, this text presents an overview of the existing archaeological knowledge, and ends up being, above all, a research plan for the future.

Bibliography

Almeida, M.; Monteiro, J. 2019. The Pottery Assemblage from the Trindade Archaeological Site, Santiago Island, Cabo Verde. In G. Blažková y K. Matějková (ed.), *Europa Postmediaevalis 2018: Post-medieval pottery between (its) borders*: 77-91. Oxford, Archaeopress.

Alves, F.; Rodrígues, P.; García, C.; Aleluia, M. 1998. A cerâmica dos destroços do navio dos meados do século XV Ria de Aveiro A e da zona Ria de Aveiro B. Aproximação tipológica preliminar. In *Actas das 2ª Jornadas de Cerâmica Medieval e Pós-Medieval*: 185-210. Tondela, Câmara Municipal de Tondela.

Barros, L.; Cardoso, G.; González, A. 2006. As Formas de pão-de-açúcar da Olaria de S. António da Charneca, Barreiro. In É. Sousa (coord), *A Cerâmica do Açúcar em Portugal na Época Moderna*: 34-45. Lisboa/Machico, CEAM.

Barros, L.; Batalha, L.; Cardoso, G.; González, A. 2012. A Olaria Renascentista de Santo António da Charneca – Barreiro: a loiça doméstica. In A. Teixeira and J. A. Bettencourt (ed.), *Velhos e Novos Mundos. Estudos de Arqueologia Moderna*: 699-710. Lisboa, CHAM.

Bento, C. M. 1990. *Escavações Arqueológicas em Vila Franca do Campo 1967-1982*, São Miguel.

Bettencourt, J.; Carvalho, P. 2010. Arqueologia marítima na baía de Angra (Angra do heroísmo, Terceira): enquadramento e resultados preliminares do projecto PIAS. *Arqueologia Moderna e Contemporânea*, 1: 69-91.

Cabrera, M. 1987. El comercio entre Portugal y Canarias en el quinientos. Estudio aproximado. *Revista de História Económica e Social*, 19: 1-16.

Cardoso, G.; Batalha, L.; Rebelo, P.; Rocha, M.; Neto, N.; Brito, S. 2017. Uma olaria na Rua das Portas de Santo Antão (Lisboa) – Séculos XV-XVI. In J. M. Arnaud and A. Martins (coord.), *Arqueologia em Portugal 2017 – Estado da Questão*: 1715-1729. Lisboa, Associação dos Arqueólogos Portugueses.

Carmona, R.; Santos, C. 2005. *Olaria da Mata da Machada: cerâmicas dos séculos XV-XVI*. Barreiro, Câmara Municipal do Barreiro.

Carreira, A. 1982. Cana Sacarina, Açúcar, Aguardente e Mel. In *Estudos de Economia Caboverdiana*: 237-288. Lisboa, Imprensa Nacional / Casa da Moeda.

Carvalho, P.; Bettencourt, J. 2012. De Aveiro para as margens do Atlântico: a carga do navio Ria de Aveiro A e a circulação de cerâmica na época moderna. In A. Teixeira and J. A. Bettencourt (coord.), *Velhos e Novos Mundos. Estudos de Arqueologia Moderna*: 733-746. Lisboa, CHAM.

Coelho, I. P. 2012. Muito mais do que lixo – a cerâmica do sítio arqueológico subaquático Ria de Aveiro B-C. In A. Teixeira and J. A. Bettencourt (coord.), *Velhos e Novos Mundos. Estudos de Arqueologia Moderna*: 757-770. Lisboa, CHAM.

Coelho, I. P.; Teixeira, A. 2018. Glazed pottery production from Mata da Machada, Barreiro (Portugal). In D. Karakaya and T. G. Little (ed.), *XIth Congress AIECM3 on Medieval and Modern Period Mediterranean Ceramics Proceedings*: vol. I, 261-265. Ankara, Koç Üniversitesi VEKAM.

Constantino, A. 2017. Novos dados acerca das formas de pão-de-açúcar: o caso do estudo das formas descobertas na Rua Afonso de Albuquerque, Peniche (Centro de Portugal). In J. M. Arnaud and A. Martins (coord.), *Arqueologia em Portugal 2017 - Estado da Questão*: 1657-1666. Lisboa, Associação dos Arqueólogos Portugueses.

Ferreira, S. 2015. *O sítio do forte de São Paulo: estudo arqueológico da Ribeira Ocidental de Lisboa na época moderna*. Unpublished MA dissertation, Universidade Nova de Lisboa.

Gil, M. O. R. 1989. A economia dos Açores nos séculos XV e XVI. In L. Albuquerque (dir.), *Portugal no Mundo*: vol. I, 225-249. Lisboa, Alfa.

Godinho, V. 1968. O açúcar das Antilhas. In *Ensaios Sobre a História Universal*: vol. I, 277-281. Lisboa, Sá da Costa.

Godinho, V. 2008. *A expansão quatrocentista portuguesa*. Lisboa, Dom Quixote.

Gomes, M. V.; Gomes, R. V. 1998. Cerâmicas dos séculos XV a XVII, da Praça Cristóvão Colombo no Funchal. In *Actas das 2.as Jornadas de Cerâmica Medieval e Pós-Medieval*: 315-348. Tondela, Câmara Municipal de Tondela.

Gomes, P. D.; Silva, A. M.; Teixeira, R.; Couto, M.; Rodrigues, M. 2019. Louça vermelha de Aveiro e Ovar - ensaio de uma síntese atualizada. In *Olaria de Ovar: catálogo da exposição*: 5-41. Ovar, Câmara Municipal de Ovar.

Gomes, R. V. 2012. Engenho de Açúcar da Alcaidaria de Silves. In A. Teixeira and J. A. Bettencourt (coord.), *Velhos e Novos Mundos. Estudos de Arqueologia Moderna*: 339-350. Lisboa, CHAM.

González, M. C.; Barroso, V.; Cáceres, Y.; De Juan, J.; Marrero, C.; Quintana, P. 2018. Formas azucareras y otros repertorios cerámicos en el ingenio de Agaete: la Industria del azúcar en Gran Canaria (Islas Canarias) entre los siglos XV al XVII. In D. Karakaya y T. G. Little (ed.), *XIth Congress AIECM3 on Medieval and Modern Period Mediterranean Ceramics Proceedings*: vol. II, 249-256. Ankara, Koç Üniversitesi VEKAM.

Gerrard, C.; Forlin, P.; Froude, M.; Petley, D.; Gutiérrez, A.; Treasure, E.; Milek, K.; Oliveira, N. 2021. The Archaeology of a Landslide: Unravelling the Azores Earthquake Disaster of 1522 and its Consequences. *European Journal of Archaeology*: 24 (3), 388-411.

Henriques, I. C. 1989. O ciclo do açúcar em São Tomé nos séculos XV e XVI. In L. Albuquerque (dir.), *Portugal no Mundo*: vol. I, 264-280. Lisboa, Alfa.

Iria, A. 1988. Comércio e a Navegação. In *Descobrimentos Portugueses; O Algarve e os Descobrimentos*: vol. 2, t. 1, 381-386. Lisboa, Instituto Nacional de Investigação Científica.

Letts, F. S. A. Malcolm (ed.) 1929. *The Diary of Jörg von Ehingen*. London, Oxford University Press.

Lourenço, S.; Bugalhão, J. 2006. As formas de pão de açúcar da Ilha da Berlenga. In É. Sousa (coord.), *A Cerâmica do Açúcar em Portugal na Época Moderna*: 49-61. Lisboa/Machico, CEAM.

Matos, A. T. 1989. Povoamento e Colonização dos Açores. In L. Albuquerque (dir.), *Portugal no Mundo*: vol. I, 176-188. Lisboa, Alfa.

Meneses, A. F. 2005. O povoamento. In J. Serrão and A. H. de Oliveira Marques (dir.), *Nova História da Expansão Portuguesa*, vol. III (*A Colonização Atlântica*): tomo I, 209-306. Lisboa, Estampa.

Meneses, A. F.; Rodrigues, J. D. 2005. A economia e as finanças. In J. Serrão and A. H. de Oliveira Marques (dir.), *Nova História da Expansão Portuguesa*, vol. III (*A Colonização Atlântica*): tomo I, 331-445. Lisboa, Estampa.

Moreno Fraginals, M. 1997. La introducíon de la caña de azucar y las técnicas árabes de produccíon azucarera en América. In M. García-Arenal (coord.), *Al Andaluz allende el Atlántico*: 206-221. Granada, UNESCO.

Morgado, P. 2009. A Cerâmica do Açúcar em Aveiro na Época Moderna. *Patrimónios*: II:7, 117-142.

Morgado, P.; Silva, R. C.; Filipe, S. 2012. A cerâmica do açúcar de Aveiro: recentes achados na área do antigo bairro das Olarias. In A. Teixeira and J. A. Bettencourt (coord.), *Velhos e Novos Mundos. Estudos de Arqueologia Moderna*: 771-782. Lisboa, CHAM.

Nascimento, A. A. (ed.) 1977 (1416). *Livro de Arautos. De Ministerio Armorum*. Lisboa, Edições Cosmos.

Nascimento, A. A. (ed.) 1992. *Leonor de Portugal, imperatriz da Alemanha. Diário de Viagem do Embaixador Nicolau Lanckman de Valckenstein*. Lisboa, Mirandela & C[a].

Pais, A. 1963. *O Barreiro Antigo e Moderno*. Barreiro, Câmara Municipal do Barreiro.

Parreira, H. 1952. História do Açúcar em Portugal. In *Estudos de História da Geografia da Expansão Portuguesa* (Anais VII, 1): 5-321. Lisboa, Junta de Investigações do Ultramar.

Paulo, E. M.; Guinote, P. 2000. *A Banda d'Além do Tejo na história: roteiro histórico da margem Sul do estuário do Tejo das origens ao fim do Antigo Regime*. Lisboa, Grupo de Trabalho do Ministério da Educação para as Comemorações dos Descobrimentos Portugueses.

Pereira, J. M. E. 1900. *A Industria Portugueza (séculos XII a XIX)*. Lisboa, Empresa do Occidente.

Pinheiro, L. C. 2012. A produção açucareira em São Tomé ao longo de Quinhentos. In A. C. Roque, G. Seibert and V. R. Marques (coord.), *Actas do Colóquio Internacional São Tomé e Príncipe numa perspectiva interdisciplinar, diacrónica e sincrónica*: 27-46. Lisboa, Instituto Universitário de Lisboa (ISCTE-IUL), Centro de Estudos Africanos (CEA-IUL) / Instituto de Investigação Científica Tropical (IICT).

Polónia, A. 1995. Mestres e pilotos das carreiras ultramarinas (1596 -1648). Subsídios para o seu estudo. *Revista da Faculdade de Letras. História*: 2ª Série, vol. XII, 271-353.

Ribeiro, J. A. 1993. A casquinha na rota das navegações do Atlântico Norte nos séculos XVI-XVII. In *Actas do III Colóquio Internacional de História da Madeira (1992)*: 345-352. Funchal, Centro de Estudos de História do Atlântico.

Rodrigues, M. J. 2005. A economia: a agricultura e o comércio. A propriedade: o regime fiscal e as finanças. In J. Serrão and A. H. de Oliveira Marques (dir.), *Nova História da Expansão Portuguesa*, vol. III (*A Colonização Atlântica*): tomo I, 102-137. Lisboa, Estampa.

Serafim, C. M. S; Tomás, L. M. L.; Pinheiro, L. C. 2005. A economia: a produção açucareira, o comércio e o resgate. A fiscalidade e as finanças. In J. Serrão and A. H. de Oliveira Marques (dir.), *Nova História da Expansão Portuguesa*, vol. III (A Colonização Atlântica): tomo II, 329-388. Lisboa, Estampa.

Silva, A. C. 1991. Espaço, Ecologia e Economia Interna. In L. Albuquerque and M. E. M. Santos (coord.), *História Geral de Cabo Verde*: vol. I, 179-236. Lisboa/Praia, Instituto de Investigação Científica Tropical / Direcção Geral do Património Cultural de Cabo Verde.

Silva, A. C. 1995. A Sociedade Agrária. Gentes das Águas, Escravos e Forros. In M. E. M. Santos (coord.), *História Geral de Cabo Verde*: vol. II, 275-357. Lisboa/Praia, Instituto de Investigação Científica Tropical / Instituto Nacional da Cultura de Cabo Verde.

Silva, F. G. 2012a. *As Formas de pão-de-açúcar da Olaria da Mata da Machada*. Unpublished MA dissertation, Universidade Autónoma de Lisboa.

Silva, F. G. 2012b. As Formas de Pão de Açúcar da Mata da Machada, Barreiro. In A. Teixeira and J. A. Bettencourt (ed.), *Velhos e Novos Mundos. Estudos de Arqueologia Moderna*: 711-718. Lisboa, CHAM.

Silva, R. C. 2018. Um carrego de abóbada na igreja quinhentista de Santo António (Aveiro, Portugal). *Revista Portuguesa de Arqueologia*: 21, 181-195.

Sousa, É. 2006. A Cerâmica do Açúcar das cidades de Machico e do Funchal. Dados Históricos e Arqueológicos para a Investigação da Tecnologia e Produção do Açúcar em Portugal. In É. Sousa (coord.), *A Cerâmica do Açúcar em Portugal na Época Moderna*: 9-31. Lisboa/Machico, CEAM.

Sousa, É. 2010. Tipologias das formas de pão-de-açúcar dos séculos XVI e XVII da cidade de Machico, Ilha da Madeira. In *Actas do IV Congresso de Arqueologia Peninsular (Universidade do Algarve, 14-19 de Setembro de 2004)*: 307-313. Faro, Universidade do Algarve.

Sousa, É. 2012. *Ilhas de arqueologia: o quotidiano e a civilização material na Madeira e nos Açores: (séculos XV-XVIII)*. Unpublished PhD thesis, Faculdade de Letras da Universidade de Lisboa.

Sousa, É.; Silva, J.; Gomes, C. 2005. Chemical and physical characterization of fragments from ceramic jar called 'formas de açúcar' exhumed in the town of Machico, Madeira, Island. In M. I. Prudêncio, M. I. Dias and J. C. Waerenborgh (ed.), *Understanding people through pottery. Proceedings of the 7th European Meeting on Ancient Ceramics (EMAC'03)*: 263-268. Lisboa, Instituto Português de Arqueologia.

Sousa, J. F. C. 1940. Memória de Aveiro no século XIX. *Arquivo do Distrito de Aveiro*, vol. 6, n.º 22.

Strasen, E. A.; Gândara, A. 1944. *Oito séculos de história Luso-Alemã*. Lisboa, Instituto Ibero-Americano de Berlim.

Teixeira, A. 2005. A agricultura. In J. Serrão and A. H. de Oliveira Marques (dir.), *Nova História da Expansão Portuguesa*, vol. III (*A Colonização Atlântica*): tomo II, 134-155. Lisboa, Estampa.

Teixeira, A.; Torres, J. B.; Bettencourt, J. 2015. The Atlantic expansion and the Portuguese material culture in the Early Modern Age: an archaeological approach. In P. P. Funari and M. X. Senatore (ed.), *Archaeology of Culture Contact and Colonialism in Spanish and Portuguese America*: 19-38. London, Springer.

Torrão, M. M. 2013. Doces grãos e líquido espiritualizante: cana, açúcar e aguardente nas Ilhas de Cabo Verde. Ideias feitas e realidades documentais. In A. C. Roque, M. M. Torrão and V. R. Marques (coord.), *Atas Colóquio Internacional Cabo Verde e Guiné-Bissau: Percursos do saber e da ciência*. Lisboa, Instituto de Investigação Científica Tropical.

Torres, C. 1990. Um Forno Cerâmico dos Séculos XV e XVI na Cintura Industrial de Lisboa. In A. Bazzana and F. Amigues (ed.), *Fours de potiers et «testares» médiévaux en Méditerranée occidentale. Méthodes et résultats*: 131-142. Madrid, Casa de Velázquez.

Torres, C. 2005. *Olaria da Mata da Machada. Cerâmicas dos Séculos XV-XVI*. Barreiro, Câmara Municipal do Barreiro.

Vieira, A. 1989. Povoamento e colonização da Madeira. In L. Albuquerque (dir.), *Portugal no Mundo*: vol. I, 162-175. Lisboa, Estampa.

Vieira, A. 1993. O açúcar na Madeira: produção e comércio nos séculos XV a XVII. In *Actas del Tercer Seminário Internacional: Producción y Comercio del azúcar de caña en época preindustrial (Motril, 23-27 Septiembre, 1991)*: 29-70. Motril, Diputación Provincial de Granada.

4. Les sucreries de la région du Sous marocain et leur territoire

Morgane Godener
Université Paris-Sorbonne. France
Abdallah Fili
Université Chouaib Doukkali, El Jadida. Maroc

Abstract

Although the cultivation of sugar cane in the Sous region was first mentioned in Arabic texts from the Early Middle Ages, it is difficult to imagine what those medieval sugar production facilities looked like. By contrast, we know a great deal about the sugar factories of the early modern period scattered across the Sous plain (in the present-day province of Taroudant). They were imposing structures that have left their mark on the space and the landscape. Their industrial facilities and irrigation systems have been the subject of several remarkable studies. Our aim is to present the ten sugar factories of the Sous region in relation to their surroundings. Without a doubt, the central concern was the issue of water. Other key aspects that we explore are the timeline of the sugar factories and the dominion of the central government over the land they occupy. Indeed, the Saadian rulers mobilised considerable economic and military resources to establish an uncontested authority over these facilities.

Keywords: *Sugar mills, hydraulic installations, Morocco, Middle Ages.*

Resumen

Aunque los textos árabes mencionen el cultivo de la caña de azúcar en el Sus desde la Alta Edad Media, es todavía difícil imaginar las estructuras que corresponden a las instalaciones azucareras medievales. Nuestros conocimientos son, sin embargo, muy consistentes cuando se trata de los ingenios de época moderna que jalonan la llanura del Sus (la actual provincia de Taroudant). Se trata de estructuras imponentes que han marcado y marcan todavía el espacio y el paisaje. Junto con sus instalaciones industriales y su red hidráulica, han sido objeto de varias investigaciones deslumbrantes. Nuestro objetivo consiste en presentar las diez fábricas de azúcar de la región del Sur en relación con sus territorios. La cuestión hidráulica está sin duda en el centro de todas las preocupaciones. A ello se suma la cuestión de la cronología de estas instalaciones así como el control del poder central sobre su territorio. En efecto, el poder saadí despliega grandes medios económicos y militares para asentar, sin compartirla con nadie, su autoridad sobre estos ingenios azucareros.

Palabras clave: *Ingenios azucareros, instalaciones hidráulicas, Marruecos, Edad Media.*

Résumé

Bien que la culture de la canne à sucre ait été mentionnée dans le Sous par les textes arabes depuis le haut Moyen Age, il est encore difficile d'imaginer les structures qui correspondent aux sucreries médiévales. Nos connaissances sont en revanche très consistantes quand il s'agit des sucreries de l'époque moderne qui jalonnent la plaine de Sous (l'actuelle province de Taroudant). Il s'agit de structures très imposantes qui ont marqué et marquent encore l'espace et le paysage. Avec leurs installations industrielles et leur réseau hydraulique, elles ont fait l'objet de plusieurs recherches remarquables. Notre objectif est de présenter les dix établissements sucriers de la région de Sous en relation avec leurs territoires. La question hydraulique est à coup sûr au centre de toutes les préoccupations. S'ajoute à ceci la question de la chronologie de ces installations ainsi que l'emprise du pouvoir central sur leur territoire. En effet, le pouvoir saâdien déploie les grands moyens économiques et militaires pour asseoir, sans partage, son autorité autour de ses installations.

Mots-clés: *Sucreries, installations hydrauliques, Maroc, Moyen Âge.*

1. Introduction

Bien que la culture du sucre ait été mentionnée dans le Sous par les textes arabes depuis le haut Moyen Age, il est encore difficile d'imaginer les structures qui correspondent aux sucreries médiévales. Nos connaissances sont en revanche très consistantes quand il s'agit des sucreries de l'époque moderne qui jalonnent la plaine de Sous (l'actuelle province de Taroudant). Il s'agit de structures très imposantes qui ont marqué et marquent encore l'espace. Avec leurs installations industrielles et leur réseau hydraulique, elles ont fait l'objet de plusieurs recherches remarquables. Notre objectif est de présenter les dix établissements sucriers de la région de Sous en relation avec leurs territoires. La question hydraulique est à coup sûr au centre de toutes les préoccupations. S'ajoute à ceci la question de la chronologie de ces installations ainsi que l'emprise du pouvoir central sur leur territoire. En effet, le pouvoir saâdien déploie les grands moyens économiques et militaires pour assoir, sans partage, son autorité autour de ses installations.

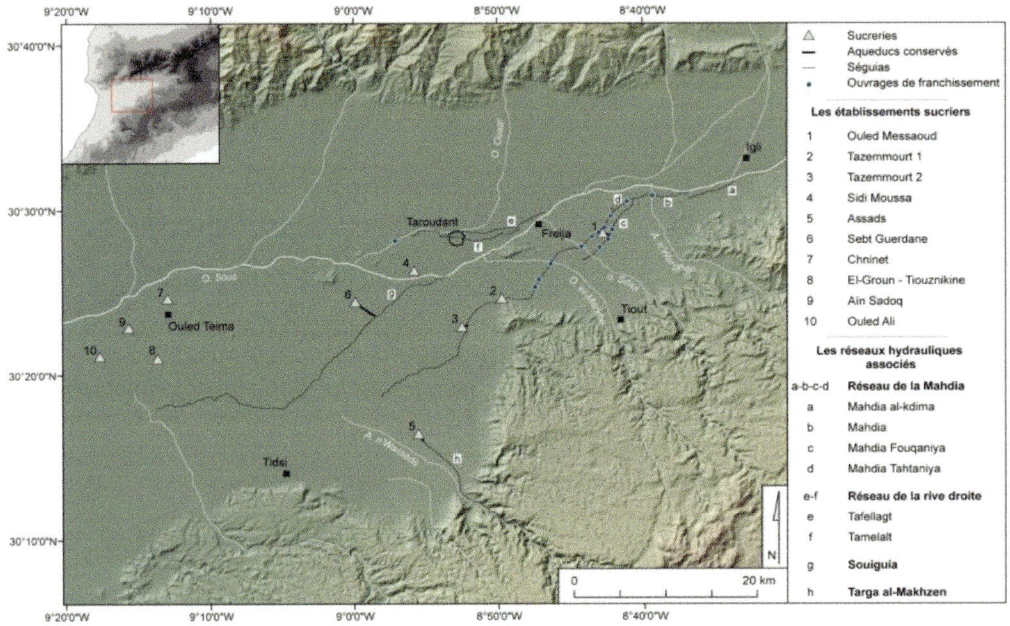

Figure 4.1 – Les sucreries du Sous et les réseaux hydrauliques associés

2. Un cas d'étude: les sucreries de la plaine du Sous et leurs réseaux hydrauliques

L'examen des structures liées à l'industrie sucrière d'époque prémoderne offre une occasion exceptionnelle d'analyser un système productif cohérent (Figure 4.1). Les travaux menés par P. Berthier dans les années 1950-1960 ont permis de mettre en évidence les vestiges de dix sucreries concentrées dans un rayon de 45 kilomètres autour de Taroudant, associées à un réseau hydraulique conséquent qui fournit de l'énergie hydraulique aux établissements industriels, et irrigue des plantations de cannes à sucre (Berthier 1966).

2.1. Les vestiges des établissements sucriers

Les vestiges des sucreries sont encore bien visibles dans la plaine du Sous, identifiables notamment par l'existence de puissantes installations hydrauliques caractérisées par de grands aqueducs qui permettaient d'acheminer l'eau, sur des parcours de plusieurs centaines de mètres, jusqu'à une roue hydraulique verticale. Ces ouvrages consistent en d'épais murs de pisé portant une canalisation, qui atteignaient environ 8 mètres de hauteur dans leur partie terminale. Plusieurs d'entre eux sont bien conservés et marquent encore fortement le paysage (Figure 4.2). On note également dans chaque cas de vastes épandages de cendres, visibles depuis les vues aériennes et satellites, autour du point d'aboutissement des aqueducs, qui témoignent de l'intensité de l'activité de combustion qui a pris place dans ces établissements. On trouve enfin sur ces sites d'importants dépotoirs de céramiques brisées, parmi lesquelles deux formes indispensables aux opérations de raffinage et au conditionnement du sucre sont principalement représentées : les moules à pain de sucre et les «pots de sucrerie»[1].

Figure 4.2 – Sucrerie des Ouled Messaoud : la partie terminale de l'aqueduc vue vers le sud-est. Au premier plan, on distingue l'épandage des céramiques de sucrerie autour des bassins auxiliaires (M. Godener, mai 2012)

Les dix établissements sucriers repérés dans la plaine du Sous sont dans des états de conservation variables. Au sud-est de Taroudant se trouvent les trois sucreries les mieux conservées, dont on peut encore voir les aqueducs et les bassins d'accumulation : celles des Ouled Messaoud et de Tazemmourt 1 et 2. Sur ces trois établissements, les installations industrielles ont fait l'objet de fouilles. Plus à l'ouest, toujours sur la rive gauche, on trouve les sucreries d'Assads et de Sebt Guerdane. Dans les deux cas, P. Berthier avait déjà noté l'effondrement total ou partiel de l'aqueduc, mais les vestiges des bassins d'accumulation et les amas de céramiques et de cendres caractéristiques ne laissent aucun doute quant à leur interprétation. La sucrerie de Sidi Moussa, située à un peu plus de 5 kilomètres des portes de Taroudant, est la seule à avoir été repérée sur la rive droite de l'oued Sous. L'aqueduc était déjà très endommagé dans les années 1950-1960, et difficilement identifiable. De plus, la mise en place d'une station de pompage à l'emplacement des installations industrielles a fait disparaître les structures anciennes. Cependant, à nouveau, la présence en masse des céramiques de sucreries, ainsi que la nature cendreuse du sol à cet endroit, ne permettent pas de douter de l'interprétation

[1] Leur accumulation impressionnante à proximité immédiate des sucreries s'explique par le fait que ces pots sont à usage unique (Ouerfelli 2008: 276).

proposée par P. Berthier. Un dernier ensemble de quatre établissements a enfin été relevé plus en aval sur la rive gauche, autour d'Ouled Teima. De ces derniers, il ne restait déjà que peu de vestiges dans la seconde moitié du XXe siècle[2].

Tous ces établissements présentent de grandes similarités structurelles, qu'ils partagent par ailleurs avec les installations découvertes au nord du Haut Atlas[3]. Ils peuvent être distingués en deux ensembles fonctionnels : d'une part, l'important dispositif de production d'énergie hydraulique, et, d'autre part, les installations de production du sucre.

3. Les installations hydrauliques

Les installations hydrauliques sont caractérisées par la mise en place d'aqueducs. Ceux-ci permettent d'élever progressivement l'eau jusqu'au point de chute, où elle actionne une roue hydraulique qui transmet la force motrice aux machines à l'intérieur de la sucrerie (Figure 4.3). Ces ouvrages prennent leur eau directement sur de grandes séguias, le plus souvent par l'intermédiaire d'un partiteur[4]. La sucrerie d'Assads présente toutefois un dispositif particulier. L'aqueduc est alimenté par les eaux stockées dans un vaste bassin d'accumulation, dont la capacité dépasse les 11 000 mètres cubes, lui-même approvisionné directement par une seguia prenant ses eaux sur l'Assif n'Wassads. Le réservoir jouait ainsi le rôle régulateur qui était assuré dans les autres exemples par le partiteur[5]. Les aqueducs se présentent sous la forme d'épais murs en pisé, supportant une canalisation ouverte, et s'élevant progressivement par rapport au sol jusqu'à une chute d'eau aménagée en tête de l'ouvrage. Les variations de longueur de ces ouvrages d'un site à l'autre témoignent de l'adaptabilité des bâtisseurs au terrain. Si les aqueducs

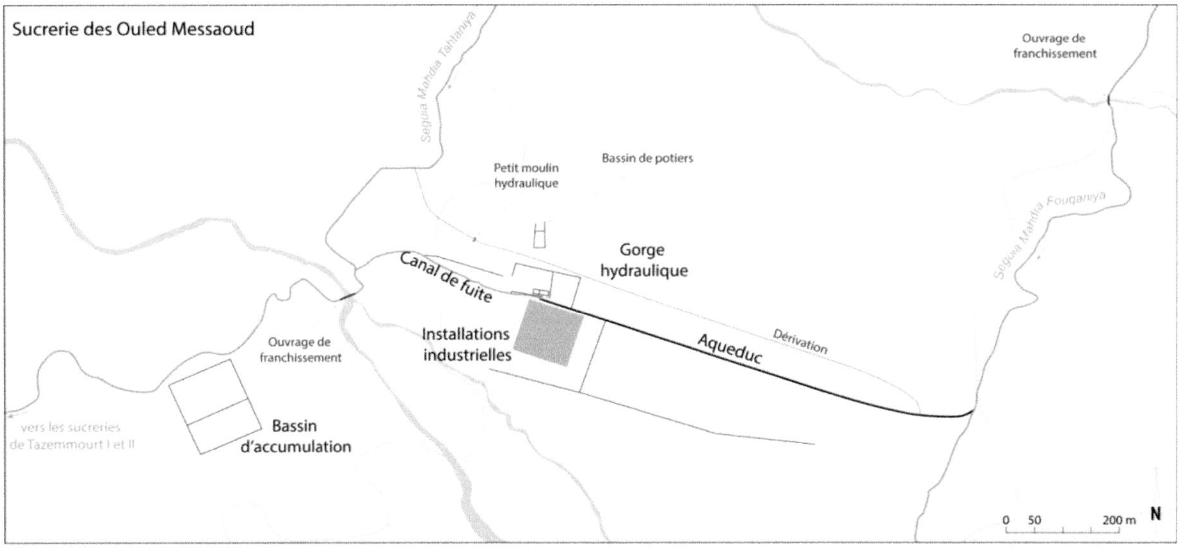

Figure 4.3 – Sucrerie des Ouled Messaoud: relevé des structures

[2] Berthier 1966: I, 109 et 187. Le développement de l'habitat et des secteurs d'agriculture moderne ont sans doute eu raison des dernières ruines des aménagements hydraulique. P. Berthier assure toutefois avoir observé en chacun de ces points les amas de céramiques caractéristiques permettant d'affirmer la présence ancienne de sucreries

[3] Notamment dans le Haouz de Marrakech, à Chichaoua et Essaouira: Berthier 1966: I, 157 à 175.

[4] De tels dispositifs ont notamment été dégagés par P. Berthier sur les établissements des Ouled Messaoud et de Tazemmourt. Les parois des ouvrages, recouvertes de béton, montrent nettement les traces de fixation de vannes à l'embouchure des deux branches, qui permettent de contrôler la direction des flux. Berthier 1966: I, 105-6.

[5] Un bassin similaire a été relevé en amont de la sucrerie de Sidi Moussa, sur la rive droite de l'oued Sous. Toutefois, son lien avec l'établissement industriel n'est qu'hypothétique, sa relation avec celui-ci – très mal conservé – n'ayant pas pu être mise en évidence. Berthier 1966: I, 185.

[6] Soient des valeurs plus proches de celles observées pour les sucreries au nord de l'Atlas, qui n'excèdent pas les 800 mètres.

des Ouled Messaoud et de Tazemmourt 2, mesurent respectivement 760 et 660 mètres de long[6], celui de Tazemmourt I ne parcourt que 290 mètres, tirant profit de la déclivité importante des secteurs de piémonts, et celui de Sebt Guerdane atteint presque 2,5 kilomètres. Des aménagements en serpentin ont été observés sur la seguia sommitale de ce dernier, ainsi que des traces de surélévations successives, qui paraissent témoigner des difficultés rencontrées par les bâtisseurs pour trouver la juste disposition (Berthier 1966: I, 186). Du point de vue constructif en revanche, ces ouvrages présentent tous les mêmes caractéristiques. Ils sont bâtis en banchées de pisé sur toute leur hauteur, la canalisation sommitale, d'une section de 40 à 80 centimètres, étant elle-même délimitée par deux blocs de pisé de moindre dimension[7]. Les surfaces internes exposées au passage de l'eau sont recouvertes d'épaisses couches de mortier hydraulique.

A son extrémité aval, l'aqueduc double le mur latéral du bâtiment qui abrite les structures de production du sucre – la sucrerie –, sur la moitié de sa longueur environ. C'est à cet endroit qu'est aménagée la chute d'eau, provoquée par l'interruption de l'ouvrage d'adduction, et qu'est placée la roue hydraulique. De nouveau, le dispositif semble avoir été sensiblement le même sur toutes les sucreries où les traces ont pu en être observées, notamment grâce aux fouilles menées par P. Berthier sur les trois établissements orientaux. Une roue hydraulique verticale, d'environ 5 mètres de diamètre, est implantée en contrebas de la tête de l'aqueduc, son axe traversant le mur de la sucrerie à environ 50 centimètres au-dessus du niveau de sol. Cet ouvrage, sans doute construit en bois et en fer[8], n'est jamais conservé, mais ses caractéristiques ont pu être déduites à partir des traces laissées par le mouvement rotatif sur les parois latérales (Figure 4.4).

Figure 4.4 - Sucrerie de Tazemmourt 2: traces du mouvement rotatif de la roue motrice sur la façade nord de la sucrerie (M. Godener, mai 2010)

Elle prend place dans une gorge hydraulique, profonde d'environ 2 mètres, sur 6,50 à 7,50 mètres de long. Celle-ci permet d'augmenter la hauteur de chute, alors comprise entre 9,40 et 10,50 mètres, et

[7] Le matériau mis en œuvre est riche en chaux et en galets de tailles parfois importantes. Les modules mesurés dépassent souvent les 2 mètres de long pour environ 70 à 90 centimètres de hauteur, et occupent toute l'épaisseur de la structure, soit environ 1,35 mètre; pour la canalisation les banchées ne mesurent que 42 à 47 cm d'épaisseur à Tazemmourt I et II.

[8] Quelques éléments de fixation en fer ont été retrouvés lors des fouilles des gorges hydrauliques (Berthier 1966: I, 138).

de placer l'axe de la roue à hauteur des machines installées de l'autre côté du mur de l'établissement. P. Berthier propose de restituer une roue à augets alimentée par dessus et par derrière, d'après les exemples mis en évidence sur d'anciens établissements sucriers espagnols[9], et les observations menées sur la sucrerie contemporaine de Chichaoua au nord du Haut Atlas (Berthier 1966: I, 138; Figure 4.5).

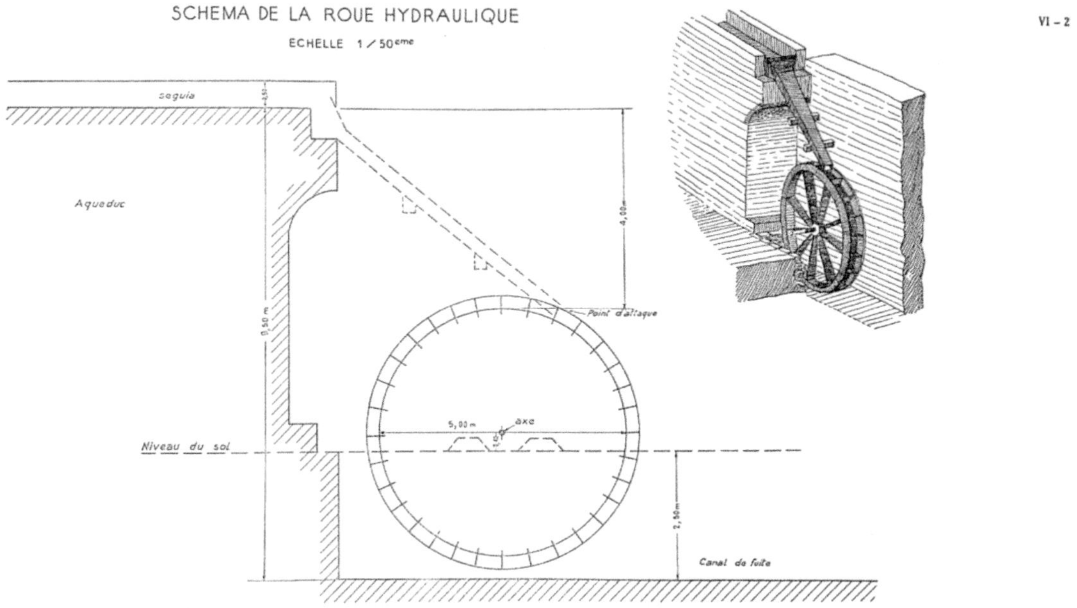

Figure 4.5 - Proposition de restitution du dispositif de roue hydraulique (Berthier 1966: II, doc. VI-2)

Après avoir actionné la roue, l'eau est récupérée par un canal de fuite prolongeant la gorge hydraulique et est soit réinjectée dans le réseau hydraulique, soit stockée dans de grands réservoirs implantés à moins d'un kilomètre de la sucrerie. Les vastes bassins relevés sur tous les établissements du Sous, à l'exception de celui de Sidi Moussa[10], présentent des dimensions et des volumes de stockage impressionnants. Ils s'étendent sur 3500 à 22500 mètres carrés, pour des capacités comprises entre 7000 et presque 45000 mètres cubes, si l'on estime leur profondeur à environ 2 mètres[11]. De plans quadrangulaires, leurs rebords sont bâtis en pisé de chaux, de facture similaire à celui des aqueducs.

4. Les installations industrielles : la sucrerie proprement dite

Les installations industrielles sont regroupées dans de vastes bâtiments attenants à la partie terminale de l'aqueduc. Ces derniers ont fait l'objet de fouilles dans les années 1950-1960 sous la direction de P. Berthier sur trois des sucreries du Sous : celles des Ouled Messaoud et de Tazemmourt 1 et 2 (Figure 4.6). Toutefois, aucun des trois n'a pu être dégagé dans son intégralité[12]. Aussi, si leur emprise en largeur a pu être déterminée – entre 11 et 13,50 mètres –, on ne connaît pas leur extension en longueur. Ces bâtiments sont délimités par des murs en pisé de composition similaire à celui des autres structures[13]. L'espace intérieur est divisé en au moins trois grandes salles qui accueillent les opérations successives de production : une pièce dédiée au broyage des cannes, une seconde affectée au traitement et à la cuisson des jus, et une troisième pour accueillir les récipients contenant le produit traité lors des phases d'égouttage.

[9] Sur la sucrerie de Frigiliana en particulier.
[10] Toutefois, il faut noter que ce dernier est implanté directement sur la berge de l'Oued Sous, vers lequel est dirigé son aqueduc. Les eaux de fuite devaient ainsi être directement rejetées dans le cours d'eau.
[11] Ces bassins n'ayant pas été fouillés, leur profondeur ne peut être déterminée avec précision.
[12] P. Berthier s'est trouvé confronté à de nombreux obstacles : importance des déblais superficiels, piste aménagée en travers de la sucrerie, etc.: Berthier 1966: I, 146.
[13] On a toutefois noté sur les vestiges de Tazemmourt 2 que ces élévations reposaient sur des soubassements en moellons.

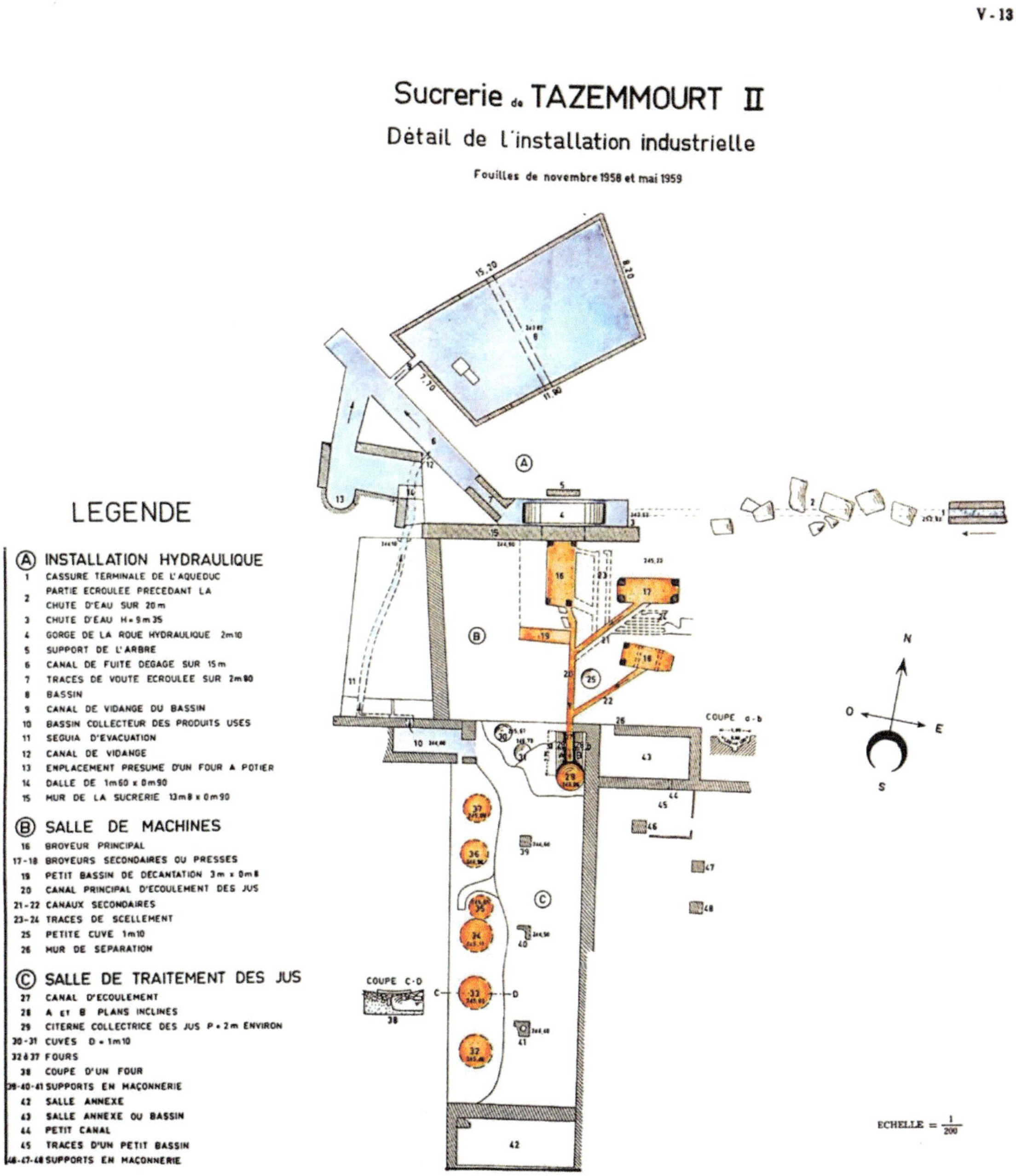

Figure 4.6 - Sucrerie de Tazemmourt 2 (S.14): relevé des installations industrielles après la fouille (extrait de Berthier 1966: II, doc. V-13)

Le premier de ces espaces, qui abrite les broyeurs, est attenant à l'emplacement du moulin, de façon à récupérer l'énergie motrice fournie par la roue hydraulique. L'organisation interne de la pièce procède, dans les trois sucreries fouillées, d'un modèle standard qui a également été mis en évidence dans un des établissements de Chichaoua[14]. L'équipement est composé d'un broyeur principal installé dans l'axe de la roue hydraulique, profitant ainsi directement de la force motrice, et de deux machines secondaires, broyeurs ou presses, placées sur un des côtés, et orientées perpendiculairement au premier. Les fouilles ont également permis de mettre au jour des traces de scellements entre l'élément principal et les deux

[14] Pour la description de ce «modèle standard»: voir Berthier 1966: I, 141-5; pour la description des installations de Chichaoua: Berthier 1966: I, 165-176; et des sucreries du Sous: Berthier 1966: I, 176-184.

latéraux, qui laissent penser qu'un système de transmission de l'énergie hydraulique a pu être mis en place (Berthier 1966: I, 141 et 143). De ces machines, il ne reste que les socles de fixation sous la forme de plateformes rectangulaires en béton de chaux avec des cavités d'encastrement aux angles, parfois profondes de plus de 2 mètres. P. Berthier propose de restituer des broyeurs à cylindres, qui constituent alors les mécanismes les plus perfectionnés (Berthier 1966: I, 143-4 et 154). Les fondations des deux machines secondaires sont plus allongées que celle du broyeur principal, ce qui incite à penser qu'elles accueillaient des appareils différents. Toutefois, les trois dispositifs sont reliés à des canaux d'écoulement qui se rejoignent dans l'axe de la pièce. Ces petites canalisations, en béton de chaux, de 10 à 20 centimètres de section, sont destinées à recueillir le jus extrait des cannes – le vesou –, et à l'acheminer vers la salle mitoyenne, consacrée aux différentes opérations de traitement et de cuisson.

Cette seconde pièce n'a pu être mise à jour dans la plaine du Sous que dans l'établissement de Tazemmourt 2 (Berthier 1966: I, 183-4). Toutefois, là encore, les dispositifs observés correspondent à l'organisation type relevée dans les sucreries au nord du Haut Atlas. La «salle des cuissons» s'étend en longueur sur 23 mètres par 8, dans l'axe du canal d'écoulement. Celui-ci traverse le mur mitoyen des deux espaces et aboutit à une citerne. Avec une section de 2 mètres de diamètre et une profondeur équivalente, ce réservoir a une contenance relativement limitée – 6,28 mètres cubes –. Cela suppose que les opérations de broyage et de traitement étaient menées simultanément. Du fait de la mauvaise conservation du vesou, cette synchronisation est inévitable. A proximité de la cuve, deux cupules d'un peu plus d'un mètre de diamètre ont été découvertes. P. Berthier y voit des installations destinées à un premier traitement des jus avant cuisson (Berthier 1966: I, 147-8). Le reste de l'espace est occupé par six fours alignés contre l'un des longs murs. Il faut également noter la présence d'un système d'évacuation des déchets dans l'angle nord-ouest de la pièce, qui rejoignait le canal de fuite en sortie de l'aqueduc.

Enfin, un dernier espace se développait à côté de la salle des cuissons, dans l'angle formé avec la salle des machines. A Tazemmourt 2, son équipement n'est matérialisé que par quelques supports en maçonnerie très arasés, et par les traces d'un petit bassin dans l'angle nord-ouest. Ces vestiges peuvent toutefois être comparés aux installations de l'établissement de Chichaoua Sud, dont la sucrerie a été intégralement fouillée. Cette dernière dispose d'une vaste salle occupée par des lignes parallèles de piliers quadrangulaires arasés, similaires à ceux découverts à Tazemmourt. Elle présente également un petit bassin. Selon P. Berthier, il pourrait s'agir de la purgerie, pièce où sont entreposées les moules à sucre pour l'égouttage (Berthier 1966: I, 170). Cette interprétation pose problème dans le cas de Chichaoua, car les fours sont installés dans cette même pièce. Or, les émanations issues de la cuisson des jus sont susceptibles de perturber le produit en cours de raffinage. Cette difficulté ne semble pas se poser à Tazemmour, la salle des fours étant bien différenciée de cet espace d'entrepôt.

En définitive, ces établissements disposent de toutes les installations et du mobilier nécessaires pour les diverses opérations permettant la production d'un sucre de qualité[15]. Le jus extrait des cannes à sucre subit une première cuisson dans de grandes marmites placées sur les fours, afin d'éliminer une bonne part des impuretés. Il est ensuite filtré puis coulé dans des moules en terre cuite, à panses tronconiques allongées et percés d'orifices d'écoulement dans le fond. Ces moules sont placés sur des récipients en céramique destinés à recueillir le sirop qui s'en écoule – les «pots de sucreries» –, et disposés dans la purgerie jusqu'à ce que le produit se soit égoutté. Venaient ensuite les opérations de raffinage : le «terrage» du sucre. Le produit subissait une nouvelle cuisson, avant d'être de nouveau coulé dans les moules. Ces derniers étaient fermés par une couche de terre argileuse détrempée. L'eau permettait d'entraîner progressivement les impuretés vers l'orifice d'écoulement, et ainsi de purifier le sucre. L'opération – cuisson et terrage – pouvait dans certains cas être répétée jusqu'à trois fois, pour obtenir un sucre de meilleur qualité désigné sous le nom de «sucre de trois cuissons». Pour P. Berthier, la seule présence en quantité considérable des moules et pots en terre cuite à proximité des installations industrielles suffit à attester la pratique des opérations de terrage dans les sucreries du Sous (Berthier 1966: I, 193-196). Les archives

[15] Les différentes étapes de fabrication ont été bien décrites par M. Ouerfelli (2008: 242-246).

diplomatiques européennes du XVIe siècle confirment par ailleurs qu'un sucre blanc de qualité était fabriqué au Maroc, ainsi qu'une gamme variée de produits secondaires : mélasse, sirop de sucre, sucre brut[16].

5. Les structures annexes

Chacun de ces vastes complexes industriels présente également plusieurs structures annexes, qui témoignent de la pratique d'autres activités sur le site, en lien plus ou moins étroit avec la production sucrière. La production céramique semble avoir été présente sur plusieurs établissements sucriers de la plaine du Sous et est particulièrement bien attestée à Tazemmourt 2 par la présence de vestiges de fours de potiers, regroupés vers la partie terminale de l'aqueduc, du côté opposé à la sucrerie (Berthier 1966: I, 196)[17]. P Berthier avait également noté la présence d'une courte dérivation en marge du canal de fuite, qui alimente une structure qu'il propose d'interpréter comme une installation de potier utilisant la force hydraulique (Berthier 1966: I, 183). Il apparaît ainsi que les ateliers céramiques faisaient partie intégrante des établissements industriels. Ils permettaient notamment d'assurer l'importante production des récipients nécessaires dans les différentes étapes de la fabrication du sucre (Berthier 1966: I, 196; Ouerfelli 2008: 242-246; Ouerfelli 2009: 57-58).

A Tazemmourt 2, P. Berthier signale également des fours à chaux, à une cinquantaine de mètres environ de la sucrerie. Il est évident que la construction des infrastructures, pour la majeure partie bâties en béton de chaux, a nécessité une quantité considérable de matière première, justifiant à elle seule l'aménagement de structures de production à proximité du chantier. Toutefois, M. Ouerfelli souligne également l'utilisation de la chaux lors des opérations de cuisson des jus (Ouerfelli 2008: 245; Ouerfelli 2009: 58). Les fours, implantés à proximité de la sucrerie, auraient alors permis de l'approvisionner tout au long de son fonctionnement.

Ces différentes installations témoignent donc de la production sur place des objets et des matières premières nécessaires à l'activité des établissements. Ceux-ci constituent ainsi de véritables complexes industriels, contrôlant l'ensemble de la chaîne opératoire permettant la transformation de la canne en produit fini pour l'exportation.

L'ensemble de ces vestiges rend compte de l'importance des investissements matériels consentis pour développer une production sucrière efficace et de qualité. L'utilisation de l'énergie hydraulique comme force motrice nécessite notamment un effort de départ important en terme d'infrastructures. Cependant, elle assure aux installations industrielles un rendement très appréciable[18]. Par ailleurs, il faut souligner les fortes similitudes structurelles qui existent entre les différents établissements. Cette conception commune conforte l'hypothèse de la mise en place d'un vaste programme de développement de l'industrie sucrière.

5.1 Les réseaux d'adduction d'eau

Le fonctionnement de ces établissements, qui utilisent la force hydraulique, implique la mise en place d'un réseau d'adduction d'eau suffisamment performant pour fournir un débit capable d'entraîner la roue verticale. Dans la plaine du Sous, trois réseaux hydrauliques permettant d'alimenter cinq sucreries sont bien identifiés.

[16] De Castries (H.), *Les Sources Inédites de l'Histoire du Maroc. Première série - Dynastie Saadienne (1530-1660). Archives et Bibliothèques de France* t. I, Paris, 1905: doc. LXXVII, p. 303 et sq; *idem, Les Sources Inédites de l'Histoire du Maroc. Première série - Dynastie Saadienne. Archives et Bibliothèques de France* t. II, Paris, 1909: doc. XLIX, p. 133 et doc. LV, p. 143; *idem, Les Sources Inédites de l'Histoire du Maroc. Première série - Dynastie Saadienne. Archives et Bibliothèques d'Angleterre* t. I, Paris, Londres, 1918: doc. X, p. 17-20; doc. XXXVII, p. 90; doc. LXXV, p. 186-7; doc. XCI, p. 232 et doc. CXCVII, p. 531; voir l'analyse de P. Berthier, *Les anciennes sucreries...*, I, p. 190-1.

[17] Il ne subsiste de ces installations que quelques traces ténues d'aménagements sous des amas de céramiques brisées, en majeure partie des pots destinés aux opérations de traitement et de conditionnement du sucre.

[18] En particulier en comparaison de la force de traction animale utilisée dans d'autres régions méditerranéennes à l'époque médiévale (Ouerfelli 2008: 256-7).

Parmi ceux qui ont pu être mis en évidence, le réseau de la Mahdia est sans aucun doute le plus conséquent. La seguia Mahdia, grande canalisation creusée à ciel ouvert, prend ses eaux sur l'oued Sous puis parcourt la rive sud de l'oued Sous entre Igli et Taroudant sur plus de 45 kilomètres et alimente successivement trois sucreries: les Ouled Messaoud et les deux établissements de Tazemmourt[19]. La seguia suit d'abord un tracé sensiblement parallèle au cours de l'oued Sous sur environ 5 kilomètres, avant d'être divisée en deux canaux parallèles. Le canal méridional – la Fouqaniya – se poursuit sur une dizaine de kilomètres, et alimente via une dérivation la sucrerie des Ouled Messaoud. La section septentrionale de la seguia – la Tahtaniya – se suit quant à elle sur une quarantaine de kilomètres et fournit l'eau nécessaire au fonctionnement des deux sucreries de Tazemmourt. Sur la majorité de son parcours, le canal d'amenée se présente sous la forme d'un simple creusement en pleine terre, de section en U, dont la largeur peut atteindre jusqu'à 4,60 mètres. Toutefois, son aménagement a nécessité en plusieurs endroits une attention particulière, notamment lorsque son tracé croise le lit d'un oued issu de l'Anti-Atlas. D'importants ouvrages de franchissement ont alors été construits. La traversée de l'Assif n'Warghen a ainsi nécessité la construction d'un aqueduc de 50 mètres de long, supporté par dix arches. Sur l'ensemble du parcours de la *seguia*, huit autres ouvrages similaires, de plus ou moins grande importance en fonction des besoins, ont été relevés.

Plus à l'ouest, la sucrerie de Sebt Guerdane paraît également avoir été alimentée par une séguia branchée sur l'oued Sous, qui porte sur la carte topographique le nom de séguia Souiguia (Berthier 1966: I, 109)[20]. Cette dernière croise le point d'origine de l'aqueduc de la sucrerie, puis se poursuit sur encore 13 kilomètres dans la même direction avant de prendre une orientation plein est. Au total, le canal parcourt une quarantaine de kilomètres à travers le glacis méridional de la plaine.

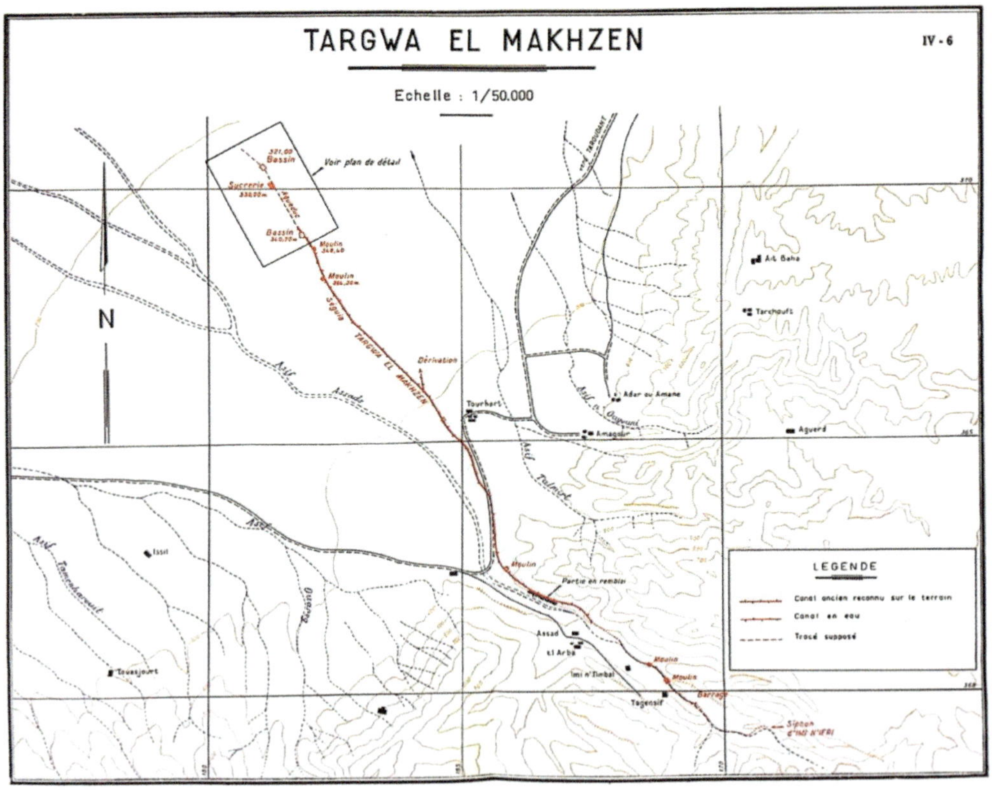

Figure 4.7 – La sucrerie d'Assads et le réseau hydraulique de la Targa el-Makhzen (extrait de Berthier 1966: II, doc. IV-6)

[19] Les vestiges en sont toujours visibles en de nombreux points sur le terrain, et apparaissent assez nettement sur les images satellites.

[20] La conduite actuelle est de construction récente, en béton, et dispose d'une prise d'eau de surface bâtie en gabions. Toutefois, les images satellites laissent voir en plusieurs points les vestiges de tracés plus irréguliers autour du parcours de la canalisation moderne.

La sucrerie d'Assads est quant à elle alimentée par un dispositif original, qui ne prend pas son origine sur l'oued Sous, mais sur un cours d'eau issu de l'Anti-Atlas: l'Assif n'Wassads. Ce dernier présente la particularité notable de disposer d'un siphon naturel environ 7 kilomètres en amont de son débouché sur la plaine qui régule son débit en aval (Figure 4.7). La canalisation Targa al-Makhzen[21] prenait alors son eau dans ce réservoir naturel rechargé à chaque crue de l'oued, et permettant une alimentation en eau régulée. Elle présente en outre la particularité d'être construite en élévation sur l'ensemble de son parcours.

Enfin, la restitution du réseau hydraulique de la rive droite lié à l'établissement de Sidi Moussa n'est pas sans poser de nombreux problèmes. Le secteur a en effet subi de nombreux remaniements et restructurations jusqu'à l'époque récente, du fait de la proximité de Taroudant, capitale régionale. La sucrerie est elle-même très mal conservée. Néanmoins, une analyse morphologique du centre urbain et de son environnement nous a amené à poser l'hypothèse de l'existence ancienne de plusieurs grandes séguias prenant leurs eaux dans l'Oued Sous à l'est de la ville et parcourant le territoire d'est en ouest (Godener 2016c; Figure 4.8). L'une – ou plusieurs – d'entre elles était sans aucun doute en mesure d'assurer l'alimentation en eau de la sucrerie.

Figure 4.8 – Le réseau hydraulique de la rive droite du Sous (fond carte topographique au 1/50 000e, feuille de «Taroudant», 1956)

5.2 Autour des sucreries : organisation des terroirs pour la culture de la canne

L'important développement de la production sucrière dont témoignent l'ensemble de ces vestiges implique également l'essor de la culture de la canne à sucre. Si les installations industrielles et les réseaux hydrauliques qui leur sont liés ont laissé des traces bien identifiables, les terroirs agricoles ont depuis longtemps subi des restructurations qui, sur de vastes surfaces, ont effacé tout indice des parcellaires anciens. Ainsi, pour tenter de restituer l'organisation des plantations dans la plaine, nous en sommes réduits aux suppositions.

[21] Le terme *targa* est l'équivalent de «séguia» en berbère. La dénomination «al-Makhzen» fai ici directement référence à une origine étatique – réelle ou légendaire – de sa construction.

6. Emplacement des champs de cannes à sucre

Le fait que la plante ait été cultivée dans la plaine du Sous ne fait aucun doute. Toutefois, la localisation des plantations ne peut être établie avec précision. L'hypothèse la plus vraisemblable, et largement admise dans la bibliographie (Berthier 1966: I, 116-121; Humbert 2002), est que celles-ci se soient trouvées à proximité immédiate des sucreries, dans les périmètres dominés par les grandes séguias. Cette hypothèse répond ainsi à deux contraintes essentielles de la culture de la canne à sucre. La première est celle d'un apport hydrique très conséquent et régulier pendant sa période de maturation, c'est-à-dire du printemps à la fin de l'été (Berthier 1966: I, 119-121; Ouerfelli 2008: 229). La seconde est la nécessité de réduire le temps de transport de la matière première jusqu'aux installations industrielles, la canne ne se conservant que peu de temps après avoir été coupée (Berthier 1966: I, 116; Ouerfelli 2008: 240)[22]. Ainsi, sur les réseaux alimentés par l'oued Sous, le tracé des séguias – Mahdia, Tafellagt, et Souiguia – devait constituer la limite maximale de l'extension des plantations de cannes à sucre à partir des bords du cours d'eau. Ces dernières devaient par ailleurs se trouver concentrées à proximité des sucreries. Les bassins d'accumulation qui recueillaient les eaux des canaux de fuite des aqueducs à moins d'un kilomètre en sortie des établissements industriels de la rive gauche constituaient sans doute des réserves indispensables pour pallier aux périodes de moindre débit des séguias. Le dispositif autour de la sucrerie d'Assads est légèrement différent, du fait de sa disposition particulière, mais procède du même principe. Dans ce cas, la toponymie vient à l'appui de l'hypothèse de localisation des cultures proposée par P. Berthier. En effet, l'auteur note le toponyme *Bled Boughanem*, présent sur la carte topographique au 1/50 000e, attaché au terroir autour et au nord de la sucrerie. Le terme berbère, que l'on peut traduire par «champ de roseau», pourrait être lié au souvenir de plantations de cannes à sucre établies sur ce territoire (Berthier 1966: I, 107 et 111). De la même façon, tout le secteur – d'environ 5 kilomètres du nord au sud – du territoire de Taroudant à hauteur de la sucrerie de Sidi Moussa pouvait accueillir des plantations de cannes à sucre, les différentes conduites d'amenées d'eau pouvant alors participer à l'irrigation de ces terrains de culture.

Si on peut ainsi estimer les secteurs d'implantation des champs de cannes à sucre à partir de l'analyse des vestiges archéologiques des établissements industriels et des réseaux hydrauliques qui leur sont liés, il reste impossible d'évaluer l'extension dans l'espace de ces plantations.

7. La question épineuse des ressources hydriques pour l'irrigation des plantations

Reste une autre question fondamentale qui demeure difficile à résoudre : celle des capacités du dispositif hydraulique, constitué par les grandes séguias, à fournir un approvisionnement suffisant pour l'irrigation de la canne à sucre, et en particulier durant la période estivale au cours de laquelle les apports devaient être conséquents et réguliers. Aujourd'hui, les terroirs que l'on suppose avoir pu accueillir cette culture ont été abandonnés à une agriculture pluviale soumise aux aléas climatiques, ou à des exploitations modernes usant de la motopompe, quand ils ne constituent pas simplement de vastes étendues steppiques. L'hydrologie actuelle de la plaine du Sous est bien insuffisante, notamment durant la période estivale sèche, pour permettre une telle production en mobilisant uniquement les écoulements de surface. Le régime de l'oued Sous, sur lequel repose la majeure partie du réseau hydraulique lié aux sucreries, est caractérisé par une forte irrégularité saisonnière et interannuelle. S'il est susceptible de présenter de fortes crues de l'automne au printemps, en revanche, les débits sont très affaiblis, voire nuls, durant les mois d'été. De façon générale, les possibilités de mise en place d'une culture de canne à sucre dans une région au climat aride ont fait couler beaucoup d'encre. Cependant, on ne peut douter, à l'étude des sources historiques ainsi qu'au vu des vestiges archéologiques, de cette pratique dans la plaine du Sous depuis une période ancienne, et jusqu'à l'époque moderne. Quelques parcelles de cannes à sucre existaient d'ailleurs encore dans la partie amont de la plaine, vers Ouled Barhil, à la fin des années 1950 (Berthier 1966: I, fig. 50)[23].

---

[22] La canne doit en effet être broyée dans les vingt-quatre heures suivant la coupe.

[23] Cette culture a aujourd'hui totalement disparue de la plaine du Sous, mais elle est toujours pratiquée à grande échelle dans le nord du Maroc, et en particulier dans la plaine du Gharb.

P. Berthier n'avait pas manqué de soulever cette question, sur laquelle de nombreuses objections lui avaient été adressées. Il estimait alors que les conditions climatiques, et surtout hydrologiques, de la plaine du Sous avaient subi de profondes modifications (Berthier 1966: I, 116-117 et 155). Et en effet, il ne fait aucun doute, au vu de l'importance des infrastructures mises en place, tant pour l'adduction de l'eau que pour son exploitation comme énergie motrice, que le régime de l'oued Sous, comme celui de l'assif n'Wassads, devait être plus conséquent qu'aujourd'hui. Il reste pour autant peu probable que les modifications environnementales aient été importantes au point d'imaginer que ces cours d'eau aient connu un débit abondant et régulier pendant la saison sèche. Les travaux du géographe A. Humbert, poursuivis par M. Boujnikh, menés depuis la fin des années 1990, ont permis de mettre en évidence, notamment grâce à des prospections aériennes, l'existence de dispositifs complémentaires exploitant les eaux souterraines et les ressources issues de l'Anti-Atlas, qui ont pu participer à l'approvisionnement en eau des réseaux hydrauliques et des plantations (Humbert 2002; Boujnikh 2008; Figure 4.9).

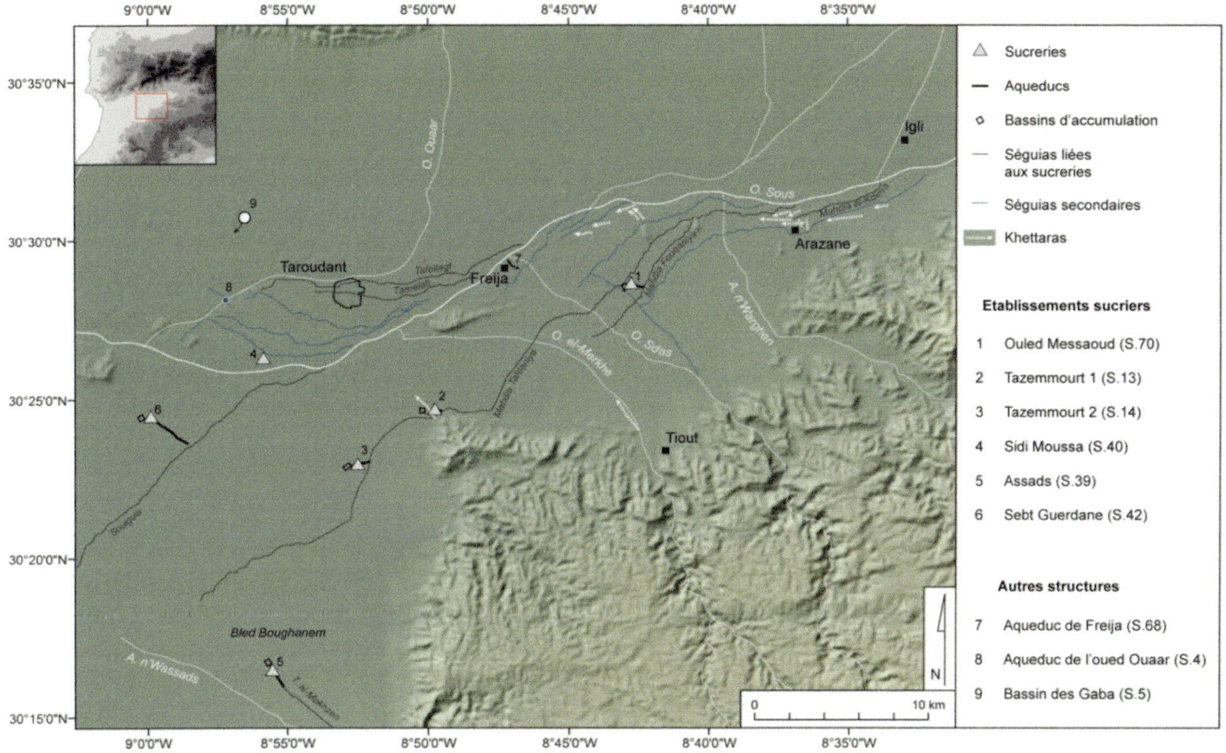

Figure 4.9 – Carte des réseaux hydrauliques complémentaires

Ces recherches se sont en particulier concentrées sur le réseau de la Mahdia et la sucrerie des Ouled Messaoud. Ainsi, un ouvrage de captage des inféroflux de l'oued Sous a pu être observé à l'origine de la seguia Mahdia, en complément d'une prise d'eau de surface située en aval. En outre, plusieurs khettaras ont été relevées autour du dispositif hydraulique de la séguia Mahdia. Autour du douar d'Arazane, six galeries drainantes, de courtes portées, sont disposées à proximité du passage de la partie amont de la conduite, parallèlement ou perpendiculairement à celle-ci. Le lien n'est pas clairement établi entre les deux types d'ouvrages hydrauliques, on peut toutefois émettre l'hypothèse qu'elles pouvaient contribuer à recharger les grands canaux d'adduction en dehors des périodes de crues. A. Humbert a par ailleurs observé un lien direct entre une khettara et une des sucreries d'Ouled Teima, exemple qui montre bien la possibilité que les deux systèmes aient pu être associés dans l'industrie sucrière.

D'autres ouvrages hydrauliques – séguias et khettaras – qui acheminent l'eau depuis le *dir* de l'Anti-Atlas jusqu'aux établissements sucriers ou jusqu'aux secteurs présumés de plantation ont également été relevés. C'est le cas notamment de la séguia qui prend ses eaux sur l'oued Sdass, qui débouche dans la plaine à moins de 5 kilomètres à l'est de Tiout et passe à moins de 100 mètres du bassin d'accumulation de la sucrerie des Ouled Messaoud. Elle aurait ainsi pu participer à l'approvisionnement du bassin ou alimenter directement les plantations. Les traces de deux khettaras ont également été observées dans ce secteur. L'une d'elle prend naissance au cœur du bourg actuel de Tazemmourt et suit une direction nord-nord-ouest. Elle passe alors à une vingtaine de mètres seulement du bassin d'accumulation associé à l'établissement sucrier, et coupe le canal de fuite. Elle se poursuit encore sur environ 750 mètres, où elle donne naissance à un vaste périmètre irrigué qui s'étend aujourd'hui sur environ 105 hectares. L'hypothèse que de tels ouvrages aient pu participer à la culture de la canne ou au fonctionnement des sucreries n'a rien d'invraisemblable. Ces exemples témoignent en tous cas des nombreuses possibilités de mise en place de dispositifs hydrauliques supplémentaires, permettant de compléter les apports en eaux tout au long de l'année, en mobilisant à la fois les eaux souterraines et les sources secondaires issues de l'Anti-Atlas. Le lien fonctionnel et même chronologique de ces structures avec l'industrie sucrière ne peut être établi avec certitude. Il ne fait toutefois aucun doute que ces technologies de captage des eaux souterraines étaient connues dès l'époque médiévale, et les vestiges observés témoignent de l'important potentiel que peut constituer leur exploitation.

7.1 Une restructuration de la plaine pour le développement de l'industrie sucrière sous les Saᶜdiens

Ainsi, les vestiges archéologiques des sucreries et des réseaux hydrauliques témoignent d'un système de production cohérent et bien organisé sur le territoire. Au vu des importantes similitudes structurelles entre les différents établissements sucriers identifiés du Sous, il ne fait aucun doute qu'ils sont contemporains les uns des autres et procèdent d'un programme de mise en valeur économique de la plaine du Sous. Toutefois, s'il est largement admis que ces vestiges doivent être rattachés à l'époque saᶜdienne, cette attribution doit en réalité être discutée, de l'aveu même de leur premier inventeur, P. Berthier.

8. Datation des vestiges et des réseaux hydrauliques

En effet, la datation de cet ensemble d'aménagement reste problématique, ni l'examen des vestiges ni les fouilles archéologiques effectuées par P. Berthier n'ayant permis de mettre en évidence des indices de datation clairs (Berthier 1966: I, 210-217). Il est néanmoins vraisemblable que ces installations aient bien fonctionné à l'époque saᶜdienne, sur la base des informations fournies par les textes historiques sur l'important développement de l'industrie sucrière à cette période. En effet, les sources textuelles, tant maghébines qu'européennes, révèlent à la fois l'important essor que connaît la production dans le Sous sous l'égide des souverains saᶜdiens dès la second quart du XVIᵉ siècle, et l'ampleur des infrastructures mises en place à cette fin, d'abord autour de Taroudant, puis, au début de la seconde moitié du XVIᵉ siècle, au nord de l'Atlas[24]. Or, nous avons vu que les sucreries identifiées à Chichaoua et à proximité d'Essaouira procèdent dans une large mesure d'un modèle commun aux établissements du Sous. Après l'abandon, et parfois la destruction, des structures de production à la chute de la dynastie, l'industrie sucrière paraît avoir été totalement délaissée dans le Sous jusqu'à l'époque contemporaine. L'essor de cette dernière sous les Saᶜdiens constitue donc la dernière grande entreprise de développement de la production du sucre dans la région, et le XVIIᵉ siècle correspond à un *terminus ante quem* pour la datation des vestiges que nous venons d'examiner. Si P. Berthier admet que ces établissements aient fonctionné dans le courant du XVIᵉ siècle, il se refuse en revanche à réfuter la possibilité que ces installations reprennent des structures antérieures. Dans le cas du Sous, on sait en effet qu'une transformation des cannes à sucre prenait place dans la plaine au tout début du XVIᵉ siècle, avant l'avènement des Saᶜdiens, dans les territoires contrôlés par une organisation communautaire autour de Tiout[25]. On ne sait rien des structures de production qui existaient alors, mais d'après Léon l'Africain, le sucre était de mauvaise qualité. Les techniques de raffinage n'étaient donc pas performantes et, selon M. Ouerfelli, même si

[24] Des sucreries auraient notamment été établies à Chichaoua sous les règnes de ᶜAbdallāh al-Ġālib et Aḥmad al-Manṣūr, afin d'accroître encore les revenus de l'Etat: Al-Ifrānī: ar. 103 / tr. 180; ar. 160 / tr. 261.

[25] Léon l'Africain: 89. La canne à sucre était également cultivée dans les terroirs de Tidsi: Léon l'Africain: 93.

l'auteur médiéval rapporte que des marchands de Fès, de Marrakech et du Sahara venaient se procurer du sucre dans le Sous, le commerce du produit ne s'étendait sans doute qu'exceptionnellement en dehors du cadre régional (Ouerfelli 2008: 148). Il semble donc qu'il faille restituer des infrastructures que l'on pourrait qualifier d'artisanales, image qui tranche radicalement avec les vestiges des sucreries de la plaine. Au contraire, les sources textuelles rendent compte d'un accroissement considérable des moyens de production dans le courant de la première moitié du XVIe siècle, qui s'accompagne d'un net progrès dans les techniques de raffinage[26]. Ainsi, les sucreries dont on peut encore observer les vestiges, dont nous avons vu que les installations industrielles et les équipements étaient adaptés à la production d'un sucre de qualité, doivent sans aucun doute être rattachées à cet effort de développement économique promu par les souverains saᶜdiens.

La question est plus délicate en ce qui concerne les réseaux hydrauliques qui alimentent ces établissements. En effet, P. Berthier suppose que ces aménagements pourraient être antérieurs aux sucreries, qui auraient été établies sur un système d'adduction d'eau préexistant (Berthier 1966: I, 217). Cependant, la qualité d'aménagement – conduites construites, ouvrages de franchissement – dont font l'objet ces canaux, nous pousse à croire qu'ils ont été aménagés – ou réaménagés – spécifiquement dans l'optique de la production sucrière. De fait, la construction de la Targa al-Makhzen et des nombreux ouvrages de franchissement de la Mahdia représente un engagement de moyens conséquents. La même remarque peut d'ailleurs être formulée à l'égard du creusement de l'ensemble des tronçons de la Mahdia, dont la section dépasse parfois les 4 mètres de largeur. Par ailleurs, la détermination du tracé d'un canal d'adduction, comme le choix de l'emplacement adéquat pour la mise en place d'un aqueduc apte à produire de l'énergie hydraulique, dépendent de contraintes topographiques, qu'il a fallu concilier pour construire un système fonctionnel. Il est donc peu probable que l'ensemble ait pu être mis en place sans une certaine planification préalable. Ainsi, de notre point de vue, si les réseaux hydrauliques liés à la production sucrière ont pu reprendre partiellement des structures – ou plutôt des tracés – préexistants, ils ont sans aucun doute fait l'objet d'une importante restructuration afin de répondre aux exigences de l'industrie.

En définitive, s'il est possible que le système de production sucrière de la plaine du Sous tire partiellement profit de structures antérieures, il semble bien avoir été en grande partie adapté aux contraintes spécifiques de l'industrie du début de l'époque moderne. La cohérence d'ensemble des aménagements et la rationalisation des moyens de production dont témoignent les vestiges nous incitent en effet à penser que ce réseau s'affranchit assez largement des structures anciennes. L'examen archéologique semble indiquer que cet ensemble industriel procède d'une entreprise parfaitement conçue et planifiée, notamment en terme d'organisation du territoire, sous l'impulsion d'une autorité centrale forte, celle des souverains saᶜdiens.

9. Les traces matérielles de l'emprise du pouvoir central sur le territoire

Ainsi, si l'on sait, grâce aux témoignages des sources écrites, l'implication des souverains saᶜdiens dans la mise en valeur de la production du sucre dans le Sous, l'étude des vestiges archéologiques des établissements industriels et des réseaux hydrauliques qui leur sont liés permet de mesurer l'ampleur de l'investissement matériel qu'a exigé ce développement.

En outre, la mise en place de cette industrie implique une réorganisation du territoire et de la gestion des ressources en eau et en matières premières, dont une part importante doit être affectée au fonctionnement de l'activité. M. Ouerfelli a bien mis en évidence l'impact de la production sucrière sur les campagnes, partout où celle-ci a été développée en Méditerranée à l'époque médiévale (Ouerfelli 2008: 280-287 ; Ouerfelli 2009: 47-63). La culture de la canne à grande échelle nécessite en premier lieu que

[26] Mármol: es. II, fol. 16b; tr. II, p. 30-31.

de vastes territoires soient consacrés aux plantations, aux dépens notamment de l'agriculture vivrière. Dans le Sous, ces terroirs ont vraisemblablement appartenu en propre aux souverains saᶜdiens, qui les affermaient à des entrepreneurs[27]. Aucun texte ne nous renseigne sur les modalités selon lesquelles ces terres sont passées dans l'escarcelle du pouvoir central, sans doute aux dépens de petits propriétaires. Cette culture exige également des apports en eaux considérables, qui s'ajoutent aux besoins des établissements sucriers pour générer la force motrice nécessaire à leur fonctionnement. Ainsi, une part conséquente des ressources en eau disponibles se trouve accaparée par l'industrie sucrière. Cette dernière est, de plus, une grande consommatrice de bois, à la fois pour la fabrication de matériel, tels que les roues et machines hydrauliques qui doivent être renouvelées régulièrement, et pour la combustion dans les fours de la sucrerie[28]. Enfin, la production demande le recours à une main d'œuvre importante. Les postes de travail sont nombreux : construction et entretien des infrastructures, culture, récolte et transport des cannes à sucre, puis transformation de ces dernières. De plus, si les opérations de transformation ne sont que saisonnières, au moment des récoltes, le reste des travaux nécessite la présence d'ouvriers à l'année (Berthier 1966: I, 233; Ouerfelli 2008: 248). M. Ouerfelli réfute catégoriquement l'hypothèse, émise par P. Berthier, de l'emploi d'esclaves pour ces tâches (Ouerfelli 2008 : 291-292). D'après Luis del Mármol Carvajal, ce sont bien les habitants libres de la plaine du Sous qui ont été employés à ces travaux[29]. Une partie au moins de ces derniers, en particulier ceux des villes, ont profité de l'essor économique engendré par la nouvelle industrie. Toutefois, l'abandon de leurs anciennes sources de revenus pour se consacrer à cette activité a augmenté leur dépendance vis-à-vis des entrepreneurs, et à l'égard d'une production d'exportation soumise à la demande de marchés extérieurs et aux variations des cours du sucre (Ouerfelli 2008 : 286 ; Ouerfelli 2009 : 50-51).

Ainsi, la mobilisation d'une grande part des terres, des ressources, et des hommes pour l'industrie sucrière a sans aucun doute bouleversé l'ancienne organisation économique, et en particulier agricole. Ces remaniements ont d'ailleurs vraisemblablement suscité des résistances de la part de la population rurale. Dans le troisième quart du XVIe siècle, le souverain ᶜAbdallāh al-Ġālib maintient plusieurs garnisons dans la plaine pour assurer la sécurité des sucreries et des plantations, à Freija et à Gared, à proximité de Tiout[30]. Au tout début du XVIIe siècle, c'est le relâchement du pouvoir central qui provoque la chute de l'économie sucrière, à la mort d'Aḥmād al-Manṣūr[31]. Les prétendants au pouvoir, accaparés par les luttes de succession, cessent en effet leurs efforts pour maintenir cette industrie, et les sucreries du Sous sont détruites par les populations locales. Il apparaît ainsi clairement que l'établissement de l'industrie sucrière à grande échelle dans la plaine du Sous n'a été possible que grâce au contrôle effectif des souverains saᶜdiens sur les territoires et les ressources. De ce fait, la cartographie des vestiges liés à cette activité permet de saisir les limites a *minima* de l'emprise territoriale du pouvoir central dont les représentants sont installés à Taroudant.

A regarder la répartition de ces installations sur le territoire, on remarque que les établissements sucriers, les prises d'eau, et la majeure partie des aménagements hydrauliques qui leur sont liés, ainsi que les terroirs irrigués pour les plantations de canne à sucre, sont regroupés dans la partie centrale de la plaine, à distance d'une quarantaine de kilomètres au maximum autour de la capitale. Les conditions topographiques et naturelles ne semblent pourtant pas avoir été moins favorables à la mise en place de l'industrie dans les parties amont ou aval de la vallée du Sous. Cette situation dépend sans doute plutôt de facteurs politiques, et notamment de la possibilité de garder un contrôle étroit sur ces installations. Par ailleurs, l'implantation de certains aménagements induit un contrôle effectif de l'Etat sur des sec-

[27] Mármol: es. II, fol. 18ab / tr. II, 33 ; es. I, fol. 265a / tr. I, 482 ; Partie I, chapitre 2, § 7.2.2, pp. 105-106.
[28] Parfois, la bagasse – le résidu des cannes à sucre – peut être utilisée à la place du bois de chauffe: Ouerfelli 2009: 56-7. P. Berthier évoque cette possibilité au Maroc. Il avait fait analyser les cendres contenues dans le foyer d'un des fours de Tazemmourt 2, toutefois, cela n'avait pas permis de déterminer la nature du combustible: Berthier 1966: I, 149-150.
[29] Mármol: es. II, fol. 18; tr. II, p. 33.
[30] Mármol: es. II, fol. 17-18; tr. p. 31-33.
[31] De Castries (H.), *Les Sources Inédites de l'Histoire du Maroc. Première série – Dynastie Saadienne. Archives et Bibliothèques d'Angleterre* t. II, Paris, Londres, 1925: doc. LXXXIV, pp. 229-235 (234).

teurs de piémonts de l'Anti-Atlas. La sucrerie de Tazemmourt 1 est ainsi installée à moins de 600 mètres de la ligne de *dir* et du pied du Jebel Tazemmourt, que la seguia Mahdia longe sur environ 4,5 kilomètres. Il est donc évident que le relief qui surplombe ces installations devait être soumis au contrôle étatique de la même façon que les territoires de plaine. Toutefois, l'exemple le plus convainquant est celui de la Targa al-Makhzen, qui alimente l'établissement d'Assads et irrigue le *bled Boughanem*. La prise d'eau de la conduite est en effet située à environ 7 kilomètres en amont du débouché de l'assif n'Wassads sur la plaine, dans les gorges des Issendalen. Il semble ainsi que l'autorité du pouvoir central se soit imposée plus avant encore dans les secteurs de piémonts ou, tout du moins, dans certains d'entre eux. S'agit-il dans ce cas d'un contrôle exercé directement par l'Etat ou bien est-il délégué à des chefs locaux alliés ? C'est une question à laquelle on ne peut répondre. A l'inverse, aucune installation n'est située en bordure du piémont du Haut Atlas. On ne peut pour autant en déduire des implications d'ordre politique. Il faut rappeler que la Targa al-Makhzen tire profit de la présence d'une résurgence karstique qui permet d'assurer un débit conséquent et régulier, ce qui a sans aucun doute favorisé la mise en place d'un réseau hydraulique et d'une sucrerie.

Les aménagements liés à l'industrie sucrière de l'époque moderne témoignent ainsi d'une importante planification du territoire, pour les besoins de la production, autour de la capitale Taroudant, sous l'impulsion directe des souverains saᶜdiens. L'extension de ces installations – établissements industriels et réseaux hydrauliques associés – dépasse alors largement le cadre du secteur périurbain et inclut même certaines zones du piémont de l'Anti-Atlas. Elle marque ainsi l'étendue a *minima* du rayonnement et du contrôle des autorités centrales sur la plaine du Sous. Il ne fait aucun doute que la restructuration du territoire, l'essor économique lié à la production sucrière, ainsi que le contrôle effectif de l'Etat sur la mise en valeur agricole des terroirs, ont eu des incidences notables sur le peuplement de la région.

Bibliographie

Berthier, P. 1966. *Les anciennes sucreries du Maroc et leurs réseaux hydrauliques: étude archéologique et histoire économique, un épisode de l'histoire de la canne à sucre.* Rabat, Centre Universitaire (marocain) de la Recherche Scientifique.

Boujnikh, M. 2008. *Evolution des paysages irrigués dans le Souss oriental (Maroc). De la Khettara à la motopompe, des terroirs* Faïds *aux grands périmètres irrigués (les cas des Ouled-Berrhil, Province de Taroudant).* Thèse de doctorat nouveau régime en Géographie. Nancy: Nancy 2.

Godener, M. 2016a. *Archéologie médiévale et moderne de la plaine de Taroudant et des piémonts des Atlas (Maroc).* Thèse de doctorat en archéologie. Paris: Université de Paris-Sorbonne (Paris 4).

Godener, M. 2016b. Vestiges archéologiques de la plaine du Sous: mise en valeur et réorganisation du territoire par le pouvoir saadien (Sud marocain, XVIe - début du XVIIe siècle). En *124-Sorbonne. Carnet de l'Ecole Doctorale d'Histoire de l'Art et Archéologie* (En ligne).

Godener, M. 2016c. Taroudant, capitale médiévale et moderne du Sous. Approche archéologique et morphologique. En *Bulletin d'archéologie marocaine (BAM)*, 23: 265-282.

Humbert, A. 2002. Archéologie d'un système hydraulique. L'ancienne sucrerie d'Ouled Messaoud et le système hydraulique de la plaine du Souss. En A. Ait Hssaine et A. Humbert (dir.), *Eau, environnement et histoire des paysages dans le Sous*, CD-Rom.

Ouerfelli, M. 2008. *Le sucre. Production, commercialisation et usages dans la Méditerranée médiévale.* Leiden, Boston, Brill.

Ouerfelli, M. 2009. L'impact de la production du sucre sur les campagnes méditerranéennes à la fin du Moyen Âge. En *Revue des mondes musulmans et de la Méditerranée*, 126: 47-63.

5. Los ingenios azucareros en la isla de Gran Canaria (siglos XV-XVII). Arqueología, tecnología, materialidad[1]

María del Cristo González Marrero
Grupo de Investigación Tarha, Universidad de Las Palmas de Gran Canaria. España
Jorge Onrubia Pintado
Laboratorio de Arqueología, Patrimonio y Tecnologías Emergentes (IDR), Universidad de Castilla-La Mancha. España
Valentín Barroso Cruz
Arqueocanaria. España
Pedro C. Quintana Andrés
Instituto Universitario de Análisis y Aplicaciones Textuales (IATEX), Universidad de Las Palmas de Gran Canaria. España

Abstract

Narrative sources and archival documents provide ample evidence of sugar mills (trapiches and ingenios) built during the colonisation and repopulation of the island of Gran Canaria. These historical records trace the existence of around twenty sugar mills operating in different parts of the island between the end of the 15th century and the mid-17th century.

Yet despite their apparent ubiquity, we have only limited knowledge of their materiality. Archaeological surveys have only been carried out on forth of them and the location of the others is still open to question. The purpose of this paper is closely linked to the history of techniques. From this goal, we have paid particular attention to the material elements that made these mills unique.

Keywords: Sugar mills, archaeology, Gran Canaria, Middle Ages, Modern Times.

Resumen

Las fuentes narrativas y la documentación de archivo son bastante elocuentes en lo que hace a la implantación de trapiches e ingenios azucareros durante la colonización y repoblación de la isla de Gran Canaria. A partir de estos textos se puede rastrear la existencia de una veintena de instalaciones azucareras que molían en distintos lugares de la isla entre fines del siglo XV y mediados del siglo XVII.

A pesar de estos datos y de la aparente ubicuidad de estos ingenios, lo cierto es que nuestro conocimiento de su materialidad es limitado. Solo se han realizado sondeos arqueológicos en cuatro de ellos y la identificación sobre el terreno del resto plantea, a día de hoy, bastantes interrogantes. El propósito que ha alentado la redacción de este trabajo se inserta en una perspectiva decididamente vinculada con la historia de las técnicas que concede una especial atención a los elementos materiales que singularizaron estas instalaciones.

Palabras clave: *Ingenios azucareros, arqueología, Gran Canaria, Edad Media, Edad Moderna.*

[1] Este trabajo ha sido realizado en el marco del proyecto CEI2018-3 "Arqueología de los primeros paisajes azucareros atlánticos. El caso de la isla de Gran Canaria (siglos XV al XVII)" financiado por la Agencia Canaria de Investigación, Innovación y Sociedad de la Información del Gobierno de Canarias (ACIISI) y del proyecto 2018PATRI25 "Patrimonio agrario y agronomía práctica. Técnicas agrícolas e historia rural en la Gran Canaria indígena y colonial (ss. X-XVI)", financiado con fondos para investigación de la Fundación CajaCanarias y la Fundación Bancaria La Caixa.

Résumé

Les récits et les sources archivistiques sont fort éloquentes quant à l'implantation de moulins à sucre aussi bien à traction animale qu'à roue hydraulique (trapiches et ingenios) durant la colonisation et le repeuplement de l'île de Gran Canaria. Ces textes révèlent l'existence d'une vingtaine de moulins à sucre dans différents endroits de l'île entre la fin du XVe siècle et la moitié du XVIIe siècle.

Malgré ces données et l'apparente omniprésence de ces sucreries, nos connaissances sur l'existence matérielle de celles-ci restent cependant limitées. Seules quatre d'entre elles ont fait l'objet de sondages archéologiques et l'identification sur le terrain des autres pose aujourd'hui de nombreuses questions. Ce travail s'insère dans une perspective clairement axée sur l'histoire des techniques, son but étant d'examiner les éléments matériels caractéristiques de ces installations.

Mots clés: *Moulins à sucre, archéologie, Grande Canarie, Moyen Âge, Temps modernes.*

1. Introducción

Las islas del archipiélago canario (Figura 5.1), cuya conquista señorial inauguró oficialmente la llegada de los caballeros normando-poitevinos a la isla de Lanzarote en 1402, encarnaron para la cristiandad latina, que había comenzado a "inventarlas" apenas unas décadas antes, lo más parecido a una "tierra de promisión". Los protagonistas del proceso de incorporación del archipiélago a la corona de Castilla ensalzaron desde el comienzo de esta dinámica colonial las bondades de estas tierras y ya en el último cuarto del siglo XV, en pleno desarrollo de la conquista realenga, las expectativas iniciales se vieron muy pronto satisfechas gracias al éxito casi inmediato que supuso la puesta en cultivo de la caña de azúcar (*Saccharum officinarum* L.).

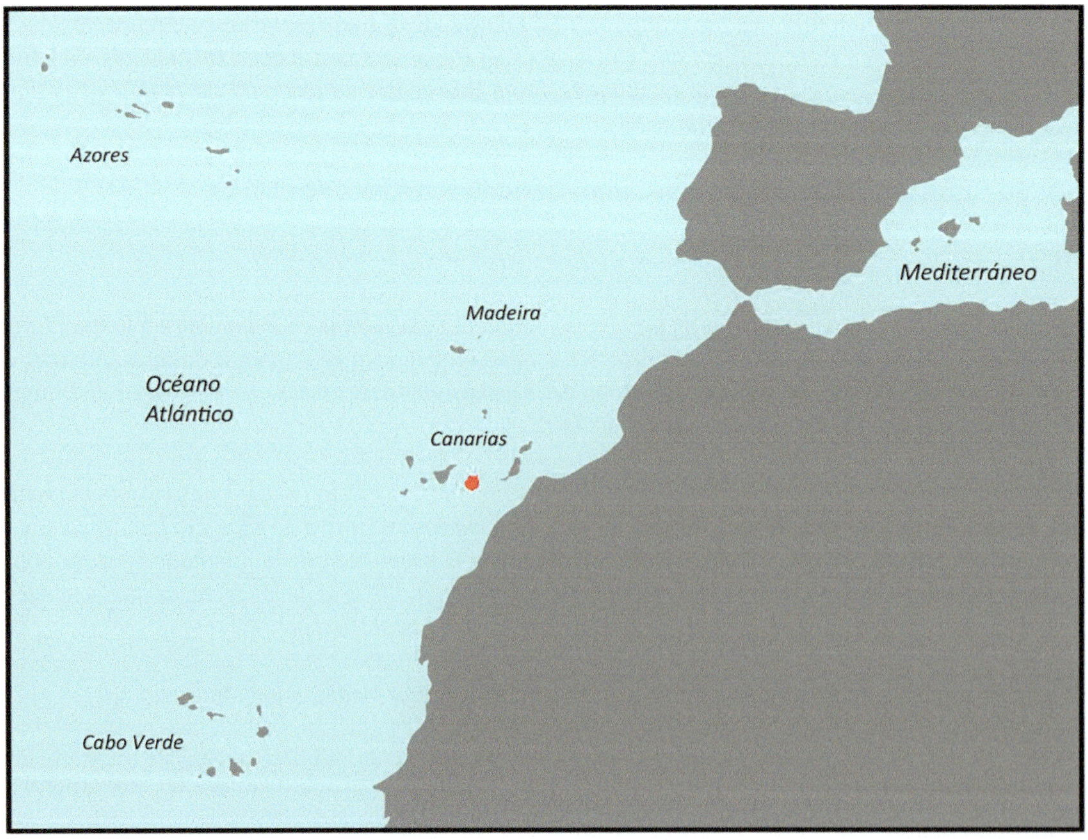

Figura 5.1. Localización de Gran Canaria (en rojo) en relación con otros archipiélagos azucareros del Atlántico oriental

El prestigio del cultivo canario de la caña dulce llegó pronto a tierras peninsulares y a oídos de viajeros extranjeros. A la abundancia de los "cañaverales de azúcar" de Gran Canaria se refiere explícitamente el bachiller Andrés Bernáldez en sus conocidas *Memorias del reinado de los Reyes Católicos*, acabadas de componer hacia 1515 (Bernáldez 1962: 136). Y en la obra, redactada antes de 1508, que describe su viaje a través de España y Portugal entre 1494 y 1495, el humanista, médico y cartógrafo alemán Jerónimo Münzer menciona que estando en Valencia, donde fue testigo de la venta de algunos esclavos canarios, fue informado de que las cañas de azúcar de las islas eran "de una longitud de seis y siete pasos, y del grueso de la parte anterior del brazo" (Münzer 1991: 45).

Hay consenso en que la reputación de las producciones locales y sobre todo la fama y destreza de los operarios canarios desempeñaron un papel fundamental en el nacimiento y desarrollo de la industria azucarera en las Indias (Aznar 2009: 319) y que su influencia alcanzó también, incluso, al Sus marroquí (Santana 2018). Y todo parece indicar que esta alta consideración permanecía intacta a mediados del siglo XVII, cuando el ingeniero militar sueco Peter Lindeström aseguraba que el azúcar isleño era el más exquisito en sabor y superaba en mucho al que se fabricaba en Sicilia y Chipre[2].

Pero no es necesario alejarse tanto del escenario insular ni de los inicios del cultivo de la caña en las islas. De manera reiterada, los autores de crónicas y relaciones coetáneas al tiempo de la conquista y colonización del archipiélago ya se habían hecho eco en sus escritos del éxito de esta incipiente industria. Un ejemplo de ello puede leerse en la narración atribuida a Pedro Gómez Escudero, quien asegura que el hidalgo jerezano y gobernador de la isla de Gran Canaria don Pedro de Vera "invió a Spaña i a la isla de la Madera a buscar frutales para plantar luego que se acauó la conquista, con que en brebe tiempo se pobló de frutos: parras, cañas de asúcar i todo género de árboles..." (Morales 1978: 419). Fue precisamente el capitán Vera el responsable de la construcción del que fue el primer ingenio de la isla, ubicado en el barranco del Guiniguada, al lado del cual otro conquistador, el alférez mayor Alonso Jáimez, levantó su trapiche. Según fray José de Sosa (Sosa 1994: 180), a ambos siguieron, en el norte, los de Arucas, Firgas y el barranco de Guadalupe y, en el sur, los situados en Tirajana, en los llanos y vegas de Sardina y en Telde[3].

La isla de Gran Canaria es, precisamente, el escenario elegido para desarrollar los objetivos que nos hemos propuesto con este texto que, por supuesto, no pretende volver, de nuevo y de manera general, sobre la historia del cultivo de la cañamiel en el archipiélago[4]. Dos son las razones fundamentales que explican esta preferencia. En primer lugar, es difícilmente cuestionable que fue en esta isla donde la industria azucarera canaria alcanzó su mayor desarrollo. Por otro lado, los datos arqueológicos existentes sobre sus instalaciones y paisajes son, hoy por hoy, los más numerosos y consistentes para el conjunto de las islas[5]. Buena prueba de ello son los trabajos de documentación y excavación arqueológica desarrollados en cuatro de los ingenios que molieron en la isla: el ubicado en la actual villa de Agaete, el que se estableció en las inmediaciones del casco de Guía, el situado en el pago de La Trinidad (Firgas), que casi con absoluta seguridad no es otro que al que las fuentes escritas asocian el topónimo Aumastel, y, por último, el de Los Llanos, conocido popularmente como Los Picachos, uno de los cuatro que existieron en Telde[6].

[2] "This Canary sugar is the most exquisite in taste and far surpasses that which is raised in Sicily and Cypro" (Lindeström 1925: 138).

[3] Curiosamente, Sosa no cita en esta relación el ingenio del también conquistador Alonso Fernández de Lugo en Agaete, el segundo movido por un molino de agua en funcionar en la isla, aunque sí alude al puerto de esta villa como lugar donde, en otro tiempo, se embarcaba el azúcar (Sosa 1994: 195).

[4] Sobre este asunto ya existen interesantes monografías y artículos de carácter general e, incluso, un balance historiográfico (Viña y Ronquillo 2006) que ha de completarse con algunas publicaciones posteriores que se irán citando, en su lugar, a lo largo de estas páginas.

[5] Dicho esto, hay que indicar que en los últimos años la arqueología del azúcar está suscitando un creciente interés en otras islas. Testimonio de ello son el capítulo consagrado al ingenio gomero de Alojera que incluye este mismo volumen y las excavaciones recientemente desarrolladas en el de Vilaflor, en la isla de Tenerife (Pou et al. 2020). Agradecemos la confianza que ha depositado en nosotros Sergio Pou, responsable de los trabajos arqueológicos desarrollados en esta última instalación, al mantenernos amablemente al tanto de los avances y resultados preliminares de estas tareas.

[6] Todas estas intervenciones arqueológicas han sido realizadas por Arqueocanaria SL con el concurso financiero de distintas entidades privadas, del Cabildo de Gran Canaria y de la Dirección General de Patrimonio Cultural del Gobierno de Canarias.

Las ambiciones de este texto son, con todo, moderadas. Partiendo del examen pormenorizado de los ingenios existentes en Gran Canaria entre los siglos XV y XVII, horquilla cronológica que se corresponde con el primer ciclo del azúcar isleño (Viña y Ronquillo 2009), nuestro propósito no es otro que acercarnos a los elementos materiales y técnicos que singularizan estas instalaciones. Y ello desde una vocación y una perspectiva decididamente vinculadas a la arqueología y al patrimonio industrial.

2. Los ingenios azucareros de Gran Canaria: algunas consideraciones previas

Como ocurre en todas las regiones azucareras, también en Gran Canaria, donde los primeros cañaverales semejan plantarse en 1483 (Gambín 2014), cuando todavía subsisten núcleos de resistencia indígena en la isla y no se han producido los primeros repartos oficiales de tierras y aguas, las plantaciones de caña, y todos sus acondicionamientos agrícolas, dominaban el paisaje agrícola isleño. Pero, sin duda alguna, estos territorios cañeros estaban sobre todo marcados por la presencia de los trapiches e ingenios donde tenía lugar la transformación de la cañaduz. En consecuencia, el estudio de estas instalaciones de molturación y procesado constituyen una prioridad para cualquier aproximación a la materialidad de esta actividad agro-manufacturera y a sus espacios. Ocurre que el primer y gran problema al que nos enfrentamos a la hora de estudiar los ingenios azucareros de la isla, estableciendo de paso un inventario preciso de los mismos y determinando su localización, es de índole heurística: se trata de una cuestión de fuentes. Y para hacer frente a esta dificultad, e intentar superarla con relativo éxito, es sin duda preciso tener siempre presentes su naturaleza y limitaciones.

En lo tocante a los textos, ya se ha insistido bastante sobre la fiabilidad que, en virtud de su génesis y transmisión, podemos conceder a las distintas fuentes narrativas más comúnmente utilizadas (Onrubia 2003: 56-96, Baucells 2004). En cuanto a las fuentes documentales, es incontrovertible que éstas constituyen, hoy por hoy, el camino más directo y seguro para seguir el rastro de estas instalaciones azucareras y reunir el mayor número de datos que permita hacernos una idea, lo más cabal posible, de cómo fueron y funcionaron los ingenios de Gran Canaria. Como demuestran, por ejemplo, los inventarios de bienes conservados, la aportación de estas escrituras resulta muy relevante y útil para reconstruir todo lo relacionado con su materialidad y su tecnología. Dicho esto, y más allá de los importantes problemas derivados de sus lagunas, especialmente notables para los primeros compases de la colonización de la isla (Onrubia 2003: 58-60), el manejo de los documentos de archivo no deja de plantear toda una serie de desafíos. En la línea de lo ya adelantado por Guillermo Camacho en su clásico y aún insustituible trabajo sobre este tema (Camacho 1961), baste reparar, sin ir más lejos, en las dificultades que, para la correcta identificación de los ingenios, se derivan de la frecuencia con la que estos cambiaban de propietarios o inquilinos.

Otro problema no menor vinculado a la interpretación de las fuentes documentales, y también de la toponimia, deriva del empleo concurrente de los vocablos trapiche e ingenio[7], y de las distintas acepciones que presenta sobre todo este último en función de la paulatina extensión, por metonimia, de su campo

Además, en lo que se refiere al ingenio de Agaete, para el que ya contamos con algunas publicaciones preliminares (Barroso et al. 2014; González et al. 2018), parte de estos trabajos se llevó a cabo en colaboración con la Universidad de Las Palmas de Gran Canaria dentro del marco del proyecto *Arqueología de la aculturación y de la colonización. Gentes, objetos, animales y plantes europeos en Gran Canaria (ss. XIV-XVI)* subvencionado por la Agencia Canaria de Investigación, Innovación y Sociedad de la Información del Gobierno de Canarias (PROID20100180). Los resultados del conjunto de estas labores de documentación arqueológica están recogidos en los correspondientes informes de difusión restringida.

[7] Llegados a este punto, y aún a riesgo de parecer prolijos, es obligado realizar algunas consideraciones sobre el empleo de los términos ingenio y trapiche. En principio, hay unanimidad en vincular el primero de los vocablos a los molinos hidráulicos y el segundo, a los movidos por tracción animal, con toda probabilidad suministrada de manera exclusiva, en lo que hace a Canarias, por el empleo de caballerías. A pesar de todo, y dado que en una época temprana convivieron ambos tipos de instalaciones, sería oportuno explorar la posibilidad, documentada para otros lugares (Fuente 2004: 133-136; Thiébaut y Montero 2014: 11; Wobeser 2017: 183), de que la principal diferencia entre un ingenio y un trapiche radicase no tanto en la fuerza que mueve sus muelas o sus rodillos, como en sus dimensiones y producciones, y asimismo en la inversión necesaria para ponerlos a funcionar, mucho más importantes en el caso de los ingenios. La pertinencia de este criterio a la hora de discriminar unos y otros es evidente en el ámbito americano, donde algunos trapiches fabricaban solo panela, piloncillos y mieles, tipos a los que se añadía el azúcar blanco o

semántico. En su significado original y restringido, el vocablo ingenio designaba sólo las instalaciones destinadas a la molienda y prensado del azúcar, y todos sus artificios. Pero, con el correr del tiempo, la palabra acabó por aludir, también, a las dependencias necesarias para completar todo el proceso de manufacturado del azúcar e, incluso, al resto de las edificaciones y a las plantaciones de caña que formaban parte de la hacienda azucarera donde éste se ubicaba (Viña, Corrales y Corbella 2014: 20-21).

Acabamos de aludir a la toponimia, y hay que decir que los nombres de lugar, transmitidos por escrito u oralmente, constituyen una valiosa fuente de información sobre la ubicación de los ingenios de Gran Canaria (Viña, Corrales y Corbella 2016: 12-14). Y es que, como es bien conocido, los topónimos constituyen la parcela más conservadora de la onomástica. Dicho esto, hay que estar prevenidos, con todo, sobre los posibles errores, en términos de interpretación histórica, a los que pueden conducirnos estos términos. Pues, por ejemplo, sabemos que algunos de estos nombres de lugar surgen, en realidad, entre la segunda mitad del siglo XIX y las primeras décadas del XX, cuando se vuelve a plantar caña en Gran Canaria y se construyen nuevos molinos y fábricas de azúcar (Luxán 2009).

En lo que concierne a las fuentes arqueológicas, sus limitaciones no son por supuesto exclusivas de este tipo de instalaciones y tienen que ver con la visibilidad de los vestigios conservados. Si las profundas transformaciones que ha sufrido el paisaje agrícola de la isla en las últimas centurias dificultan sobremanera la identificación y estudio del parcelario fósil ligado a los cañaverales, por fortuna no ocurre siempre lo mismo con otro tipo de evidencias. Es el caso de las infraestructuras hidráulicas, de determinadas construcciones ligadas al proceso de fabricación, o de las altamente diagnósticas acumulaciones de fragmentos de cerámicas azucareras[8].

Para acabar con nuestro recorrido por las fuentes y desde la perspectiva de la historia de las técnicas, que constituye la mirada que privilegiamos en este trabajo, es preciso señalar el interés que, como herramienta para el estudio de la materialidad de los ingenios de Gran Canaria, tienen los análisis comparativos con sus homónimos de las otras islas azucareras del archipiélago (La Gomera, La Palma y Tenerife) con los que, hay que recordarlo, conforman una unidad indisociable desde el punto de vista técnico. Pero también con los molinos de Madeira que, como es bien sabido, están en el origen de los canarios y, asimismo, con las más precoces instalaciones del resto de las islas atlánticas de colonización portuguesa y de las Indias, sin duda tributarias del saber hacer de técnicos canario-madeirenses. En el caso

refinado en el caso de los ingenios. En este sentido, y siguiendo a G. von Wobeser, resulta fácil establecer con claridad la diferencia entre ambos complejos "cuando se trata de unidades productivas extremas (un gran ingenio y un trapiche pequeño)", pero es muy complicado hacerlo al hablar de "unidades productivas intermedias (un ingenio modesto y un trapiche grande)" (Wobeser 2017: 183). En el caso canario, no parece que haya existido nunca esta especialización en las producciones, pero las dimensiones sí que podrían ser acaso el matiz que explique la referencia en las fuentes narrativas a ingenios de bestias, en lugar de a trapiches. En este supuesto, aquellos no serían otra cosa que grandes instalaciones dotadas de un molino de sangre.
Por otra parte, aunque en la documentación escrita relativa a Gran Canaria no escasee el uso de la voz trapiche como referencia para ubicar propiedades, tierras o casas, de manera especial en el territorio situado en el barranco de Aumastel (Ronquillo y Aznar 1998: 81, 110-111, 121-122, 510-512; Caballero 1973: 101-104 y 116-118), la presencia en las fuentes archivísticas de este término, frente al de ingenio, es notoriamente más limitada (Viña, Corrales y Corbella, 2014: 20). Sin embargo, en lo que atañe a la toponimia, el número de recurrencias semeja algo más equilibrado. Dicho esto, sabemos, hoy, que los molinos de sangre fueron relativamente numerosos en los primeros compases de la puesta en cultivo de los cañaverales y de la transformación de sus cañas (Fig. 5.2). Pero también que la mayoría se convirtieron, con el tiempo, en instalaciones de mayor envergadura donde las bestias fueron sustituidas por la fuerza hidráulica, a todas luces mucho más eficiente y rentable. Tal vez esta suplantación prácticamente total explique la poca frecuencia con que el sustantivo trapiche ha llegado hasta nosotros.

[8] No parece que para el caso de Gran Canaria los vestigios de ingenios aparezcan, al menos de momento, asociados a la presencia de importantes depósitos de cenizas que constituyen, en otras regiones azucareras, un buen indicador arqueológico (Jones, 2017: 27-78; capítulo 4 de este volumen). En relación con las evidencias arqueológicas susceptibles de facilitar la localización de estas instalaciones, conviene señalar aquí el interés que podrían tener, a tenor de la documentación consultada, las bagaceras, las enormes acumulaciones de desechos resultantes del molido y prensado de las cañas que se amontonaban en las inmediaciones de los obradores. Sabemos, además, por esas y otras fuentes textuales, que el bagazo servía como abono y alimento para los animales. Parece posible, en consecuencia, poder rastrear la presencia en los suelos de estos residuos a través de protocolos analíticos adecuados que integren un completo estudio micromorfológico y arqueobotánico. Huelga decir que estos indicios serían buenos indicadores arqueológicos para el estudio de la actividad azucarera en la isla y, en su caso, para la identificación de los ingenios de procedencia.

americano, los paralelos con los obradores de La Española y Brasil pueden resultar muy provechosos, pues conocemos bien el importante y directo papel que estos especialistas tuvieron en la génesis de sus primeros ingenios (Schwartz 2004: 159; Vieira 2004: 74-75; Rodríguez 2012: 262-265). El mantenimiento aquí y en otras zonas de América, durante largo tiempo, de los procesos tradicionales de trabajo de la industria azucarera nos brinda la posibilidad de disponer, siempre con las debidas precauciones, de un extraordinario y útil conjunto de fuentes iconográficas y textuales. En esta perspectiva comparativa, no hay que olvidar, en fin, los obradores marroquíes de época saadí, en cuya puesta en marcha participaron, como hemos visto, técnicos canarios, y también madeirenses, y que cuentan con una excepcional documentación desde el punto de vista arqueológico (Berthier 1966; capítulos 1 y 4 de este volumen).

La determinación del número de ingenios que existieron en la isla en el dilatado periodo que abarca este trabajo, y el establecimiento de las horquillas cronológicas de sus respectivos periodos de funcionamiento, no es tarea sencilla. En cuanto a la cantidad, las fuentes narrativas y la historiografía discrepan a la hora de establecer una cifra precisa, pero, en la línea de lo que nosotros mismos proponemos en el cuadro y el plano adjuntos (Figuras 5.2 y 5.3), existe una cierta unanimidad en considerar que, en el momento de apogeo de la industria azucarera isleña, molieron y refinaron en la isla una veintena de instalaciones[9]. De manera significativa, este dato coincide con un relevante testimonio documental datado en fecha imprecisa entre agosto de 1531 y enero de 1532, donde se dice que entonces, en Gran Canaria, "heran mas de veynte yngenios"[10].

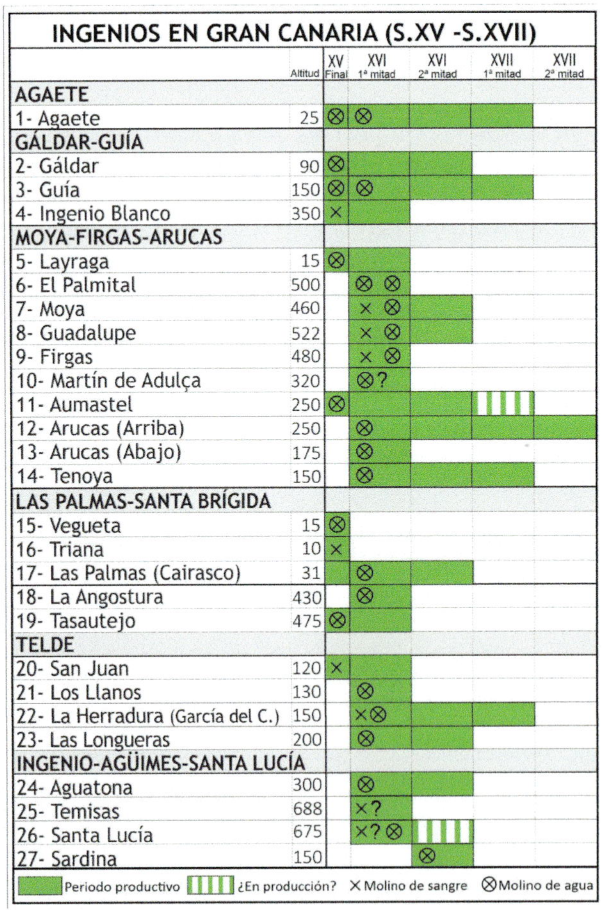

Figura 5.2. Ingenios azucareros de Gran Canaria (siglos XV-XVII) con indicación de los periodos de producción y el número y la fuerza motriz de los molinos en uso. Ante la falta de datos precisos sobre su ubicación o cronología de funcionamiento, este cuadro no incluye un notable conjunto de trapiches azucareros de la comarca de Arucas. Fuente: elaboración propia

[9] Una presentación y discusión pormenorizadas de las diferentes hipótesis de cuantificación y de nuestras propias cifras y propuestas de identificación, acompañadas de las correspondientes descripciones y genealogías de los ingenios, podrán seguirse, en su momento, en un trabajo conjunto actualmente en preparación.

[10] *Presentación en Cabildo de la carta ejecutoria sobre la saca del pan* (1534, abril, 17-19), en: Acuerdos 1986: 430-445. La cita literal está extraída de la página 438.

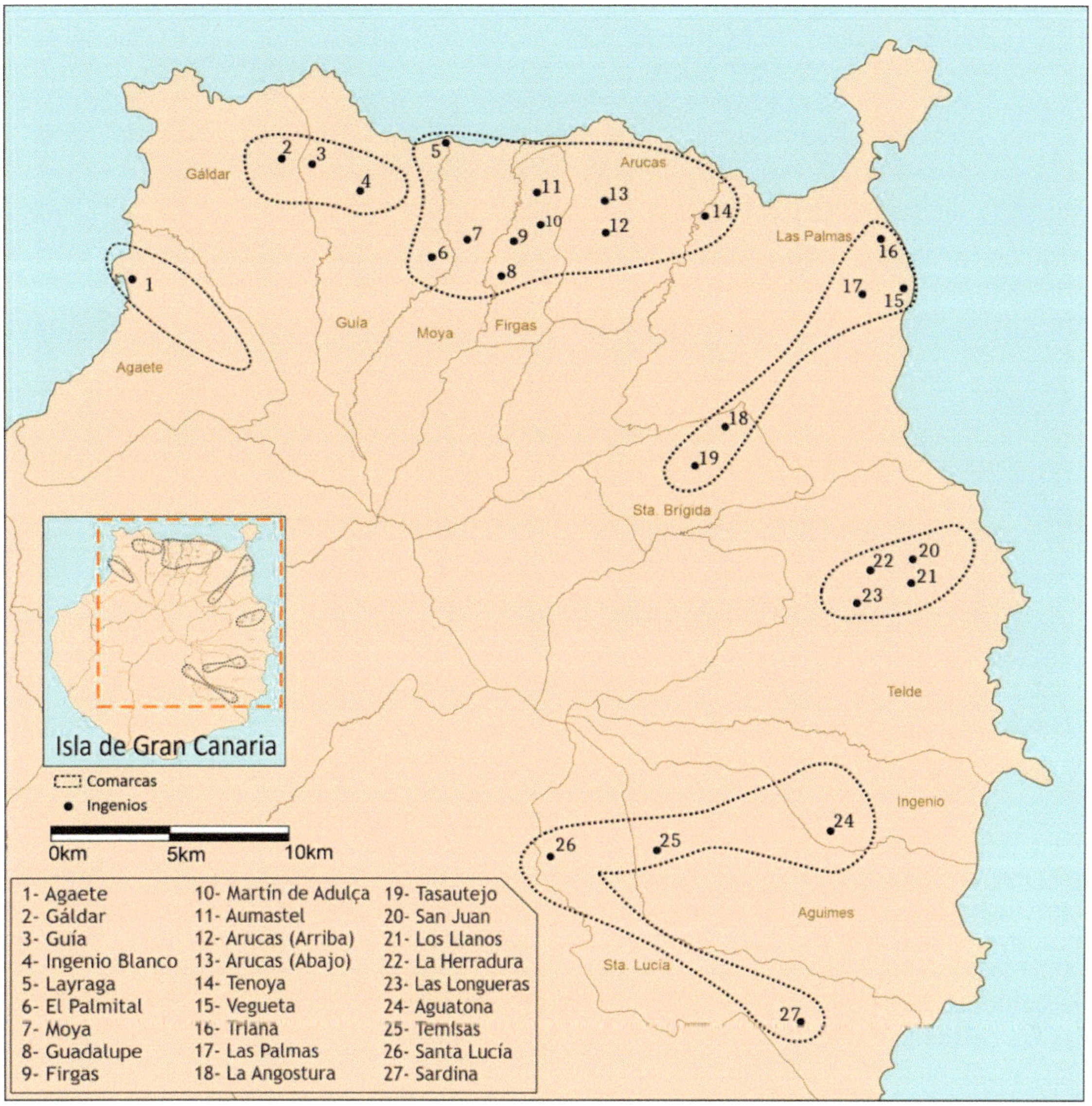

Figura 5.3. Mapa de localización de los ingenios azucareros de Gran Canaria (siglos XV-XVII). Las zonas punteadas delimitan las seis comarcas azucareras señaladas en la figura anterior. No guardan relación alguna con la extensión que ocuparon, en este momento, las zonas eventualmente plantadas de caña. Fuente: elaboración propia

Ya hemos visto que, en su acepción más amplia, el término ingenio se aplicó no sólo a los molinos azucareros sino a todas las infraestructuras y dependencias necesarias para completar el proceso de manufactura del azúcar, incluidas las demás edificaciones de los obradores y las plantaciones de cañaduz que integraban la hacienda. En nuestro caso, y dado que ya hemos avanzado que nuestro objetivo se limita a analizar la materialidad de estas instalaciones, y de manera singular aquella relacionada con lo que de auténticamente específico hay en los procesos de trabajo, y en las técnicas que las caracterizan, nuestro estudio se circunscribirá, de manera precisa, al examen de los ingenios en su sentido más restringido. Así las cosas, no vamos a detenernos aquí en las tierras de cañaverales que formaban parte de las haciendas en que se situaban estas fábricas. Pero tampoco en toda una serie de ámbitos y espacios construidos vinculados directamente con la actividad fabril y que, en consecuencia, sólo podemos desligar de estos complejos, y de los diferentes vocablos que los designan, de una forma artificial: moradas de los señores, capillas, viviendas para especialistas y mano de obra esclava, aposentos, mientras duraba su presencia en el ingenio, para comerciantes de paso y cultivadores que acudían allí a procesar sus cañas, molinos y hornos de pan (Figura 5.4), tejares, leñeras y otras suertes de almacenes, caballerizas...[11].

Figura 5.4. Vista de la infraestructura hidráulica del molino harinero del ingenio de Aumastel.
Foto y tratamiento de imagen: Arqueocanaria

En las páginas que siguen nos centraremos, en suma, en la descripción y examen de la materialidad de las infraestructuras y lugares ligados de manera directa al procesado de la caña desde su molturación hasta su conversión en azúcar, conjunto de tareas de naturaleza colectiva donde se alcanza un nivel de división del trabajo y de especialización auténticamente excepcional para la época. Nuestro recorrido empezará, pues, a partir del momento en que, según las palabras del mercader inglés Thomas Nichols, las cañas "se cortan por la base, y las puntas y las hojas, llamadas cogollo, se cortan y se apartan, y las cañas, se atan en manojos, y asi se llevan a la casa de azúcar, llamada ingenio, en donde se colocan en un molino" (Cioranescu 1963: 108). Y continuará con la cocción del jugo resultante de su prensado, para concluir con su cristalización.

[11] Un conocido documento fechado en 1539 permite que nos hagamos una idea muy precisa de los distintos espacios y dependencias que constituían los grandes complejos azucareros isleños. Se trata del testamento de Cristóbal García del Castillo, propietario de uno de los ingenios activos en Telde (Chil 1891: 476-523). Pero los datos también son ricos y detallados en otras fuentes archivísticas. Por ejemplo, en un contrato de arrendamiento del ingenio de Guía suscrito en el último cuarto del siglo XVI se describen algunos de estos recintos, como la caballeriza, de la que se dice que estaba cubierta de teja, y que tenía diez pesebres fabricados a base piedra y madera. También se señala la existencia de dos palacios para guardar la paja, que estaban tejados y tenían las puertas de palma, y de un palomar debajo del cual había un gallinero. La descripción de las casas de morada es, sin duda, la más prolija. Se cuenta que se accedía a ellas por una escalera con puerta aldabada e incorporaban un corredor que daba a la citada escalera, todo cubierto y hecho de tablas de pino, material del que estaba elaborada la cubierta y el suelo. La vivienda tenía cuatro ventanas, dando a una puerta pequeña que entraba en un palacio, cuya puerta tenía cerrojo y llave. La citada sala era grande y alta con dos ventanas y había otra que llaman el "quarto nuevo" con dos ventanas y dos puertas; por una se entraba a una sala vieja y por la otra se salía al patio. Sobre la sala nueva había una azotea con su escalera. De la sala vieja salía un corredor cubierto al patio y otro corredor que descendía por la escalera a la cocina, que contaba con fogón hasta el suelo de tierra. De allí se pasaba, por otra escalera, al patio. Debajo del cuarto nuevo existía una pieza con su puerta, cerradura y ventana, dando a la huerta, y había otro cuarto adjunto a éste. Debajo del corredor de la estancia principal se disponían cuatro palacetes con sus puertas. En el patio había dos piezas con puertas, una con cerrojo, y dos almacenes, uno con dos puertas uno y el otro con solo una. En el patio se localizaba un horno de cocer pan, además de otro grande y otro chico. Sobre los hornos había un gallinero [Archivo Histórico Provincial de Las Palmas -en adelante AHPLP- Protocolos notariales, leg. 777 (1575-febrero-9). Escribano: Alonso de Balboa, fols: 291r-291v].

3. El molino: acondicionamientos, artificios y dependencias

Pese a las relaciones genéticas y técnicas que pueda presentar con otras estructuras de molturación, prensado y laminación, como los molinos harineros, las prensas para vino, las almazaras, las serrerías, los batanes o los artificios utilizados en minas o ferrerías, el molino azucarero constituye un elemento marcadamente singular. No en balde ya hemos visto que, en su acepción originaria y más restringida, a él va a aplicarse, de manera exclusiva, el término ingenio.

Tal y como recoge el cuadro adjunto (Figura 5.2.) y hemos comentado unas líneas más arriba en nota a pie de página, los molinos azucareros de sangre fueron bastante numerosos en los primeros años de colonización de la isla y de tanteos para la plantación y explotación de los más precoces cañaverales. Pero, salvo alguna excepción, todo apunta a pensar que fueron sustituidos muy pronto por los hidráulicos. Este hecho justificaría por sí solo que hayamos optado por dedicar este apartado de manera exclusiva a la presentación y descripción de estos últimos. Pero a él se añaden dos constataciones que apuntalan aún más nuestra decisión. Por un lado, nuestro profundo desconocimiento del funcionamiento de los trapiches isleños, que nos obligaría a apelar de manera continuada al comparatismo y a mantenernos en un nivel de análisis en exceso especulativo. Por otro, la correlativa buena documentación, escrita y arqueológica, de la que disponemos para los molinos hidráulicos, dotados, de añadidura, de elementos técnicos muy específicos.

3.1. Heridos, canalizaciones y albercones

El estudio de los molinos hidráulicos debe comenzar por el de los sistemas e infraestructuras, más o menos complejos, que permitían encaminar el agua hasta la misma rueda. En este sentido, es importante reparar, desde el inicio, en una locución citada de forma recurrente en las fuentes textuales: "herido de ingenio".

La documentación relacionada con los repartimientos de tierras y aguas de la isla ofrece interesantes y numerosas noticias sobre la concesión de estos heridos de ingenio que se convierten, en la práctica, en la carta fundacional de un complejo azucarero. Pues es a partir de este momento cuando se autorizaba al solicitante a apropiarse de una parte de las aguas superficiales, desviando el curso natural de la escorrentía de un barranco o encauzando un naciente, para redirigirlas por medio de acequias y canales a las albercas situadas aguas arriba de la rueda del molino. Señalemos, por vía de único ejemplo, el caso de Alonso de Matos que había recibido una data real que incluía un herido de ingenio de moler caña y seis suertes de tierra en el término de Agüimes, en "una loma que está sobre el barranco de Aguatona, que es entre el herido donde se hace el ingenio y el barranco de Aguatona" (Ronquillo y Aznar 1998:142-144).

Desde un punto de vista etimológico, el término herido, a veces notado en los documentos como "ferido" o "canal de herir", es un portuguesismo, o un andalucismo, que se aplica a un "lugar por donde sale el agua con potencia" y, asimismo, a zanjas largas y estrechas (Corrales y Corbella 2001: 790-791; Viña, Corrales y Corbella 2016: 346). No es por lo tanto extraño que, con los textos en la mano, el uso de este vocablo pueda concernir, de manera significativa, a los dos extremos del sistema de captación y conducción del agua: el tomadero o boquera, y el tramo final del canal de madera que "hiere" directamente a la rueda[12]. Y también, en su acepción más general, al conjunto del mismo; es decir, a todas las acequias y canales que van desde la misma madre del agua hasta el propio molino. Dado que resulta muy esclarecedora para interpretar el uso que la documentación canaria hace de este término, es muy pertinente traer a colación una última acepción. Se trata de la que encontramos en el México colonial, donde un "herido de molino" era una medida de agua correspondiente a la "necesaria para hacer funcionar la rueda hidráulica" (Birrichaga 2004: 103).

[12] Esta última acepción aparece con claridad en el inventario de los objetos que se encontraban, a finales del tercer cuarto del siglo XVI, en el interior de las casas de la molienda del ingenio de Guía [AHPLP. Protocolos notariales, leg. 777 (1575-febrero-9). Escribano: Alonso de Balboa, fol. 292 r].

La combinación de observaciones arqueológicas, que por fortuna son cada vez más abundantes, y de datos documentales permite determinar el empleo de distintas técnicas y materiales constructivos a la hora de acondicionar los sistemas de acequias y canales. Unos podían estar excavados directamente en suelos de cierta dureza, e incluso en la roca misma, otros se confeccionaban con morteros de cal y arena y los hubo, también, fabricados con madera. Sabemos, por ejemplo, que fue este material el que se empleó en parte de un tramo de la conducción de agua del ingenio de Agaete, que se traía desde el pinar de Tamadaba y que se calafateaba con estopa (Gambín 2008a II: 18). Los textos apuntan a que estos canales de madera, llamados a veces lances de canales, se armaban sobre esteos de idéntico material, o sobre algún tipo de estructuras portantes que ayudaran a sostenerlos cuando la canalización debía circular por tramos complicados, salvar obstáculos o mantener la cota de elevación y las pendientes. En las cuentas del ingenio de Agaete figura una minuta que recoge el gasto de madera para diez esteos del herido (Gambín 2008a II: 18). Las condiciones del terreno solían determinar la elección de una u otra técnica o la combinación de varias.

Después de discurrir por acequias y canales y antes de que cayera sobre la rueda hidráulica, el agua se almacenaba en albercas de variados tamaños y capacidades que podían estar excavadas total o parcialmente en el terreno. Con ellas se controlaba el flujo de agua que debía caer sobre los cubos de la rueda, permitiendo así que circulara la cantidad que exigía el momento de la fuerza necesaria para ponerla en marcha y mantenerla girando a la velocidad adecuada. En el estío, con la zafra de la caña concluida, el agua de estos estanques servía para el riego de huertas y para garantizar el abastecimiento de animales y personas. Con frecuencia, estas albercas alcanzaban grandes dimensiones, de ahí el aumentativo de albercones con que normalmente se conocen estas estructuras en la documentación y la toponimia.

Hoy en día es posible contemplar los albercones que formaron parte de los ingenios de Agaete y de Guía. Y resulta lógico que la zona donde se ubica el primero de ellos siga siendo conocida, en la actualidad, como El Albercón (Figura 5.5). Ambos están semi-excavados en la ladera y la pared que los cierra está hecha de mampostería trabada con mortero de cal y arena. Sus dimensiones son considerables: 30 x 30 m de planta y una profundidad de 6 m en el caso del complejo azucarero de Guía, y 63 m x 20 m x 4 m en el del ingenio de Agaete.

Aunque no se pueda descartar otro sistema de acometida, por lo que sabemos de los tres ingenios mejor conocidos desde el punto de vista arqueológico (Agaete, Guía y Los Llanos, en Telde), el sistema empleado para encauzar el agua al final de su recorrido - últimos 75-100 m- presenta una morfología y unas características diferentes a las del resto del trazado. La razón no era otra que la necesidad de conducir el agua hasta la vertical de la rueda hidráulica, guardando la altura precisa para que pudiera precipitarse sobre esta última con la fuerza y el caudal requeridos.

En el caso del ingenio teldense de Los Llanos, esta canalización final estaba constituida por un acueducto cuyos restos son localmente conocidos como Los Picachos (Figura 5.6). El canal, de madera, descansaba sobre una serie de sólidos pilares, cuya ruina estaba constituida hasta 1994, año en que perdió uno de los soportes, por cuatro apoyos de mampostería trabada con un mortero rico en cal. En su origen, la conducción de agua, convenientemente arriostrada a los elementos sustentantes con puntales también de madera, llevaba el agua hasta la cima de la rueda del molino haciéndola funcionar por descarga vertical. Los trabajos de excavación arqueológica en curso de este espacio han permitido, por el momento, sacar a la luz el hueco de la rueda y unos muros cuya función está aún por determinar. Asimismo, ha sido posible detectar, gracias a la prospección geofísica con georradar incluida en este proyecto, una serie de anomalías en el subsuelo compatibles con la existencia de muros y otras estructuras de piedra[13].

[13] Una primera descripción de estos trabajos puede encontrarse en la correspondiente memoria: *Intervención arqueológica en el ingenio azucarero de Los Picachos (Telde, islas de Gran Canaria)*. Guía: Arqueocanaria, 2021. Informe inédito (difusión restringida). Los trabajos de prospección geofísica han sido realizados por la empresa IEGA SL Investigación y Estudios de Geofísica Aplicada.

Figura 5.5. Emplazamiento del ingenio de Agaete con indicación de la disposición del parcelario agrícola y de las instalaciones de transformación. En primer término, se observa el albercón del molino. Foto y tratamiento de imagen: Arqueocanaria

Figura 5.6. Ingenio de Los Llanos. Recreación, realizada sobre una fotografía de principios del siglo XX, de su acueducto conocido actualmente como Los Picachos. Foto: FEDAC. Tratamiento de imagen: Arqueocanaria

Por lo que hace al ingenio de Agaete, el primer tramo de esta conducción elevada que precedía de manera inmediata a la rueda estaba formada por un muro sobre cuya coronación discurría el canal. La obra era de mampostería ordinaria realizada a base de piedras irregulares trabadas con mortero de cal y en ella pueden verse todavía hoy fragmentos de formas azucareras utilizados como calzos. En coincidencia con lo que también hemos podido observar en el ingenio de Guía, la acequia discurría de manera rectilínea, pero giraba 45° en los últimos cuatro metros de su recorrido al objeto de amortiguar la fuerza del agua. En su extremo más próximo a la rueda, la coronación del muro y la acequia se sitúan a 3,60 m de altura sobre el suelo y conectaban con el tramo final de la conducción. Aunque esta parte no se haya conservado, sabemos que se trataba de un canal fabricado en madera sustentado sobre dos hileras de postes del mismo material. La excavación arqueológica ha sacado a la luz los agujeros -de unos 30-40 cm de diámetro- que sirvieron para recibir y alojar las cepas de estos apoyos (Figura 5.8).

Dada la inclinación del suelo, la altura de los pilares de madera iba aumentando progresivamente a medida que se iban acercando al punto de caída del agua sobre la rueda. Los más próximos a ella alcanzaron 8 m lo que, sin duda, hacía peligrar la solidez de la construcción. Para afirmarla, fue necesario reforzar los dos últimos pares de apoyos mediante una zapata prismática de mampostería y hormigón de 6 m x 4 m x 4 m donde aún son visibles las improntas cilíndricas dejadas por los postes. En su extremo final, el canal de madera, convertido en un canalón, dibujaba una acusada pendiente. Casi con seguridad absoluta, este canalón que, como hemos visto, designa una de las acepciones documentadas de la locución "herido del molino", se iba estrechando de manera progresiva y, con toda probabilidad, estaba cerrado por todos sus lados, a manera de caja, para evitar que el agua se desbordara. Se conseguía así concentrar toda la fuerza de ésta sobre la rueda vertical del molino.

En la cartografía tanto histórica como reciente relacionada con el ingenio de Agaete, la zona que acabamos de describir aparece señalada como Los Pilares. Como sucedió con Los Picachos, este topónimo menor alude al evidente referente paisajístico y topográfico que, durante mucho tiempo, representaron estos apoyos. Sabemos que sobrevivieron después de amortizado el ingenio y, dadas sus dimensiones, sin duda fueron visibles a mucha distancia.

Por lo expuesto hasta ahora, resulta evidente que todas estas obras e infraestructuras hidráulicas requerían de trabajos de envergadura y de una importante inversión económica por parte de sus propietarios, tanto para su acondicionamiento como para su mantenimiento. Así lo recoge de manera palmaria la documentación. Es el caso, por ejemplo, de la solicitud de licencia para hacer una acequia "por donde quiera que pudiere" con la que Lorenzo de Palenzuela pretendía llevar hasta "el Lomo que dicen de Sardina" las aguas del barranco de Tirajana mediante una acequia que había "de començar desde la cueba de Juan Adobar por la parte o lugares que la pudiese llevar hasta las dichas tierras", empresa que constituía un empeño muy complejo y costoso pues, según sus propias palabras, era un "hedifiçio que he de fazer por risgos e gastar mucho dinero" (Ronquillo y Aznar 1998: 249-250). Lo mismo puede deducirse, en lo relativo a las labores de conservación, de la relación de gastos del complejo azucarero de Agaete correspondientes a la zafra del año 1503-1504 (Gambín 2008a II: 11-27) que proporciona datos bastante precisos sobre el particular. Sin ir más lejos, en una ocasión fueron necesarios mil ladrillos y cal para recomponer el albercón y el herido del molino y con parte de esa cal se repararon "las bocas de las canales" y la pared del ingenio (Gambín 2008a II: 17-18).

3.2. La rueda hidráulica

Por tratarse de un elemento de singular relevancia, las ruedas hidráulicas de los molinos azucareros merecerán un tratamiento especial en estas páginas, del mismo modo que lo tienen en la documentación escrita, en donde abundan las alusiones a estos artificios imprescindibles para poner en funcionamiento el proceso de molturación de la caña. Por ejemplo, las cuentas del ingenio de Agaete que venimos manejando nos informan de que el maderamen empleado para "fornecer y faser los cubos de la rueda" (Gambín 2008a II: 18) se trajo de Tamadaba, lo mismo que el de los canales. Además del bosque de Tamadaba, otros montes, como el de la Montaña de Doramas, surtían de madera a estos ingenios. De este último también recibían la madera para sus ruedas el obrador de Agaete y, asimismo, los complejos azucareros de Moya y Telde[14].

Aunque para un número tan crecido de ingenios y para unos periodos de funcionamiento que en ocasiones alcanzan el siglo y medio y que, en toda lógica, hicieron necesaria la existencia de labores frecuentes de remozamiento o de sustitución, no podamos descartar la utilización de otro tipo de artificios, es un hecho que las ruedas que hicieron funcionar estos molinos hidráulicos fueron, en todos los casos para los que contamos con una documentación suficiente, aceñas verticales movidas por precipitación o descarga superior[15]. Así lo acreditan tanto las dimensiones de estas ruedas, deducibles de los documentos y de las observaciones arqueológicas llevadas a cabo con ocasión de la excavación de los ingenios de Agaete y de Los Picachos, como las detalladas indicaciones acerca de su sistema de alimentación y de su posición que aportan estos últimos trabajos.

Las fuentes documentales y arqueológicas nos permiten reconstruir con cierta precisión la morfología de estas ruedas. Gracias a las escrituras sabemos, por ejemplo, que la aceña del ingenio de Moya, fabricada con barbusano, tenía cuatro "aspas" que hay que interpretar, con total seguridad, como cuatro robustos radios que, dispuestos entre la maza de la rueda y su anillo exterior, servían para armar todo el conjunto[16]. La configuración de este armazón básico de la rueda, así como el tipo de madera preferido, se repiten en un encargo datado en 1526, correspondiente en este caso a un molino de La Orotova (Tenerife), en el que se confía a un carpintero la entrega de "dos palos para aspas, en que haya cuatro, que han de tener 30 palmos de largo de barbuzano prieto" (Macías 2017: 26, nota 70). A partir de esta referencia, que parece probar que este prototipo de aceñas era habitual en las diferentes islas, podemos deducir, como ya hizo A. Macías (2017: 26), la longitud de cada aspa y, en consecuencia, el diámetro aproximado de la rueda: en torno a 6 m. De manera significativa, esta medida está confirmada por las observaciones arqueológicas realizadas en el ingenio de Agaete que, a partir del cálculo de la distancia que separaría el centro de la rueda de la zapata de mampostería que arriostraba los últimos postes de madera del acueducto, demuestran, además, que su diámetro no sobrepasaría, al menos en este caso, los 6,50 m.

El gran tamaño de esta rueda puede resultar sorprendente. Pero aparece plenamente confirmado por un testimonio contemporáneo. Se trata del suministrado, en su obra *Viaggio e relazione delle Indie*, por el comerciante florentino Galeotto Cei a partir de los ingenios que conoció en La Española a comienzos de la década de 1540[17].

---

[14] AHPLP. Protocolos notariales, leg. 733 (1517-marzo-5). Escribano: Cristóbal de Sanclemente, fols: 126r-128r, leg. 2326 (1575-junio-roto). Escribano: Francisco de Escalona y leg. 967 (1599-noviembre-4). Escribano: Fernando Hinojosa, fols. 257r-258v.

[15] Es de justicia destacar aquí que, en contraposición con los puntos de vista tradicionales (Glick 1990: 97; Lobo 2000: 110), corresponde a A. Macías el mérito de haber señalado, por primera vez, que en los molinos de los ingenios canarios la rueda era vertical y no horizontal (Macías 2017). Tomando como punto de partida los trabajos de J. y C. Daniels y N. García Tapia, y como veremos más adelante, su propuesta descansa en acreditar fehacientemente, gracias a un análisis exhaustivo de la documentación canaria, la posición horizontal de los ejes o rodillos de los molinos de las islas.

[16] AHPLP. Protocolos notariales, leg. 2326 (1575-junio-roto). Escribano: Francisco de Escalona, sin foliar.

La asimilación de aspa y radio aparece con claridad en el pasaje relativo a la rueda de un molino de grúa, armada con "aspas" y "medias aspas", incluido en un conocido códice, en parte dedicado a tecnología de molienda, escrito por Francisco Lobato del Campo en la segunda mitad del siglo XVI (García y García-Diego 1987: 61-62). El uso del término "aspa" con el valor de radio está también perfectamente acreditado en la documentación de la época relacionada con Canarias. Lo encontramos en un excepcional documento de 1496 que da cuenta de los trabajos preparatorios y del proceso de construcción de la torre realenga de Santa Cruz de la Mar Pequeña, situada en la laguna de Jnifiss, en Marruecos (Aznar et al. 2000). En él se habla de la adquisición y del trasporte hasta las costas africanas de varias "aspas" que no son otra cosa que unas largas y robustas cuñas de madera de barbusano que se emplearon para calzar y "atar", dispuestas radialmente en torno a ella, la "cepa" de la torre, el grueso tronco de pino canario que aseguraba, sirviendo como soporte central de su sistema de arriostramiento, la solidez de la fábrica (Onrubia y González 2018).

[17] "...casa del mulino, el quale è fatto, di fuora, come li nostri, ma la ruota dell'acqua è molto maggiore" (Cei 1992: 24). Los datos que ofrece Cei están tomados, con bastante probabilidad, de los obradores que explotaba su amigo y coterráneo Juan de Soderin, empresario azucarero propietario, al menos, del trapiche de La Magdalena, de una parte del ingenio de Santa Bárbara y de la instalación de Santi Espíritus que funcionaba con un molino de sangre y otro hidráulico (Stevens-Acevedo 2009: 104; Rodríguez 2004: 94).

Sobre este autor y su obra, comenzada a escribir en 1556, pueden consultarse la introducción de F. Surdich en su edición del *Viaggio e relazione delle Indie* (Cei 1992: I-VII) y Salvioni 2004.

Precisamente, ante la ausencia de información en la documentación canaria conservada, los datos disponibles para los ingenios de esta isla caribeña constituyen, hoy por hoy, los únicos elementos a nuestro alcance para poder hacernos una idea, más o menos precisa, de la naturaleza y morfología de la maza donde se insertaban los radios de la rueda. Según el inventario del ingenio dominicano de La Concepción de Nuestra Señora, propiedad del contador Álvaro Caballero, uno de los principales productores azucareros de La Española, su molienda estaba compuesta por una rueda y un "peón" (Rodríguez 2012: 310). Este término está indicando que la maza de esta rueda era una robusta pieza de madera maciza donde se encajaban directamente los extremos de sus radios para, actuando como un eje, hacerlos girar con ella. En otras palabras, estamos ante lo que técnicamente llamamos un árbol, un madero enterizo que difícilmente puede ser asimilado a una maza provista de una caja o escopladura donde se insertaba la espiga de un eje pasante fijado por cejos o anillos metálicos. A raíz de este dato, y dado el incuestionable parentesco técnico entre los molinos de ambas islas, todo apunta a pensar que las ruedas hidráulicas de los obradores de Gran Canaria estaban armadas de manera similar. En este último caso, lo más probable es que el árbol estuviera también fabricado en barbusano.

Pese a que la existencia de ruedas hidráulicas, a veces de gran diámetro, dotadas de cuatro radios es un hecho generalizado y dilatado en el tiempo (Jaccotey y Rollier 2016), el considerable tamaño de estas aceñas canarias nos lleva a plantearnos la necesidad de indagar en el modo en que se procedía a dar solidez a sus discos con el fin de afirmar, a su vez, los anillos o cercos donde se disponían los cubos. Es probable, como acreditan numerosos ejemplos, que esto pudiera conseguirse con un entramado más o menos tupido de maderos que servía para atar radios y anillos. Como escribe el anónimo autor de *Los veintiún libros de los ingenios y de las máquinas*, obra indispensable para el estudio de la "arquitectura hidráulica" del siglo XVI[18], esta forma de proceder comporta una gran ventaja frente a la multiplicación de los radios o "rayos" pues las mortajas abiertas en los árboles o en las mazas para la inserción de aquellos acaban por debilitarlos, volviéndolos quebradizos (Anónimo 1996: 411-412). En consecuencia y dada la precisión y recurrencia de la información documental, la hipótesis más probable es que el armazón principal de las grandes ruedas hidráulicas de los ingenios canarios estuviera constituido por un árbol y cuatro radios macizos. Estos últimos estarían unidos entre sí mediante una serie de travesaños de madera de los que partirían, a su vez, otros maderos que irían a morir, espaciados de manera regular, al cerco exterior, comportándose así como "falsos radios" o "medias aspas" (García y García-Diego 1987: 61-62) pues su extremo opuesto no descansaría directamente sobre el árbol. Aunque ignoramos su configuración precisa, es incuestionable que este entramado no podía ser demasiado complejo pues, dado el gran tamaño de las ruedas, era crucial que, para iniciar y facilitar su giro, éstas fueran lo menos pesadas posible.

Otro elemento fundamental de la estructura de estas ruedas son las piezas de madera que las fuentes denominan "vueltas" y que aparecen en número siempre múltiplo del correspondiente a los cuatro radios. A partir de lo que somos capaces de deducir del empleo de este término tanto en carpintería naval como en arquitectura, podría pensarse que estamos ante maderas de forma curvada. Y podría verse en estas vueltas los camones que servirían para armar el anillo exterior de la rueda. En ellos se encajarían las palas que, bordeadas por las gualderas, constituirían los cubos, elementos fundamentales en la transmisión de la fuerza del agua que, como hemos visto más arriba, aparecen explícitamente citados en la documentación. No obstante, el crecido número de estas vueltas, entre 40 y 32 según los textos[19], no parece compatible con esta hipótesis. De tal modo, lo más probable es que este vocablo se refiera, en realidad, a los segmentos curvados de la llanta o anillo exterior de la rueda comprendidos entre las palas

[18] Atribuida inicialmente a Juanelo Turriano, el célebre ingeniero cremonés que trabajó al servicio de Carlos I y Felipe II, la autoría de esta obra esta obra plantea problemas hoy insolubles. Dicho esto, parece claro que esta colección de tratados fue copiada y ordenada, por primera vez, entre último tercio del siglo XVI y los primeros años del XVII por calígrafos profesionales y estimables dibujantes, seguramente con la intención de dedicarla a algún personaje señalado de la época (Ostolaza 1992-1993).

[19] La rueda hidráulica del complejo azucarero de Moya tenía 40 vueltas y la del de Telde, 32 [AHPLP. Protocolos notariales, leg. 2326 (1575-junio-roto). Escribano: Francisco de Escalona y leg. 967 (1599-noviembre, 4). Escribano: Fernando Hinojosa, folios rotos]. Cuarenta vueltas tenía, también, la aceña del ingenio que construyó Antonio Fonte en La Orotava (Macías 2017: 26, nota 70).

o puede que, incluso, a estas mismas piezas cuya cifra sería, en todo caso, equivalente. Dicho esto, es importante tener en cuenta a la hora de valorar la verosimilitud de esta última propuesta de identificación que, en la modalidad de descarga, las palas habían de ser planas y no curvas o alabeadas. Si esto es así, podríamos identificar los referidos camones con las "...20 piezas para vueltas, labradas de machado con sus vueltas," que figuran en el encargo que realiza Antonio Fonte en 1523 para la construcción de la rueda hidráulica de su ingenio de La Orotava (Macías 2017: 26, nota 70).

Continuando con la descripción de la rueda y los elementos con ella asociados, hemos de hacer alusión al muro de gran consistencia y robustez que las intervenciones arqueológicas de Agaete han permitido localizar. Mide 7,5 m de longitud, al menos 3,5 m de altura en su alzado más elevado -aún no ha sido excavado todo el relleno de su base- y 1 m de anchura, y está aparejado con piedra trabada con mortero hidráulico de cal y arena (Figuras 5.7 y 5.8). Va dispuesto en el mismo sentido que la rueda y todo parece indicar que en su coronación se incrustaba un grueso travesaño de madera. La cara del muro que da a la rueda alojaba dos pies derechos de madera que unían el madero horizontal, al que se fijaban, con el arranque del muro. Para dar mayor rigidez a la estructura, la cepa de los pies derechos iba embutida en el terreno. Todos estos datos permiten identificar este potente muro con una estructura que servía de soporte al árbol de la aceña.

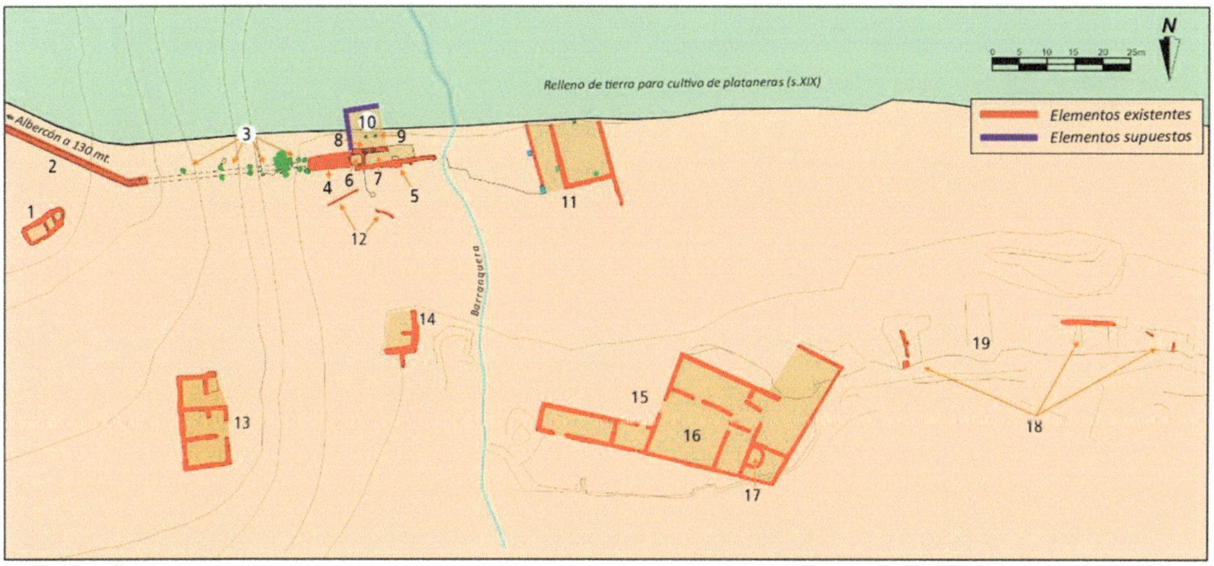

Ingenio de Agaete

1-Tenerías
2-Acueducto sobre muro mampostería
3-Agujeros pilares acueducto de madera
4-Zapata prismática mampostería para pilares
5-Pared del ingenio
6-Horno ¿s.XVIII?
7-Hueco rueda vertical
8-Muro mampostería soporte eje rueda
9-Huecos soportes eje menor
10-Zona de molienda
11-Dependencias sur
12-Muros
13-Edificacion reutilizada
14-Muros y cenizas
15-Dependencias norte
16-¿Casa de purgar?
17-Horno
18-Dependencias oeste
19-Basurero del ingenio

Figura 5.7. Ingenio de Agaete. Plano de los restos arqueológicos documentados. Fuente: Arqueocanaria

A una distancia de 2 m al norte del muro que acabamos de describir, y en paralelo al mismo, se halla una estructura que podría corresponder a un elemento citado con frecuencia en las cuentas de esta instalación azucarera: la llamada pared del ingenio. Se trata de un muro estrecho, con una sección de tan sólo de 0,6 m y tan alto como para casi enrasar con la parte superior de la rueda del molino, con lo que su altura estimada alcanzaría unos 6 m (Figuras 5.7 y 5.8). Es obvio que la cal que, según las cuentas del ingenio, se usó para esta pared no fue, a diferencia de lo que alguna vez se ha sugerido (Gambín 2008a I: 247 y 2008a (II): 17-18), para su fabricación en tapial acerado, pues su constante exposición al agua no hace verosímil la utilización de esta técnica constructiva en esta parte del ingenio.

Figura 5.8. Ingenio de Agaete. Vista de parte de los restos arqueológicos identificados en el proceso de excavación. Foto y tratamiento de imagen: Arqueocanaria

La función de este muro no está clara. Pudo servir de paraviento para proteger la rueda y la descarga de agua de los alisios que azotan la zona y que podían aminorar el rendimiento del artificio, desanclar su árbol de su soporte de obra e, incluso, quebrarlo. Pero la presencia en él de varias oquedades y de un hueco central, que sin duda fueron realizados en obra y forman parte, en consecuencia, del diseño previo, hace pensar que su función principal tal vez pudo estar relacionada con las tareas de reparación y mantenimiento de la rueda. Lo que sí semeja descartado es que este muro sirviera para alojar un segundo soporte, opuesto al anterior, sobre el que giraba el árbol de la aceña. Pues, por llamativo que parezca dada la dificultad que ello supone a la hora de controlar, en una rueda hidráulica de esas dimensiones, su movimiento de rotación y evitar su descentramiento, la información arqueológica hoy disponible lleva a postular que la aceña de Agaete fijaba su árbol utilizando apoyos y zapatas situados, con exclusividad, del lado de la casa de la molienda.

No tenemos datos suficientes para determinar si la rueda del ingenio de Agaete que, según consta en la documentación, se breaba de manera regular con pez para su mejor conservación ante la continua exposición al agua (Gambín 2008a II:19), era de avance o de retroceso. Es decir, si giraba en el mismo sentido que llevaba el agua del herido o, en cambio, en el contrario y, por lo tanto, si el canal de herir vertía sobre ella, respectivamente, después o antes de su cima. Dicho esto, sabemos que las ruedas hidráulicas de este último tipo, conocidas como de retroceso, resultan muy eficaces cuando, como seguramente sucedía en este molino, los flujos de agua no son caudalosos y experimentan variaciones significativas durante el periodo de molienda. Además, el hecho de que en este tipo de ruedas el agua circule en la cima y en la base siempre en la misma dirección facilita su evacuación hacia el desaguadero garantizando, en consecuencia, su buen funcionamiento. En el caso del molino de Agaete, la evacuación del agua se realizaba a través de la garganta hidráulica que formaban la pared del ingenio y el banco sobre el que descansaba el árbol gracias a un canal o aliviadero que permitía, además, su reaprovechamiento para usos domésticos, fabriles o agrarios.

3.3. La casa de la molienda y de prensas

Hemos hablado de manera recurrente del árbol de la rueda y señalado que es el nombre que recibe la pieza enteriza de madera sobre la que estaban montados los radios asegurando, a través de ellos, el movimiento de rotación de todo el conjunto. Este árbol se prolongaba hacia el interior de la casa de la molienda formando un eje solidario con otra pieza de gran consistencia, de barbusano, tea o acebuche, que constituía, en realidad, una de las partes fundamentales del molino azucarero. Pues se trata, como veremos a continuación, de uno de los dos rodillos horizontales del propio artificio de molturación. No tenemos muy claro la forma en que engarzaban el árbol y el rodillo, pero es posible que lo hicieran a través de un sistema de caja y espiga cuya solidez se vería afirmada por la dilatación de la madera, permanentemente mojada. Dicho esto, por lo que sabemos de nuevo a partir de la información disponible para el ingenio de La Concepción de Nuestra Señora, la robustez de este ensamblado estaría asimismo garantizada por una "puerta" (Rodríguez 2012: 310). Esta pieza, que tiene todos los visos de estar figurada en el diseño de este rodillo que acompaña a la citada descripción de Galeotto Cei (1992: apéndice segundo), era también conocida como "puerca", "porquezuela" o "caracola" y consistía en una especie de tuerca de gran tamaño (Anónimo 1996: 619; Martín 2013: 359, 611 y 618-619).

Tanto el rodillo que trabajaba también, en la práctica, como árbol de la rueda como su pareja aparecen calificados como "ejes" en las fuentes, que diferencian siempre entre un eje grande y otro pequeño[20]. El eje grande o mayor era el elemento activo autopropulsado del molino o molienda, es decir, el que recibía

[20] Es obligado aludir, en este punto, al debate en torno a la cuestión del uso de rodillos horizontales en los ingenios de Canarias, tecnología que sustituyó en las islas, y en otras regiones azucareras atlánticas, al procedimiento habitual seguido en los molinos de todo el ámbito mediterráneo que consistía en el empleo de dos piedras molares, una horizontal y otra vertical (Jones 2017). Pese a que en los trabajos pioneros de M.L. Fabrellas (1952) y G. Camacho (1961) se aluda de manera explícita a la existencia en Canarias de molinos de ejes o cilindros, la mayor parte de la historiografía canaria reciente (Rivero 1991: 115-116; Lobo 2000: 109; 2014: 116-117; Gambín 2008a I: 230, 2008b: 73; 2018: 100-101) ha seguido la estela de la tesis de J. Pérez Vidal (1973:63) a la hora de defender el uso de la tecnología mediterránea. De hecho, nosotros mismos también sucumbimos a esta tendencia planteando, en el inicio de nuestros trabajos, el empleo de esta técnica de molienda con muelas de piedra en las recreaciones e ilustraciones que hemos realizado para los ingenios de Gáldar y Agaete. Las relativas al primero se presentan actualmente en un audiovisual que forma parte de las unidades expositivas del Museo y Parque Arqueológico Cueva Pintada, inaugurado en 2006, en tanto que las relacionadas con el segundo han visto la luz en varias publicaciones más recientes (Barroso et al. 2014: 312-313: González et al. 2018: 252). Sin embargo, a día de hoy, el único dato del que tenemos constancia acerca del posible uso de piedras para moler caña en el archipiélago canario lo representa el ejemplar con cantos estriados que se encuentra en Hermigua, en La Gomera. Podría tratarse de la piedra con la que molió un modesto trapiche, hoy desconocido, durante los inicios de esta actividad en la isla.
En lo que se refiere al uso en Canarias de la tecnología de rodillos horizontales, ya en un texto firmado por A. Viña y M. Ronquillo parece sugerirse una propuesta que va en esta línea, cuando las autoras plantean que el movimiento de la rueda se

directamente el movimiento de rotación generado por la rueda hidráulica para trasmitirlo, a su vez, al segundo, el pequeño o menor, haciéndolo girar en sentido contrario[21]. La transmisión del movimiento del eje grande al eje pequeño, fabricado como aquel en tea o acebuche, pero asimismo en paloblanco, se realizaba a través de una serie de dentaduras o dientes de madera que aparecen citados con profusión en la documentación (Gambín 2008a II: 18; Macías 2017). Estas piezas aseguraban también el funcionamiento solidario de ambos rodillos. Por estos textos y por el testimonio de Cei (1992: 24-25)[22], sabemos que los dientes, a menudo denominados "cajales" en los tratados de la época (Anónimo 1996: 334 y passim), estaban dispuestos sobre los extremos de los dos ejes. Contrariamente a las reconstrucciones propuestas por A. Barrios de Castro y A.R. Stevens-Acevedo (Stevens-Acevedo 2009) que plantean el uso de linternas, el texto de Cei no deja lugar a dudas sobre el hecho de que los "cajales" de ambos rodillos se introducían directamente a su vez, mediante un sistema de engranado, en una serie de cajas o mortajas abiertas en el eje opuesto.

Si nos atenemos a las evidencias suministradas por las fuentes relativas a Canarias, entre las que destaca el valioso testimonio de Francisco Hernández de Toledo[23], y a la insustituible descripción de Galeotto Cei (1992: 24-25), el eje menor se dispondría debajo del eje mayor. Si interpretamos bien lo que dice el comer-

---

"transmitía a través de piezas de madera, reforzadas con hierro y cobre, a un cilindro dentado que trituraba la caña" (2009: 40). Sin embargo, corresponde a A. Macías (2017) el mérito de haber sido el primero en defender abiertamente, desde las islas y de manera explícita y bien documentada, su utilización con carácter generalizado en los molinos azucareros canarios.

La controversia sobre la génesis y difusión de esta tecnología continúa abierta (Vieira 2006 y 2018: 12-16; Stevens-Acevedo 2009 y 2013). Macías defiende, con argumentos bastante sólidos y siguiendo la propuesta de J. Daniels y C. Daniels (1988), la originalidad canaria y su papel en la transferencia de esta técnica al otro lado del Atlántico. De hecho, este autor concluye que Canarias fue el primer lugar donde aparecieron, a principios del siglo XVI y merced al concurso de técnicos canario-madeirenses, los más tempranos molinos de rodillos horizontales dobles. Según él, de aquí pasarían al Caribe, a Brasil y a la España peninsular. Sin embargo, los documentos datados a partir del último cuarto del siglo XVI (Stevens-Acevedo 2013: 15; Vieira 2018: 14-16) donde ya se alude a la existencia de "exes" de madera en los molinos de los obradores azucareros de Madeira, semejan acreditar, de manera elocuente, la prioridad de esta isla. En consecuencia, con los datos hoy disponibles todo parece indicar que los ingenios dotados de molinos de prensado y laminación constituidos por dos rodillos horizontales aparecen por primera vez en Madeira y se difunden a Canarias con los carpinteros y oficiales del azúcar que llegan de allí a estas últimas islas con el fin de acondicionar los primeros artificios de molturación hidráulicos.

[21] Las alusiones a estos ejes contenidas en la documentación son numerosísimas. Citaremos sólo un par de ellas relacionadas con la hacienda azucarera de Agaete. Para un momento temprano, tenemos las cuentas del ingenio de 1503 donde se anota una partida de gasto de 13 maravedíes para comprar 30 chapas de hierro "que se gastaron en los exes quando echaron a moler" (Gambín 2008a II: 16). En otro lugar, las mismas cuentas citan un gasto de 20.000 maravedíes por un "hexe grande que se traxo e esta a la mar en el agua" y otros 5.000 por uno pequeño "que se corto y se perdio en la mar llevandolo al Agahete" (Ibidem: 18). En 1517, Andrés Váez acordó con Fernando Alonso y Juan González, cortadores de madera portugueses, que acarrearía con sus bueyes y a su costa al Lance de la Mar del Ayraga toda la madera que estos debían cortar en la Montaña de Doramas por encargo de Antonio Cerezo quien se proponía levantar un nuevo molino en su hacienda, situado aguas arriba del anterior. En concreto, debía llevar tres ejes de ingenio, uno grande y dos pequeños y la madera que se requería para una rueda con sus aparejos. El eje mayor había sido señalado previamente en el Corte del Palmitar del año de 1516. A cambio, Váez cobraría 30.000 maravedíes [AHPLP. Protocolos notariales, leg. 733 (1517-marzo-5). Escribano: Cristóbal de San Clemente, fols: 126r-128r].

Es importante señalar que la referencia a dos ejes pequeños no significa, en modo alguno, que el nuevo molino que se iba a construir fuera a estar compuesto por tres rodillos. Pues, por lo que sabemos, a día de hoy, gracias a los inventarios de bienes conservados (Caballero 1973: 115), resulta evidente que uno de los dos ejes menores encargados estaba destinado a servir de pieza de repuesto. En relación con la introducción en los ingenios azucareros de molinos formados por tres rodillos, cilindros o mazas verticales engranados, hay que recordar que esta importante innovación técnica que posibilita una mejor y más completa molturación de las cañas, haciendo innecesario el uso adicional de prensas y modificando el proceso de cocción por la menor cantidad de impurezas generadas, acontece a comienzos del siglo XVII, tal vez a través de Perú, en Brasil, donde estos artificios reciben el nombre de molinos de *tres paus* o *entrosas* (Schwartz 2004: 163). Y hay que insistir, asimismo, en que, con los datos actualmente disponibles, no hay ninguna evidencia que pruebe que estos molinos de tres mazas verticales fueran utilizados en los obradores azucareros de Gran Canaria que aún continúan en funcionamiento en la primera mitad seiscientos.

[22] Las informaciones documentales que poseemos sobre los más antiguos ingenios de La Española, y singularmente los inventarios de bienes conservados, confirman la narración de Cei, mostrando, de manera indiscutible, la omnipresencia de molinos cuyo mecanismo de molturación estaba constituido por dos ejes horizontales de madera movidos por una rueda hidráulica (Rodríguez 2012: 309-312).

[23] "... muelense aquestas cañas en vnos yngenios ó molinos, que tienen los exes grandes, el vno puesto sobre el otro," (Hernández 1615: 57). Este célebre médico, ornitólogo y botánico, nacido en la Puebla de Montalbán (Toledo), fue nombrado protomédico general de las Indias por Felipe II y recibió el encargo real de recabar toda la información posible sobre las plantas medicinales que allí se encontraban (Pardo 2002: 127-176). A tal fin, se embarcó al mando de una expedición a finales de agosto

ciante florentino[24], el diámetro de estos rodillos superaría los 80 cm en los molinos de La Española. Por lo visto hasta aquí, lo lógico sería pensar que este grosor convendría también a los ejes de los ingenios de Canarias que, como acabamos de constatar, el protomédico toledano no duda en calificar de "grandes" (Hernández 1615: 57). Dicho esto, hay que reconocer que esta medida parece, de entrada, excesiva. Sin embargo, conviene recordar que en algunas de las figuraciones que conocemos de los molinos de tres mazas verticales engranadas a los que hemos aludido apenas unas líneas más arriba (Gama 1983: 124-155), como se recordará más tardíos, el diámetro de sus rodillos semeja sobrepasar en mucho los 50 cm.

Sea como fuere, parece claro que el tamaño de los rodillos, y en consecuencia su peso, eran bastante considerables, lo que exigía, como recoge el texto del comerciante italiano, que éstos estuvieran montados sobre resistentes estructuras de madera que las fuentes documentales canarias denominan cureñas de manera sistemática. Estas cureñas debían, a su vez, estar soportadas por robustos pilares sólidamente fijados al suelo. En el caso del eje mayor, uno de sus soportes corresponde, en realidad, a la zapata de sujeción del conjunto del árbol de la rueda del que técnicamente formaba parte. En Agaete, este soporte estaba constituido, como hemos visto, por un banco de piedra rematado por un grueso travesaño de madera. Tal y como sucede en los ingenios de la isla caribeña que acabamos de mencionar (Cei 1992: 24-25), no hay duda alguna de que este madero debió de estar herrado y lo más probable es que estuviera dotado, asimismo, de un canal de giro, o cuello, tallado en la madera o forjado en el hierro con el fin de facilitar el encaje y la rotación del eje. La protección metálica se extendía también a este último que, en este punto, debió contar con una serie de cejos o de garras de hierro empotradas en la madera. Además de favorecer su movimiento, de este modo se conseguía que las piezas metálicas absorbieran buena parte de la fricción garantizando así un menor desgaste y una mayor durabilidad de la madera en combinación con la grasa que embadurnaba de continuo todas estas piezas. Por lo que sabemos de Santo Domingo, la fijación y el giro de este eje mayor se veían facilitados por contrapesos situados inmediatamente después del soporte consistentes en "puntas" de hierro del grosor de "una pierna" (Cei 1992: 24). En su otro extremo, anclado a una cureña, este eje giraba por medio de un guijo embutido en la correspondiente chumacera, ambos de hierro. En este mismo soporte de madera, y exactamente por debajo, se ubicaba el extremo más alejado de la rueda del eje menor dotado, asimismo, de su correspondiente gorrón y gorronera. El otro guijo de este eje daba vueltas en otro madero soportado por una cureña independiente anclada del lado de la casa de moler situado más próximo a la aceña.

Gracias a estas informaciones, podemos aventurar una interpretación fundada sobre los dos huecos pareados excavados en el terreno, de 70 cm de diámetro por 100 cm de profundidad, localizados en el ingenio de Agaete a casi 2 m al sur del muro que soportaba el eje mayor. Pudieron servir, con toda probabilidad, para recibir las cepas de dos gruesos postes de madera que hacían las veces de sustento y asiento de la zapata o cureña que soportaba el extremo del eje pequeño más cercano a la rueda (Figuras 5.8 y 5.9). La continuación de los trabajos de excavación arqueológica en esta zona, ahora cubierta por casi

de 1570 que recaló en Canarias y La Española, antes de llegar a Veracruz en febrero del año siguiente. Pese a las directrices reales, su ambicioso y minucioso trabajo constituyó, en realidad, la base de un monumental tratado de historia natural de México que se vio completado por otras obras entre las que figuran, por ejemplo, libros dedicados a Canarias, Cuba y La Española, unas *Antigüedades de la Nueva España*, escritas en latín y dotadas de sus correspondientes ilustraciones, o una descripción también en latín del templo mayor de Tenochtitlán.

La suerte de esta *opera omnia* fue desgraciada. De su monumental *Historia Natural de la Nueva España*, sólo se publicó una versión reducida y reordenada en cuatro libros. La primera edición de la misma, realizada en castellano por el fraile Francisco Jiménez e impresa en México, no vio la luz hasta 1615 (Hernández 1615). Como puede comprobarse en su lectura, el capítulo XIV de la tercera parte del primer libro de esta obra es un documento imprescindible para el estudio de la industria azucarera de Gran Canaria (Hernández 1615: 56v-58v). Y vistas la precisión y la riqueza de detalles de este apartado, no podemos más que lamentar profundamente que su libro relativo a las islas Canarias no se haya conservado.

[24] "Del polo di essa ruota esce una trave che entra in casa, lunga al bisogno, et grossa di più di un braccio e mezzo di diámetro,..." (Cei 1992: 24). Parece claro que con el término *braccio* (brazo) Cei se refiere aquí a una unidad de medida estandarizada usual en la época y no al grosor de la parte del miembro superior del cuerpo humano situada entre el hombro y el codo. El brazo era una medida de longitud muy utilizada en Italia que tenía su origen en la industria y el comercio textil. Su valor variaba según las ciudades. En Florencia, de donde era originario Cei, el módulo de su brazo, cuyo patrón aún se conserva fijado en la fachada de una de las casas de su casco histórico, era de 58,36 cm.

tres metros de tierra de cultivo, nos ofrecerá, a buen seguro, una valiosa información para reconstruir esta esencial infraestructura del ingenio.

A la hora de la molienda, las cañas eran dispuestas sobre tableros e introducidas sin cortar entre los dos rodillos que actuaban sobre ellas por aplastamiento y laminación. Para facilitar el trabajo de molturación y prolongar la vida de los ejes, éstos estaban guarnecidos y equipados de distintas piezas de hierro que aparecen relacionadas y descritas en las fuentes documentales con mucho detalle[25]. El rodillo superior estaba provisto de cinchas, verdugos y tachones, mientras que el inferior estaba completamente forrado de planchas metálicas claveteadas. El desgaste de estos herrajes, provocado por el trabajo continuo durante muchos meses, explica las frecuentes referencias en la documentación a partidas económicas destinadas a la compra de piezas de metal. El deterioro y la fatiga del material se extendían, a pesar de su blindaje, a la propia madera de los rodillos. Tal y como prueban los inventarios de varios ingenios, que consignan la existencia de ejes de repuesto (Caballero 1973: 115), este hecho hacía necesaria su sustitución con una frecuencia cuya cadencia ignoramos[26].

Del laminado de las cañas a su paso entre los dos rodillos horizontales se obtenía el primer jugo. Dado que el machacado por aplastamiento en este tipo de artificios era poco eficaz en términos de extracción de dicho zumo, era imprescindible que en los ingenios existieran, además, una o varias prensas. De ahí que la casa de la molienda recibiera con frecuencia el nombre de casa de prensas. Estas máquinas, cuyo responsable era el moledor, se disponían en las inmediaciones del bloque del molino, descansaban sobre bancos y estaban fabricadas con maderos muy resistentes. En estas prensas, designadas a veces como de "encajar" (Gambín 2008a II: 168), denominación que permite interpretar las numerosas referencias documentales a "cajas" que encontramos en la documentación en relación con ellas, los restos de las cañas ya aplastadas volvían a ser exprimidos, una y otra vez, con el fin de obtener hasta la última gota de jugo. Sabemos que el ingenio de Guía contaba con tres de estos artefactos: la prensa "de la puerta", hecha de barbusano, "la del medio", fabricada con madera de pino y con "costa" de barbusano, y la "del luego de la pared", también de barbusano y provista de un banco[27]. Acabado el prensado, los restos completamente secos, el bagazo, iban a parar a las bagaceras desde donde se aprovechaban, entre otras cosas, para alimento de los animales y fertilizante, y con toda probabilidad también, aunque fuera de manera ocasional, como combustible en las hornallas de las calderas.

En relación con el rendimiento del proceso de laminado y prensado, nuestros datos no son concluyentes. Alberto Vieira afirma que del exprimido en los rodillos sólo se obtendría un 20% del zumo, proporción que aumentaría hasta el 60%, el máximo posible según él, con el concurso de las prensas (Vieira 2018: 7-14). Como este autor, sin duda uno de los mejores conocedores del tema, no cita claramente su fuente, no estamos en condiciones de poder discutir, y en su caso avalar, su propuesta que nos parece, con todo, demasiado corta en lo que hace al resultado de la laminación. Dicho esto, la información de la que disponemos acerca de los rendimientos medios de los ingenios tradicionales, incluso en el caso de aquellos, movidos por trac-

[25] Se puede consultar, por ejemplo: AHPLP, Protocolos notariales, leg. 777 (1575-febrero-9). Escribano: Alonso de Balboa, fols. 291r-296r. Véase también Fabrellas 1952: 470, nota 27; Gambín 2008a II: 16; Macías 2017. La información contenida en estos documentos coincide de manera precisa con los datos sobre el blindaje de estos rodillos que ofrece el texto de Galeotto Cei (1992: 25). Esta detallada descripción está acompañada de un ilustrativo croquis al que ya nos hemos referido.

[26] Como se ha podido comprobar a lo largo de esta parte del trabajo, el estudio de la tipología y del funcionamiento preciso del conjunto de este artificio de molienda demanda una indagación más detenida y especializada donde la ingeniería mecánica ha de ocupar un lugar fundamental. Ni que decir tiene que este análisis desborda los límites de un texto de esta naturaleza y la capacidad de sus autores. Dicho esto, uno de los múltiples elementos en los que debería hacer hincapié este examen por venir es, sin duda, la rueda hidráulica cuyo gran diámetro resulta extraordinariamente llamativo. Sin entrar ahora en detalles, en opinión de uno de nuestros "físicos de cabecera" y excelente amigo, Jose González Piqueras, a quien queremos agradecer desde estas páginas su siempre pronta y generosa colaboración, parece bastante claro que su tamaño tiene sobre todo que ver con la búsqueda de un equilibrio entre el momento de la fuerza necesaria para echar la rueda a andar, y mantenerla girando, con el caudal de agua disponible y su velocidad de rotación, que no debía ser demasiado alta. Con toda probabilidad, se habría llegado a este modelo, que sabemos estandarizado, a través de un cálculo puramente empírico basado en una serie de tanteos consistentes en probar con distintos diámetros y configuraciones para un flujo de trituración de caña determinado.

[27] Según el texto todas ellas estaban dotadas con los siguientes pertrechos: cureñas, husillos, porquezuelas, espeques, argadijos, macetes con sus argollas, cadenas, bancos de tea y picadera.

ción animal o motores, de diseño más moderno y robusto y equipados con tres cilindros de acero, parece avalar como plausible, en efecto, una tasa máxima de extracción del jugo del 60 %. De estas mismas fuentes podríamos concluir también que el rendimiento en masa de la caña triturada rondaría de media el 50% al final del proceso de molturación; es decir, que por 100 kg de caña se obtendrían unos 50 litros de zumo.

Respecto a los materiales constructivos empleados en la fabricación de las casas de la molienda y de prensas, y tal y como hemos podido documentar en las dependencias excavadas en el ingenio de Agaete, no puede descartarse que sus muros fueran alzados total o parcialmente con mampostería. Dicho esto, sabemos que el uso del tapial era muy frecuente en esos momentos y debió de estar presente, en consecuencia, en el desarrollo vertical de las alineaciones de mampostería que hoy aparecen como cimientos o zócalos, cuando no en la construcción de la totalidad de los alzados de las paredes de muchas de las dependencias del ingenio. En cuanto a las cubiertas, la noticia que alude a que las casas de prensa del ingenio de Guía estaban tejadas y tenían puertas con llave[28], parece confortada por el hallazgo de restos de teja en las excavaciones de este ingenio y en el de Agaete. Tal y como nos anuncia el registro de las cuentas de 1503-1504 de este último molino, en el que se especifica un gasto de 50 espuertas para "alinpiar el acequia y alvercon e echar tortas a las casas" (Gambín 2008a II: 15), las cubiertas de paja y barro también fueron muy utilizadas. El empleo de cubiertas pajizas, mejoradas con el uso de tortas, es decir, de gruesas capas de barro amalgamado con paja, estiércol u otros elementos como la cal que confería una función impermeable a la mezcla, está ampliamente documentado en otras islas, como Tenerife (Larraz 2008: 209). En todo caso, el uso concurrente de ambos sistemas y materiales para las cubiertas no es incompatible. Antes al contrario, está bien acreditada su combinación en la cubrición de las estancias o dependencias de una misma vivienda (Larraz 2008: 208). La razón fundamental del empleo de la torta en vez de la teja estribaría en su menor precio y en la rapidez y facilidad de ejecución.

4. Las dependencias de cocción, cristalización y refinado

Una vez molturada y prensada la caña, el zumo resultante era conducido hasta la casa de calderas, aneja a los edificios de molienda o situada muy cerca de ellos. Thomas Nichols, factor inglés que residió en algunas islas del archipiélago a principios de la segunda mitad del quinientos, y cuya *Descripción de las Islas Afortunadas* constituye una fuente indispensable para el conocimiento de la industria azucarera de Canarias, describe así las fases de la fabricación del azúcar desde este momento:

> "el jugo que producen corre por una canal hasta una vasija grande, hecha para este objeto, en donde se hace hervir hasta que queda espeso; entonces se coloca en un horno de ollas de tierra amoldadas como panes de azúcar, y desde allí se llevan a otra casa llamada de purgar, en donde se deja para limpiar su negrura con cierta arcilla que ponen en él" (Cioranescu 1963: 108-110).

4.1. La casa de calderas

Sabemos tanto por esta descripción, como por la de Hernández de Toledo y la documentación relativa a los ingenios de Telde y Guía que, a la espera de iniciar su proceso de cocción, el jugo de caña discurría hasta la casa de calderas por unos canales[29] aprovechando, con toda probabilidad, la existencia de un desnivel o diferencia de cota entre este espacio y la casa de la molienda y de prensas. En la casa de calderas este jugo era inicialmente almacenado en pilas y tanques de madera, en grandes tinajas de barro provistas de

---

[28] AHPLP, Protocolos notariales, leg. 777 (1575-febrero-9). Escribano: Alonso de Balboa, fols. 291r-296r.

[29] Cioranescu 1963: 108; Hernández 1615: 57. AHPLP, Protocolos notariales, leg. 777 (1575-febrero-9). Escribano: Alonso de Balboa, fols. 291r-296r y leg. 3127 (1592-febrero-22). Escribano: Rodrigo de Cubas, fols. 92 r-165r. Los documentos suelen calificar a estos canales de "ordinarios". En el caso del ingenio de Telde, se indica que estos son de caña y "espire". La existencia de este tipo de canales también está documentada, sin buscar más allá, en los ingenios madeirenses, azoreanos, brasileños o marroquíes (Antonil 1711: 53; Berthier 1966 I: 142; Nunes 2003: 103-104). En Marruecos, estas canalizaciones, excavadas en el suelo, están impermeabilizadas con mortero hidráulico y a veces guarnecidas de madera. Aquí, la disposición de estos canales es casi siempre la misma: cada molino o prensa poseía un canal que vertía en una rama principal, en general asociada al primer molino, que, a su vez, desembocaba en un depósito o cisterna.

"cauces" (canales) o, en su caso, en un "parol" hincado en el suelo[30]. En estos contenedores tenía lugar la primera fase de limpieza del zumo, ya conocido como caldo, mediante un procedimiento que consistía en poner una tela, utilizada a manera de filtro, para eliminar las impurezas más gruesas. Con toda probabilidad, la parella que, según reza en las cuentas de gastos del ingenio de Agaete, se compró para coladores, y por la que se pagaron 126 maravedíes, fue empleada, entre otros usos, para tal fin (Gambín 2008a II: 16).

Una vez realizada esta primera labor de filtrado, tenía lugar el hervido del caldo. Este proceso se desarrollaba en el interior del espacio ocupado por los recipientes de cocción y las estructuras de combustión donde éstos estaban asentados, denominadas fornallas u hornallas. La información que ofrecen los documentos y la que puede inferirse a través de la arqueología permiten apuntar que los recintos que acogían los fogones para cocer el caldo debían ser de gran tamaño, o al menos lo suficientemente espaciosos como para albergar un número elevado de personas y de objetos implicados en su procesado. Para evitar los efectos de las altas temperaturas que se alcanzaban durante la cocción, es probable que estos espacios fueran abiertos o que sus paredes, de mampostería y tapial, estuvieran provistas de grandes ventanas. En este sentido, conocemos por los textos que la pared donde se ubicaban las hornallas de la casa de calderas del ingenio de Guía era "más alta y abierta"[31].

Respecto a las cubiertas, se trataba de edificaciones dotadas de una techumbre a una, dos o cuatro aguas. Si tenemos en cuenta que los meses más activos de la zafra coinciden en Canarias con la temporada de lluvias, se comprende perfectamente que la cubrición de esta dependencia fuera imprescindible para evitar la caída de agua en las calderas cuando éstas se encontraban en pleno proceso de cocción del caldo. De hecho, la casa de calderas del ingenio de Guía estaba "toda cubierta, a excepción de dos partes" y en su puerta solía tañer "...una campana con su esteo de tea"[32] sin duda destinada a transmitir, mediante un código de tañidos, señales y avisos sobre el proceso de producción y eventuales incidencias. La arqueología ha demostrado que las partes techadas de esta instalación estaban recubiertas de tejas. A pesar de encontrarse en Tenerife es interesante traer a colación, en este punto, el caso del ingenio de La Orotava[33]. Conocemos por sus cuentas que su cubierta, soportada por "frechales" y tirantes[34], estaba formada por 8.000 tejas lo que nos daría una superficie cubierta de aproximadamente 250 m^2.

[30] Hernández 1615: 57. AHPLP, Protocolos notariales, leg. 777 (1575-febrero-9). Escribano: Alonso de Balboa, fols. 291r-296r; leg. 3127 (1592-febrero-22). Escribano: Rodrigo de Cubas, fols. 92 r-165r. Según Nunes el término "parol" empleado como sinónimo de tanque de madera que recibe el caldo ha sido documentado en Brasil para una fecha posterior a la que manejamos (Nunes 2003: 103) pero como denominación de una pieza de cobre "donde cae el caldo" ya fue usado con anterioridad en las islas, tal y como han documentado Corrales y Corbella (2012: 731-732). Este dato concuerda con la información ofrecida por el jesuita toscano Giovanni Antonio Andreoni, que escribió bajo el seudónimo aportuguesado de André João Antonil, cuando dice que es a partir de aquí cuando el jugo era denominado "caldo" (Antonil 1711: 67).
Como es bien sabido, Antonil es el autor de *Cultura e opulência do Brasil por suas drogas e minas*, un tratado sobre agricultura y minería en Brasil a finales del siglo XVII y comienzos del XVIII, y una obra de todo punto insustituible para acercarnos al proceso de trabajo seguido en los obradores azucareros de la época. De hecho, en este libro se inspiró, en su momento, H. Fernandes para realizar sus excelentes y conocidos dibujos y reconstrucciones gráficas de estas instalaciones y del conjunto de tareas que tenían lugar en ellas (Fernandes 1971).
La relación del jesuita está basada en el ingenio "real" de Sergipe do Conde, situado en la región de Bahía y fundado en la segunda mitad del siglo XVI por el jurisconsulto y noble portugués Fernando Rodrigues de Castelo Branco. A la muerte en 1618 de la condesa de Linhares, quien se hace cargo del obrador tras la renuncia del anterior a su *sesmaria* de Sergipe, éste pasa, junto con todas las tierras y propiedades adscritas a ese título de repartimiento, a la Compañía de Jesús a la que, como hemos visto, pertenecía el padre Antonil. Las diferencias de esta instalación con los ingenios de Gran Canaria son evidentes y resultan, fundamentalmente, del empleo aquí de un molino de tres mazas verticales y del consiguiente reajuste que esta importante innovación técnica supone para el proceso y los utensilios de cocción. Dicho esto, y tomadas con todas las cautelas, las informaciones susceptibles de ser extraídas de *Cultura e opulência* mediante una comparación mesurada y argumentada pueden resultar de la mayor utilidad a la hora de ilustrar las tareas que se llevaban a cabo en las instalaciones isleñas y las especificidades técnicas de las mismas.
[31] AHPLP, Protocolos notariales, leg. 777 (1575-febrero-9). Escribano: Alonso de Balboa, fols. 291r-296r.
[32] Ver nota anterior.
[33] Archivo Histórico Provincial de Santa Cruz de Tenerife, leg. 455 (1584-febrero-4). Escribano: Juan de Anchieta, fols: 82 y ss.
[34] "Frechal" o "flechal" es un portuguesismo que designa las vigas soleras dispuestas sobre la coronación de los muros para armar las techumbres. Es evidente que, a pesar de la altura de sus paredes, la presencia de armazones de madera en las cubiertas de las casas de calderas suponía un riesgo por el peligro de incendio. Para conjurarlo sabemos que, en el caso de los ingenios mejicanos, estos cuartos estaban techados con bóvedas de cal y canto (Wobeser 2004: 204).

El hervido, controlado de manera estricta por el maestro del azúcar, perseguía tres objetivos: evaporar el agua residual para la concentración del zumo, terminar de limpiarlo de impurezas y alcanzar el punto de cristalización del producto. Todas las tareas desarrolladas a partir de aquí estaban perfectamente reguladas y, además del maestro del azúcar, refinadores, purgadores y espumeros debían cumplir fielmente las normas dictadas en las ordenanzas de la isla para cada uno de estos oficios (Ordenanzas 1974). El número total de contenedores metálicos donde se realizaba la cocción era, como veremos, variable y cada uno de ellos recibía un nombre diferente que hacía alusión a su función o posición, no siempre fácil de reconocer e interpretar. Hay que resaltar que la cuestión del número de estos recipientes no es un asunto menor, pues, a diferencia de lo que a veces se ha sugerido (Macías 2017), el auténtico "cuello de botella" de la capacidad de producción de un ingenio azucarero no estaba en el molino, sino en el proceso de trabajo ligado de manera directa al hervido y melado del caldo (Gama 1983: 73-82). Sabemos que la molturación de las cañas debía tener lugar muy rápido, como muy tarde dos días después de su corta para que la pulpa no se oxidara perdiendo drásticamente su contenido en sacarosa y otros azúcares. Y lo mismo sucedía, una vez prensadas, con su jugo si se quería evitar su fermentación, con la consiguiente transformación de esos azúcares en alcohol. Pero la labor de los maestros azucareros exigía el control experimental de toda una serie de complejos procesos físico-químicos, cuyos secretos eran celosamente guardados, que dependían, para su éxito, de la toma en consideración de tres variables fundamentales: el tamaño de los recipientes donde se realizaba la cocción, su posición respecto a la fuente de calor y el tiempo de permanencia sobre la misma. En consecuencia, cualquier mejora en el volumen y ritmo de la molienda debía tener en cuenta estos tres elementos y, en suma, la centralidad crítica de las labores de limpieza y condensación del caldo, y su particular flujo de trabajo.

El proceso de hervido se iniciaba en las calderas. Pese a que en la documentación canaria a veces se aluda a un mayor número de estos recipientes[35], pues en él se incluyen asimismo contenedores destinados a labores complementarias, como el procesado de las "escumas", si seguimos al pie de la letra el testimonio de Hernández de Toledo (Hernández 1615: 57), no tendremos más remedio que convenir que las calderas se organizaban en los obradores azucareros de Gran Canaria, y sin duda también en los del resto de las islas, a partir de una batería básica compuesta por tres piezas de cobre. En las fuentes textuales que manejamos, éstas suelen recibir los nombres de calderas de recibir, o "recibidor", de "en medio" o de cocer, y de melar. Resulta significativo comprobar que en los ingenios de los archipiélagos atlánticos ligados a la expansión portuguesa se documentan asimismo este tipo de baterías ternarias cuya nomenclatura coincide, en lo esencial, con la terminología de las instalaciones canarias denunciando, una vez más, la estrecha afinidad tecnológica entre estas últimas y los prototipos lusos. En ellos, la caldera que recibía el caldo se llamaba "*caldeira do caldo*", el recipiente en donde el zumo hervía era conocido como la "*caldeira do meio*", y el nombre del último contenedor era "*caldeira de melar*" (Nunes 2003). Incluso en el caso de los ingenios americanos, donde el número y disposición de las calderas varía considerablemente en función de su ubicación geográfica y su cronología[36], contamos con una prueba esencial en favor de esta propuesta. Nos referimos al hecho de que, aunque en el ingenio de Sergipe do Conde sólo hubiera dos calderas propiamente dichas cociendo a finales del siglo XVII, Antonil se refiera a este "orden de cobres" siempre con el nombre de "terno" (Antonil 1711: 63), lo que parece indicar, claramente, que, en su origen, el número de recipientes que integraban la batería de calderas era asimismo de tres.

Durante el proceso de cocción en estos recipientes, la limpieza del caldo se intensificaba mediante el uso de lejía elaborada a partir de agua, cal, cenizas procedentes de las fornallas y algunas hierbas. Con ella se favorecían la alcalinización del caldo y el consiguiente ascenso de la suciedad a la superficie en forma de "escuma" o espuma lo que facilitaba su limpieza con las espumaderas, instrumentos de hojala-

[35] Macías 2017: 31-32. AHPLP, Protocolos notariales, leg. 777 (1575-febrero-9). Escribano: Alonso de Balboa, fols. 291r-296r.

[36] Por ejemplo, para los ingenios de La Española que describe, Galeotto Cei habla de cinco calderos de cobre (Cei 1992: 25). En el caso de la Nueva España, las calderas utilizadas eran de recibir, de "contrarrecibir", de "en medio", de "contraenmedio", de "contramelar" y de melar (Wobeser 2004: 224-225). Dicho esto, es evidente que algunos de estos recipientes cumplen funciones reservadas en los ingenios de las islas a las tachas.

ta engastados en un mango de una braza de largo (Hernández 1615: 58). Si bien el añadido de la lejía se producía fundamentalmente en la caldera de recibir, utilizando para ello grandes cucharones de cobre provistos de un mango similar al de las espumaderas llamados "pombas", que servían también para trasegar el caldo entre los contenedores, consta que esta solución alcalina se vertía asimismo en las otras dos calderas (Hernández 1615: 57)[37]. Tanto la lejía, como el agua que también se añadía de cuando en cuando en este momento, se encontraban depositadas en sus correspondientes recipientes, situados en las proximidades de las calderas. Es muy probable que el sino para lejía que estaba "horadado por su fondo" inventariado en el ingenio de Guía no fuera otra cosa que uno de estos contenedores[38].

En la caldera de en medio se obtenían las primeras y segundas "escumas" o espumas, que eran depositadas en un "parol", situado fuera del fuego, o en un tinajón enterrado. Estas "escumas" eran cocidas para fabricar un azúcar de baja calidad que recibía el nombre de azúcar de "escumas" y de "rescumas" (o de espumas y reespumas), este último conocido también como "azúcar postrero" (Hernández 1615: 58; Corrales, Corbella y Viña 2014: 93-94 y 96). Luego de esta operación, y como su propio nombre indica, en la caldera de melar se conseguía el punto de purificación y de evaporación requerido en el proceso disminuyendo progresivamente su volumen[39]. En esta fase se obtenían también, como subproducto, otras "escumas" designadas como terceras o "netas" que podían ser aprovechadas para obtener un azúcar de ínfima categoría (Corrales, Corbella y Viña 2014: 240-242). Hemos de señalar que la documentación distingue entre "escumas de las calderas" y "escumas de las tachas" (Ordenanzas 1974: 145) que, como veremos, son otras piezas de cobre que intervienen también en este proceso.

Antes de ser trasvasado desde las calderas a las tachas, el caldo, clarificado y mucho más concentrado, se depositaba en un tanque, que en el texto de Hernández de Toledo recibe el nombre de "percolatorio" (Hernández 1615: 57), o en unos tinajones de barro donde era también sometido a nuevas tareas de filtrado. Allí, este caldo[40] alcanzaba la densidad finalmente requerida para poder pasar a la labor siguiente.

Por lo que sabemos, no parece discutible que las tachas eran más pequeñas que las calderas, adoptaban una forma cónica y se agrupaban siempre, también, en una batería de tres piezas. Sin embargo, a diferencia de estas últimas, la relación entre la denominación, el orden y la función de aquéllas no es, en todas las ocasiones, fácil de determinar en el caso de los ingenios canarios. Pues si hay unanimidad en lo que hace al nombre y posición de la tacha de batir, donde tenía lugar el paso postrero en la elaboración del "melado", voz con la que se conoce al producto de este nuevo proceso de hervido[41], no sucede lo mismo, en cambio, respecto a las que ocupaban los dos primeros lugares de este segundo orden de cobres. Mientras que en el ingenio tinerfeño de Taganana se habla, por este orden, de las tachas de "*resebir*" y de "*cozer*" (Macías 2017: 32, nota 97), en el de Guía, ambas reciben los nombres de cocer y de "en medio". Si como en Tenerife o Brasil (Antonil 1711: 71), la tacha de cocer es la que precede inmediatamente a la de batir, en el caso del obrador Gran Canaria no cabría otra posibilidad que reconocer que la tacha de en medio sería la primera de la serie, tomando acaso su denominación del hecho de encontrarse situada entre las calderas y las tachas. Pero puede también que, considerando las tres tachas como un orden de cobres que no hacía sino replicar la secuencia ternaria original de las calderas, la de en medio se ubicara, al hilo de su denominación, entre la tacha de cocer y la de batir, ocupando en esta casa de calderas la tacha de cocer el primer

[37] Según el médico y botánico toledano, la capacidad de las "pombas", que él denomina bombas, oscilaba entre diez y doce sextarios (Hernández 1615: 58), lo que indica que superaban los 5 l.

[38] La utilización de los sinos o signos para la lejía está constatada también en Tenerife (Viña, Corrales y Corbella 2014: 297). El uso de este tipo de recipientes, y el hecho de que estén horadados, pueden llamarnos la atención. Pero sabemos que en el ingenio brasileño de Sergipe do Conde los contenedores de lejía eran, precisamente, formas azucareras parcialmente enterradas (Antonil 1711: 62-68).

[39] En los ingenios brasileños, los productos resultantes de este proceso también recibían una denominación particular. A su paso por la caldera de en medio, el caldo se convertía en "caldo hervido" y al salir de la melar se llamaba "caldo clarificado" (Antonil 1711: 73).

[40] Antonil lo denomina "caldo colado" (Antonil 1711: 73).

[41] Hernández 1615: 57 y 58v. AHPLP, Protocolos notariales, leg. 777 (1575-febrero-9). Escribano: Alonso de Balboa, fols. 291r-296r.

lugar y no el segundo. Sea lo que fuere, en estos recipientes, desde el punto de vista morfológico y funcional muy especializados, continuaba el hervido y concentración del licor aumentando progresivamente la temperatura mientras se retiraban, de paso, las últimas "escumas". Se trataba de la tarea que demandaba más atención y control por parte de los oficiales y donde el maestre del azúcar debía demostrar, más que en ninguna otra labor del proceso, su inteligencia, cuidado y artificio (Antonil 1711: 70).

El trasvase del melado o miel entre las distintas tachas pasaba por una olla de cerámica grande llamada "paralbero" (Hernández 1615: 58v) que, muy probablemente, no es otra cosa que el perol que recibe, en otros lugares, el nombre de cubo de melar (Nunes 2033: 111)[42]. Es importante indicar que la tacha de batir era la única donde la miel era removida y mecida con el fin de llevarla al punto necesario para poder proceder a su enmoldado. Se trataba de una tarea fundamental, crítica, pues era indispensable que la miel no hirviera, derramándose o, peor aún, caramelizándose dentro de la tacha. Para evitarlo, al melado se le añadía, de cuando en cuando, manteca de vaca, aceite o cualquier sustancia grasa que contribuyera a subir el punto de ebullición (Hernández 1615: 57). A la hora de remover, el maestro y los tacheros se ayudaban del ala de que estaba dotada la tacha de batir (Hernández 1615: 58v)[43] y, asimismo, de las batideras. Éstas eran unos instrumentos de metal muy parecidos a las espumaderas, con la diferencia de que no constaban de una placa agujereada sino de un simple cerco metálico que facilitaba el batido de la miel cuando ya estaba muy condensada y espesa. Cuando el maestro del azúcar lo consideraba, el melado iba siendo retirado progresivamente de la tacha de batir mediante el uso de remillones o "reminoles", cucharones de cobre de una capacidad de 1,5 a 2 l (Hernández 1615: 58), y se depositaba en las bacías "de templar", donde se ajustaba su temperatura y textura. Por lo que sabemos del ingenio de Sergipe do Conde (Antonil 1711: 73) y dado que, como denuncia el nombre de estos últimos recipientes, está perfectamente acreditado que el conjunto del proceso de preparación de los azúcares recibía el nombre de "templar" (Ordenanzas 1974: 146), no parece imposible que, antes de ser vertido en los moldes, este melado se conociera, como en Brasil, con el nombre de "temple" o "témpera".

Sobre la base del registro arqueológico, poco podemos señalar acerca de la tipología precisa de todos los cobres de los que hemos hablado, nomenclatura genérica con la que, como ya hemos visto, se conocía a estos objetos metálicos utilizados en las distintas faenas de obtención del azúcar, ni tampoco sobre los numerosos utensilios usados en el proceso. Los datos materiales disponibles conciernen, de momento, a la estimación del diámetro aproximado -130-120 cm- de una de las calderas del ingenio de Guía y a las informaciones que puede aportar el análisis de una lámina de cobre, sin duda correspondiente a uno de estos recipientes, hallada en el mismo lugar. Así las cosas, y dado que, una vez abandonados los ingenios, estas piezas serían las primeras en ser recicladas para otros usos, es previsible que tengamos que acabar conformándonos, que no es poco, con las innumerables noticias que ofrecen los textos sobre su precio, su peso o sus medidas, así como sobre las constantes reparaciones a las que eran sometidas, para evitar sobre todo que sus fondos, en mal estado, acabaran por quemar el caldo. A manera de ejemplo, sirva un contrato sellado en 1574 entre el calderero Juan Núñez y el doctor Lercaro por el que el primero se obligaba a hacer en su casa de Las Palmas un fondo nuevo con sus alzas, con un peso de 200 libras. De su domicilio, lo llevaría a clavar hasta Agüimes, gastos que asumiría Lercaro. Además, se comprometía a ensanchar otro fondo que le habían entregado y que pesaba 60 libras poniéndole alzas, hasta que alcanzara un peso de 130 libras[44].

[42] Llegados a este punto, y para reparar en la dificultad que supone determinar la función de los distintos recipientes que intervienen en esta parte del proceso de trabajo, es preciso indicar que su nómina no se limita a los citados. En el ingenio de Guía, por ejemplo, además de las tachas y peroles ya citados se inventarió una tacha "de descabezar" y peroles para diversos usos: uno "donde se acumulaban los melados" y otro "donde descabeza el espumero" [AHPLP, Protocolos notariales, leg. 777 (1575-febrero-9). Escribano: Alonso de Balboa, fols. 291r-296r].

[43] Por lo que parece, esta ala debía ser una pieza metálica que facilitaba el movimiento y basculamiento de la tacha de batir. Con toda probabilidad, este dispositivo no es otra cosa que las gangorras de las tachas que aparecen bien documentadas en los ingenios de Tenerife (Corrales, Corbella y Viña 2014: 198-199). Es importante señalar que estas gangorras siempre están asociadas a una sola de las tres tachas y que cuando se cita de manera explícita de cuál de estos recipientes se trata, la alusión corresponde, invariablemente, a la tacha de batir.

[44] AHPLP. Protocolos notariales, leg. 860 (1574-noviembre-16). Escribano: Luis de Balboa, fos 288r-289v.

En cambio, la intervención arqueológica de que ha sido objeto el ingenio de Guía confirma la información documental consultada sobre el mismo acerca de las estructuras de combustión donde se disponían los cobres. Pues, en efecto y tal y como indicaban estas fuentes, gracias a ella se ha podido determinar que en él existían tres fornallas independientes (Figuras 5.9 y 5.10). Según las escrituras, los fogones estaban situados en una zona de la casa cuya pared era, como ya hemos indicado, mayor que el resto de los muros que la conformaban, y para trabajar en ellos los operarios se ayudaban de "...dos hurgadores de hierro, uno de ellos quebrado; una pala de hierro; dos candes de hierro de encender tea; y una horqueta de hierro de meter la leña"[45].

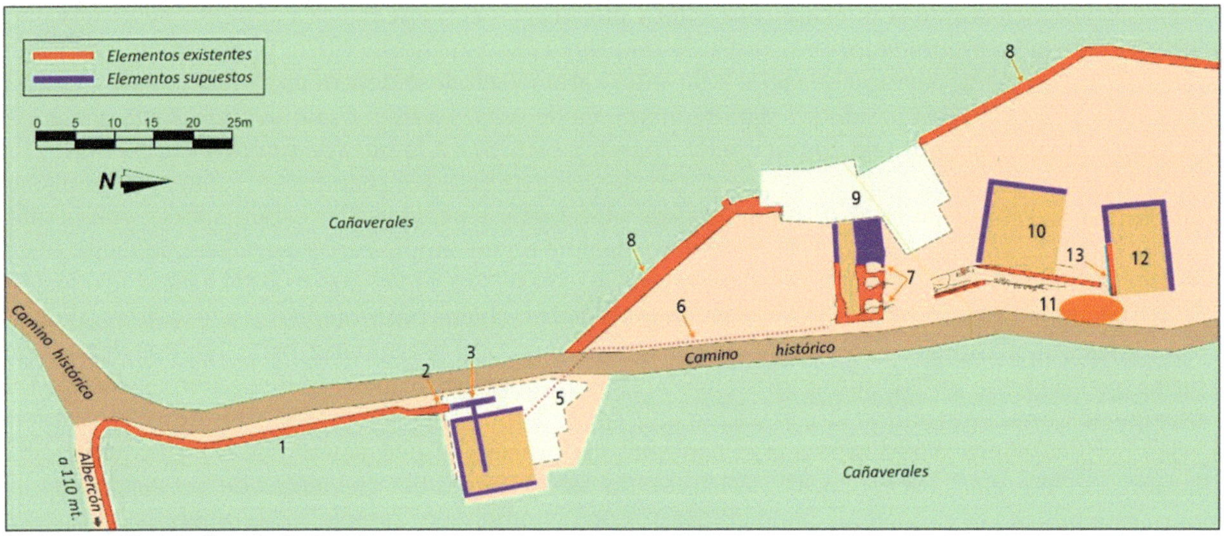

Ingenio de Guía en Soleto

1-Acueducto sobre muro mampostería
2-Salto agua de 8 m
3-Rueda vertical
4-Zona de molienda
5-Molino harinero s.XIX
6-Canal jugo caña
7-Casa de calderas
8-Acueducto en activo
9-Molino harinero s.XIX
10-¿Casa de purgar?
11-Basurero con formas y cenizas
12-Edificación con piso de madera
13-Canalillo para agua

Figura 5.9. Ingenio de Guía. Plano de los restos arqueológicos documentados. Fuente: Arqueocanaria

Hasta el momento sólo han sido excavadas al completo dos de las tres hornallas documentadas. Sus embocaduras, seguramente cerradas, como en el ingenio de Taganana (Fabrellas 1952: 470, nota 27), con chapas metálicas durante la combustión, están dispuestas al nivel del suelo, tienen forma rectangular, y las jambas y dinteles que las enmarcan están constituidos por cantos bien escuadrados. El resto de su estructura está montada con cantos de una labra más descuidada y de menores dimensiones aparejados en seco.

El interior de los fogones denominados 1 y 3 -este solo parcialmente excavado- presenta un diseño alargado, de tendencia rectangular en planta, que alcanza 140 cm de profundidad desde la embocadura. Sin embargo, el interior del fogón 2, cuya profundidad es similar a los anteriores, es de tendencia circular y ofrece una mayor capacidad de carga de leña. En lo que hace a las dos hornallas hasta ahora totalmente excavadas (1 y 2), su piso aparece solado con piedras muy robustas. Por su parte, las paredes de todas ellas tienen unos alzados laterales de 40 cm, si bien la altura del horno, por la forma abovedada del techo, llega a alcanzar los 70 cm en el espacio central. Las tres cámaras de combustión están fabricadas con escorias volcánicas de gran tamaño. A diferencia de otras piedras de origen similar, como el basalto,

[45] AHPLP, Protocolos notariales, leg. 777 (1575-febrero-9). Escribano: Alonso de Balboa, fols. 291r-296v.

Figura 5.10. Ingenio de Guía. Vista del proceso de excavación de las hornallas de la casa de calderas.
Foto: Arqueocanaria

que estallan en contacto con el fuego, la escoria volcánica ofrece, como las tobas, la ventaja de soportar bien el choque térmico, y por su irregularidad, facilita la trabazón de la fábrica.

Las cubiertas de la cámara de combustión de las fornallas 1 y 3 adoptan un diseño a dos aguas que se obtiene mediante el empleo de cantos de tosca pareados apoyados en uno y otro lado de la cámara de fuego que convergen en el centro del techo. Resulta significativo que los pares de cantos de estos dos fogones no se toquen ni se rejunten entre sí, sino que cada uno esté separado del anterior por unos 7 cm, probablemente para permitir la salida del calor hacia la encimera de piedra horizontal sobre la que descansaban las calderas. La cámara de fuego de la fornalla 2 se cierra por aproximación de hiladas conformando una falsa cúpula que alcanza los 80 cm de altura desde el suelo. Es la de mayores dimensiones, lo que significa, sin duda, que generaba mayor potencia térmica. Este hecho resulta de todo punto coherente con lo que algunos documentos recogen en relación con el proceso de cocción.

La parte superior de estas fornallas estaba rematada por losas de cantería de unos 12 cm de grosor selladas con un tipo de mortero aún pendiente de analizar. Esta encimera impedía que el fuego de la cámara de combustión se propagara hacia el exterior y, también, que las calderas y recipientes metálicos empleados en la tarea de cocción del caldo, cuyos fondos eran calzados y sellados con barro para evitar la pérdida de calor, estuvieran en contacto directo con el fuego. Se conseguía de este modo un mayor control del proceso de hervido, al tiempo que se facilitaba que el horno pudiera seguir calentando por un largo tiempo de manera constante, incluso con la leña ya consumida. Además, se alargaba así la vida de los cobres.

Sobre el fogón 1 ha sido descubierta una impronta circular de 150 cm de diámetro definida con piedras de toba que, sin duda, debió servir para alojar una de las calderas del ingenio. Llama la atención que el foco de calor no se encuentre en el centro de esta impronta, sino que esté desplazado ocupando sólo la mitad oeste. En cambio, en los otros dos fuegos no se ha documentado esta huella y solo nos encontramos con una superficie plana y continua. Esta diferencia podría explicarse si, como parece, la caldera situada sobre la primera de las fornallas era la de recibir el caldo desde la tanqueta donde éste se acumulaba tras llegar del molino. Porque suponemos que, en estos primeros compases del proceso, no interesaba especialmente someter al jugo a un calentamiento directo e intenso. Intuimos, en consecuencia, que era más adecuado calentar sólo uno de los lados de la caldera para poder controlar mejor su temperatura con una simple remoción del caldo.

En el frente de las hornallas 1 y 2 se ha documentado una estructura, hoy semidestruida, acondicionada con mortero de cal y arena que sobresale, entre ellas, del plano de la pared. La disposición y configuración de esta fábrica sugiere que se trata de un escalón o poyete que podía haber tenido distintas funciones: aislar a los operarios del calor que exhalaban las bocas de los fogones, facilitar la observación del interior de las calderas controlando así el hervido del caldo o, incluso, favorecer alguna operación de trasvase de un recipiente a otro. Dicho esto, todo parece indicar que el trasiego del caldo de una caldera a otra y el control del proceso de cocción se realizaban, en realidad, desde la parte trasera de las fornallas donde existe un pasillo sobreelevado que discurría entre el muro de la batería de fogones opuesto a las embocaduras y la pared sur de la sala de calderas. Se trata, en la práctica, de una zona de tránsito ubicada en el interior de esta última dependencia donde los operarios podían, lejos del intenso calor que desprendían las bocas de los hornos, trabajar con mayor comodidad y seguridad. No hay que olvidar que la casa de calderas era, junto con el molino, el lugar del ingenio donde los riesgos y las posibilidades de sufrir un accidente eran mayores. Las salpicaduras del caldo hirviendo provocaban dolorosas quemaduras y una caída accidental en una de las calderas acarreaba una muerte segura.

De retorno al proceso de fabricación, y regresando al temple, el paso siguiente consistía en depositar éste en las formas u hormas, moldes cerámicos en forma de cono alargado, haciendo uso de las repartideras, cucharas semejantes a las "pombas" aunque su mango sólo tenía palmo y medio (Hernández 1615: 58v). Por lo que nos dice Hernández de Toledo, el contenido final de la tacha de batir se repartía en nueve formas (Hernández 1615: 57v), lo cual nos da una idea precisa de la capacidad de ese recipiente y nos permite aproximarnos, por extensión, al volumen de producción de los ingenios isleños[46].

Tal y como consigna el botánico toledano en el pasaje que describe de manera minuciosa esta parte del proceso (Hernández 1615: 57v-58v), las formas se disponían para su llenado en el tendal, un estrado situado, con mucha probabilidad, en el extremo de la casa de calderas más próximo a la salida hacia las casas de purgar[47]. Para facilitar el asiento y asegurar la verticalidad de los moldes mientras eran colmados, el piso de este espacio estaba tapizado de rizas de cañas y bagazo que se ahuecaban y acondicionaban con ayuda de la "virandera", un palo redondo armado con una punta de hierro. Las hormas debían de haber sido humedecidas antes con abundante agua y sus agujeros obturados con tapones de madera. Tras verter el melado con la repartidera, los oficiales lo removían dentro de los moldes con una espátula grande de encina al tiempo que iban llenándolos paulatinamente.

Aunque en la descripción de Hernández de Toledo el llenado progresivo de las formas parezca vincularse a la necesidad de reponer la merma que se iba produciendo por la solidificación de su contenido, lo más seguro es que esta operación tuviera que ver con el hecho de que éstas no se colmaban de una sola vez,

[46] Según los datos que suministra A. Macías, los contratos de desburga o de corte de caña permiten inferir que el número de calderas de melaza que podían elaborarse en un día o "tarea", con el ingenio a pleno rendimiento, era de ocho (Macías 2017: 29-31). Lo que significa que, si damos por bueno el dato de Hernández de Toledo, la capacidad de producción máxima de los obradores isleños era de 72 panes diarios. De manera significativa, y teniendo siempre en cuenta la variabilidad en el número diario de calderas procesadas, esta cifra coincide con las documentadas para los ingenios de La Española (Rodríguez 2012: 304), como hemos visto, directamente relacionados, desde el punto de vista genético, con los canarios y, asimismo, se aproxima mucho a las estimaciones de productividad que ese autor proporciona.

[47] Dado que, como veremos a continuación, sabemos que las formas debían permanecer en los tendales durante un día, el dato sobre la producción diaria de panes que acabamos de comentar nos permite asimismo inferir la superficie aproximada ocupada por estos estrados.

sino en varios pasos y con temples en distintos puntos de cocción y viscosidad. Pues, como explica con detalle André João Antonil en un pasaje indispensable de su obra (Antonil 1711: 73-75), de otra manera no se podría proceder a su purgado y blanqueado ya que un temple demasiado espeso impediría la circulación del agua y del barro que, como veremos a continuación, constituyen dos elementos fundamentales en este proceso, y, al contrario, una témpera excesivamente "suelta" haría escurrir todo el azúcar de las formas que se desharía en forma de miel. Por eso, no es extraño que el jesuita italiano escriba que "...acertar bem nas Temperas, he a malhor industria, & artificio do Mestre: assim como esta he a mayor difficuldade no exercicio das virtudes, que estaõ no meyo de dous extremos viciosos" (Antonil 1711: 73).

4.2. Las casas de purgar y de refinar

Al día siguiente de su llenado, los moldes eran conducidos a las casas de purgar y de refinar. Para su traslado eran cargados por los trabajadores, aunque es bastante probable que, de cara a facilitar su desplazamiento, en algunos obradores se sirvieran de una especie de parihuelas, transportadas por varios de ellos, donde iban encajadas las formas. A veces, sobre todo en el caso de que la distancia entre los recintos de cocción y purga fuera importante, se empleaban bestias de carga.

La casa de purgar funcionaba como un gran almacén donde el azúcar cristalizaba mediante un laborioso proceso de destilación, depuración y blanqueado que estaba a cargo del purgador del ingenio. Por el momento muy poco podemos decir, sobre la base de una lectura arqueológica, acerca de esta dependencia. Los muros documentados en la excavación del ingenio de Agaete revelan la existencia de varias habitaciones, destacando una de ellas, de grandes dimensiones, que podría corresponderse con la casa de purgar de esa instalación azucarera. El mismo uso puede plantearse para la pieza de mayor tamaño sacada a la luz en el ingenio de Guía.

Una vez en la casa de purgación, los moldes se acomodaban en un espacio provisto de tinglados o andamios armados con tablones de madera perforados, llamados "tablas de furos" o simplemente "furos", donde se introducían los conos[48]. Transcurridas algunas jornadas, se procedía a retirar los tapones y a perforar, por el mismo agujero y con el fin de facilitar la destilación, el azúcar ya endurecido[49]. Al cabo de diez o doce días, se sacaban los panes de las formas con ayuda de un mazo y se verificaba su estado de cristalización y su pureza. Si la purga se consideraba incompleta, el pan era devuelto a su molde cuya boca era recubierta, entonces, por una masa de barro conocido como masapez[50], en una tarea que, por lo que sabemos de los ingenios donde los procesos de trabajo tradicionales han sido mejor descritos (Antonil 1711: 83-86), debía comportar, necesariamente, otra serie de manipulaciones para facilitar la penetración del barro, como el cavado del pan y el vertido de agua, o de lejía si nos fiamos de la descrip-

[48] Las referencias a estos soportes de madera son habituales en las fuentes documentales. En un contrato de arrendamiento suscrito en 1575 se dice que en la casa de purgar del ingenio de Guía había "39 tinglados enteros, con sus forros de cuatro tablas en cada uno, 15 de ellos de palma y el resto de madera de pino; 4 tinglados sin forros ni travesaños, y 1 ½ no servía al estar maltratado" [AHPLP. Protocolos notariales, leg. 777 (1575-febrero-9)]. Los textos conocidos para el ingenio de Agaete nos dicen que, como la madera de su rueda, los andamios de su casa de purgar fueron hechos con materia prima procedente del pinar de Tamadaba (Gambín 2008a I: 18). Este tipo de alusiones también son habituales en las descripciones e inventarios de ingenios de otras regiones azucareras (Antonil 1711: 77; Nunes 2003: 669).

[49] De nuevo, los *Quatro libros de la naturaleza, y virtudes de las plantas, y animales que estan recevidos en el uso de Medicina en la Nueva España* vuelven a ser nuestra fuente principal para ilustrar este parte del proceso de trabajo (Hernández 1615: 57v) en concurrencia con algún dato extraído de la descripción de Cei de los ingenios que conoció en La Española (Cei 1992: 24-25).

[50] Sobre este tipo de barro, cuya denominación es un canarismo aún usual en las islas (Corrales y Corbella 2001: 972-973), puede verse: Quintana y Jiménez, 2021: 2, nota 5. El texto de Francisco Hernández (Hernández 1615: 57v) transmite una curiosa tradición sobre el origen de esta práctica del barreado. Según él, las virtudes de la misma habrían sido descubiertas cuando, durante el secado de unos panes al sol, unas gallinas posaron sobre ellos sus patas llenas de barro percibiendo los oficiales que, allí donde habían pisado las aves, el azúcar aparecía más blanco. Poniendo en evidencia la sólida formación y la curiosidad de su autor, este relato describe también, de manera pormenorizada, las características y la procedencia del masapez y la forma de recogerlo y prepararlo (Hernández 1615: 58v).

ción de Hernández (1615: 58). Tras un tiempo suficientemente largo[51], se volvía a desmoldar la forma y si la calidad y blancura del pan continuaban siendo insuficientes, se repetía el proceso, aunque esta vez con el barro más espeso. Sólo excepcionalmente, los panes eran objeto de un tercer embarrado pues, a cada aplicación de masapez y agua, el azúcar se disolvía y mermaba.

Sabemos por el inventario de bienes de 1575 del ingenio de Guía que, en esta instalación, las mieles que, procedentes de distintos momentos de la destilación, escurrían de las formas encajadas en los tinglados de las casas de purgar, lo hacían sobre unos canales "por donde se corre la myel a las casas de refinar"[52]. Llegadas a esta última dependencia, previa acumulación en un tanque de almacenamiento, las mieles se volvían a cocer en tachas y peroles asentados sobre sus respectivas fornallas y hogares con el objeto de producir otro tipo de azúcares de peor calidad conocidos como "panela", al parecer inferiores al azúcar de reespumas, o como "refinado" en el caso de que su materia prima fueran las rapaduras o raeduras acarameladas que quedaban adheridas a los canales (Hernández 1615: 58; Corrales, Corbella y Viña 2014: 94-95 y 103-104). Gracias a ese documento, conocemos también que allí mismo se procedía al purgado y cristalización del melado resultante, pues el texto cita de manera explícita la presencia, en el interior de las casas de refinar, de andamios para formas cuya destilación era ahora conocida como remiel.

Las casas de refinar podían ser independientes de las de purgar aunque, como sucede en este caso, habían de estar próximas a la casa de calderas. Pero no debía ser infrecuente, a imagen y semejanza de lo que también sucede en los ingenios brasileños (Antonil 1711: 77 y 85), que ambos ámbitos compartieran el mismo recinto. Esa tiene que ser la razón por la que, en ocasiones, las casas de purgación se denominan asimismo en la documentación casas de mieles y por la que el purgador asume también las tareas del refinado (Viña, Corrales y Corbella 2014: 38).

Pese a la poca elocuencia de los documentos, a los que se une, una vez más, el dato concluyente suministrado por Hernández de Toledo (Hernández 1615: 58), la existencia de canales de madera en las casas de purgación para recoger y conducir las mieles que destilaban las formas al objeto de acometer su refinado en la pieza destinada al efecto, debía de ser un hecho generalizado en los ingenios canarios. Para empezar, porque también lo es en otras regiones azucareras relacionadas, desde el punto de vista de la tecnología azucarera, con Canarias, como Madeira o Brasil (Antonil 1711: 77; Nunes 2003: 117-118). Por otra parte, por una evidencia especialmente concluyente. Nos referimos a la escasa representación que tienen, en relación con las formas, los recipientes cerámicos considerados tradicionalmente como las piezas destinadas a recibir los productos de destilación de aquellas en el proceso de purgado y blanqueado: los porrones, conocidos en Madeira como "jarros de Castilla" (Quintana et al. 2017; Nunes 2003: 117 y 459). Dada su rareza en las fuentes documentales, y su práctica inexistencia en el registro arqueológico, tal vez el uso de estos contenedores podría estar reservado al proceso de refinado, donde el número de moldes empleados era sin duda pequeño, y en consecuencia muy poco el volumen de melaza que estos destilaban. En cualquier caso, no descartamos que en los comienzos de la industria azucarera en la isla los porrones fueran más habituales y, sobre todo, que su uso fuera relativamente frecuente en ámbitos domésticos[53].

---

[51] Los datos que conocemos sobre la duración media del ciclo de purgado y lo que sabemos de la producción, en número de panes diarios, de los ingenios de Gran Canaria, permiten intuir que la capacidad de las casas de purgación, a la hora de ubicar y almacenar formas, debía de superar con creces los 1.000 ejemplares.

[52] AHPLP. Protocolos notariales, leg. 777 (1575-febrero-9). Escribano: Alonso de Balboa, fols. 291r-296v.

[53] Los argumentos que sustentan esta última sugerencia descansan en el hallazgo de distintas formas azucareras y de algunos porrones en el caserío indígena y colonial de la Cueva Pintada (Martín et al. 1994 y 1996; Onrubia et al. 1998; González et al. 2019). Como ya hemos propuesto en otro trabajo (Onrubia et al 1998), es posible relacionar estas cerámicas con la libertad, establecida en las propias ordenanzas del Concejo de la isla, que asiste a los propietarios o cultivadores de los cañaverales para que, una vez que los conos han sido rellenados y dispuestos en los tendales, puedan optar por purgar el azúcar al que tienen derecho fuera del ingenio (Ordenanzas 1974: 147-148). Pero cabe también la posibilidad de que, tal y como ha sido constatado para otros lugares de la península Ibérica, estos recipientes deban relacionarse no sólo con esta etapa de destilación y cristalización sino con un proceso de trabajo más amplio y complejo realizado en ámbitos propiamente domésticos (Malpica y Fábregas 2004). Esta cadena operativa incluiría toda una serie de tareas de manufactura y refinado del azúcar previas al purgado.

Concluido el proceso de purga y refinado se llevaba a cabo el desmoldado, secado y embalado de los panes de azúcar. Dado que la humedad era ahora su mayor enemigo, los panes se retiraban de los moldes aprovechando, a ser posible, un día de buen tiempo y se ponían a secar y a solear en unos espacios protegidos y concebidos para ese fin, denominados balcones y casas de "pilleras" (Corrales, Corbella y Viña 2014: 146-147 y 251-252). En ellos se disponían los andamios que, en el caso de este último ámbito, dan nombre a estas habitaciones. En el ingenio de Guía estas "pilleras" estaban armadas con 18 palos con sus travesaños.

Transcurridos al menos ocho días desde que los panes de azúcar habían sido extraídos de las formas, y en visitas quincenales reglamentadas a los distintos ingenios, el lealdador comprobaba su calidad. Aquellos panes que no se consideraban aptos se rompían o machacaban para que no pudieran ser "empapelados" (Ordenanzas 1974: 145). Este azúcar, denominado "quebrado", era el único que, en principio, podía circular sin restricciones en la isla (Ordenanzas 1974: 150), pero consta que era, asimismo, objeto de comercialización y exportación (Corrales, Corbella y Viña 2014: 101-103).

En el caso de los panes adecuados para entrar en el circuito mercantil y ser, en consecuencia, sacados de la isla, las labores continuaban con su preparación para este fin. Pese a que carezcamos de datos precisos más allá de su envoltorio en papel y su envasado en cajas de madera convenientemente marcadas (Figura 5.11), lo más probable es que estos pilones de azúcar fueran objeto de una manipulación similar a la documentada para aquellos ingenios donde todas estas tareas, perfectamente regladas, están bien descritas (Antonil 1711: 86-94). Por ejemplo, es lógico pensar que una de las últimas operaciones debía consistir en separar, en aquellos pilones donde fuera necesario, la parte del pan más blanca y de mayor calidad, de la más morena y peor purgada que solía ocupar el fondo agujereado del molde. El primer azúcar era conocido, precisamente, como "blanco", y también como "lealdado", "bueno" o "azúcar macho", mientras que el segundo recibía habitualmente el nombre de "mascabado" (Hernández 1615: 57v; Corrales, Corbella y Viña 2014: 90-101). Hay que señalar que este último azúcar podía asimismo labrarse en un proceso únicamente concebido para obtener pilones de esta calidad y aunque no necesitaba de mayor elaboración para su venta y distribución, podía someterse, si así se deseaba, a un nuevo proceso de refinado (Hernández 1615: 57v)[54].

Tomando en consideración lo que ocurre en otras regiones azucareras (Antonil 1711: 87; Nunes 2003: 142, 146, 330-331), se ha sugerido que las "caras" que aparecen con frecuencia en la documentación canaria serían, precisamente, el resultado de esta fase del proceso de trabajo (Corrales, Corbella y Viña 2014: 136-137). Se trataría de un producto seleccionado y exquisito compuesto por un azúcar muy blanco y depurado que resultaría de separar del pilón, cortándolo y adecuándolo convenientemente, el trozo más próximo a la embocadura, o "cara", del molde. Ocurre, sin embargo, que, al contrario de lo que se ha argumentado, una lectura crítica de esas escrituras nos lleva a concluir todo lo contrario, pues resulta manifiesto que estas caras se corresponden en Canarias, y sin duda también en Madeira, con un azúcar distinto del blanco y, manifiestamente, de mucha menor calidad[55].

[54] Además de los distintos tipos de azúcar ya señalados a lo largo de este trabajo, el texto de Hernández de Toledo se hace eco de otros productos obtenidos durante el proceso de elaboración del azúcar, como las diferentes variedades de mieles (Hernández 1615: 58). Aunque no podamos detenernos en ellos, existe una abundante bibliografía sobre el conjunto de productos y subproductos resultado de esta compleja serie de tareas (Nunes 2003; Corrales, Corbella y Viña 2014).

[55] Los testimonios documentales recogidos para Canarias por C. Corrales, D. Corbella y A. Viña (2014: 136-137) son muy elocuentes en este sentido. Por citar sólo uno, baste reparar en el hecho de que, cuando aparecen en una relación de calidades de orden decreciente, las caras se sitúan, en todos los casos, entre los azúcares quebrados y los coguchos. Estos últimos son los postreros de la serie y, por lo tanto, los de menor calidad y los más baratos. Y lo mismo ocurre en las fuentes de archivo de Madeira donde las "caras" aparecen siempre asociadas a "*melles*" y "*cogulhos*" (Nunes 2003: 331). Si, como parece, coguchos, *cogulhos* y "*cabuchos*" son términos equivalentes, no parece ocioso recordar que en el ingenio de Sergipe do Conde, estos últimos, también denominados con el transparente término de "pies de forma", corresponden al azúcar que cristalizaba en el extremo del pan más próximo al agujero de purgado y eran depositados de nuevo en otros moldes y vueltos a procesar (Antonil 1711: 87).

Figura 5.11. Marca de caja de azúcar dibujada en el margen de un documento notarial. AHPLP. Protocolos notariales, leg. 753 (1532-julio-18). Escribano: Bernardino de Besga, fol. roto. Foto: Pedro C. Quintana Andrés

La respuesta a esta llamativa contradicción podemos encontrarla en el tantas veces citado texto de Hernández de Toledo cuando alude a una miel "que se llama decaras que corre del açucar quando ya se purga con el beneficio del barro" (Hernández 1615: 58). Por lo tanto, todo parece indicar que no estamos ante "caras" de azúcar, el producto gourmet, como diríamos hoy en día, de los obradores brasileños de finales del siglo XVII que retrata con detalle el padre Antonil, sino ante una suerte de "azúcar de caras". Lo que no es lo mismo. Y ésta no sería otra cosa que un producto de tipo mascabado[56] resultante de la cocción y cristalización, en la casa de refinar, de la miel que destilaba la forma a partir de su embarrado, es decir, entre el décimo y duodécimo día del inicio del purgado, cuando se procede a su primer desmoldado, y el final del proceso.

5. Las cerámicas del azúcar

Ya hemos visto que existen varios objetos de cerámica vinculados a las fases de molturación y cocción, como las grandes tinajas utilizadas para recoger el caldo procedente del molino y las prensas, o para filtrar la melaza antes de ser trasvasada a las tachas. Pero es en el proceso de purgado y refinado del que acabamos de dar cuenta donde nos encontramos con los lotes de cerámicas más genuinamente azucareras. Respecto a éstas, hemos señalado unas líneas más arriba que las referencias a porrones en los textos son muy escasas. Pero no ocurre lo mismo con los otros contenedores cerámicos relacionados con estas labores de procesado del azúcar: las formas u hormas y los sinos. Por citar un solo ejemplo, sabemos que en la casa de purgar del ingenio de Guía había "2.280 formas sanas; 978 formas rajadas, y dellas enarcadas que pueden servir todas; 110 sinos de Aveiro, 32 de ellos enarcados, todos eran válidos"[57]. Si bien el debate sobre la tipología y función de los sinos continúa abierto (Quintana et al. 2017), disponemos, gracias a la arqueología, de abundante información acerca de las primeras que son, sin lugar a dudas, las cerámicas azucareras por antonomasia (Figura 5.12).

[56] Es muy probable que "caras" haya de ser considerado, a todos los efectos, como un sinónimo de mascabado, pues resulta llamativo que allí donde aparece aquella denominación no se documente ésta.

[57] AHPLP. Protocolos notariales, leg. 777 (1575-febrero-9). Escribano: Alonso de Balboa, fols. 291r-296v.

Figura 5.12. Ingenio de Agaete. Proceso de excavación de un conjunto de formas azucareras. Foto: Arqueocanaria

En otro lugar ya hemos presentado un análisis preliminar sobre parte de los materiales documentados en las excavaciones del ingenio de Agaete (González et al. 2018). Por su parte, los repertorios localizados en la intervención puntual del complejo azucarero de Guía aún están en fase de estudio, pero ambos conjuntos parecen, a priori, compartir características muy similares, al menos en lo que hace a los conos cerámicos.

Dada la literatura ya disponible, a cuya lectura remitimos a aquellas personas interesadas, nos contentaremos con ofrecer en este texto algunas informaciones que juzgamos especialmente relevantes para nuestros propósitos. Hay que decir, para empezar, que los estudios realizados han permitido diferenciar al menos tres grupos de pastas empleadas en la fabricación de formas azucareras: ferruginosas, calcáreas y elaboradas con arcillas rojizo-marrones[58]. Se ha certificado, además, la existencia de más de una decena de variantes caracterizadas a partir de su granulometría y de la presencia de distintos componentes (micas, cuarzos, fósiles, etc.).

Los tipos formales adscritos al grupo de piezas elaboradas con pastas ferruginosas presentan en su mayoría bordes simples, similares a los acreditados para las producciones lusas (Jorge, Costeira, Jesus 2012;

[58] Aunque sobre la base de una muestra no muy numerosa, hemos llevado a cabo un estudio de pastas cerámicas en colaboración con Fernando Castro y Elvio Sousa (Laboratório de Análises Quimicas da TecMinho y Universidade Nova de Lisboa) con fragmentos procedentes del ingenio de Agaete y del yacimiento Cueva Pintada que confirman esta apreciación macroscópica inicial. Un conjunto de muestras procedentes de los mismos yacimientos ha sido objeto asimismo de diferentes análisis arqueométricos llevados a cabo en colaboración con el equipo que dirige Jaume Buxeda (Universidad Autónoma de Barcelona). Los primeros resultados de estos últimos estudios han sido presentados en el 13th European Meeting on Ancient Ceramics, celebrado en Atenas (Grecia) del 24 al 26 de septiembre de 2015.

Galito 2012; Sousa 2006; 2010). A este grupo pertenecen todos los ejemplares conocidos de las denominadas marcas de oleiro (Figura 5.13) de la bibliografía portuguesa. Los motivos representados son aspas, anagramas, cruces de cuatro o más brazos, estrellas, círculos y puntos, entre otros. En varios yacimientos lusos contamos con paralelos para estos sellos con forma de aspa de tres y cuatro puntas: Mata de Machada (Galito 2012: 713-717), Machico, donde también disponemos de un correlato para los sellos de tipo estrella (Sousa 2006: 27, figura 50), e Ilha de Berlenga (Lourenço y Bugalhão 2006: 53 y 60). Su funcionalidad no está clara. Podría tratarse de signos que identifican alfares, o bien de una forma de certificar determinadas calidades o de reconocer pedidos o demandas concretas.

Las formas azucareras con arcillas de matriz calcárea también constituyen un conjunto relevante, aunque menos representado que el anterior. Sus orígenes están aún por definir, si bien los análisis petrográficos realizados en algunos fragmentos parecen señalar a la zona del Guadalquivir, sin que pueda descartarse, tampoco, el Levante peninsular. A pesar de ello, este lote muestra una mayor variedad en la composición de sus pastas y en la forma de sus bordes, donde curiosamente están ausentes los bordes simples, mientras que el resto de los diseños de labios se encuentran representados en mayor o menor medida: bordes con moldura (cuadrada, rectangular o triangular), bordes engrosados, triangulares planos y remarcados.

El último grupo está constituido, como hemos visto, por fragmentos de formas azucareras de tonalidades rojizo-marrones. Estas piezas, no muy numerosas, presentan un origen manifiestamente local. Deducible con claridad por la simple observación de sus pastas a ojo desnudo, este dato ha sido confirmado por los correspondientes análisis arqueométricos[59]. De añadidura, las fuentes textuales avalan esta procedencia. Pues si, como es bien conocido, la documentación archivística es numerosa y recurrente en lo que atañe a la importación de formas desde Aveiro, también disponemos de algunos documentos que aluden a moldes elaborados en Canarias (Quintana et al. 2017 y 2018; González et al. 2019). Uno de ellos concierne al ollero Mateo de Beas, afincado en Arucas, que se comprometió en 1531 a fabricar 1.500 formas y 117 sinos por petición de Pedro Cabrera de Sosa, regidor de Córdoba y asentado en la isla de Gran Canaria[60].

Junto con los tres grupos definidos por las propiedades de sus pastas, y por su eventual procedencia, hemos podido reconocer, también, otros tres conjuntos atendiendo, esta vez, a su capacidad y, de manera singular, a las dimensiones del diámetro de sus bocas. Un primer grupo, con diámetros que oscilan entre 16 y 21 centímetros, un segundo, en los que éstos varían entre los 22 y 29 cm -en este grupo se incluyen todas las de posible origen local- y, por último, las piezas de mayor tamaño, con unos diámetros cuyas dimensiones van desde los 36 a los 45 cm.

Las diferencias en tamaños y capacidades que denuncia esta variabilidad podrían coincidir, como han señalado para otros contextos algunos autores y autoras, con el uso de, al menos, dos modelos diferentes de formas que se adaptarían a las especificidades y necesidades de las distintas fases del proceso de refinado (Fábregas y García 1998: 156; 1995: 232; Gisbert 1991: 157; Von Watburg y Maier, 1987-88: 184). Sobre esta cuestión, conviene recordar, también, que se ha apuntado la posibilidad de que la diversidad constatada en los módulos de las formas azucareras pudiera guardar relación con el hecho de que los alfareros no siguiesen un modelo estandarizado en sus producciones (Fábregas 1995: 232; Barceló y Labarta, 1984: 59; Pérez Vidal 1973: 148-149). De hecho, es lo que se deduce de los intentos por regularizarlas, recogidos en una interesante documentación concejil (Viña 2013; López de Coca 1987). Tampoco podemos desechar a la hora de interpretar esta diversidad una constatación arqueológica fundamental: las muestras de las que partimos son el resultado de la agregación, en los registros arqueológicos, de fragmentos de formas producidos durante un dilatado periodo de tiempo que se extiende, en algunos de los casos, a lo largo de más de un siglo. Es obvio pensar que, en periodos temporales tan largos, las disposiciones en cuanto a medidas y capacidades pudieron variar más de una vez.

---

[59] Lamentablemente, estos datos, recogidos en la comunicación presentada en el congreso citado en la nota anterior, aún continúan inéditos.
[60] AHPLP. Protocolos notariales, leg. 747 (1531-mayo-21). Escribano: Hernando de Padilla, sin foliar.

Ya hemos avanzado más arriba que, frente a la cantidad ingente de formas azucareras exhumadas durante las intervenciones arqueológicas, son escasísimos los fragmentos que pueden ser atribuidos a porrones[61]. De hecho, sólo disponemos de un ejemplar a torno casi completo para la Cueva Pintada. Aunque no hay que olvidar que, para este mismo yacimiento, en otro lugar hemos planteado abiertamente la hipótesis de asimilar a una olla de purgación una cerámica elaborada a mano, hallada en asociación estratigráfica con una forma azucarera de origen local, que hemos identificado como una pieza "de transición" (González et al. 2019).

Figura 5.13. Ejemplos de algunas de las marcas de "oleiros" impresas en las formas azucareras recuperadas en los ingenios de Guía y Agaete. Foto: Arqueocanaria

6. Conclusiones

Como sucede en todos los objetos de estudio que integran esa subdisciplina que se ha dado en llamar arqueología histórica, es evidente que el examen de la materialidad y la tecnología del proceso de fabricación del azúcar desde que las cañas llegan al molino hasta el desmoldado y embalado de los panes sólo puede ser abordado, de manera completa y provechosa, a partir de la complementariedad de los datos textuales y arqueológicos. De ahí la imperiosa necesidad de acercarnos a su producción y análisis de modo auténticamente relacional y procesual y sin renunciar, en ningún momento, a una estricta crítica de fuentes, sea cual sea su naturaleza.

Por insistir en estas líneas finales únicamente en las aportaciones realizadas desde el campo de la arqueología, resulta manifiesto que éstas han sido insustituibles a la hora de confirmar dos características técnicas de los molinos azucareros de agua que, aunque ya avanzadas por otros autores y autoras a partir del examen de los textos, continuaban siendo objeto de debate, ahora, en nuestra opinión, definitivamente zanjado. Nos referimos a la disposición vertical de sus ruedas hidráulicas y al correlativo emplazamiento y funcionamiento horizontal de sus rodillos, o ejes, de prensado y laminación.

[61] No obstante, en alguna ocasión ya se ha advertido de las dificultades que, dada su similitud con las jarras, plantea el reconocimiento arqueológico de estas piezas cuando están muy fragmentadas (Fábregas 1995: 233).

Los datos arqueológicos han sido asimismo esenciales para acercarnos al estudio de las dependencias de cocción, purga y refinado. En este ámbito destacan, sobre todo, las significativas aportaciones al conocimiento de la distribución espacial y del funcionamiento de las salas de calderas que ha deparado la excavación de la batería de fornallas localizada en el ingenio de Guía. Y, también, toda la información hoy por hoy disponible acerca de las cerámicas azucareras, y de manera especial, de las formas o conos. La determinación precisa de su tipología y procedencia, que combina importaciones peninsulares con producciones locales, resulta de especial interés para profundizar, más allá de lo consignado en los textos, tanto en el estudio de la organización de la producción azucarera como en la naturaleza del importante tráfico comercial relacionado con estos objetos.

Es evidente que este trabajo no agota, ni mucho menos, este objeto de estudio histórico. Representa apenas un estado de la cuestión que sólo aspira a convertirse en punto de partida para futuros análisis, más sosegados y enjundiosos. Tenemos para nosotros que en este horizonte por venir el papel de la arqueología resultará cada vez más relevante para intentar completar aquellas lagunas de conocimiento que las insustituibles fuentes narrativas y documentales no pueden, o no quieren, contribuir a colmar.

Bibliografía

Acuerdos del Cabildo de Tenerife. V. 1525-1533. 1986. Rosa, L de la y Marrero M. (edición y estudio), Instituto de Estudios Canarios, La Laguna.

Anónimo 1996. *Los veintiún libros de los ingenios y máquinas de Juanelo Turriano. II.* Laín Entralgo, P. (transcripción y prólogo) y García-Diego J. A. (reflexiones). Madrid, Fundación Juanelo Turriano – Ediciones Doce Calles.

Antonil, A. J. 1711. *Cultura e opulencia do Brasil por suas drogas, e minas. Com varias noticias curiosas do modo de fazer o assucar; plantar, & beneficiar o Tabaco; Tirar Ouro das Minas; & descubrir as de Prata. E dos grandes emolumentos, que esta conquista da America Meridional dá ao Reyno de Portugal com estos, & outros generos, & Contratos Reaes.* Lisboa, Officina Real Deslandesiana.

Aznar Vallejo, E. 2009. *La integración de las Islas Canarias a la Corona de Castilla (1478-1526). Aspectos administrativos, sociales y económicos.* Santa Cruz de Tenerife, Ediciones Idea.

Aznar, E., González, Mª del C, Larraz, A. 2000. Las cuentas de la armada, fuente para el estudio de la vida cotidiana. Gran Canaria en 1496. En *XIII Coloquio de Historia Canario-Americana*: 2244-2259. Las Palmas de Gran Canaria, Cabildo de Gran Canaria.

Barceló, C. y Labarta, A. 1984. Azúcar, «trapigs», y dos textos árabes valencianos. En *Sharq al-Andalus*, I: 55-70.

Barroso, V., Quintana, P. y Marrero, C. 2014. La intervención arqueológica en el ingenio de Agaete (Gran Canaria). Siglos XV-XVII. En A. Viña (ed.), *Azúcar y mecenazgo en Gran Canaria. El oro de las Islas, siglos XV-XVI*: 287-339. Las Palmas de Gran Canaria, Cabildo de Gran Canaria.

Baucells Mesa, S. 2004. *Crónicas, historias, relaciones y otros relatos: las fuentes narrativas del proceso de interacción cultural entre aborígenes canarios y europeos (siglos XIV a XVII).* Las Palmas de Gran Canaria, Fundación Caja Rural de Canarias.

Bernáldez A. 1962. *Memorias del reinado de los Reyes Católicos que escribía el bachiller Andrés Bernáldez, Cura de Los Palacios.* Gómez-Moreno M. y Carriazo J. M. (eds.), Madrid, Real Academia de la Historia-Patronato Marcelino Menéndez Pelayo del CSIC (Biblioteca Reyes Católicos, Crónicas).

Berthier, P. 1966. *Un épisode de l'histoire de la canne à sucre. Les anciennes sucreries du Maroc et leurs réseaux hydrauliques. Étude archéologique et d'histoire économique.* París, Ministère de l'Éducation Nationale-CNRS-Centre Universitaire de la Recherche Scientifique. 2 vols.

Birrichaga Gardida, D. 2004. El dominio de las aguas "ocultas y descubiertas". Hidráulica colonial en el centro de México, siglos XVI-XVII. En García Acosta V. y Florescano E. (eds.), *Mestizajes tecnológicos y cambios culturales en México*: 91-128. México, Centro de Investigaciones y Estudios Superiores en Antropología Social.

Caballero Mújica, F. 1973. *Pedro Cerón y el mayorazgo de Arucas.* Las Palmas de Gran Canaria, Ayuntamiento de Arucas.

Camacho y Pérez Galdós, G. 1961. El cultivo de la caña de azúcar y la industria azucarera en Gran Canaria (1510-1512). En *Anuario de Estudios Atlánticos*, 7: 11-70.

Cei, G. 1992. *Viaggio e relazione delle Indie (1539-1553).* Surdich F. (ed.). Roma, Consiglio Nazionale delle Ricerche-Bulzoni.

Chil y Naranjo, G. 1891. *Estudios históricos, climatológicos y patológicos de las Islas Canarias.* III. Las Palmas de Gran Canaria, La Atlántida.

Cioranescu, A. 1963. *Thomas Nichols, mercader de azúcar, hispanista y hereje: con la edición y traducción de su "Descripción de las Islas Afortunadas".* La Laguna, Instituto de Estudios Canarios.

Corrales, C. y Corbella, D. 2001. *Diccionario histórico del español de Canarias (DHECan).* La Laguna, Instituto de Estudios Canarios.

Corrales, C. y Corbella, D. 2012. La aportación del portugués a la formación de la terminología azucarera. En *Anuario de Estudios Atlánticos*, 58: 705-754.

Corrales, C., Corbella, D. y Viña, A. 2014. *Léxico azucarero atlántico (Siglos XVI-XVII).* San Millán de la Cogolla, Cilengua-Fundación San Millán de la Cogolla (Glosarios, II).

Daniels, J. y Daniels, C. 1988. The origin of the sugarcane Roller mill. En *Technology and Culture*, 29 (3): 493-535.

Fábregas García, A. 1995. Formas cerámicas de azúcar de la lonja de Granada. En *Arqueología y Territorio Medieval*, 2: 225-242.

Fábregas, A. y García, A. 1998. Un aspecto de la producción azucarera marroquí. La cerámica del azúcar de Chichaoua. En *Arqueología y Territorio Medieval*, 5: 153-174.

Fabrellas, M.L. 1952. La producción de azúcar en Tenerife. En *Revista de Historia*, 8: 455-475.

Fernandes, H. 1971. *Açúcar e álcool, ontem e hoje*. Río de Janeiro, Ministério da Indústria e do Comércio, Instituto do Açúcar et do Álcool (Coleção Canaveira, 4).

Fuente, A. de la, 2004. Sugar and Slavery in Early Colonial Cuba. En Schwartz S.B. (ed.) *Tropical Babylons. Sugar and the Making of the Atlantic World, 1450-1680*: 115-157. Chapel Hill-Londres, The University of North Carolina Press-

Galito da Silva, F. 2012. As formas do pão de açucar de Mata de Machada, Barreiro. En *Velhos e novos mundos. Estudos e Arqueologia Moderna*: 711-718. Lisboa, CHAM, Universidade Nova de Lisboa, Universidade dos Açores.

Gama, R. 1983. *Engenho e tecnologia*. São Paulo, Livraria Duas Cidades.

Gambín García, M. 2008a. *El ingenio de Agaete. Oro dulce en Gran Canaria a comienzos del siglo XVI*. Santa Cruz de Tenerife, Oristán y Gociano. 2 vols.

Gambín García, M. 2008b. Especialistas y trabajadores en el ingenio de azúcar de Agaete (1503-1504). En *Revista de Historia Canaria*, 190: 69-82.

Gambín García, M. 2014. Los primeros repartimientos de Gran Canaria. Un replanteamiento a partir de nuevos datos. En *Anuario de Estudios Atlánticos*, 60: 239-268.

García Tapia, N. y García-Diego J.A. 1987. *Vida y técnica en el Renacimiento. Manuscrito que escribió, en el siglo XVI, Francisco Lobato, vecino de Medina del Campo*. Valladolid, Universidad de Valladolid/Secretariado de Publicaciones.

Gisbert Santonja, J. A. 1991. En torno a la producción de azúcar en las comarcas de La Safor (Valencia) y Marina Alta (Alicante). Siglos XIV-XIX. Arquitectura y la evidencia arqueológica. En *II Seminario Internacional: La Caña de Azúcar en el Mediterráneo*: 211-265. Motril, Ayuntamiento.

Glick, T. 1990. Regadío y técnicas hidráulicas en Al-Andalus. En *La caña de azúcar en tiempos de los grandes descubrimientos (1450-1550). Actas del Primer Seminario Internacional*: 83-98. Granada, Ayuntamiento de Motril.

González, M. del C, Barroso, V., Cáceres, Y., De Juan, J., Marrero, C. y Quintana, P. 2018. Formas azucareras y otros repertorios cerámicos en el ingenio de Agaete: la industria del azúcar en Gran Canaria (Islas Canarias) entre los siglos XV y XVII. En XI *Congresso Internacional A cerâmica Medieval no Mediterrâneo*: 249-256. Ankara, Ko9 Üniversitesi Vekam.

González, M. del C, Jiménez, A. y Onrubia, J. 2019. Barros mestizos. Tradiciones alfareras en Gran Canaria después de la Conquista (siglos XV-XVI). En *Un periplo docente e investigador. Estudios en Homenaje a Antonio Tejera Gaspar*: 233-256. La Laguna, Universidad de La Laguna.

Hernández, F. 1615. *Qvatro libros de la natvraleza, y virtvdes de las plantas, y animales que estan receuidos en el vso de Medicina en la Nueua España, y la Methodo, y correccion, y preparacion que para administrallas se requiere con lo que el Doctor Francisco Hernandez escriuio en lengua Latina*. México, Casa de la Viuda de Diego López Dávalos.

Jaccotey, L. y Rollier, G. 2016. *Archéologie des moiulins hydrauliques, à traction animale et à vent des origines à l'époque médiévale et moderne en Europe et dans le monde méditerranéen* (Actes du colloque International, Lons-le-Saunier 2-5 novembre 2011). Besançon , Presses universitaires de Franche-Comté. 2 vols.

Jones R. 2017. *Sweet Waste. Medieval sugar production in the Mediterranean viewed from the 2002 excavation at Tawahin es-Sukkar, Safi, Jordan*. Glasgow, Potingair Press.

Jorge, P., Costeira, R., Jesus, S. 2012. A cerámica do açucar de Aveiro: recentes achados na área do amigo bairro das olarias. En *Velhos e novos mundos. Estudos e Arqueologia Moderna*: 771-782. Lisboa, CHAM, Universidade Nova de Lisboa, Universidade dos Açores.

Larraz Mora, A. 2008. *A vista de oficiales y a su contento. Tipología y sistemas construtivos de la vivienda en La Laguna y Tenerife a raíz de la Conquista (1497-1526)*. La Laguna, Instituto de Estudios Canarios.

Lindeström, P. 1925. *Geographia Americae wiht An Account of the Delaware Indians. Based on Surveys and Notes. Made in 1654-1656*. Johnson A. (traducción con notas, introducción y apéndice). Filadelfia , The Swedish Colonial Society.

Lobo Cabrera, M. 2000. El ingenio en Canarias. En *História e tecnología do açúcar*: 105-115. Funchal, Centro de Estudos de História do Atlântico.

López de Coca Castañer, J. E. 1987. Nuevo episodio en la historia del azúcar de caña. Las Ordenanzas de Almuñecar (siglo XVI). En *La Ciudad Hispánica: siglos XIII al XVI*: 459-488. Madrid, Universidad Complutense.

Lourenço, S. y Bugalhão, J. 2006. As formas de pão de açucar da Ilha da Berlenga. En E. Sousa (ed) *A Cerámica do Açucar em Portugal na Época Moderna*: 47-61. Lisboa-Machico, CEAM-Centro de Estudios de Arqueologia Moderna e Contemporãnea.

Luxán Meléndez, S. 2009. Canarias en el segundo ciclo del azúcar. En Luxán Meléndez, S. de y Viña Brito, A. (dirs.) *La empresa azucarera en Canarias. Siglos XV-XX*: 103-268. Las Palmas de Gran Canaria, Destilerías Arehucas-Ayuntamiento de Los Llanos de Aridane.

Macías Hernández, A. M. 2017. Tecnología e industria azucarera. El molino de cilindros horizontales. En *Revista de Historia Industrial*, 67: 13-38.

Malpica, A. y Fábregas, A. 2004. La producción de azúcar en el ámbito doméstico en el reino de Granada. En *O Açúcar e o quotidiano. Actas do III Seminário Internacional sobre a História do Açucar*: 29-49. Madeira, Secretaria Regional do Turismo e Cultura, Centro de Estudios de História do Atlântico.

Martín Herrero, C. 2013. *El léxico de los ingenios y máquinas en el Renacimiento.* Salamanca, Universidad de Salamanca. Tesis doctoral inédita.

Martín, C., Onrubia, J. y Sáenz, J.I. 1994. Trabajos en el Parque Arqueológico de la Cueva Pintada de Gáldar, Gran Canaria. Avance de las intervenciones realizadas entre julio de 1990 y diciembre de 1992. *Anuario de Estudios Atlánticos* 40: 17-117.

Martín, C., Onrubia, J. y Sáenz, J.I. 1996. Trabajos en el Parque Arqueológico de la Cueva Pintada de Gáldar, Gran Canaria. Avance de las intervenciones realizadas en 1993. En *Anuario de Estudios Atlánticos*, 42: 17-95.

Morales Padrón, F. 1978. *Canarias: Crónicas de su conquista.* Las Palmas de Gran Canaria, Ayuntamiento de Las Palmas de Gran Canaria-El Museo Canario.

Münzer, J. 1991. *Viaje por España y Portugal.* Madrid, Ediciones Polifemo.

Nunes Nunes, N. 2003. *Palavras doces. Terminologia e tecnologia históricas e actuais da cultura açucareira.* Funchal, Centro de Estudos de História do Atlântico.

Onrubia Pintado, J. 2003. *La isla de los guanartemes. Territorio, sociedad y poder en la Gran Canaria indígena (siglos XIV-XV).* Las Palmas de Gran Canaria, Cabildo de Gran Canaria.

Onrubia, J. y González, M. del C. 2018. Las torres realengas castellanas de Gran Canaria y Berbería de Poniente (1478-1500): arqueología de una frontera, fronteras de la Arqueología. En *Vegueta. Anuario de la Facultad de Geografía e Historia*, 18: 167-208.

Onrubia, J., Rodríguez, C. G., Sáenz, J.I., González, M. del C., y Olmo, S. 1998. Los materiales arqueológicos «históricos» de la Cueva Pintada de Gáldar. Una primera aproximación al contexto de las series coloniales bajomedievales y modernas (s. XV-XVI). En *XII Coloquio de Historia canario-americana*, I: 643-674. Las Palmas de Gran Canaria, Cabildo de Gran Canaria.

Ordenanzas del Concejo de Gran Canaria (1531). 1974. Morales Padrón F. (transcripción y estudio). Las Palmas de Gran Canaria, Ediciones del Cabildo Insular de Gran Canaria.

Ostolaza Elizondo, M. I. 1992-1993. Los veintiún libros de los ingenios y de las máquinas: composición, reconstrucción arqueológica, proceso de copia, copistas, datación. En *Archivo de Filología Aragonesa*, XLVIII-XLIX: 225-262.

Pardo Tomás, J. 2002. *El tesoro natural de América. Oviedo, Monardes, Fernández: colonialismo y ciencia en el siglo XVI.* Tres Cantos, Nivola (Novatores, 7).

Pérez Vidal, J. 1973. *La cultura de la caña de azúcar en el Levante español.* Madrid, CSIC.

Pou, S., Pérez, G. M., Prieto, D. y Fernández, E. J. 2020. El ingenio azucarero de los Soler (Vilaflor de Chasna, Tenerife). En *La Tajea, revista cultural*, 47: 10-13.

Quintana Miranda, P. M. 2015. *Segundo cuaderno de notas referentes al pueblo y parroquia de Arucas.* R. Díaz Hernández, estudio y presentación. Arucas, Ayuntamiento de Arucas.

Quintana, P. C. y Jiménez, A. M. 2021. Ollas, olleros, olleras y ollerías en Gran Canaria durante los siglos XVI y XVII. En *XXIV Coloquio de Historia Canario-Americana (2020)*, XXIV-13. http://coloquioscanariasamerica.casadecolon.com/index.php/CHCA/article/view/10627.

Quintana, P. C., Jiménez, A. M., Zamora, J. M. y Hernández, J. A. 2017. Formas, sinos y porrones: la cerámica del azúcar en Gran Canaria, siglos XVI y XVII. En *XXII Coloquio de Historia Canario-Americana (2016)*, XXII-000. http://coloquioscanariasmerica.casadecolon.com/index.php/aea/article/view/10080.

Quintana, P. C., Jiménez, A. M., Expósito, G., Zamora, J. M. y Jiménez, M. I. 2018. La cerámica del azúcar en Gran Canaria (Islas Canarias). En *Anuario de Estudios Atlánticos*, 64: 064-018. http://anuariosatlanticos.casadecolon.com/index.php/aea/article/view/10173.

Rivero Suárez, B. 1991. Relaciones comerciales de Tenerife con Gran Canaria en la primera mitad del siglo XVI. En *VIII Coloquio de Historia Canario-Americana*: 845-864. Las Palmas de Gran Canaria, Cabildo Insular de Gran Canaria.

Rodríguez Morel, G. 2004. The Sugar Economy of Española in the Sixteenth Century. En Schwartz S.B. (ed.) *Tropical Babylons. Sugar and the Making of the Atlantic World, 1450-1680*: 85-114. Chapel Hill-Londres, The University of North Carolina Press.

Rodríguez Morel, G. 2012. *Orígenes de la economía de plantación de La Española.* Santo Domingo, Editora Nacional.

Ronquillo, M. y Aznar, E. 1998. *Repartimientos de Gran Canaria.* Las Palmas de Gran Canaria, Ediciones del Cabildo Insular de Gran Canaria y El Museo Canario.

Salvioni, A. 2004. El desencantamiento del Nuevo Mundo. Viaje de un mercante florentino al país de la pobreza (Galeotto Cei, 1539-1553). En *Revista de Crítica Literaria Latinoamericana*, XXX-60: 167-187.

Santana Pérez, G. 2018. Las migraciones del azúcar: intercambios humanos entre Canarias y Marruecos en el siglo XVI. En *Hespéris-Tamuda*, LIII (2): 207-222.

Schwartz, S.B. 2004. A Commonwealth within Itself. The Early Brazilian Sugar Industry, 1550-1670. En Schwartz S.B. (ed.) *Tropical Babylons. Sugar and the Making of the Atlantic World, 1450-1680*: 158-200. Chapel Hill-Londres, The University of North Carolina Press.

Sosa, J. de. 1994. *Topografía de la Isla Afortunada de Gran Canaria.* Ronquillo Rubio, M. y Viña Brito, A. (introducción, transcripción y notas). Las Palmas de Gran Canaria, Ediciones del Cabildo Insular de Gran Canaria (Colección Ínsulas de la Fortuna, 3).

Sousa, E. 2006. A Cerâmica do Açucar das idades de Machico e do Funchal. Dados Históricos e Arqueologicos para a Investigação da Tecnología e da Produção Açucareira em Portugal. En *Cerâmica do Açúcar em Portugal na Época Moderna*: 10-31. Lisboa-Machico, CEAM, Centro de Estudos de Arqueologia Moderna e Contemporânea.

Sousa, E. 2010. Tipologia das formas de açucar dos séculos XVI e XVII da Cidade de Machico, Ilha de Madeira. En *As Idades Medieval e Moderna na Península Ibérica. Actas do IV Congresso de Arqueologia Peninsular*: 307-313. Faro, DHAP da Universidade do Algarve.

Stevens-Acevedo, A.R. 2009. El uso del molino de rodillos horizontales dobles en las haciendas azucareras de la isla La Española en el siglo XVI: viejas y nuevas evidencias. En: *O açúcar antes e depois de Colombo. Seminário Internacional de História do Açúcar*: 70-126. Funchal, Secretaria Regional de Educação e Cultura, Centro de Estudos de História do Atlântico.

Stevens-Acevedo, A.R. 2013. *The Machines that Milled the Sugar-Canes: The Horizontal Double Roller Mills in the First Sugar Plantations of the Americas*. Bogotá-New Jersey.

Thiébaut, V. y Montero García, L. A. 2014. Cañaverales, trapiches e ingenios en México. Dinámicas históricas y procesos actuales. En *Ulúa* 23: 11-19.

Vieira, A. 2004. The Sugar Economy of Madeira and the Canaries, 1450-1650. En Schwartz S.B. (ed.) *Tropical Babylons. Sugar and the Making of the Atlantic World, 1450-1680*: 42-84. Chapel Hill-Londres, The University of North Carolina Press.

Vieira, A. 2006. A Madeira na história do açúcar e da tecnología no espaço atlàntico. En *XVI Coloquio de Historia Canario-Americana*: 1788-1808. Las Palmas de Gran Canaria, Cabildo Insular de Gran Canaria.

Vieira, A. 2018. *Madeira. Canaviais, engenhos e escravos*. Funchal, Centro de Estudos de História do Atlântico (Cadernos de divulgaçao, 2).

Viña Brito, A. 2013. Ordenanzas sobre el azúcar de caña en el siglo XVI. Un análisis comparativo. En *Historia, Instituciones, Documentos*, 40: 397-425.

Viña, A., Corrales, C. y Corbella, D. 2014. *Islas y voces del azúcar (Tenerife, La Gomera y La Palma)*. I. San Cristóbal de La Laguna-Las Palmas de Gran Canaria, Gobierno de Canarias.

Viña, A., Corrales, C. y Corbella, D. 2016. *Islas y voces del azúcar (Gran Canaria)*. II. San Cristóbal de La Laguna-Las Palmas de Gran Canaria, Gobierno de Canarias.

Viña, A. y Ronquillo, M. 2006. El primer ciclo del azúcar en Canarias. Balance historiográfico. En XVI *Coloquio de Historia Canario-Americana*: 1673-1696. Las Palmas de Gran Canaria, Cabildo Insular de Gran Canaria.

Viña A. y Ronquillo, M. 2009. Canarias en el primer ciclo del azúcar. En Luxán Meléndez, S. de y Viña Brito, A. (dirs.) *La empresa azucarera en Canarias. Siglos XV-XX*: 13-104. Las Palmas de Gran Canaria, Destilerías Arehucas-Ayuntamiento de Los Llanos de Aridane.

Von Watburg, M. L y Maier, F.G. (1987-88). *Excavations at Kouklia (Palaepaphos) 15th preliminary report, Seasons 1987 and 1988*. Archäologischer Anzaiger.

Wobeser, G. von 2004. *La hacienda azucarera en la época colonial*. México: Universidad Nacional Autónoma de México-Instituto de Investigaciones Históricas.

6. El ingenio azucarero de Alojera (La Gomera, Islas Canarias): el lugar donde anocheció y nunca amaneció

Juan Francisco Navarro Mederos
Universidad de La Laguna. España
Juan Carlos Hernández Marrero
Museo Arqueológico de La Gomera. España

Abstract

Sugar cane was probably introduced to the island of La Gomera in 1488, the year in which the resistance of the Gomeros (native inhabitants) against the Europeans was finally broken. Tradition has it that Columbus first took sugar cane to America from this island but there is little written or archaeological evidence of the first sugar mills. One such mill was built in Alojera by the Plombino brothers from Italy, but they were ordered to abandon it by the Spanish colonial administrator Alonso de Lugo in around 1500, in exchange for another mill in Güímar (Tenerife). We have undertaken a comprehensive archaeological study of the area (currently in its initial phase), encompassing the remains of the sugar mill and other vestiges from the 15th century, in addition to an ancient settlement of Gomeros that dates back to the same period. In this chapter we present the latest findings on the sugar mill and its relationship with the indigenous people of the area.

Keywords: Sugar mill, archaeology, Canary Islands, La Gomera, 15th century.

Resumen

El cultivo de la caña de azúcar debió introducirse en la isla de La Gomera a partir de 1488, año en que fue sometida la resistencia de los gomeros contra la presencia europea. Es tradición que Colón llevó la caña a América desde esta isla; sin embargo, existe muy poca información escrita y arqueológica sobre aquellos primeros ingenios. Uno de ellos fue el que crearon los hermanos italianos Plombino en Alojera, y que el adelantado Alonso de Lugo les obligó a abandonar hacia 1500, a cambio de montar otro en Güímar (Tenerife). Hemos abordado un estudio arqueológico integral de la zona, que está en su fase inicial, en el que se incluyen los restos descubiertos del ingenio, otras evidencias del siglo XV, así como un asentamiento de antiguos gomeros coetáneo al mismo. En el presente capítulo expondremos los resultados que se poseen actualmente sobre el ingenio y su relación con los indígenas de la zona.

Palabras clave: *Ingenio azucarero, arqueología, Islas Canarias, La Gomera, siglo XV.*

Résumé

La culture de la canne à sucre a dû être introduite sur l'île de la Gomera à partir de 1488, année durant laquelle la résistance des habitants face à la présence européenne a été étouffée. D'après la tradition, c'est à partir de cette île que Christophe Colomb aurait emmené la canne à sucre en Amérique. Cependant, il n'y a que peu d'information écrite et archéologique sur ces premières sucreries. L'une d'elles fut construite par les frères italiens Plombino à Alojera, Alonso de Lugo les ayant contraints à l'abandonner vers 1500 en échange d'en construire une autre, à Guïmar, sur l'île de Tenerife. Une première étude archéologique intégrale de la zone a été menée. Elle inclut les restes découverts de cette sucrerie ainsi que d'autres vestiges du XVe siècle et un établissement contemporain de Gomeros (habitants préhispaniques de l'île de la Gomera). Dans ce chapitre, nous aborderons les résultats que nous possédons actuellement sur la sucrerie et sa relation avec les indigènes de la zone.

Mots clés: *Sucrerie, archéologie, Îles Canaries, La Gomera, XV*[e] *siècle.*

El azúcar en La Gomera

Uno de nosotros defiende desde hace tiempo (Navarro, 1992) que la miel de palma, un alimento genuinamente gomero, se idearía a consecuencia de que la industria azucarera llegara a la isla[1].

El cultivo de la caña de azúcar se introdujo en la isla de La Gomera en una fecha imprecisa de las postrimerías del siglo XV. Es muy probable que fuese después de 1488, año en que los gomeros rompieron el pacto con el señor nominal de la isla, Fernán Peraza "el mozo", lo mataron y asediaron la torre en que se refugiaban los extranjeros (Pérez 1986: 417-420; Navarro 1992: 232-237). Poco después la rebelión fue derrotada y la isla sometida definitivamente al dominio señorial por una fuerza que comandaba Pedro de Vera, gobernador de Gran Canaria, y a la postre uno de los personajes a los que se atribuye los inicios de la industria azucarera en el Archipiélago.

Pero las fuentes historiográficas no son precisamente prolijas en detalles sobre aquellos ingenios gomeros de las postrimerías del siglo XV y de los dos primeros tercios del XVI. En estos años el azúcar llegó a ser la principal fuente de ingresos de los señores de la isla, que ostentaban la propiedad de la mayoría, explotados generalmente mediante arriendo. Una de las primeras referencias documentales sobre este cultivo es de 1493, cuando Beatriz de Bobadilla, viuda de Fernán Peraza, otorgó a su criado Alonso de Ocampo unas tierras de regadío en Hermigua, para ampliar el cañaveral que ya tenía allí merced a un repartimiento anterior, siguiendo por el cauce de «un barranco que corre de inicio hasta El Tabaibal y el mar» (Díaz y Rodríguez 1990: 180).

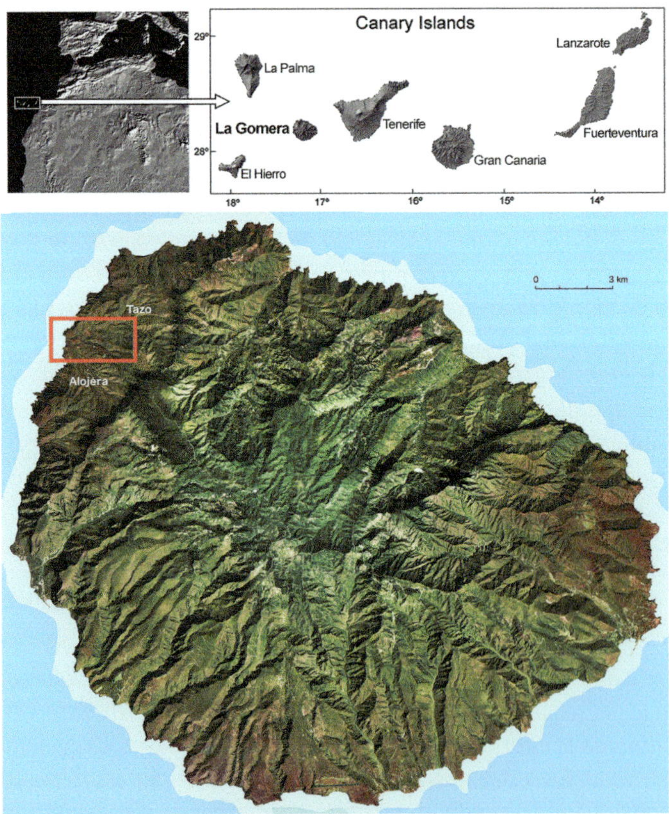

Figura 6.1. Isla de La Gomera: localización e indicación del área de estudio

[1] La savia de la caña de azúcar y la de la palma -ambas denominadas "guarapo"- se transforman en miel mediante el mismo proceso. Hay evidencias arqueológicas y documentales sobre muchos usos de la palma por los antiguos pobladores, que probablemente ya castraban el cogollo y consumían la savia que mana por el corte, pero dudamos que fabricaran miel al carecer de recipientes metálicos o de otro tipo que resistieran el largo proceso de guisado. De manera que los ingenios debieron servir de inspiración para transformar y conservar un producto que hasta entonces era muy perecedero.

En 1502 las rentas señoriales hacen referencia a cuatro ingenios en La Gomera, uno en Valle Gran Rey, otro en El Palmar (Vallehermoso), el "ingenio viejo" y el de los Tabaibales, ambos en el valle de Hermigua, que rendían 500, 240, 1300 y 600 arrobas de azúcar, respectivamente (Aznar 1982: 409). En ese mismo año, el inventario de bienes de Guillén e Inés Peraza, hijos de la Bobadilla y herederos del señorío, incluye los dos ingenios en Hermigua entre sus propiedades, lo cual indica que las concesiones a Ocampo habían revertido en el señorío: el ingenio viejo, situado en «las casas del barranco» en el Valle Alto, y el del Tabaibal, en la margen izquierda del Valle Bajo, alimentado por las aguas de los barrancos de Monforte y de la Calle (Díaz y Rodríguez 1990: 137; Viña y Jerez en prensa). Cuarenta años más tarde el ingenio de Alojera rendía 310 arrobas (Aznar 1982: 408).

Nos interesa precisamente este último caso, el de Alojera o Tazo -pues se encuentra entre ambos pagos (Figuras 6.1 y 6.2). Fue uno de los primeros ingenios instalados en una fecha imprecisa dentro de las dos últimas décadas del XV, por iniciativa particular de los hermanos italianos Blasino y Giovanni Filippo de Inglesco, suponemos que por concesión de Beatriz de Bobadilla, señora de la isla tras la muerte violenta de su esposo. La causa de tal concesión se nos escapa. Aunque, si tenemos en cuenta que varios comerciantes italianos y de otras procedencias obtuvieron repartimientos tras la conquista de Tenerife y otras islas por sus contribuciones económicas a la misma, no sería descabellado pensar que hubieran apoyado el esfuerzo militar de los señores de la isla o de Pedro de Vera. Estos hermanos Blasino y Giovanni –castellanizado Juan- Filippo de Inglesco, eran comerciantes naturales de Piombino (Livorno), a quienes en la documentación relacionada con su presencia en Canarias a veces se apellidaba Romano, Piombino o con las corrupciones Yngalesco, Plombino y Plomino.

Diez años después de la muerte de Fernán Peraza, su viuda Beatriz de Bobadilla se casaría con Alonso Fernández de Lugo, adelantado y gobernador de Tenerife y La Palma. Fernández de Lugo se había iniciado en el negocio del azúcar durante su estancia como conquistador en el norte de Gran Canaria, algo que le generó unos beneficios que invertiría en la conquista de Tenerife. Gloria Díaz y José Miguel Rodríguez (1990: 315) sostienen que fue precisamente él quien daría el impulso definitivo a la industria azucarera de La Gomera. En cualquier caso, sí parece documentalmente acreditado que dos años después del matrimonio, Alonso de Lugo requisó la industria de los hermanos Piombino en Alojera, igual que aparentemente se había hecho con la de Alonso de Ocampo en Hermigua, probablemente con el objetivo de concentrar la producción azucarera en manos del señorío.

El Adelantado, en uso de sus atribuciones como tutor de los herederos del señorío que aún eran menores de edad, incautó el ingenio a los hermanos de Ynglesco el 27 de febrero de 1500. En compensación, les dio tierras y aguas para hacer otro en Tenerife «en el Río de Güymar todo lo que se pudiere aprovechar con el agua que allí haya, la mitad para vos Blasino, e la otra mitad para vuestro hermano Juan Felipe, como a vezino. Esto porque vos, Blasino, me os obligáys de allí hazer un ynjenio de agua si ser pudiere o de bestias, etc... vos doy de plazo de quatro años primero syguientes para que los hagáys el dicho ynjenio...» (Gómez 2000: 20). En la reformación del repartimiento de Tenerife, los testigos Gonzalo Rodríguez y Alonso de las Hijas declaran que esta data fue en compensación «de un engenio e parral e molino e tierras de cañas de açúcares que les tomó en la Gomera» (Ortíz 1953 [1506]: 40). En cualquier caso, sus intereses progresaron notablemente una vez que arribaron a Tenerife, pues ese mismo año de 1500 obtuvieron un importante repartimiento «en Taoro debaxo del agua grande, que se a de sacar, tierras para en que se ponga cañas para 4000 arrobas de azúcar; un parral para 10.000 sarmientos; en La Orotava, un herido para ingenio capaz de moler tu propia cosecha, más 2000 arrobas de los vecinos; 30 fanegas de tierra en Taoro» (Cioranescu 1955: 199).

Quizás esa expropiación explique el hecho de que el ingenio de Alojera no aparezca en las rentas señoriales de 1502. Es decir, en esa fecha aún no se habría reanudado la producción por parte de los señores o sus eventuales arrendatarios, lo cual debió suceder poco después y, como hemos mencionado, en 1540 estaba en activo.

En el último tercio del siglo XVI habían descendido mucho las rentas del azúcar por la competencia americana y algunos ingenios ya no funcionaban. A mediados del XVII, prácticamente había cesado

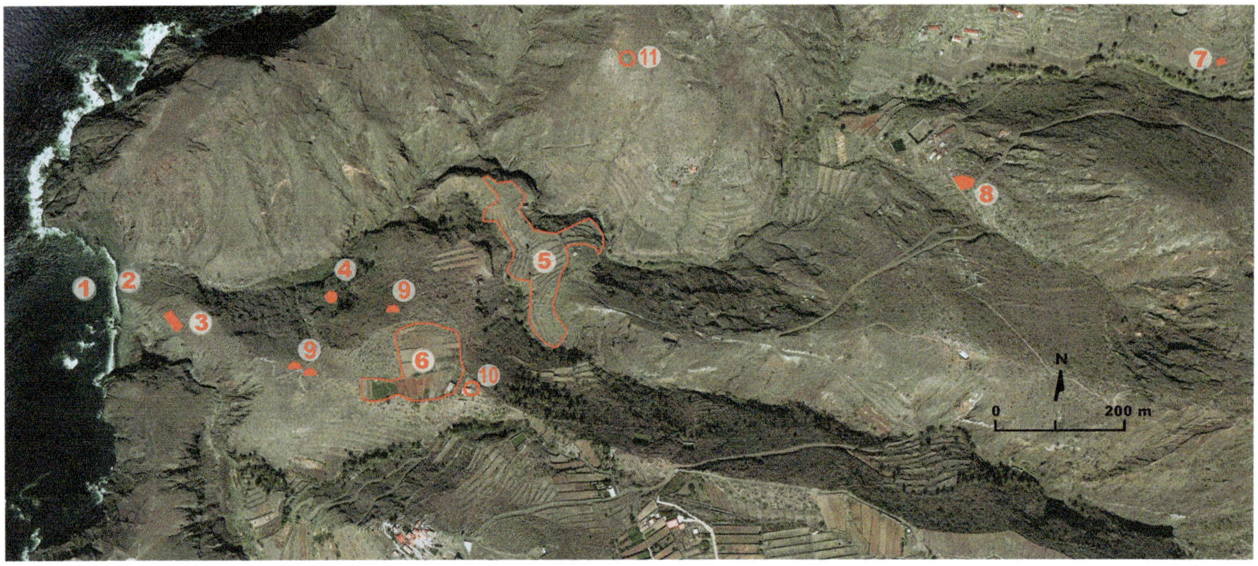

Figura 6. 2. Ubicación de los ítems citados en el texto: 1) Puerto del Trigo. 2) Playa del Trigo. 3) Casilla Pulgar. 4) Zona aproximada donde estuvo el depósito de agua. 5) Hoya de la Fuente, probable situación de los cañaverales. 6) Lomo del Ingenio, probable situación de cañaverales. 7) Ruinas de la ermita de Santa Lucía la Vieja. 8) Cuevas de Herrera González, asentamiento indígena excavado. 9) Cuevas sepulcrales indígenas en el Lomo del Ingenio. 10) Asentamiento indígena en cabaña del Lomo del Ingenio. 11) Asentamiento indígena en cabaña de las Piedras Bermejas

la producción en la isla y se habían abandonado todos los ingenios (Aznar 1982: 410; Díaz y Rodríguez 1990: 318), que pronto no serán más que ruinas o terrenos remodelados para otras funciones. En el siglo siguiente sólo quedaba el recuerdo o, como en el caso del de Alojera, aún se apreciaban sus asoladas instalaciones, «cuyos vestigios aún se conservan para memoria», como señala José Fernández Prieto y Salazar (2015 [1774]).

Presencia de europeos antes del ingenio: Ermita de Santa Lucía La Vieja

Entre 1417 y 1423 se había iniciado muy tímidamente el esfuerzo de evangelizar a la población gomera. La mayoría de autores que han investigado sobre la conquista de La Gomera (Wölfel 1930; Serra 1941; Álvarez 1960; Rumeu 1998) coinciden en afirmar que fue en esta zona de la isla por donde comenzó la cristianización de la misma. El 20 de noviembre de 1424 el papa Martín V, dictó la Bula de creación del efímero obispado de Fuerteventura, en la que se dice: «..las dichas islas de Lancelote, Fuerteventura y Hierro se han hecho del todo cristianas..., al paso que algunos habitantes de Gran Canaria y Gomera, bien que en ciertos parajes solamente, se han convertido también a la fe católica, ... y que en las mencionadas islas de Palma y Gomera se habían edificado ciertas capillas bajo la advocación de Santa María de La Palma» (Viera 1951 [1772], III: 45). Ese mismo año el papa nombró obispo a fray Martín de las Casas, mediante otra Bula en la que se indica que en La Gomera había una iglesia llamada Lodma.

A fines de 1424 o en 1425 intentó conquistar la isla el portugués Fernando de Castro, pero fue derrotado y sitiado por los gomeros en Argodey -Fortaleza de Chipude-, tras lo cual llegó a un acuerdo con ellos cuyos términos son poco conocidos y abandonó la isla. Suponía Wólfel (1930: 103-107) que antes de partir el de Castro habría erigido ese primigenio templo y dejado a su cargo a algún misionero. Por el contrario, Serra Ráfols (1941: 34) estimaba que las fechas de la expedición portuguesa y la de la bula de 1424 eran demasiado ajustadas, pues ésta hacía referencia a una capilla construida antes, por lo cual opinaba que el fundador debió ser Maciot de Béthencourt.

Por nuestra parte, nos inclinamos con Juan Álvarez Delgado (1960) por una fundación portuguesa, seguramente con la connivencia de Maciot, cuyos intereses coincidían[2]. Hay constancia de que agentes de la corona portuguesa frecuentaban La Gomera desde aproximadamente 1423 y habían pactado con los bandos indígenas de esta parte de la isla, justo la que nos ocupa en el presente trabajo[3].

"Santa María de la Palma" debe ser una errónea interpretación de la iconografía de una santa mártir, como lo fue Santa Lucía[4], que ha tenido históricamente una gran devoción en Portugal. Por ello nos inclinamos a pensar que esa capilla probablemente sea la de Santa Lucía, como sostenía Álvarez Delgado, pero no la que existe hoy en Tazo, sino la primitiva de la que es heredera la actual (Navarro 1992; Navarro y Hernández 2004: 4-5).

Una vez más, la toponimia y la tradición oral nos han conducido a una ruina situada en el abandonado pago de La Costa (Figura 6.3), aguas abajo del caserío de Tazo, cercano al ingenio y más aún a las Cuevas de Herrera González, de donde dista apenas 400 m y es perfectamente visible. Se la conoce entre los vecinos más ancianos de la zona como "Santa Lucía la Vieja" y, aunque aquellos arrumbados muros (Figuras 6.4 y 6.5) apenas permiten identificar un recinto, cuando se abancalaron esas tierras para el cultivo de cereales, respetaron aquel espacio porque aún hoy la gente considera que es suelo sagrado.

Figura 6.3. Vista parcial de La Costa, caserío despoblado donde se encuentra Santa Lucía la Vieja

Figura 6.4. Ruinas de Santa Lucía la Vieja entre bancales de cultivo

Figura 6.5. Ruinas de Santa Lucía la Vieja: detalle

En su manuscrito, José Fernández Prieto y Salazar habla de ella en estos términos: «Dícese que en esta ermita fue la primera misa que se dijo en esta ysla, pero no se puede saber por cosa cierta por no hallarse aquellos primeros papeles que el año de 1592 se llevaron los holandeses» (Fernández Prieto 2015 [1774]: 158).

Por tanto, el ingenio se estableció en un lugar donde ya existían precedentes de presencia europea, de tal manera que sus posibilidades eran bien conocidas, tanto lo referido a la disponibilidad de agua, tierra cultivable y otros recursos, como las peculiaridades del propio Puerto del Trigo.

[2] Maciot de Béthencourt era sobrino de Jean IV de Béthencourt, caballero normando vasallo del rey de Castilla que conquistó Lanzarote, Fuerteventura y El Hierro. Cuando hacia 1411-1412 este abandonó Canarias, dejó como apoderado-gobernador del señorío a Maciot. En 1418 se traspasa el señorío al conde de Niebla y Maciot mantuvo la gobernación de Lanzarote, pero apoyaba las aspiraciones portuguesas sobre Canarias, hasta el punto de vender más tarde Lanzarote al infante don Henrique el Navegante de manera ilegítima.

[3] Entre 1450 y 1457 se intensificarían las hostilidades de don Henrique el Navegante (Serra 1941) contra el nuevo señor castellano de las islas conquistadas, Fernán Peraza el viejo, que por aquel entonces había pactado con los otros dos bandos de la parte opuesta de isla y había construido allí una torre.

[4] A partir del siglo XIV, además de la palma en una mano, a veces se la representa con ojos en la otra.

El hallazgo del ingenio y la investigación

Hacia 1970 el Patrimonio Forestal del Estado realizaba una campaña de repoblación forestal en la denominada "Finca de Herrera"[5], un vasto territorio público cercano al caserío de Tazo (municipio de Vallehermoso) y, cuando unos operarios cavaban hoyos para las plantaciones, aparecieron huesos humanos[6]. La noticia del hallazgo atrajo la atención de Genaro Morales ("Yayo"), persona muy interesada por la arqueología, quien acudió de inmediato y recuperó los cráneos. Aprovechó la ocasión para indagar entre los lugareños sobre si conocían otros sitios donde hubieran aparecido huesos como aquellos o tiestos de cerámica, y alguien recordó que por el Puerto del Trigo había visto muchos trozos de loza. Se desplazó a donde le indicaron y retiró varios fragmentos cerámicos, sobre los cuales más adelante pudo averiguar que pertenecían a moldes de azúcar y, en consecuencia, que el lugar posiblemente había sido un ingenio azucarero. Varios años después, uno de nosotros realizaba prospecciones arqueológicas en Tazo y las mismas personas nos dieron cuenta de ambos hallazgos, tras lo cual conseguimos que Yayo compartiera la poca información de que disponía. Así tuvimos el primer contacto con una instalación azucarera de la que nada se sabía hasta entonces, en buena medida porque aún se desconocía la información documental que hoy manejamos.

En aquellos tiempos la arqueología histórica en Canarias distaba mucho de convertirse en objeto de interés entre nuestro gremio y, por tanto, el hallazgo quedó en suspenso para tiempos mejores. Debieron pasar décadas para que los firmantes de este texto nos decidiéramos a emprender un estudio arqueológico del enclave y su entorno, como un análisis integral del proceso de interacción entre europeos y comunidades indígenas gomeras durante los siglos XV y XVI (Navarro y Hernández 2004) (Figuras 6.1 y 6.2). Las circunstancias habían cambiado, pues cobraba fuerza la revisión teórica y la actualización de datos sobre el proceso de contacto, conquista y colonización que, a fines de la Edad Media, ejercieron las potencias marítimas europeas en expansión sobre la población nativa. Además, habían sido obtenidos nuevos datos arqueológicos en la zona, con la detección de más yacimientos y el descubrimiento de un grabado alfabético sobre un fragmento de sabina en Las Cuevas de Herrera González, sobre cuya autenticidad hoy tenemos dudas.

La presencia de la instalación azucarera, con ser de una relevancia capital, no era la única razón para centrar nuestra investigación en esta parte de la isla. Otros motivos de gran peso coincidían en el mismo territorio: a) existe constancia histórica de que aquí se había erigido la primera ermita cristiana a principios del siglo XV, en los comienzos del periodo de contacto; b) es tradición que en la primera mitad del siglo XV los portugueses llegaron a frecuentar esta parte de la isla, merced a un pacto con dos bandos indígenas, mientras los castellanos habían pactado con los otros dos; c) existen varios enclaves en el valle de Tazo y Alojera, a los que las fuentes orales atribuyen que allí vivieron o estuvieron «los primeros cristianos»[7]; d) por último, en este valle sin grandes transformaciones históricas del suelo, abundan los yacimientos arqueológicos propios de la antigua cultura gomera, lo que a priori podría facilitarnos la detección entre ellos de alguno/s que hubiesen estado en uso durante los siglos XV y XVI, es decir, coetáneos de esos primeros contactos europeos y de la posterior instalación azucarera.

Hemos abordado un estudio integral de la zona desde una perspectiva holística que suma las fuentes orales, la toponimia, las fuentes documentales, junto con las prospecciones y excavaciones arqueológicas. Ello nos ha permitido localizar sobre el terreno, no solo varios elementos estructurales visibles del ingenio, sino otras partes de esa instalación identificadas a través de la toponimia y alguna fuente documental[8]. De igual manera, hemos registrado evidencias constructivas con otras funciones de los mismos siglos, así como un

[5] Repoblación perniciosa para el patrimonio arqueológico, pues se deterioraron yacimientos, y un error ambiental, porque se hizo con una especie foránea, pino carrasco, que solo alcanzó tallas diminutas ("pinos-bonsai").

[6] Era una inhumación doble en fosa, en el lugar conocido como La Quebrada de La Sabina, situado en la ladera del Lomo de la Piedra Redonda, en cuya cima se encuentra un poblado de cabañas de los antiguos gomeros.

[7] Tradición recogida entre ancianos de Tazo. "Cristiano" es un término usado en La Gomera con dos significados: como sinónimo de persona y también en la dicotomía cristiano/[antiguo] gomero.

número significativo de lugares funerarios y asentamientos aborígenes, de los que hemos empezado a excavar uno de los más cercanos, las citadas Cuevas de Herrera González. En breve se abordarán prospecciones para acabar de identificar y topografiar las infraestructuras que componían el sistema de aprovechamiento del agua, las áreas de cultivo y otros elementos del ingenio, y empezaremos las excavaciones en el mismo[9].

El ingenio de Alojera

El lugar de los primeros hallazgos se encuentra en el Puerto del Trigo (término municipal de Vallehermoso), sobre un promontorio entre los Barrancos de Herrera y de Alojera. Se trata de los restos de una antigua construcción, a la que se conoce como «la Casilla Pulgar» -corrupción de «la casa de purgar»-. Una tradición oral bastante extendida por los pagos vecinos atribuye al lugar otra denominación: «Donde anocheció y no amaneció», haciendo referencia a que sus moradores marcharon repentinamente y no regresaron (Perera, 2005). No sabemos si ese brusco abandono del ingenio se refiere a sus primeros constructores y propietarios, los hermanos Piombino, o más bien a su definitivo abandono en el siglo XVII.

Se encuentra sobre un espigón llano junto a la playa del Puerto del Trigo, a 90 metros de la línea de costa y a 35 metros de altitud s.n.m. Este espigón constituye el último tramo de un lomo que desciende en suave rampa desde la Balsa de Alojera. Uno de sus muros mayores corre paralelo al sendero que baja desde Alojera al Puerto del Trigo, a muy escasos metros del cantil costero (Figuras 6.2 y 6.6).

Figura 6.6. Vista general de la casa de purgar y entorno

Figura 6.7. Casa de purgar: parte trasera (extremo SE)

Figura 6.8. Casa de purgar: parte delantera (extremo NO)

Figura 6.9. Material arqueológico en el entorno de la casa de purgar

[8] La toponimia gomera ha sido extensamente estudiada por José Perera López (2005) y nos ha sido de gran utilidad para nuestro trabajo. Son muy reveladores topónimos como *El Ingenio, La Joya de La Fuente, La Casilla Pulgar o Los Llanos de Blasino*.

[9] Además de los firmantes, Sandra J. Cancel y José Miguel Trujillo integran el núcleo del equipo. Son responsables de distintos estudios: Carmen Gloria Rodríguez-Santana, Virginia Cabrera, Jacob Morales, Elías Sánchez-Cañadillas, Carmen Machado, Juan Carlos Rando, Jorge Pais, Javier Iñañez, Eduardo Mesa y Mario Rodríguez.

Los muros maestros de La Casilla Pulgar -hoy arrumbados y muy deteriorados- son de piedra seca de cantería con doble tirante y relleno central. La planta es rectangular con el eje mayor orientado en dirección SE-NO y una longitud de casi 40 m, mientras que la anchura es de 10 m (Figuras 6.6, 6.7 y 6.8). Por sus dimensiones y el artificio de los paramentos, está claro que esta era la dependencia principal y mayor del establecimiento azucarero, destinada, como su propio nombre indica, a purgar y con seguridad también como almacén de azúcar. La puerta se abría en una de las fachadas menores[10], la que mira al noroeste en dirección hacia la playa y el vecino barranco, y delante de ella se abren dos amplias explanadas artificiales dispuestas escalonadamente (Figura 6.6). A unos 4 m al NE de esta fachada, alineados con la misma, hay restos de dos pequeñas dependencias cuadradas y, asimismo, existen otras dos similares adosadas al exterior del muro noreste.

Los materiales arqueológicos que alberga en su interior y en el entorno (Figura 6.9) son, sobre todo, numerosos fragmentos de loza blanca y roja a torno de importación, entre las que ocupan un lugar destacado las formas o moldes de azúcar (Figuras 6.10, 6.11 y 6.12); tejas y algunos restos de loza tradicional gomera realizada a mano. Se ha recuperado en superficie un ceitil o ceutí acuñado probablemente por Alfonso V de Portugal (1448-1481) (Figura 6.13), que nos aporta una cronología *post quem* para la construcción[11].

Figura 6.10. Casa de purgar: bordes de formas o moldes de azúcar y de otras piezas

Figura 6.11. (a la derecha). Casa de purgar: bordes de formas o moldes de azúcar

Con posterioridad a su abandono, la estructura ha sufrido varias afecciones naturales y antrópicas. Algunos toscos muretes internos parecen evidenciar que con sus piedras se realizaron refugios temporales para pastores o cazadores. Las escorrentías han socavado el terreno en algunos puntos del sector NO, donde el terreno tiene un desnivel natural, generando pequeñas cárcavas. Por último, en estos dos últimos años la vecina playa y, por añadidura, estas ruinas se han convertido por desgracia en el lugar elegido para una celebración anual de *The Rainbow Family*[12], que ha llegado a reunir en torno a quinientas personas. Aunque se supone que esta concentración es, ante todo, respetuosa con el medio ambiente, lo cierto es que la casa de purgar ha sufrido por esta causa un importante deterioro, dado que los asistentes a los festivales han trasladado de lugar numerosas piedras sacadas de las ruinas, además de retirar materiales arqueológicos.

[10] Esta es la parte más deteriorada de la construcción, y apenas se aprecian los restos del muro original.

[11] Lo cierto es que el ceutí estuvo en circulación hasta el final de la dinastía Avís de Portugal (Enrique I de Portugal r. 1578-1580), por lo que su presencia encaja perfectamente con los materiales arqueológicos registrados y con las dataciones obtenidas para las cuevas de Herrera González.

[12] *The Rainbow Family* es un movimiento utópico-new age que preconiza los principios de la libertad, el amor, la armonía, cualquier forma de espiritualidad y el respeto a las diferencias. Organiza eventos al aire libre en espacios naturales y de difícil acceso, como la Playa del Trigo.

Los Ynglesco tuvieron que roturar tierras apropiadas para sembrar la caña y debieron construir la infraestructura necesaria para el funcionamiento de esta industria: además de la estancia para purgar y almacenar el azúcar, eran necesarios depósito de agua con sus tomaderos y canalizaciones, casa de molienda, estructura destinada a la cocción y enfriamiento del azúcar, cuartos de aperos, almacenes para la madera, además de los habitáculos para trabajadores. En varias ocasiones, los ingenios y sus entornos inmediatos formaban el embrión de lo que posteriormente serían los núcleos de población. Es lógico pensar que en el entorno de este aparecieran también las primeras huertas, canales, casas, caminos... Y nos preguntamos si éste sería el origen de Tazo y, sobre todo, de Alojera. Unos extensos campos de cultivo debajo de la iglesia de Alojera reciben el nombre de "Blasino", y nos preguntamos si era aquí donde Blasino tenía su vivienda, viñas, otros cultivos y un molino de pan (Moreno, 1988: 120-121), probable núcleo fundacional de esa localidad.

Figura 6.12. Casa de purgar: fragmentos de moldes de azúcar con agujero de purgado

Mediante el análisis de la toponimia y fuentes documentales ha sido posible identificar otros elementos de la explotación (Figura 6.2). Los cañaverales estaban al este de la casa de purgar, en el lugar hoy conocido como "la Joya[13] de la Fuente", la punta de un interfluvio bajo y llano, donde unen sus aguas los Barrancos de Epina y de Tazo dando lugar al Barranco de Herrera, dos caudales permanentes -sobre todo el de Epina- que permitirían regar con facilidad los campos de cultivo. Se la considera una hoya porque está rodeada y protegida del viento por otros interfluvios mucho más elevados. Uno de ellos, el que está situado en la margen izquierda de la Hoya de la Fuente, recibe el significativo nombre de "Lomo del Ingenio".

Figura 6.13. Casa de purgar: Ceutí o ceitil, acuñado probablemente por Alfonso V de Portugal (1448-1481)

Aguas abajo de la Hoya de la Fuente, en la margen izquierda del Barranco de Herrera que es la ladera del Lomo del Ingenio, a unos 200 m de la casa de purgar, se encuentra el topónimo "El Tanque". Allí debió estar situado el depósito de agua construido en su momento para mover el molino del ingenio. Sabemos que su tomadero estaba aguas arriba -de cuyo canal quedan trazas-, y que del depósito salía a su vez el herido que bajaba las aguas hasta la casa de molienda, de la que hoy tampoco quedan evidencias visibles, aunque aún las había en el siglo XVIII.

Resulta muy ilustrativo lo que contaba sobre todo ello José Fernández Prieto y Salazar. Este culto eclesiástico, párroco de Chipude y miembro de una acomodada familia de propietarios, fue corresponsal en La Gomera de José de Viera y Clavijo, y en 1774 le preparó una descripción de la isla con destino a sus *No-*

[13] "Joya" es corrupción de "Hoya".

ticias de la historia general de las islas de Canaria (Díaz y Díaz 2015: 17). Dentro del capítulo de Vallehermoso y su jurisdicción, al referirse al valle de Alojera, dice: «Dividese este valle del barrio de Tazo y Cubava con un barranco que nace al pie del monte y corre hasta la mar llamado Epina, de las más apreciables aguas de esta jurisdicción. A este barranco se unen las aguas que salen del barrio de Tazo, de que se hablará en su lugar. Pero esta y las demás aguas que se nombraren caen en dicho Aloxera, todas se juntaron a un estanque que se hizo para moler un ingenio de azúcar, que se dice hubo en lo primitivo, cuyos vestigios aun se conservan para memoria.... en la cabezada del Valle, donde estuvo el Ingenio que llaman la Joya de la Fuente. Todos los cuatro barrancos y los otros a ellos unidos con Epina y sus agregados de que se dará razón en su lugar, después del tomadero para el expresado estanque del ingenio conducen á dos que salen a el mar por la playa llamada el puerto del Trigo; de modo que habiendo crecidas en la Invernada se hace todo uno» (Fernández Prieto 2015 [1774]: 155-156 [29v-30v]).

No tenemos certeza sobre si la casa de molienda y la de purgar eran una misma o estaban en dependencias separadas, pero nos decantamos hacia la segunda opción por lo que dice nuestro clérigo: «Del citado estanque del Ingenio a el mar es un tiro regular con munición y a los vestigios de la casa de molienda llega el mar cuando se embravece» (Fernández Prieto 2015 [1774]: 157 [30v]). La posición elevada que ocupa la casa de purgar hace difícil que el mar embravecido la alcance, además de que su cota es similar o ligeramente superior a donde suponemos estuvo el depósito de agua. Por tanto, es probable que la casa de molienda estuviera más abajo de la de purgar, en una de las dos plataformas que hay delante de esta y a un nivel ligeramente inferior a ella, o al pie del promontorio, donde sí estaría más expuesta a los temporales.

El Lomo del Ingenio es un interfluvio en rampa que desciende hacia la Casilla Pulgar. Estos suelos reúnen excelentes condiciones para el cultivo y cabe preguntarse si también se plantaron aquí cañaverales. Un antiguo camino recorre en sentido descendente el Lomo del Ingenio, desde su parte alta hasta el Puerto del Trigo. En un área situada junto al camino han aparecido varias sepulturas[14]. Luego llega hasta la trasera de La Casilla Pulgar, bordea su muro suroeste, entre este y el cantil, para desembocar en la explanada delantera donde estuvo la puerta y, desde el extremo opuesto de la explanada, continúa bajando en dirección a la playa y puerto. Su recorrido nos induce a pensar que esta vía se formó en relación con el ingenio.

El emplazamiento de esta explotación resultaba de lo más apropiado para el cultivo de la caña y su transformación por la disponibilidad de aguas en abundancia, tierras cultivables, condiciones climáticas excelentes, madera y leña[15]. Pero en una isla sumamente abrupta y de difíciles comunicaciones como es La Gomera, debió contribuir a la elección de este lugar el hecho de que el Puerto del Trigo facilitaba las comunicaciones por mar para acarrear pertrechos y exportar el azúcar. Esta pequeña ensenada y su playa recibieron ese nombre cuando se usaron para embarcar el cereal cultivado en el caserío de La Costa y en el resto del valle de Tazo. Abierto hacia el OSO, el pequeño puerto está bien protegido por la Punta de Herrera del mal tiempo del norte, pero no así de los eventuales temporales del oeste, y es relativamente fácil abocar y salir de él[16]. La mayor parte del tiempo las condiciones del mar permiten varar pequeñas embarcaciones en la playa que, además, es un excelente lugar para hacer la aguada, porque los dos barrancos que desembocan allí suelen llevar agua todo el año.

[14] Entre las investigaciones pendientes está la de indagar la adscripción cronocultural de estos enterramientos, mediante excavaciones.

[15] Este territorio estaba cubierto por un denso sabinar, que aportaba excelente madera para cajas, canales y otros elementos de carpintería, además de leña abundante para el cocimiento del guarapo.

[16] De abril a octubre se puede arribar bordeando el norte de la isla de este a oeste, aprovechando el alisio y, una vez rebasada la Punta de Herrera, se vira para fondear. En invierno, cuando el tiempo lo permite, es posible entrar en sentido contrario. El tornaviaje se debe hacer normalmente por el lado opuesto.

Los indígenas y el ingenio: las cuevas de Herrera González

En el entorno del ingenio existen evidencias de asentamientos indígenas, como las Cuevas de Herrera González, la cabaña de las Piedras Bermejas y, en el extremo oriental del propio Lomo del Ingenio, restos de un asentamiento en cabaña con material indígena y algo de cerámica importada. En las laderas del Lomo del Ingenio hubo enterramientos en covachas, quizás relacionadas con este cercano asentamiento (Figura 6.2). Esta conjunción de evidencias propias de la cultura indígena y del ingenio azucarero plantea el problema de la interacción entre ambas culturas.

Para indagar sobre ello, considerábamos imprescindible excavar asentamientos indígenas de época tardía situados en la zona[17]. En el 2008, el Museo Arqueológico de La Gomera y la Universidad de La Laguna iniciaron un proyecto sobre asentamientos aborígenes, en cuya primera fase se realizaron sondeos arqueológicos en conjuntos de cuevas de habitación distribuidos por diferentes partes de la isla, a fin de seleccionar los que ofrecieran mejores perspectivas para excavaciones en extensión (Hernández y otros 2011 y 2016)[18]. Dicho proyecto retomó los planteamientos ya formulados por los autores (Navarro y Hernández 2004).

Uno de los sitios elegidos fueron Las Cuevas de Herrera González[19], situadas entre el Barranco de Tazo y la Cañada de la Rosa a unos 1.000 m de la Playa del Trigo (Figuras 6.2 y 6.14). Los motivos eran su potencia arqueosedimentaria, los hallazgos arqueológicos que se habían producido allí y porque estaban muy cerca del ingenio y de Santa Lucía la Vieja. Confiábamos conseguir detectar durante la excavación evidencias de relaciones entre gomeros y primeros europeos instalados en la isla. Sin que *a priori* tuviésemos indicios de que quienes habitaron estas cuevas hubieran sido coetáneos de los otros dos enclaves, como así resultó ser.

Figura 6.14. Cuevas de Herrera González: Cueva 3

Hemos realizado dos sondeos dentro de sendas cuevas, y otro -Sondeo 2- en la explanada que hay delante de las mismas, siendo este el que arrojó mejores resultados. Excavamos hasta una profundidad de 166 cm una de las mayores estratigrafías detectadas hasta ahora en La Gomera, con una secuencia que va desde momentos tardíos de la prehistoria de la isla hasta la mitad del siglo XVII.

Las UEs 1, 2 y 3 contienen lozas tradicionales con características en parte diferentes a las que conocemos de época contemporánea procedentes de El Cercado. En la UE 3 hay, además, cerámica de importación roja, a torno y de paredes finas, análogas a otras presentes en la cercana instalación azucarera. Sin embargo, aparecieron algunos ejemplos de industria lítica de factura indígena, que revelan la persistencia de una tradición tecnológica antigua.

[17] Ya se había excavado una cabaña en la Era de los Antiguos y unas cuevas sepulcrales en los Riscos de Tejeleche, en ambos casos a pocos kilómetros del ingenio, pero sus registros no aportaron indicios sobre contacto.

[18] Este proyecto "Sondeos arqueológicos en la isla de La Gomera" estaba enlazado con otro ya en marcha, titulado "Estudio sobre la historia del pastoreo en la Isla de La Gomera", concebido y desarrollado por la Red de Museos de La Gomera. Se seleccionaron cinco zonas arqueológicas y en total se realizaron trece sondeos

[19] Originariamente eran siete cuevas, pero hoy se conservan solo tres porque las restantes fueron destruidas al abrir una pista.

La UE 4 es crucial para el tema que nos ocupa. Lo mejor que la define es la convivencia de artefactos propios del mundo indígena con aquellos que denotan la presencia de una industria azucarera. Hay mucha industria lítica y cerámica de la cultura gomera antigua. Por una parte, hay fragmentos con muy buen acabado y bordes engrosados, propios de vasijas de capacidad media y pequeña; por otra, fragmentos de piezas de gran tamaño, de peor calidad. Son también abundantes las cerámicas de importación a torno, tanto blancas como rojas, entre las que es posible identificar formas de azúcar, botijas y vajilla de mesa. Estas lozas desvelan la interacción entre los indígenas que habitaban las Cuevas de Herrera con el vecino Ingenio de Alojera que, como más adelante veremos, es contemporáneo de esta UE.

A partir de la UE 4 también hubo cambios en la fauna que denotan el influjo del contacto, y que observamos tanto en la proporción de especies como en las pautas de sacrificio. Si esta comunidad indígena antes comía más carne de cabra que de otro animal, en el siglo XVI empezaron a consumir más ovejas, con un sustancial incremento de juveniles que recuerda la mediterránea preferencia por el cordero. Respecto a los cerdos, como en las demás islas, tradicionalmente se mataban y consumían de manera indiscriminada en todos los rangos de edad, pero a partir de la UE 4 se sacrificaron casi exclusivamente cuando alcanzaban la talla óptima (en torno al año o algo menos). Otros materiales significativos son: huesos de conejo (*Oryctolagus cuniculus*) y gallina (*Gallus gallus*) (Rando 2012), que de momento son las evidencias más antiguas de estas especies, que entraron en la isla con los colonos europeos; un pequeño fragmento de loza melada pintada con manganeso y un ceutí portugués. Este segundo hallazgo monetario local -el primer ceutí apareció en la casa de purgar-, ratifica la circulación de moneda portuguesa en el XVI en La Gomera[20] como en el resto del Archipiélago, aunque no descartemos que en este caso influyera la presencia de operarios portugueses y otras relaciones con ese país, como la importación de moldes de azúcar.

La UE 5 representa un momento de abandono. A partir de la UE 6 el material es exclusivamente propio del mundo indígena, pero la superficie excavada es muy restringida y no debe descartarse que cuando intervengamos en extensión aparezcan materiales de origen europeo.

Se han realizado cinco dataciones por 14C[21] de este yacimiento, tres sobre huesos de ovicaprino del Sondeo-2[22] y dos sobre semillas del Sondeo-1[23]. En el Sondeo-2 se obtuvieron dos dataciones de la UE 6 (muestras HG-3 y HG-2), que arrojaron, respectivamente las fechas 1409-1435 cal AD y 1412-1438 cal AD. Demuestran una presencia tardía de indígenas durante el periodo de contacto. Por tanto, ambas dataciones coinciden con la presencia de los portugueses en este extremo norte de la isla, así como con la bula del 20 de noviembre de 1424 del papa Martín V, que menciona la capilla que identificamos como Santa Lucía la Vieja.

La tercera datación corresponde a la UE 4 (muestra HG-1) y está emplazada entre mitad del siglo XVI y comienzos del XVII: 1550 - 1634 cal AD. Hay un salto de algo más de un siglo entre la UE 6 y la UE 4 y es posible que, tras el período de abandono que representa la UE 5, haya sido la presencia del cercano ingenio azucarero el factor que aportó un profundo y definitivo cambio en la región. Transformaciones sociales, económicas, culturales y ambientales de proporciones que aún estamos lejos de valorar, tuvieron lugar allí desde fines del siglo XV.

Las fechas del Sondeo-1 (UE 5, lev 1)tienen menos interés y vienen a corroborar lo que ya demostraron los materiales arqueológicos: que esa cueva, la mayor de las tres, tuvo una reocupación tardía en tiempos históricos. Una semilla de cebada (*Hordeum vulgare*) dio una datación calibrada de 1680-1740 y 1810-1930 (70 ± 40 BP), y otra de trigo duro (*Triticum durum*) 1660-1960 (140 ± 40 BP) (Morales 2011).

---

[20] Han aparecido otros ceutís en varios enclaves de La Gomera.
[21] Las dataciones han sido calibradas mediante el software Oxcal, usando la curva de calibración intCal.
[22] The Keck Carbon Cycle AMS Laboratory, Earth System Science Dept (Universidad de California).
[23] Beta Analytic Testing Laboratory, Miami, Florida.

Todo parece indicar que en el yacimiento ha habido dos claras etapas de ocupación indígena, con un periodo de abandono entre ambas. En primer lugar, una fase de cultura plenamente gomera, que abarca desde la base de la estratigrafía hasta la UE 6. Esta UE coincide con los primeros contactos con europeos a principios del siglo XV y con la probable fundación de Santa Lucía la Vieja, pero de momento no tenemos evidencias materiales foráneas ni cambios en el registro que indiquen transformaciones en el modelo económico ni en el modo de vida.

Le sigue un periodo de abandono representado por la UE 5, que es contemporánea de esa época crucial en que la familia Peraza se instala en la isla, la posterior inestabilidad por la ruptura violenta del pacto entre gomeros y europeos, conocida como la "Rebelión de los gomeros", y la subsiguiente represalia militar por tropas venidas de Gran Canaria y Lanzarote que consolidó el dominio castellano y señorial, y supuso la venta como esclavos de un gran número de gomeros (Wölfel 1933).

La siguiente fase (UEs 4-1) representa una reocupación de las cuevas en el siglo XVI por indígenas en proceso de aculturación, que ya manejan monedas y están directamente relacionados con el ingenio, para el que posiblemente hayan trabajado. Las evidencias arqueológicas de esta UE y las superiores aportan indicios de un largo proceso de aculturación, quizás más complejo de lo que imaginamos (Baucells 2001 y 2014), cuyas características en buena medida están por desvelar. La trascendencia de Las Cuevas de Herrera González es, precisamente, que pueden ser un sitio arqueológico clave para estudiar ese fenómeno.

Bibliografía

Álvarez Delgado, J. 1960. Primera conquista y cristianización de La Gomera. Algunos problemas históricos. En *Anuario de Estudios Atlánticos*, 6: 445 492.

Aznar Vallejo, E. 1982. La Gomera en el tránsito del siglo XV al XVI. Aspectos económicos. En *V Coloquio de Historia Canario-Americana: (1982),* tomo 2: 403-420.

Baucells Mesa, S. 2001. Sobre el concepto de aculturación: una aproximación teórica al estudio de los procesos de interacción cultural. En *Tabona*, X: 267-290.

Baucells Mesa, S. 2014. *Aculturación y etnicidad. El proceso de interacción entre guanches y europeos, siglos XIV-XVI.* La Laguna: Instituto de Estudios Canarios.

Cioranescu, A. 1955. Documentos del Archivo Notarial de Sevilla referentes a Canarias. En *Revista de Historia Canaria*, 109-112: 159-219.

Díaz, G. y Rodríguez, J.M. 1990. *El Señorío en las Canarias Occidentales. La Gomera y El Hierro hasta 1700.* Santa Cruz de Tenerife, Cabildos Insulares de El Hierro y La Gomera.

Díaz Padilla, G. y Díaz Padilla, V.E. 2015. Estudio preliminar. En J. Fernández Prieto y Salazar, *Descripción de la ysla de La Gomera.* La Gomera, Cabildo Insular: 15-86.

Fernández Prieto y Salazar, J. 2015 [1774]. *Descripción de la ysla de La Gomera.* La Gomera, Cabildo Insular.

Gómez Gómez, M.A. 2000. *El Valle de Güímar en el Siglo XVI. Protocolos de Sancho de Urtarte.* Santa Cruz de Tenerife, Ayuntamiento de Güímar-Cabildo de Tenerife.

Hernández, J.C., Navarro, J.F., Trujillo, J.M., Cancel, S.J. 2011. La investigación arqueológica en La Gomera: ciencia y comunidad. En *Actas del Seminario ArqueoMac [Azores-Madeira-Canarias] de Gestión del Patrimonio Arqueológico (La Restinga, El Hierro, 27-29 marzo 2011).* Tenerife (Unión Europea-Gobierno de Canarias): 67-88.

Hernández, J.C., Navarro, J.F., Trujillo, J.M., Cancel, S.J., Machado-Yanes, M.C., País, J., Morales, J., Rando, J.C. 2016. An approach to prehistoric shepherding in La Gomera (Canary Islands) through the study of domestic spaces. En *Quaternary International*, 414: 337-349.

Morales Mateos, J. 2011. *Informe carpológico de las Cuevas de Herrera González.* Informe inédito.

Moreno Fuentes, F. 1988. *Las Datas de Tenerife. Libro V de datas originales.* La Laguna, Instituto de Estudios Canarios.

Navarro Mederos, J.F. 1992. *Los gomeros. Una prehistoria insular.* Estudios Prehispánicos 1. Santa Cruz de Tenerife, Dirección General de Patrimonio Histórico.

Navarro, J.F. y Hernández. J.C. 2004. Evidencias arqueológicas de los primeros asentamientos europeos en La Gomera (Islas Canarias). En *XVI Coloquio de Historia Canario-Americana*: 388-407.

Ortíz de Zárate 1953 [1506]. *Proceso de reformación del repartimiento de Tenerife cometida al Ldo. Ortiz de Zárate.* Introducción por Elías Serra Ráfols y Leopoldo de La Rosa. Fontes Rerum Canariarum, VI. Santa Cruz de Tenerife, Instituto de Estudios Canarios.

Perera López, J. 2005. *Estudio sobre los nombres de lugar, las voces indígenas y los nombres de plantas, animales y hongos de La Gomera.* La Gomera, AIDER.
Pérez Saavedra, F. 1986. El episodio de Iballa y sus motivaciones. En *Anuario de Estudios Atlánticos*, 32: 417-443.
Rando Reyes, J.C. 2012. *Estudio de la microfauna de las Cuevas de Herrera González.* Informe inédito.
Rumeu de Armas, A. 1998. Misiones y transculturación en las Islas Canarias durante los siglos XIV y XV. En *Anuario de Estudios Atlánticos*, 44: 583-612.
Serra Ràfols, E. 1941. *Los Portugueses en Canarias.* La Laguna, Universidad de La Laguna.
Viera y Clavijo, J. 1951 [1772]. *Noticias de la Historia General de las Islas Canarias.* Santa Cruz de Tenerife, Editorial Goya, 2 tomos.
Viña, A., Jerez, P. en prensa. El ingenio azucarero de Hermigua (La Gomera, Islas Canarias): nuevos aportes para su estudio. En *Congreso Internacional O Açúcar: Paisagens, Civilização Material e Economia (Séculos XV-XX)*, Machico.
Wölfel, D.J. 1930. Un jefe de tribu de Gomera y sus relaciones con la Curia Romana. *Investigación y Progreso*, IV: 103-105.
Wölfel, D.J. 1933. Un episodio de la conquista de La Gomera: los gomeros vendidos por Pedro de Vera y doña Beatriz de Bobadilla. Documentos desconocidos acerca de la historia de Canarias. En *El Museo Canario*, I, nº 1: 5-84.

7. Los primeros ingenios azucareros en América

Santiago Duval
Dirección Nacional de Patrimonio Monumental, Ministerio de Cultura. República Dominicana

Abstract

The Dominican Republic was the starting point for the colonisation of the Americas and the development of the sugar industry. The sugar mill laid the foundations for the most advanced industry in the 16th century and became a social and economic hub for the colonies of the Caribbean. These manufacturing facilities were underpinned by a labour system that exploited indigenous and African labour and required skilled European workers to build and operate the mills. They embodied the transfer of knowledge and technology from Asian, European and African material culture to the Americas, forging the region's industrial heritage and marking the beginning of agriculture and foreign trade in the Caribbean.

Keywords: *Colonization, sugar mills, knowledge transfer, Dominican Republic, 16th century.*

Resumen

La República Dominicana fue el punto de partida de los procesos fundamentales de la colonización y desarrollo de la industria azucarera en América, donde el ingenio de hacer azúcar en el siglo XVI constituyó la industria más avanzada y se transformó en uno de los complejos socioeconómicos de la colonización en el Caribe. Sustentado en el sistema de explotación de la mano de obra indígena y africana, junto a especialistas europeos para su instalación y funcionamiento, este centro productivo refleja la transferencia de conocimiento y tecnología de la cultura material asiática, europea y africana en la génesis del patrimonio industrial americano e inicia la historia de la agricultura proyectada hacia el comercio exterior en el Caribe.

Palabras clave: *Colonización, ingenios azucareros, transferencia de conocimiento, República Dominicana, siglo XVI.*

Résumé

La république dominicaine fut le point de départ des processus de colonisation et de développement de l'industrie sucrière en Amérique. L'élaboration du sucre au XVIe siècle fut l'industrie la plus en avance et l'un des principaux moteurs socioéconomiques de la colonisation aux Caraïbes. Ce centre de production reposait sur le système d'exploitation de la main d'œuvre indigène et africaine. Quant à son installation et à son fonctionnement, il était aux mains de spécialistes européens. L'industrie sucrière dominicaine incarne le transfert de connaissances et de techniques de la culture matérielle asiatique, européenne et africaine dans la genèse du patrimoine industriel américain, tout en marquant le point de départ de l'histoire de l'agriculture tournée vers le commerce extérieur aux Caraïbes.

Mots-clés: *Colonisation, moulins à sucre, transfert de connaissances, République dominicaine, XVIe siècle.*

Introducción

El desarrollo de la industria azucarera se origina en la isla de La Española en una época tan temprana como el año de 1506 y se constituyó en el referente de actuación para el establecimiento de este sistema de producción en el resto del continente americano. Como tema de estudio y desde el ámbito de la arqueología, en la República Dominicana solo se ha generado una actuación en el campo de los ingenios azucareros del siglo XVI. Tuvo lugar, entre los años 1988 y 1989, en el ingenio de Diego Caballero y posibilitó la creación de un documento descriptivo de las diversas estructuras liberadas (Luna 1989), pero, por su naturaleza técnica, no se establecieron los presupuestos teóricos para la comprensión o aproximación histórica del esquema de producción. Otros estudios en este ámbito no tuvieron los alcances en el abordamiento presentado en los restos del ingenio antes citado, dado que su naturaleza era de carácter exploratorio, como el caso de las excavaciones más recientes que fueron llevadas a cabo en el ingenio de Engombe (Duval 1999). De forma oficial, el tema de los ingenios es retomado para la preparación del expediente de nominación titulado *La ruta de los primeros ingenios azucareros* presentado a la UNESCO en el año 2003[1]. Y vuelve a ser abordado a partir de la invitación recibida por la Dirección Nacional de Patrimonio Monumental para participar en esta publicación internacional sobre el tema de los primeros ingenios. Bueno es destacar que el presente documento se basa en el citado expediente de nominación y presenta un alto porcentaje de las informaciones contenidas en el mismo, a las que haremos referencia continuamente[2].

Antecedentes históricos

Cristóbal Colón introduce la caña de azúcar en la isla de La Española durante su segundo viaje al Nuevo Mundo en 1493 (Julián 1997; Del Río 2012a) y se reintroduce en 1501 con variantes traídas de Canarias (Del Río 2012a: 407[3]; Rodríguez, 2012). Las condiciones medioambientales imperantes en el Caribe favorecieron la adaptación y florecimiento del cultivo propiciando que en 1504 se llevaran a cabo los primeros ensayos de fabricación de azúcar en un trapiche movido por caballos en la ribera del río Nigua; en el 1506 se produce por primera vez azúcar destinada al consumo local en la villa Concepción de La Vega y en el año de 1515, veintidós años luego de introducida la especie por el Almirante, el producto es exportado hacia España. Diversos factores beneficiaron el desarrollo de la industria azucarera en La Española: la aclimatación de la planta, el agotamiento de las minas de oro, la demanda del azúcar en Europa, así como la reducción de la mano de obra indígena y la introducción de mano de obra africana en calidad de esclava. De esa forma, la economía de la colonia se reorientó hacia la producción azucarera y los ingenios pasaron a ser los principales centros poblacionales y productivos de la Isla, desempeñando un papel relevante, tanto por su ubicación geográfica, como por la importancia de su producción, el prestigio social de sus propietarios y su población.

En este contexto, el medio geográfico fue factor decisivo para su instalación y explotación. En tal sentido, la instalación de los centros de producción en las cercanías de los ríos favoreció el regadío, la molienda, el transporte, las comunicaciones y el comercio de sus productos. Como la necesidad de energía hidráulica para el funcionamiento del ingenio exigió la presencia de corrientes de agua continuas y la pérdida de caudal en épocas de sequía detenía su producción[4], se construyen represas[5] en los ríos para lograr un mejor aprovechamiento del curso de las aguas y elevar su nivel, para luego canalizarlas me-

[1] En primera instancia, el expediente de 2003 no llegó a ser tramitado. En 2018, se presenta de nuevo la propuesta para su inclusión en la lista indicativa del Patrimonio Mundial de la Humanidad, ahora con la denominación de *Primeros ingenios coloniales azucareros de América*, y es inscrita al ser aprobada. Este último documento, distinto al expediente de nominación del 2003, consiste, básicamente, en la justificación de los criterios de Valor Universal Excepcional y en la declaración de autenticidad e integridad que convergen en una serie de bienes conformada por cuatro ingenios azucareros: Boca de Nigua, Diego Caballero, Engombe y Palavé.

[2] Al margen del expediente citado, este artículo es tributario, en buena medida, de la valiosa e incondicional ayuda de la arquitecta y arqueóloga Nerva Fondeur y de la arquitecta Anabelle Hiraldo. El texto final se ha beneficiado, asimismo, de los comentarios y aportaciones de uno de los editores de esta obra, el profesor Jorge Onrubia Pintado. A todos ellos queremos expresar nuestra más sincera gratitud.

[3] Manuscritos, 11205, f119v. Citado por Herrera, Antonio: *Historia general de las Indias occidentales o de los hechos de los castellanos en las islas y tierra firme*. Biblioteca Nacional.

[4] Un ejemplo de esta situación, lo constituye el caso de Francisco de Tostado, quien edificó un ingenio en las proximidades de un afluente del río Nigua... «*que tenía poco caudal y se secaba, precisamente, en la época de zafra, cuando se tenían que moler las cañas*» (Julián 1997: 283) y el de Juan de Ampiés, que acusaba... «*falta de agua en tiempo de seca [...] después de navidad hasta fin de mayo*». (Carta del Lic. Vadillo a la Emperatriz. Santo Domingo 11 de marzo de 1533. Resumen de la misma en Marte 1981: 361).

diante la construcción de acequias que alimentaban con energía hidráulica el sistema de molienda en los ingenios. Estas fuentes fluviales, a su vez, llegaron a ser aprovechadas como vías para el transporte de los productos desde su lugar de origen hasta el puerto principal y su posterior exportación a España, generándose la presencia de un embarcadero cercano a los ingenios.

Uno de los ejemplos que muestran el aprovechamiento de los cursos de agua para el establecimiento de ingenios en sus márgenes lo constituye el río Nigua, ubicado al oeste de la ciudad de Santo Domingo. Las crónicas lo describen de la siguiente forma:

> *Este río es muy principal y de grandísima utilidad por los grandes heredamientos e labranzas de hermosas haciendas que hay en sus costas, e comarcas e ingenios de azúcar. E solo este río, con los ingenios e haciendas gruesas e granjerías que tiene para este ejercicio del azúcar, sería bastante para ser muy rica cualquier cibdad del mundo donde aquesto estoviese. Este río entra en la mar en la costa que entran todos los que he dicho e a cuatro leguas o poco mas desta cibdad de Sancto Domingo.* (Fernández de Oviedo 1959: 153)[6].

Para el año de 1533, en las riberas del río Nigua se habían establecido cinco ingenios: el del factor Juan de Ampiés, el del tesorero Esteban de Pasamonte, el de los herederos de Francisco Tostado, el de los herederos del Alcaide Francisco de Tapia y el del secretario de la Audiencia, Diego Caballero de la Rosa (Julián 1997: 278). Conjuntamente con los centros de producción azucarera, diversas estancias y haciendas llegaron a instalarse en las proximidades de este curso de agua, transformando este ámbito geográfico en el principal núcleo para la producción de azúcar de caña durante el siglo XVI. Respecto a las características espaciales de estos centros, una descripción temprana nos indica lo siguiente:

> *Habrá doce años que en compañía de un cuñado mío comencé a hacer un ingenio de caballos, cinco leguas de esta ciudad, e hice una hacienda con una casa de piedra con trescientos pies de largo y treinta de ancho para tener los azúcares, y encima una torre para vivir la gente, y el ingenio con su molienda, de ciento y ochenta pies de largo y cuarenta y cinco de ancho, todo de piedra y lindas maderas, que no se ha labrado mejor en la isla, con más de dos mil pies de naranjos y limas y otros árboles de frutas y molí en él nueve años, y por ser molienda de caballos y querer tenerla de agua, la vendí y compré un ingenio de agua que ha cuarenta años lo hicieron los Pasamontes, vuesos tesoreros que en su tiempo fue cosa de ver, y en los sucesores se fue perdiendo, hasta que habrá cuatro años que le compré perdido, caídas las paredes y acequias, y lo he reedificado, que las obras que en él tengo hechas son de romanos, y hasta allí hay que ver en hacienda semejante esta tal que reyes como vuesa majestad se podían preciar de ella.* (Fernández de Oviedo 1959: 107).

En términos de uso del espacio, el ingenio estaba siempre ubicado en una hacienda, que era una gran extensión de terreno agrícola en las que habitaban las poblaciones indígenas, africanas y europeas dedicadas a la producción. Esta hacienda tenía un trapiche o ingenio, llegando a poseer algunas de ellas iglesia[7] y cementerio. Cada ingenio tenía su estancia, establecimiento agrícola principalmente de tubérculos, de la cual se alimentaba la población libre y esclava ligada a la producción, debido a que la labor industrial necesitaba de una gran cantidad de mano de obra especializada. Para tales fines, contaba con maestros, por lo regular de procedencia canaria o portuguesa, y esclavos, negros (traídos de África) e in-

[5] El historiador dominicano Genaro Rodríguez Morel refiere que... «*una de las obras de ingeniería hidráulica más importantes que se construyeron en Santo Domingo* [...] *se trataba de una presa de argamasa que tenía una extensión de más de 180 metros de largo, por 25 de ancho por 12 pies de alto* [...] *edificada para atajar y embalsar toda el agua del río Ibuca que pasaba por Nigua*» (2012: 258). Una obra con esas características constructivas indica la importancia del agua en los procesos de producción azucarera, hecho que se repetirá en otras instalaciones azucareras, aunque con menor escala, garantizando el suministro del líquido elemento y su capacidad de generar energía suficiente para sostener la molienda.

[6] La *Historia general y natural de las Indias* de Gonzalo Fernández de Oviedo será recurrentemente citada en este texto debido a que su autor fue testigo fundamental de los principales eventos históricos que marcaron el devenir de la isla durante el siglo XVI.

[7] Aún edificada, se encuentra la iglesia o capilla del ingenio de Engombe y la denominada ermita de San Gregorio en la comunidad de Nigua, la cual fue capilla del antiguo ingenio de San Gregorio. También el ingenio de Diego Caballero contaba con edifico de iglesia.

dígenas, que con la práctica llegaron a especializarse en una de las actividades productivas del ingenio, favoreciendo la economía en los procesos productivos, al ser de menor costo que los maestros traídos de Europa, sobre todo canarios, con cuya venida aumentaba considerablemente el costo de producción. En relación con los esclavos indígenas, la presencia de sus poblados en las proximidades de los ingenios favoreció la instalación y funcionamiento de estos establecimientos azucareros con el aporte de su mano de obra, especialmente en labores agrícolas y artesanales. Por lo general el propietario y administrador permanecían en la misma, haciendo residencia en el lugar, mientras que maestros y mayordomo poseían viviendas dentro del área de la hacienda, al igual que los esclavos para quienes establecían sus espacios de habitación.

Del mismo modo, la instalación azucarera poseía varios hatos de ganado de considerable tamaño, dedicados a la cría de animales, para proveer alimentación al personal, así como para facilitar el transporte desde los campos al ingenio y del ingenio al puerto de embarque (Fondeur 1999)[8]. Como observamos precedentemente, la multiplicidad de actividades y los recursos necesarios para la puesta en funcionamiento de un ingenio, requería de grandes capitales para su instalación, producción y mantenimiento de las estructuras. El historiador dominicano Amadeo Julián, infiere que un ingenio poderoso, en este caso, el de Francisco de Tapia, costaba entre diez y quince mil ducados. El monto de la inversión presupone que un propietario de ingenios debió ser una persona poderosa y bastante rica. (Julián 1997, 279). Esta aseveración encuentra fundamentos o se basa en un texto de la ya citada *Historia general y natural de las Indias* de Fernández de Oviedo, en el cual presenta una descripción de los ingenios y una aproximación a los costos, al expresar:

> *...que cada ingenio de los poderosos e bien aviados, demás e allende de la mucha costa e valer del edificio e fábrica de la casa en que se hace el azúcar, e de otra grande casa en que se purga e se guarda, hay algunos que pasan de diez e doce mill ducados de oro e más hasta lo tener moliente e corriente. Y aunque se diga quince mill ducados, no me alargo, porque es menester tener, a lo menos, continuamente ochenta o cient negros, e aun ciento e veinte e algunos más, para que mejor anden aviados; e allí cerca un buen hato o dos de vacas, de mill o dos mill o tres mill dellas que coma el ingenio.* (Fernández de Oviedo 1959: 107).

El elevado costo requerido para la edificación de instalaciones productoras de azúcar, así como la necesidad de financiamiento, solo pudo ser asumida por una clase oligarca compuesta por los principales funcionarios de la corona en la Isla, quienes llegaron a convertirse en propietarios o señores de ingenio, mediante la solicitud de Cédulas Reales para el financiamiento y establecimiento de las plantaciones y su sistema de producción. Al margen de la elevada inversión, la rentabilidad obtenida en la producción y comercialización del dulce, motivó al desarrollo y establecimiento de nuevos ingenios, llegando a existir, durante la primera mitad del siglo XVI, un total de 29 centros de producción azucarera, entre trapiches e ingenios[9].

Se observa en el mapa (Figura 7.1) una distribución en la instalación de los sitios de producción azucarera, con una marcada tendencia hacia la selección de determinadas áreas geográficas, siendo la franja sur de la isla la zona más preciada para el desarrollo de la industria azucarera. La proximidad o el adecuado acceso al puerto de Santo Domingo motivó la preferencia en la selección, unido al hecho de que las tierras meridionales, sobre todo en los alrededores de las ciudades y villas de Santo Domingo, San Juan de la Maguana, Higüey, Puerto Plata y Azua, eran consideradas como las mejores tierras por los productores y mayordomos azucareros (Rodríguez 2012: 240).

---

[8] La arqueóloga Nerva Fondeur trabajó como Gerente General en el proyecto del expediente de nominación *La ruta de los primeros ingenios azucareros*, contribuyendo de manera excepcional, mediante la transferencia de información de su tesis de grado, con el documento presentado. Esta tesis no se refiere de manera adecuada en este trabajo debido a que, en él, empleamos el documento del expediente.

[9] La información subsiguiente, compuesta por la tabla con el listado de los ingenios y el mapa de ubicación están tomados de la obra de Del Río (2012b).

Relación de ingenios existentes en La Española durante la primera mitad del siglo XVI	
1	Trapiche de Pedro de Heredia y Damián de Peralta
2	Trapiche de Francisco Barrionuevo y Fernando de Illescas
3	Trapiche de Sancho de Monasterios y Juan de Aguilar
1	Ingenio edificado por Gonzalo de Vellosa y los hermanos Francisco y Cristóbal de Tapia
2	Ingenio de Lucas Vázquez de Ayllón y Francisco de Ceballos
3	Ingenio de Pedro de Barrionuevo y Diego de Morales
4	Ingenio propiedad de Juan de Villoria (ingenio de Sanate)
5	Ingenio propiedad de los Trejos, adquirido a mediados de 1540 por Juan de Villoria
6	Fábrica instalada inicialmente en la ribera del Casui y trasladada después al más caudaloso Higuamo
7	Ingenio de Diego Colón en la ribera del Isabela
8	Ingenio de Diego Caballero en el río Ybuca
9	Ingenio de Benito de Astorga en el río Ybuca
10	Ingenio del Licenciado Pedro Vázquez de Mella y Esteban Justinián (ingenio de Engombe)
11	Ingenio del "Árbol Gordo", propiedad del licenciado Lebrón
12	Ingenio de Esteban Pasamontes
13	Ingenio de Francisco de Tostado sobre cuyo emplazamiento se alza, a finales del XVIII, el trapiche de Boca de Nigua
14	Ingenio de Diego Caballero
15	Ingenio de Alonso de Ávila
16	Ingenio de Francisco de Tapia
17	Ingenio de Juan de Ampiés
18	Ingenio del licenciado Alonzo de Suazo
19	Ingenio de Diego Caballero en el río Cepicepi, en las cercanías de la bahía de Ocoa
20	Ingenio de Jácome Castellón
21	Ingenio de Hernando Gorjón
22	Ingenio de Alonso Gutiérrez de las Varas
23	Ingenio de Juan de León
24	Ingenio del bachiller Moreno
25	Ingenio del licenciado Barreda
26	Ingenio de Pedro Martín de Agramonte

Tabla 1. Fuente: Del Río (2012b)

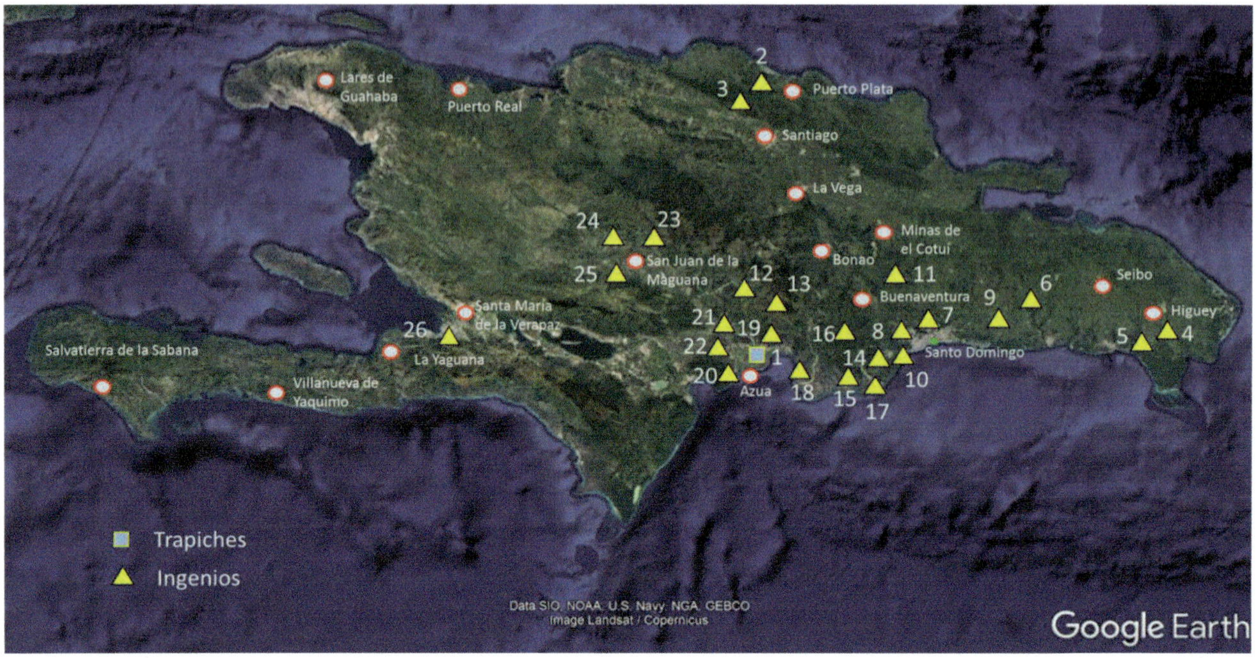

Figura 7.1. Relación de ingenios existentes en La Española durante la primera mitad del siglo XVI. Inventario extraído del libro *Ganadería, plantaciones y comercio azucarero antillano. Siglos XVI y XVII* (Del Río 2012b) y colocado sobre una foto satelital de Google Earth con el fin de representar una aproximación geográfica de las distintas instalaciones azucareras establecidas en la isla

De todas las estructuras o espacios funcionales, la parte central del ingenio estaba fundamentada en el núcleo de producción basado en el uso del molino de agua impulsado por la fuerza hidráulica, o el trapiche movido por tracción animal. Para el caso del sistema hidráulico, el agua era conducida desde la zona de represa a través de una acequia o canal que terminaba en una caída o chorro, cuyo impacto hacía girar el molino, situado en el área de máquinas. Compuesto de dos rodillos horizontales, el molino era el encargado de obtener el jugo de la caña por compresión y laminado. Luego de extraído el jugo de la caña éste era llevado al área de calderas, donde se generaba el proceso de cocción y, posteriormente, al área de purgar o sala de purga, edificio en que era procesada como melaza y luego sometida a varios procesos de cristalización en recipientes de barro (formas u hormas), depositándose finalmente en los almacenes. Estos espacios de almacenamiento se ubicaban comúnmente en las zonas elevadas del centro de producción, con lo cual se garantizaba la preservación del producto en tiempos de lluvias, significando un aprovechamiento eficaz de la topografía y la generación de un diseño particular para cada establecimiento azucarero.

Como se observa en los recorridos realizados en los antiguos sitios de producción azucarera establecidos en La Española, la producción de artículos artesanales relacionados con el funcionamiento del ingenio, como los recipientes de barro empleados en la cristalización y almacenaje del azúcar y las tejas de barro para la cubierta de las edificaciones, así como la obtención, mediante hornos situados en la misma instalación, de la cal empleada en el proceso de elaboración del dulce eran actividades internas del establecimiento azucarero. En el área de herrería se fabricaban los recipientes de cobre donde se hervía el jugo de la caña, se hacían y reparaban los instrumentos de trabajo tales como los arados de reja y el herraje de los caballos, entre otras actividades; mientras que en la zona de carpintería se ocupaban de la elaboración y reparación de objetos de madera.

El investigador dominicano Anthony Stevens-Acevedo, en el documento presentado para su ingreso a la Academia Dominicana de la Historia el 15 de abril del 2009 titulado *Los ingenios de azúcar de una familia de La Española en el siglo XVI* describe a partir del análisis de diversos documentos de la época en los que se hace referencia al ingenio de Santa Bárbara, ubicado en la ciudad de San Juan de la Maguana[10], los distintos espacios de manufactura que componían un ingenio de principios del siglo XVI. Para 1527, este ingenio tenía un edificio destinado a la producción, conocido localmente como casa de ingenio o casa de calderas, en el cual se encontraba el molino y las calderas, distribución que se repite en algunos ingenios construidos en las dos primeras décadas del siglo XVI. Complementaban el conjunto el área de purgas y el almacén como eje básico en la elaboración del azúcar, además de las habitaciones o bohíos para el personal y los esclavos, las cocinas, la casa de fragua y las dependencias para otras actividades relacionadas con el mantenimiento del ingenio.

Manufactura del azúcar[11]

El jugo de caña extraído mediante la molienda fluía directamente del molino o el trapiche al área de calderas, donde se evaporaba el líquido mediante cocción, hasta la obtención de un líquido viscoso o melaza, de la cual se producían los cristales de azúcar morena. Después de colar las impurezas y agregar cal, los trabajadores pasaban el jugo de paila en paila, por medio de cucharones en madera con largos mangos, donde un maestro de calderas, normalmente esclavo, apreciado por su habilidad con el proceso, dirigía la operación mediante una batería de pailas o calderos de cobre o de hierro, colocados sobre hornos o fogones, con fuego alimentado por bagazo seco de caña y madera. A la voz del maestro, los esclavos trasladaban los cristales húmedos a pailas de madera para refrescarlos. Esta azúcar se depositaba en hormas y se colocaban en tramos para el proceso de purificación o purgado. Una vez que el azúcar estaba seco, se procedía a sacar los panes de azúcar de las hormas que eran reutilizadas rellenándose con azúcar fresco para su nuevo sellado y marcado.

Ingenio de Diego Caballero

Este ingenio hidráulico (Figura 7.2-7.4) aparece registrado en la relación de ingenios y trapiches de azúcar hecha por el cronista de Indias Gonzalo Fernández de Oviedo, en el 1546, en su obra *Historia general y natural de las Indias*. Su propietario era Diego Caballero, primer secretario de la Real Audiencia de Santo Domingo. Este solicita al rey en 1518 una legua de tierra en cuadro, con facultad de amojonarla y tener jurisdicción sobre ella, con el propósito de levantar una villa en la misma. En este ingenio se organizó la primera y mayor crianza de cabras en la isla, al igual que se produjo el inicio del cultivo de viñas en el año 1535. Ubicado a unos 500 m de la desembocadura del río Nigua en el Mar Caribe, representa un conjunto integrado por los espacios físicos requeridos en el siglo XVI para la fabricación industrial del azúcar: sitio de molienda, purga, almacén, acequias, depósito de agua, embalse, y hornos, entre otros. El espacio de purga, ubicado en el mismo edificio que el almacén[12], presenta una estructura rectangular edificada en piedra y mortero de argamasa. En el edificio de molienda y de calderas se encuentra un tren español con cinco fogones construidos en ladrillo y mortero de cal y arena; igualmente aparece un pozo de agua siendo visible su brocal. Posee un canal que conducía el agua desde una legua de distancia desde el río Nigua hasta el ingenio, un horno en ladrillo para la fundición, un horno para la cal, así como un horno para la cocción de ladrillos, hormas y tejas.

[10] Ciudad ubicada en la porción central del país, a 190 km al oeste de Santo Domingo.

[11] Aunque ya se ha señalado más arriba la deuda que este trabajo tiene con el documento de inscripción presentado por el país a la UNESCO para la nominación de *La ruta de los primeros ingenios azucareros* en el año 2003, queremos insistir, de manera especial, en la dependencia que todo este epígrafe tiene con respecto a ese expediente.

[12] Esta distribución espacial también se observa en los restos del ingenio de Sanate, ubicado en la provincia de La Altagracia, en el extremo oriental de la nación. En ambas instalaciones, estas estructuras para el proceso final de producción y almacenamiento del dulce se establecen en promontorios o zonas elevadas dentro del conjunto azucarero. Tal aprovechamiento de la topografía se observa también en el ingenio de Engombe (situado en el límite oeste de la ciudad de Santo Domingo), donde ubican el almacén en una posición elevada del terreno, favoreciendo con esta localización la seguridad y preservación del producto terminado o pan de azúcar, ante las inclemencias del tiempo.

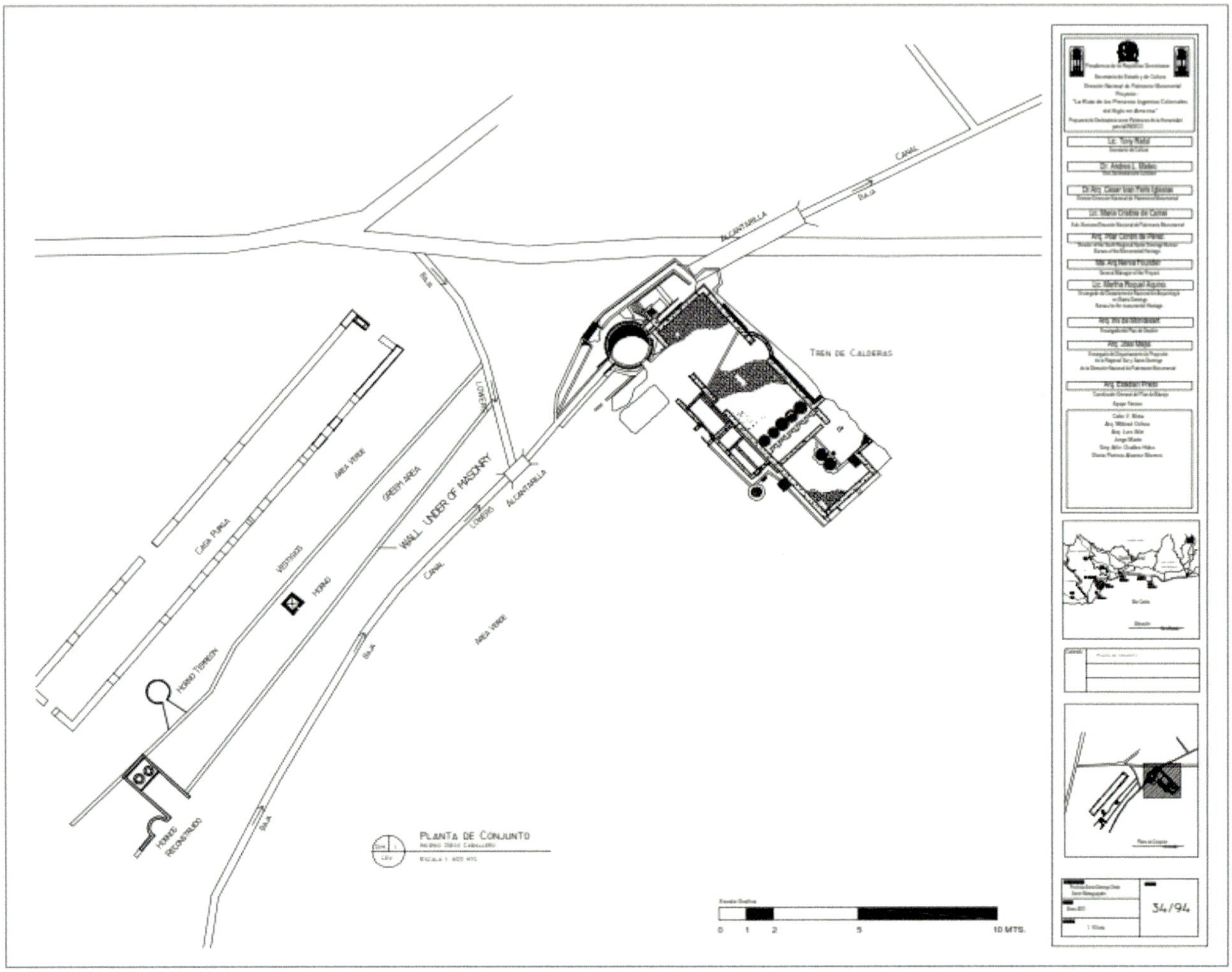

Figura 7.2. Levantamiento general del ingenio de Diego Caballero como parte de la documentación del expediente de nominación de *La ruta de los primeros ingenios azucareros* presentado ante la UNESCO en el año 2003

Figura 7.3. Vista orientada de sur a norte del edificio de almacén y casa de purgas del ingenio de Diego Caballero (Foto: Santiago Duval)

Esta instalación azucarera ha sido la única en la República Dominicana en la cual se han realizado estudios arqueológicos extensivos e intensivos, posibilitando la observación y reconocimiento material de cada uno de los componentes vinculados a la producción de azúcar a principios del siglo XVI. Del informe técnico presentado, extraemos algunos elementos que nos ayudan a identificar sistemas y procesos de operación. La estructura fundamental para la producción del ingenio hidráulico está constituida por el reservorio de agua, construido con muros de mampostería de 0,80 m a manera de un gran embalse circular para almacenar el agua canalizada mediante la acequia. A fin de generar la energía suficiente y motorizar el funcionamiento del engranaje de madera con capacidad de molienda, se construye una abertura con forma cónica de 0,90 x 0,38 m a una profundidad de 2,90 m (Luna 1989: 37) al interior del embalse con lo cual se potenciaba la presión y se producía un empuje por gravedad para mover la rueda que activaba los ejes del molino para la extracción del jugo de la caña.

D. 18 Reconstrucción imaginaria del ingenio "La Concepción de Nuestra Señora", propiedad de Diego Caballero, Secretario de la Real Audiencia. Se encontraba funcionando en los alrededores de Nigua desde 1525, aprox.

1. Casa de Calderas. 2. Transporte de la caña al ingenio por la guardarraya o camino principal. 3. Trapiche de molienda impulsado por fuerza hidráulica. 4. Rueda de cangilones. 5, Cañaleta y depósito de acumulación de agua. 6. Tren español o conjunto de fogones donde se obtiene el punto de meladura. 7. Maestro del azúcar. 8. Depósito de leña. 9. Piscina o refriadera. 10. Aljibe. 11. Tringladillo o estructura donde se colocaban las hormas con melaza en su primera fase de cristalización. 12. Parada para sellar las hormas con barro, que al bajar remueve las impurezas. Técnica llamada "aguaje". 13. Casa de Purgas, etapa final de cristalización y almacenamiento.

Figura 7.4. Reconstrucción idealizada del ingenio de Diego Caballero ubicado en la desembocadura del río Nigua propuesta por J. Arvelo, A. Verdejas y B. Arvelo y tomada del Trabajo Fin de Máster de la arquitecta Natalia Norberto Pérez (Norberto Pérez 2018: 44)

Pese al riesgo que suponía el fuego empleado en la evaporación del jugo de la caña para la maquinaria de molienda, la presencia y funcionamiento del molino en la misma edificación que las calderas es una constante en los ingenios construidos y en funcionamiento en La Española durante las primeras tres décadas del siglo XVI (Stevens-Acevedo 2009: 6) y puede ser observada en los vestigios de instalaciones azucareras distribuidas en la geografía de la República Dominicana. Tal es el caso del ingenio de Sanate en la provincia de La Altagracia (Higüey, al este del país), del ingenio de Nuestra Señora de Monte Alegre (La Duquesa, al norte de la ciudad de Santo Domingo) y del ingenio de Alonzo de Suazo, ubicado en la provincia de Azua (Palmar de Ocoa, al oeste de la ciudad de Santo Domingo), ejemplos, todos ellos, de las primeras instalaciones azucareras construidas en América.

Un elemento particular, lo representa la existencia de un pozo artesiano[13] adosado a la pared sur de la casa de calderas (Luna 1989: 46). La presencia de esta subestructura podría presuponer un abastecimiento de agua fresca para mitigar la sed y el calor generado por el proceso de cocción u otra actividad dentro del sistema de producción del azúcar.

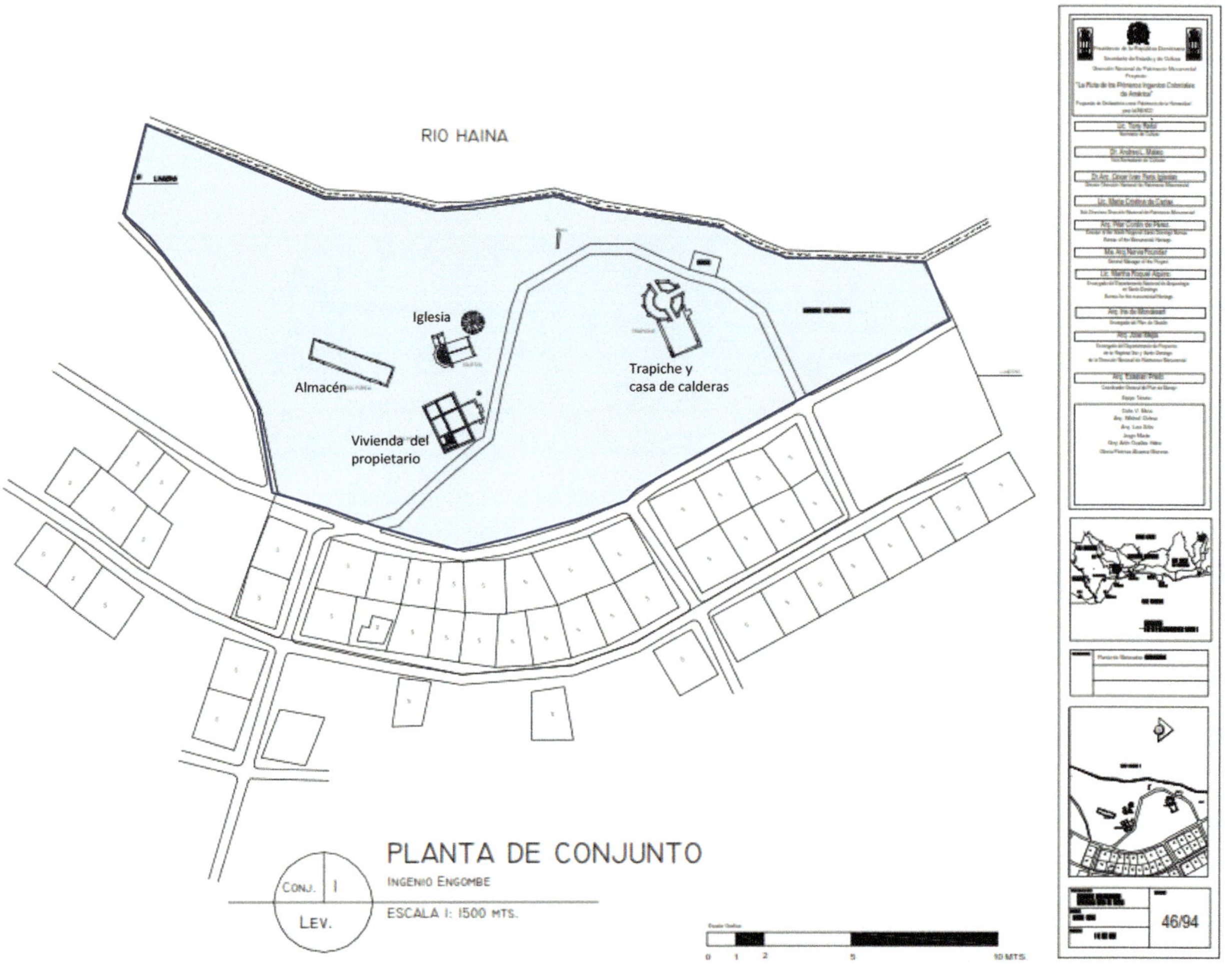

Figura 7.5. Levantamiento general del ingenio de Engombe como parte de la documentación del expediente de nominación de *La ruta de los primeros ingenios azucareros* presentado ante la UNESCO en el año 2003. Resaltamos en el plano el área conteniendo las principales estructuras con un tono de color azul claro

Ingenio de Engombe

Este ingenio, movido inicialmente por fuerza hidráulica y más tarde por sangre animal (Figuras 7.5-7.7), figura registrado en la relación de ingenios y trapiches de azúcar hecha por el cronista de Indias Gonzalo Fernández de Oviedo, en el 1546, en su obra *Historia general y natural de las Indias*. Las fuentes escritas más tempranas acerca de los propietarios del ingenio, el genovés Pedro Vázquez de Mella y Esteban Justinián, aparecen en un censo de 1528. Otra fuente documental escrita entre 1533 y 1535 destaca la importancia del mismo.

[13] Pozo de agua para consumo humano. En el informe técnico de los trabajos arqueológicos elaborado por el Lic. Fernando Luna Calderón, no localizamos inferencias o aproximaciones teóricas que contribuyan a interpretar de forma adecuada y con mayor nivel de especificidad, la existencia del pozo adosado a la casa de las calderas. Por ello generamos el presupuesto teórico presentado, procurando conferir un significado a este elemento.

Figura 7.6. Panorámica que muestra el conjunto edificado compuesto por la vivienda del propietario, la iglesia y el almacén del ingenio de Engombe (Foto: Santiago Duval)

En un momento cuya fecha exacta ignoramos, los primeros propietarios de esta instalación azucarera, o quizás sus posteriores adquirientes, acometieron reparaciones y obras para el cambio de tecnología en la producción del azúcar, pasando de ser un ingenio inicialmente movido por fuerza hidráulica a un trapiche de caballos y/o bueyes. Esta transformación en la generación de la energía necesaria para la operación del sistema de extracción del jugo de la caña posiblemente guarde relación con un problema de diferencia de cotas entre el río y el lugar de establecimiento del ingenio que, por su elevada posición, pudo haber dificultado el curso del agua canalizada mediante las acequias.

Figura 7.7. Vista de la vivienda y el almacén del ingenio de Engombe (Foto: Santiago Duval)

En su configuración actual, que responde a su último momento funcional, esta instalación azucarera, ubicada en la margen oriental del río Haina, presenta un conjunto integrado por el trapiche, área de calderas y de purgas, vivienda del propietario, capilla y almacén, entre otros vestigios. La vivienda para el propietario del ingenio, de forma rectangular y de dos plantas, edificada en piedra con sillares y mampuestos, es de estilo renacentista y ha sido comparada con el Palacio Virreinal Alcázar de Diego Colón, ya que reproduce una doble arquería encuadrada por alfiz rehundido (Palm 1955: 109). Presenta evidencias de la existencia de balcones en su segunda planta, caracterizadas por las huellas de los mechinales donde se insertaban o colocaban los postes o vigas de madera en el paramento. La capilla del ingenio presenta valores arquitectónicos excepcionales pues se trata de la única construcción religiosa del siglo XVI en la isla La Española con ausencia de elementos del arte gótico y presencia de elementos del arte renacentista.

El edificio del trapiche, edificado en sillería y mampostería de piedra con planta poligonal, nunca ha sido intervenido. El almacén, de planta rectangular, fue edificado en piedra y ladrillos, con sillares en los ángulos o esquinas y en los elementos estructurales. La disposición que asocia el trapiche y la zona de las calderas parece repetir la distribución espacial que vincula, dentro de un mismo edificio, las actividades de molienda y cocción. Sin embargo, la ausencia de estudios arqueológicos constituye una limitante en la cantidad de información material disponible para producir una reconstrucción histórica de esta instalación.

Figura 7.8. Trapiche y casa de calderas del ingenio Boca de Nigua (Foto: Santiago Duval)

Ingenio de Boca de Nigua

Este ingenio (Figuras 7.8-7.9) es, desde el siglo XVIII, un importante complejo azucarero caracterizado por un molino accionado por tracción animal, pero en su origen fue una instalación hidráulica también registrada en la relación de ingenios y trapiches de azúcar hecha por el cronista de Indias Gonzalo Fernández de Oviedo, en el 1546, en su obra *Historia general y natural de las Indias*. Gracias a la documentación disponible, sabemos que este primer ingenio azucarero, articulado en torno a un molino movido por agua edificado a principios del siglo XVI, perteneció inicialmente a Francisco de Tostado, escribano público que llega a la isla en 1502. Su poco adecuada ubicación, en las proximidades de un afluente del río Nigua que presentaba un escaso caudal y estaba habitualmente seco precisamente en época de zafra (Julián 1997: 283), hizo que su vida no fuera muy larga dejando de moler y producir azúcar en un momento del siglo XVI cuya cronología precisa ignoramos. Reedificado completamente en el siglo XVIII y ya movido por caballos o bueyes, alcanza su mayor esplendor a partir de ese momento siendo administrado por Juan Bautista Oyarzábal en nombre de su propietario, el Marqués de Aranda, noble español[14].

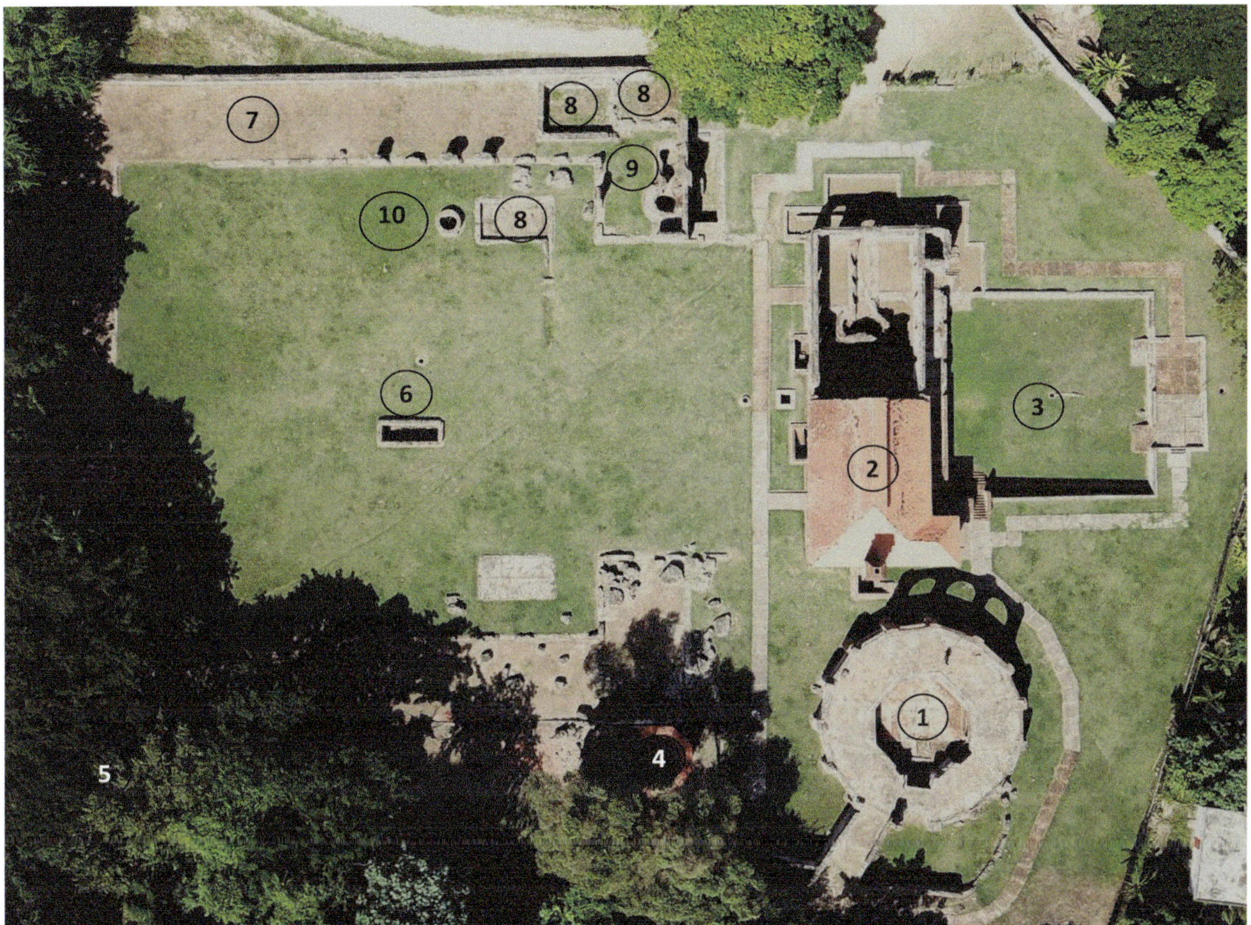

1.- Trapiche. 2.- Casa de Calderas. 3.- Patio de carga y depósito de leña y bagazo para alimentar los hornos. 4.- Área de purgado. 5.- Horno. 6.- Pileta para apagado de cal. 7.- Almacén. 8.- Piletas de enfriamiento. 9.- Segunda zona de calderas. 10.- Pozo.

Figura 7.9. Vista aérea del ingenio Boca de Nigua en la cual se observan los restos de las diversas estructuras edificadas para la producción (Foto: Santiago Duval)

El trapiche dieciochesco de Boca de Nigua constituye un importante conjunto arquitectónico integrado por los espacios físicos requeridos en ese momento que evidencian adelantos significativos en los procesos para la fabricación industrial del azúcar y una marcada diferencia en relación con la distribución espacial y aprovechamiento topográfico observado en los ingenios del siglo XVI. Según un grabado publicado en 1789, la casa de calderas reproduce un modelo clásico de la época y en ésta se encuentra un tren con cinco fogones construidos en ladrillos y mortero de argamasa, duplicado simétricamente en el extremo norte del edificio.

[14] Al tratarse de la única conservada, en este trabajo describimos la traza que corresponde a la reedificación de finales del siglo XVIII. Su inclusión en este texto, consagrado a los más antiguos ingenios de la isla, puede parecer fuera de lugar. Pero se debe a que, además de tener como precedente el ingenio de Tostado, esta instalación forma parte de los ingenios propuestos en la declaratoria oficial de 2003 presentada ante la UNESCO. Todas las informaciones fundamentales presentadas en la descripción de este bien proceden de este expediente.

Cuenta con dos niveles separados por bóveda de ladrillos, casi plana y soportada por pilares del mismo material, terminando en techo a dos aguas. Su infraestructura operacional indica que para su funcionamiento requería abundante mano de obra esclava, poseyendo una casa de calderas con diez pailas, divididas en dos bloques de cinco y alimentadas en el nivel inferior o semisótano, con lo que se generaba un ambiente de explotación en condiciones infrahumanas para los esclavos de este ingenio.

Su modelo, de origen francés, es similar a los desarrollados en la colonia francesa de Saint-Domingue y posteriormente en la isla de Cuba. A diferencia de los ingenios azucareros edificados por los españoles en el siglo XVI, cuyas estructuras se encuentran segregadas y ajustadas a la topografía preexistente, este ingenio centraliza en un espacio físico unificado, alrededor de un patio central, todas las actividades productivas. Además del trapiche de planta octagonal reforzado por contrafuertes de mampostería y ladrillos, casa de purgas, almacén, secadero doble de planta poligonal, y horno, muestra un segundo espacio con calderas fuera del centro de producción principal, o casa de calderas, lo que presupone el aprovechamiento de ese ámbito para el desarrollo de otras actividades productivas, probablemente vinculadas al tratamiento de cueros, actividad económica que era favorecida en esa época.

Es importante destacar que este ingenio posee, de añadidura, un alto valor histórico y simbólico pues fue el sitio donde se produjo, en 1796, la segunda revuelta de esclavos de la parte española en la isla de Santo Domingo. Y en ese mismo año fuentes documentales se refieren a esta instalación azucarera como una de las mejores factorías de la parte española de la isla, siendo el lugar visitado en 1801 por el famoso general haitiano Toussaint Louverture para ajustar la paz con las autoridades españolas representadas, para la ocasión, por Leonardo del Monte, José Sterling y el oficial real Francisco Gazcue.

Figura 7.10. Vista aérea del edificio de molienda y calderas del ingenio de Sanate. Empleamos dos flechas para indicar espacios particulares en el esquema de producción. La flecha de color amarillo, en la parte superior de la imagen, precisa la ubicación de los restos de la acequia y su relación con la casa de calderas. La flecha de color blanco, en la parte inferior de la imagen, indica el espacio asignado al molino para generar la molienda con la caída de agua desde la acequia (Foto: Santiago Duval)

Materialidad y otros restos de ingenios

La ausencia de estudios arqueológicos sistemáticos y extensivos en los ingenios azucareros establecidos en la República Dominicana durante el siglo XVI, limita la obtención de informaciones materiales para lograr una aproximación teórica tendente a la realización de una reconstrucción histórica de estos espacios de producción industrial. Sin embargo y ante esta debilidad, procuraremos informaciones materiales obtenidas a partir del análisis o seguimiento de conservación de otros dos ingenios ubicados en el territorio nacional. Se trata de dos instalaciones azucareras fechadas a principios del siglo XVI: el ingenio de Alonzo de Suazo, ubicado en la comunidad de Palmar de Ocoa, en la provincia de Azua, al oeste de la ciudad de Santo Domingo, y el ingenio de Juan de Villoria, o de Sanate, localizado en la provincia La Altagracia, en el extremo oriental de la isla. El objetivo de presentar estos restos como un ejemplo de la materialidad de la producción azucarera radica en la diferencia observada entre ambos tanto en la técnica de aprovechamiento del recurso hídrico para la molienda, como en la distribución espacial de los espacios construidos.

El ingenio de Sanate (Figuras 7.10-7.11) fue incluido en el expediente de inscripción de 2003, pero no recibió, sin embargo, el mismo tratamiento conferido al resto de instalaciones azucareras que conforman este documento. El conjunto o núcleo de producción de este ingenio se compone de tres elementos fundamentales para la manufactura azucarera, en este caso, la acequia para la conducción del agua desde el río represado hasta el ingenio, la casa de moliendas y calderas y el edificio para almacén y purgado del azúcar.

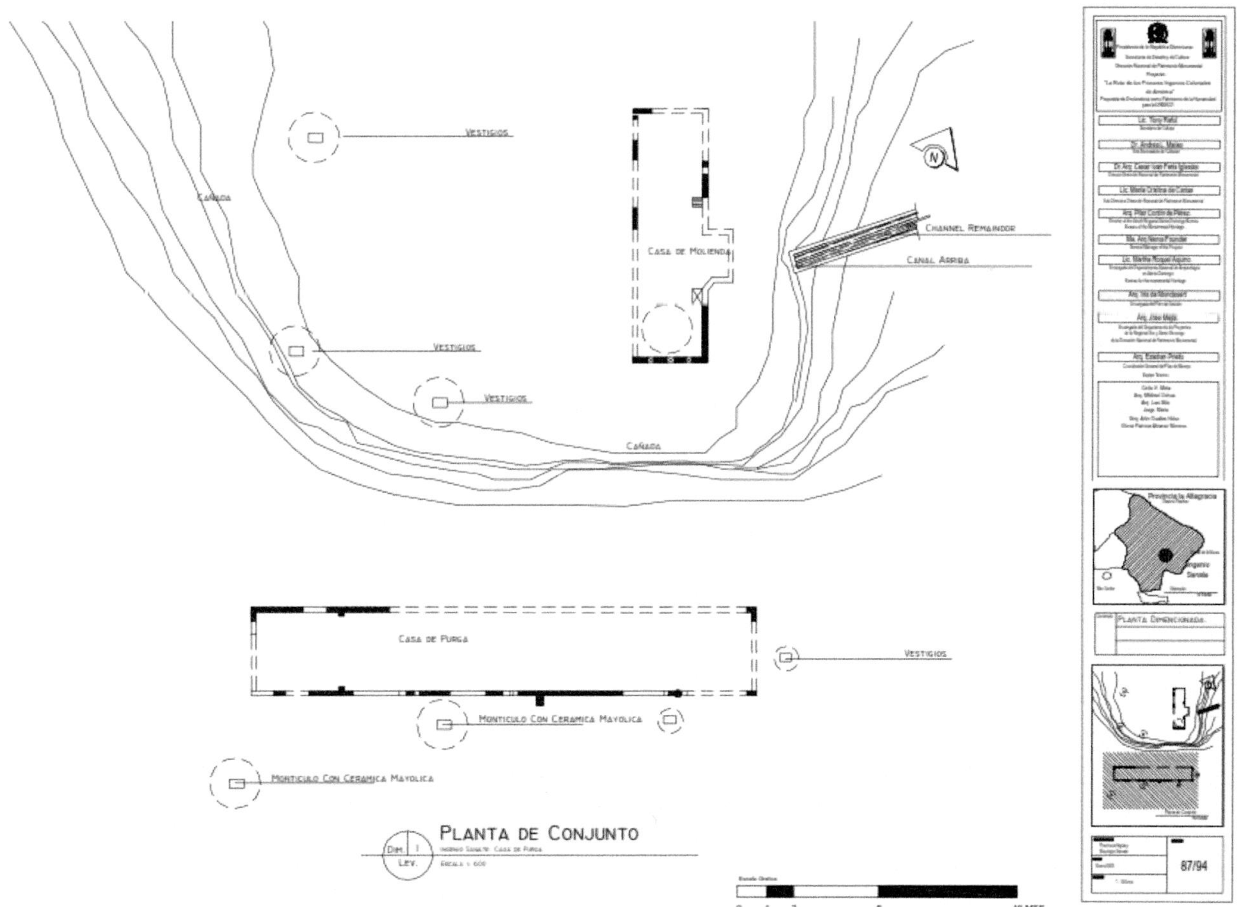

Figura 7.11. Levantamiento general del ingenio de Sanate como parte de la documentación del expediente de nominación *La ruta de los primeros ingenios azucareros* presentado ante la UNESCO en el año 2003. Muestra las tres estructuras principales del esquema productivo: casa de calderas, área de purga y almacén

Respecto al proceso de molienda, observamos la existencia de un edificio destinado tanto a esta actividad como a la cocción del guarapo de caña, con la particularidad de disponer de un molino interno que operaba por una caída de agua que superaba los 10 m de altura. Posiblemente, desde la acequia hasta el molino debió existir una especie de canalización en madera que redujera la diferencia de altura entre los componentes y evitara una caída tan pronunciada y libre del agua, mitigando el derrame del líquido al interior de la edificación, pero produciendo energía suficiente para optimizar la molienda durante los periodos de zafra. Hasta el momento, es el único ingenio que muestra esta tipología constructiva y este mecanismo para el sistema de molienda. Por su parte, el almacén y el área de purgar compartían también el mismo espacio construido.

Figura 7.12. Imagen de conjunto desde el edificio de almacén y purgado donde se observan los restos del área de molienda y cocción en la parte inferior del terreno. Este sistema de distribución espacial replica la dispersión estructural basada en la topografía del terreno (Foto: Santiago Duval)

La concentración en dos edificaciones de todos los procesos productivos marca la tendencia de los primeros ingenios del siglo XVI favoreciendo el aprovechamiento de los mismos espacios para el uso diversificado de la manufactura del azúcar. De este modo, se produce una reducción de los costos de instalación al optimizar el uso de los espacios y se genera una amplia construcción en un promontorio cercano al área de molienda y cocción.

Nuestro segundo ingenio corresponde al de Alonzo de Suazo (Figuras 7.12-7.14), construido en una terraza aluvial próxima a la desembocadura del río Ocoa. Esta situación favoreció la fábrica de dos edificaciones alineadas y ubicadas en un mismo nivel o rasante, marcando una diferencia en la distribución espacial en relación con el resto de los ingenios edificados a principios del siglo XVI. Los vestigios observados durante las visitas de inspección posibilitan la identificación de cuatro estructuras o espacios construidos, identificados como la acequia, el cubo, el edificio de molienda y cocción, además de un pequeño inmueble posiblemente vinculado a las actividades de purgado del azúcar.

El centro de elaboración del azúcar, casa del ingenio, de molienda o de calderas, guarda similitud con los restos del ingenio de Sanate, al disponer del molino al interior de la propia casa del ingenio. Difieren, no obstante, en la tipología operativa de la fuerza motriz para hacer funcionar el proceso de molienda, pues mientras en el ingenio de Sanate el agua en caída libre acciona directamente toda la maquinaria del molino, en el ingenio de Alonzo de Suazo, el esquema funciona mediante el impulso del agua concentrada en el cubo para motorizar todo el sistema de molienda.

Otro elemento a destacar es el relacionado con las dimensiones espaciales de este edificio, el cual presenta una longitud de 50 m. Tal dimensión supera considerablemente al resto de las estructuras de producción azucarera conocidas, incluso al establecimiento del ingenio de Boca de Nigua, cuya fábrica está fechada, como hemos visto, a finales del siglo XVIII. Un aspecto relevante en las construcciones de ingenios durante el siglo XVI está referido a la calidad de la obra y al modo en que se adecúa y apropia la materia prima local para construir sus edificaciones. En el ingenio de Alonzo de Suazo, al ser establecido en una meseta aluvial y estar carente de un basamento rocoso como soporte geológico, la gran estructura de la casa de molienda se

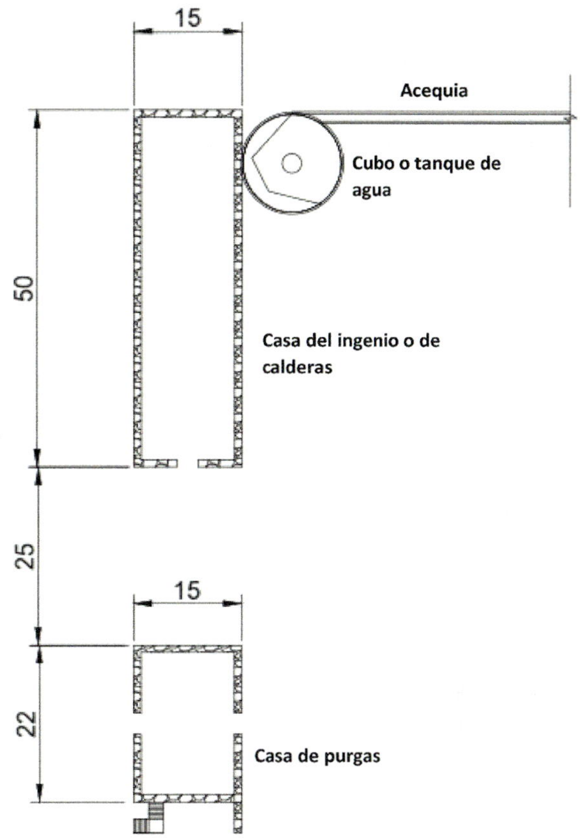

Figura 7.13. Croquis con las dimensiones de los restos del ingenio de Alonso de Suazo

Figura 7.14. Vista frontal de la casa de molienda perteneciente al ingenio de Alonzo de Suazo. Se trata de la estructura para producción de azúcar construida en el siglo XVI con mayor porcentaje de integridad, evidenciando la calidad de la obra (Foto: Santiago Duval)

desarrolló mediante el empleo de arcos ciegos o arcos de carga distribuidos simétricamente en los muros laterales, imprimiendo solidez a la estructura y posibilitando que, al día de hoy, sea la única construcción para la producción de azúcar elaborada en el siglo XVI que conserva la mayor parte de sus paramentos, con vestigios que alcanzan la altura de la cubierta. La gran calidad del conjunto edificado es reconocida posteriormente y, a finales del siglo XIX, el cubo es reutilizado y cubierto con una bóveda de ladrillos mientras que la acequia es readecuada en el transcurso del siglo XX y transformada en un canal de riego.

Conclusiones

El establecimiento de las edificaciones que componen el sistema de producción azucarera de La Española durante el siglo XVI evidencia la capacidad y el dominio técnico de los maestros encargados de la construcción de estas instalaciones. Como se observa en los distintos vestigios ubicados en la geografía nacional, de forma especial en la franja costera sur de la República Dominicana, la construcción de los ingenios azucareros no comportó grandes transformaciones geológicas o topográficas para su edificación. Antes bien, todos ellos manifiestan el uso del hábitat o medio ambiente preexistente a fin de aprovechar los diversos cambios en la superficie para establecer cada estructura necesaria dentro del esquema productivo.

Del mismo modo, se hace evidente la calidad de la obra realizada y un conocimiento de las técnicas constructivas. Se crean así elementos edificados que, a pesar del abandono centenario de los distintos centros de producción azucarera, sobreviven en el presente como muestra inequívoca de su calidad y testimonio de un centro de producción precapitalista objeto de grandes inversiones, aunque sustentado, para las tareas constructivas y productivas de la incipiente industria azucarera, por la explotación de la mano de obra africana traída a la isla en condiciones de esclavitud.

La ausencia de estudios arqueológicos sistemáticos y extensivos abre la posibilidad a nuevas investigaciones que han de ser dirigidas hacia la consecución de informaciones que posibiliten una adecuada comprensión de los sistemas constructivos y una correcta aproximación histórica a los modos de vida y procesos sociales y de producción de una industria que transformó, en términos económicos y poblacionales, el continente americano.

Bibliografía

Del Río Moreno, J.L. 2012a. *Los inicios de la agricultura europea en el Nuevo Mundo.* 1492-1542. Santo Domingo, Academia Dominicana de la Historia, Editora Búho. 2a edición.

Del Río Moreno, J.L. 2012b. *Ganadería, plantaciones y comercio azucarero antillano. Siglos XVI y XVII.* Santo Domingo, Academia Dominicana de la Historia, Editora Búho. 1ª edición.

Duval, S. 1999. *Informe de las prospecciones arqueológicas realizadas en las ruinas del Ingenio de Engombe. República Dominicana.* Texto inédito.

Fernández de Oviedo, G. 1959. *Historia general y natural de las Indias.* Madrid. Atlas, Tomo I.

Fondeur, N. 1999. *El ingenio del siglo XVI en La Española: Puesta en valor del ingenio de Engombe, Santo Domingo*, Universidad Nacional Pedro Henríquez Ureña (UNPHU), Tesis de Maestría inédita para optar al título de Maestro en Conservación de Monumentos y Bienes Culturales.

Julián, A. 1997. *Bancos, ingenios y esclavos en la época colonial* (Colección Banreservas), Banco de Reservas de la República Dominicana, República Dominicana.

Luna Calderón, F. 1989. *Informe técnico de los trabajos de excavaciones arqueológicas del ingenio de Diego Caballero.* Texto inédito.

Marte, R. 1981. *Santo Domingo en los manuscritos de Juan Bautista Muñoz.* Ediciones Fundación García-Arévalo, Santo Domingo.

Norberto Pérez, N. 2018. *Gestiones del patrimonio industrial azucarero: La Hacienda del Oro Blanco como vestigio de la esclavitud en las antiguas colonias españolas de las Antillas Mayores.* Universidad Politécnica de Cartagena, Murcia. Trabajo de Fin de Máster inédito para optar al grado de Máster Universitario en Patrimonio Arquitectónico.

Palm, E.W. 1984. *Los monumentos arquitectónicos de La Española.* Santo Domingo, Editora de Santo Domingo.

Rodríguez Morel, G. 2012. *Orígenes de la economía de plantación de La Española.* Editora Nacional, Santo Domingo.

Stevens-Acevedo, A. 2009. *Los ingenios de azúcar de una familia de La Española en el siglo XVI.* Academia de la Historia, Santo Domingo. Discurso de ingreso como Miembro Correspondiente Extranjero.

8. From sugar farm to cultural landscape: 489 years of the National Heritage Ruins of the Engenho São Jorge dos Erasmos Sugar Mill (Brazil)

Vera Lucia Amaral Ferlini
University of São Paulo. Brazil
Beatriz Pacheco Jordão
University of São Paulo. Brazil
André Muller de Mello
Ruinas Engenho São Jorge dos Erasmos National Monument. Brazil
Rodrigo Christofoletti
Federal University of Juiz de Fora. Brazil

Abstract

In recent decades, the landscape around the ruins of the oldest sugar mill in Brazil with preserved remains has served as a laboratory for understanding the complex relationship between the surviving material culture and its natural setting. In this paper we will show how the Engenho São Jorge dos Erasmos has intertwined – and continues to intertwine – with the surrounding landscape, rather like a pendulum swinging between the past and the present. From the sugar production landscape of the 16th century to the dynamics of their modern setting, these ruins have witnessed a signification transformation. The purpose of this approach is to explore the relevance of the concept of "cultural landscape", believing that this is the role played by the area surrounding the ruins.

Keywords: *Heritage, cultural landscape, sugar-producing, Engenho São Jorge dos Erasmos, Brazil.*

Resumen

En las últimas décadas, el paisaje existente en los límites de las ruinas del más antiguo ingenio azucarero brasileño para el que aún se conservan restos sirvió de laboratorio para comprender la compleja relación existente entre la cultura material que ha sobrevivido y su entorno natural. En este texto presentaremos cómo el Engenho de São Jorge dos Erasmos se relacionó y se relaciona (como un péndulo entre el pasado y el presente) con el paisaje que lo enmarca. Desde el paisaje azucarero del siglo XVI a las dinámicas de transformación del paisaje contemporáneo, estas ruinas serán el testimonio de importantes transformaciones. El lema de esta aproximación discute la pertinencia del concepto de "paisaje cultural", considerando que esta noción es la vocación que debe encuadrar estas ruinas.

Palabras clave: *Patrimonio, paisaje cultural, ingenio azucarero, Engenho São Jorge dos Erasmos, Brasil.*

Résumé

Durant ces dernières décennies, le paysage autour des ruines de la plus ancienne sucrerie brésilienne a servi de laboratoire pour l'étude de la relation complexe établie entre la culture matérielle qui a survécu et son environnement naturel. Nous présenterons ici la relation de va et vient constant entre le passé et le présent de la sucrerie de São Jorge dos Erasmos et de son paysage environnant. Ses ruines sont les témoins d'importantes transformations entre le paysage sucrier du XVIe *siècle et celui de nos jours. Le thème de cette approche met en avant la pertinence du concept de "paysage culturel", en considérant que cette notion est essentielle en ce qui concerne l'étude de ces ruines.*

Mots-clés: *Patrimoine, paysage culturel, moulin à sucre, Engenho São Jorge dos Erasmos, Brésil.*

> "In truth, the construction of a coastal road connecting Santos to Rio de Janeiro, i.e. crossing an area easily accessed by the residents of the most populated cities of Brazil, will encourage people to visit and learn about of a coastline that is exceptionally rich in nature and history (...) if the project did not include initiatives to control those visits and protect the qualities of that complex territory, which offer unparalleled generosity (...) those elements that give it such scenic and tourist value will not prevent indiscriminate exploration from destroying precisely what drives that exploration, erasing the historical remains and the landscape itself."
>
> (Luis Saia 1967)

Introduction

The search for an understanding of the landscape was a constant concern for architect Luis Saia, the professional responsible for the restoration and re-classification of what is now the National Heritage Ruins of Engenho São Jorge dos Erasmos. As he explains above, Saia understood the fuel driving that engine (conservation). It was a dynamo that triggered actions and reactions in the comings and goings of the landscape. The architect understood that the natural and historical remains of where we see today the oldest physical and archaeological records of Portuguese presence in Brazil could be lost if the unbridled urban development were to reach it out of step with conservation. The São Paolo architect was one of the first to make declarations relating to the care necessary to preserve what we now call "cultural landscape" at a time before the concept was well-known.

In the past fifty years, the landscape around the ruins of the oldest preserved sugar mill in the country with preserved remains has served as a laboratory for understanding the complex relationship between the surviving cultural remains and their natural setting. In this paper, we will present our reasoning of how the Engenho São Jorge dos Erasmos has intertwined - and continues to intertwine - with the surrounding landscape, rather like a pendulum swinging between the past and the present. From the sugar production landscape of the 16th century to the dynamics of their modern setting, these ruins have witnessed a signification transformation. The purpose of this approach is to explore the relevance of the concept of "cultural landscape", believing that this is the role played by the area surrounding the ruins.

The fundamental feature of the cultural landscape is the occurrence - in certain areas - of a unique blend of nature, occupied and built-up areas, production methods and social and cultural activities, all complementing each other, coming together to create an identity that cannot be achieved by any one of them in isolation. Amid the plethora of different interpretations, there is a general consensus that the cultural landscape is the result of human use of space. However, this can be seen in different ways. The landscape can be read as a document that expresses the relationship of man with his natural environment, showing the changes taking place over time, or it can be seen as a "testament of the history of the human groups who occupied a certain place. It can also be interpreted as the product of a certain society that created it, or even as the material basis for the creation of different symbolisms, a locus of interaction between materialism and symbolic representations." (Winter 2007: 9). Landscape can still further be identified as nature, artefact, habitat; as wealth, as an ideology, as a place and as an aesthetic (Meining 1979). It is therefore viewed in three ways. Firstly, a certain place is defined and characterised depending on the way in which it is perceived. Secondly, landscape is the witness of the past relationship between the person and the environment. Finally, the landscape can help to identify local rituals, sensitivities, practices, beliefs and traditions, as well as revealing underlying stories and memories.

In Brazil, the cultural landscape has emerged as a new category in the conservation of cultural heritage. As defined under the entry for Cultural Landscape in the *Dicionário do Patrimônio do IPHAN* (Glossary of terms published by the Heritage Register (IPHAN) of the Federal Government of Brazil), space is divided up based on unique and representative conditions of specific relationships between social groups and nature. In other words, from a conservation perspective, what identifies cultural landscapes for protection is the peculiar nature of that relationship, woven over time and seen in the specific means of use and appropriation of the natural world by human work (Scifoni 2010). These relationships can materialise morphologically, or they may be explicit in the socially attributed values of a place. The concept of the cultural landscape therefore not only bridges the compartmentalisation between natural and cultural heritage, but also the boundaries between material and immaterial, bringing them together into a single being, a live, dynamic whole. It helps us to understand cultural practices in close interdependence with the materialisms caused and with the dynamics and the shape of nature.

As Simone Scifoni says,

> "[...] Cultural landscape draws on the marks of different phases in the relationship of social groups with nature, emerging as the product of a social and historic construction resting on the material foundations of nature. Nature is the raw material used by societies to create their immediate realities, through their additions to and transformations of that base material." (Nascimento and Scifoni 2010: 32)

By including Cultural Landscape as one of its categories, UNESCO has revived a concept based on the idea of division, separation and the nature/culture, while understanding that the adding of the adjective cultural to the term landscape means, for conservation institutions, the identification of those that have value as heritage, the ones that stand out from the rest. A cultural landscape is one that meets the criteria established by the institutions and must therefore be protected and acknowledged as cultural heritage, thus different from other landscapes.

This differentiation goes even deeper if we think of the cultural landscape as a historical construct, and therefore, adaptable. It works like a historical pendulum that connects past and present and brings about transformations from the natural to the artificial. In this way, the landscape that has been made artificial by urban development -the artificialisation of the environment eventually acts at the same time as a kind of carbon copy of what it was in the past, printing out new layers and veneers as each generation interacts with the landscape.

Based on current evidence, we are seeking to understand the conservation of the National Heritage Ruins of the Engenho São Jorge dos Erasmos in integration with the tools of social and economic development, and in support of the objective of sustainable use of land resources by current and future generations. As is well-known, the Historic Urban Landscape (HUL) approach is based on delving deeper into the practice and reflection of urban conservation. It is understood that the topic of urban heritage is becoming a specific debate in the field, requiring new concepts and approaches depending on their dynamic and changeable nature. In this context, HUL can be seen more as a notion developed over the years to provide some answers to the challenges posed for towns and cities.

2005 was marked by the publication of the Vienna Memorandum, the result of a meeting of specialists that examined the alternatives for the developmental pressures that were affecting historic and urban areas in the modern world. The conclusions of the meeting highlighted the HUL emergency as an interpretation of human ecology, offering a method to improve on the deep-rooted practices in the conservation of buildings and fixed targets, heading in the direction of sustainable development and a more fully comprehensive concept of urban space. After many discussions, in particular the one held in 2008 at the UNESCO headquarters in Paris, a report was published that would form the basis for the new Recommendation from the International Council on Monuments and Sites (ICOMOS). It is understood that HUL would be an idea, a way of understanding heritage within towns and cities as the results of natural, cultural and socio-economic processes, which build it up in space, time and human experience. In 2010, in draft Recommendation, the challenges posed by the conservation of urban heritage were supported: the rapid development threatening the meaning of community spaces and identity; the poor-quality, unbridled urban development; the intensity and speed of change, including global warming; and finally, the unsustainable use of resources.

Urban heritage, with its territorial base, should be interpreted in the light of the concept of development. It should understand the undertaking of agreements or negotiations over the use of natural and cultural resources affecting the existence of modern society, as well as future generations. As suggested in the 2011 Recommendation, the purpose of the HUL approach is to preserve the quality of the human environment, to improve the productive and sustainable use of urban space, acknowledging its dynamic nature, as well as promoting its social and functional diversity. Furthermore, this approach means the wide involvement of the public in decisions over the conservation of heritage in towns and cities, including their perspectives and values. In this regard, it is understood that the HUL approach offers a path towards thinking of conservation of a particular place and provides a compass for any action taken there.

Landscape as a historic mould: what was the Engenho São Jorge dos Erasmos and what does the epithet of National Monument represent?[1]

The growing of sugar cane and the activities related to its processing reached the São Vicente bay in the early 16th century. After its introduction to the island of Madeira by the Portuguese, sugar production became the epicentre of a prosperous Atlantic business that would spread rapidly as Iberian colonisation progressed to the Azores and the islands along the coast of Africa: Canary Islands, Cape Verde and São Tomé. From there, they reached the Caribbean and South America, where the sugar mills (*engenhos*) would become part of a new landscape on the other side of the ocean. As a result, we can see technological expansion in the complex sugar plantations that made up large part of the technical developments of the 16th century, at the same time as it showcases the building up of social segregation, domination and exploration. In the meantime, the concept of sugar production plants put forward here aims to contextualise the trajectory this commercial venture, which became a sugar exporting trade, and to trace the transformation of that landscape of sugar production and consumption over the past 489 years.

We know that the process of building, maintaining and running the Engenho São Jorge dos Erasmos, in terms of agricultural production, was the result of a period during which all parts of the world were being explored, populated and integrated through the colonisation process led by the Europeans. With capital trade as a driver and vector for the development, expansion and spread of knowledge, modern European man, the child of the Renaissance, advanced more in a matter of decades than for many centuries previously. Led by curiosity, these people travelled to remote lands for the purpose of doing business and increasing that capital. During that process of domination, they took charge over villages and populations to increase their wealth. They mobilised and enslaved American Indians and Africans for the mining of precious metals, harvesting the fruits of the earth and for farming work.

Originating in the 1730s, in a time of continuous transformation, this Engenho shows evidence of the era in which it was built, both in its visible structures and its invisible parts. It was established as a sugar processing mill, along the lines established by European trade and the requirements of the time, where tropical produce - naturally non-existent on the old continent - were under great demand, and therefore an extremely lucrative business. The layout and building meet all the requirements of the goods its produced: it was located on the banks of a river flowing into an estuary, providing good access to the port of Santos, from where the product was shipped back to Europe. Positioned on the western coast of the land mass dividing the island of São Vicente, it was built over a mound, for protection and with a good lookout; on the hillside it made use of the water pools to power the mill and the vegetation for firewood. From the remains left over time, it is possible to see the importance of geographical location for the colonisers who chose the spot. This choice was clearly also influenced by the decision to take the southern coast of Brazil as the departure point for the first nucleus of Portuguese colonisation in America.

[1] This topic dialogues with the history described in the project: Projeto de restauro e adaptação USP/BNDES, coordinated by Profª Drª Vera Lucia Amaral Ferlini. USP/BNDES (2014) pp. 13-14.

As a mill, and proto-factory, (Christofoletti and Leite 2010: 34) the Engenho São Jorge dos Erasmos represents one of the first examples of organised production in Portuguese America and, via the money injected, it was possible to use American Indians and African on the site, the manpower behind all production activity in the colony for over three hundred years. The heir of the most advanced parts of the period, the meeting point between the geographical intelligence of a native and the expertise of a European helped to build up the epic adventures embedded in the remains of this ancient sugar mill, in its architectonic treasures, in its fundamental location, in its little-known subsoil, possibly bursting with historical evidence. So, "the Engenho São Jorge dos Erasmos, in spite of seeming a rudimentary set-up, has shown us the implementation - in terms of the sugar trade - not just of the Captaincy of São Vicente, not just of the colonisation process itself, but of a way of inventing the world." (Siqueira et al. 2014: 68) The exceptional nature of the National Monument RESJE is directly linked to this succession of episodes that on the larger scale lay the foundations for a unique period in the history of mankind: the awakening of man to a new era.

The year 2023 marks the 489th anniversary of this ancient Engenho. Far from being a footnote in the annals of the American sugar industry, this Engenho is an architectonic record of a singular moment in history: the meeting of ethnic lines that witnessed the dawn of a new era. This was the beginning of a modernity that would leave one of the most immediate acknowledgements of this in the old sugars factories.

Today, the ruins of the Engenho has many functions, covering a wide range of areas[2]. The National Monument Ruins Engenho dos Erasmos is now a complex piece of heritage. The remains of the ancient fortified Engenho[3] (indeed, the oldest on South American soil) sits in a privileged position, as well as being listed under Federal, State and Municipal Laws[4]. Until the 19th century it belonged to the municipality of São Vicente, however, since the 20th century it has been in Santos territory. As a result of the cultural processes that took place and were marked by the actions of nobles and slaves, properties and battles, interests and disputes, this now-ruined Engenho fell under the administration of the University of São Paolo (UPS) in 1958, when it was donated to the academic institutions, and since 2004 it has been surrounded by multiple activities and events including educational and archaeological programmes.

In recent decades, these 15th century ruins have suffered the dreadful effects of an urban development that altered the surrounding landscape. The artificialisation of the environment, boosted by the creation of a new world scenario has a dual effect on the maintenance and conservation process of this Engenho. If, on the one hand, development in the region has transformed the appearance of the surrounding area, the landscape and the ruins themselves; on the other, as this is a recent process, it has delayed the degradation of the natural setting.

Historically, the City of Santos and the municipality of São Vicente saw the dynamic of a single-crop export economy (sugar) requiring technological advances and the structuring of more and more specialised and therefore compartmentalised work. In the early period of colonisation this was the practical result of the newly spread merchant capitalism that centuries later became the trigger for an irreversible urban development process. Whether in the 16th, 19th or 20th century, the dynamic order was always territorial expansion as a corollary of economic and social expansion (Silva and Christofoletti 2011)[5].

---

[2] The following is a list of the ideas that sum up our theories: (Christofoletti and Mello 2005, 2007, 2009, 2011, 2012 and 2013; Christofoletti et al. 2005, 2006 and 2007; Christofoletti et al. 2011, 2012 and 2013). See: References.

[3] Built to serve as a fort and a sugar mill at the same time, this engenho still shows the remnants of the military fortifications of the era: build on a hillside, with thick walls, balustrades and in the rectangular layout of military fortresses. To find out more about the specific features of the ruined fortresses in comparison other 16th - 19th century American forts, see: World Heritage Papers Series n°19 - American Fortifications and the World Heritage Convention. UNESCO, 2002. Available at: http://whc.unesco.org/en/series/19/.

[4] Listed by IPHAN, in 1963, by CONDEPHAAT, in 1974 and by CONDEPASA, the municipal heritage council, in 1990.

[5] Fronteiras transitórias: o processo de construção histórica das identidades da baixada santista (1870-1996). Project survey submitted to MEC/CNPQ as a pre-requisite for obtaining funding based on Decree MCTI /CNPq /MEC/CAPES N º 07/2011 in the area of Human, Social and Applied Social Sciences. Coordinated by Profs. César Agenor Fernandes da Silva and Rodrigo Christofoletti. UniSantos. 2012-2013.

The same was true in the region where the National Monument RESJE is located. The Erasmos settlement, on the west side of the hills rising up in the middle of the Guaiaó island, traced the advance of the colonists towards "more easterly lands, on the other side of the hill, where the short coastal plain curves over the Enguaguaçu (the "large bay" in Tupi) providing fertility to the cane plantations." (Siqueira et al. 2014: 70)

Today, the north-east of the city of Santos, where the ruins are located, is considered as the last frontier of the island's population and territorial expansion[6]. The late urban development process (just under 60 years ago) certainly contributed to the summary preservation of much of the landscape, by now marginalised yet authentic in many ways. The realisation that the territory in question has gradually changed until its shape was altered at the turn of the 20th century and, more slowly, since the 1950s, backs up the need to understand this transition as the result of a series of social/historical/spatial reconfigurations in the region. In other words, although nowadays the ruins of this ancient Engenho belong, administratively to the area of Santos, its history shows that for centuries it was a significant part of the next municipality; for this reason we believe that the Engenho São Jorge dos Erasmos is the convergence of two politically different territories, a significant vein to understand the native transformations of the recent urbanisation of this place.

Understanding the recent transformation of the spaces alongside the ancient remains of the Engenho makes it possible to understand the conditions under which the border region between the mill and the adjacent urban network interfered with the integrity and authenticity of the site, as well as the recognition of the local population. Once it had spread to the island, the dynamic of urban growth could not expand further than its coastlines, forcing the native population those settling there as migrants to resize spatially, culturally and socially.

So, if on one hand this region reflects a temporary, rather recent historicity (a history of urban transformation over less than a hundred years), on the other, between the lines of its daily life lie the traces of another, less immediate and longer-lasting history. In this sense, it is not a case of interpreting a short period of transformation, but more of reflecting on how, in the last quarter century there has been a re-characterisation of this territory, which has even translated into the transformation of the architectonic remains of this Monument.

The splendour of a historic landscape

From a historical perspective, the expedition by Martim Afonso de Souza to São Vicente in 1532 can be considered the start of large-scale sugar production in Brazil. The construction of this Engenho is the natural progression of this industry, which would rapidly change hands. Martim Afonso de Souza, patron of the São Vicente Captaincy and a pioneer of colonisation in Brazil, was responsible for launching the occupied bases in the region, creating an infrastructure that enabled the Portuguese to settle in the area. In addition to donating land and building forts, he introduced sugar farming to the Captaincy, resulting in the construction of the Engenho, probably in the year 1534.

The Engenho dos Erasmos became the property of the Schetz family in around 1540. In the first quarter of the 16th century, Erasmus Schetz's family[7] was distributing their produce around Europe and had trade connections in Italy, the Netherlands, France, Portugal, Germany, outside the Companhia de Jesus. Without a doubt, the heyday of the Engenho São Jorge dos Erasmos as a sugar production plant was

[6] This discussion is based on the projects: *Território e Transformações* (Christofoletti et al. 2005) and *Museu do Morador* (Christofoletti et al. 2013) originally created to discuss the transformations in the concept of frontier/division for the inhabitants of the neighbourhoods close the Ruins. See: Projeto de Restauro e Adaptação - RESJE-USP/BNDES, p. 25.

[7] The name Erasmus appears throughout the transcriptions of documents from the period, eventually being written as, "Erasmos", as it is known today in Brazil.

under the management of the Schetz family. Documents from the colonial era show that these Flemish traders made several attempts to sell their property in Brazil between 1593 and 1612. The laborious research into the succession of the owners of the Engenho completed by Maria Cecília França Lourenço gives us an idea of the depth of the relationship between capital, the land and the capitalist families of the recently created Captaincy (Lourenço 2006: 16)[8].

According to the Dutch architect Paul Meurs, the Engenho was in operation until the 18th century, producing cane sugar for exportation, as well as sweets and liquor for internal consumption in both towns (Santos and São Vicente). During that century, however, we can observe the degeneration of the site. For the production of sugar and other products, as well as the mill itself, the Engenho consisting of administrative and residential buildings. The scarce written documentation (mostly in old Flemish, Spanish and 16th century Portuguese, requiring translation and interpretation) can reveal a rich fountain of information to be decipher.

Over time, proprietors also changes, bearing in mind that Erasmos Schetz died on 30 May 1550, leaving the estate exclusively to his heirs, after which his son Gaspar took over the businesses, dying in 1568; however the business remained in the family until the early 17th century. From the 18th century until the mid-1900s the Engenho was stood practically abandoned and forgotten. As the international context changed, this cultural asset was linked to a number of adopted São Paolo families, including Braz Esteves, Pedrosa, Góis, Muniz Guimarães, Viana, Marques do Vale, Graça Martins, Toledo and finally in 1943, according to the information available on the more recent history of the site, records show that the land and ruins were acquired by Otávio Ribeiro de Araújo, who reassigned his property and donated the Engenho São Jorge dos Erasmos to the Faculty of Philosophy, Humanities and Human Sciences to the USP, in 1958 (Lourenço 2005: 17).

In the same year, Luis Saia, head of the 4th District of the Register of National Historic and Artistic Heritage, told the President of the Special Commission for the Engenho São Jorge dos Erasmos that he had completed a survey, defining the architectonic site as an "Azorean model, royal, water-powered style." (Saia 1958).

As we can see in the writing of Maria Cecília França Lourenço, understanding the line of succession of the proprietors of this Engenho permits a deeper interpretation of the site, without ever minimising its multiple cultural meanings. On the contrary, recalls the art historian, its simple restoration, ignoring its systematics and the history of its different proprietors, would be an innocuous action, condemning the place to becoming a theme park, emptied of the thick vegetation formed there by centuries of battles. For this reason, it is important to encourage focussing on the condition of the ruins, seeking to establish a schedule that will attempt to respond to the following matters: appreciation of diversity; allowing free access to, and detailed assessment of its heritage as a source of knowledge. This completes the tripod, the basic structure for its conservation.

As regards technological evolution, the Engenho dos Erasmos represents a link, a transition for large-scale production. Meanwhile, at the current stage of the archaeological work, there are not yet any items to inform a firm opinion on this matter, making the study of the foundations in the Engenho's buildings the only viable solution to obtain that clarity (Anjos 2007; Cordeiro 2007; Morais 2003; Siqueira et al. 2014). In the architecture of the primitive Brazilian engenhos, the direct influence of the Azorean people cannot be denied, perhaps because the genetics of building in the Azores is the same as in continental Portugal. Based on the assumption that the regional rural architecture on the Azores Islands was the layout of stone, two-storey houses, the architectonic style adopted by the colonising builder for

[8] Search tool for the line of succession of the owners of the Engenho. This list serves as reference for those initiating studies on the Erasmos plantation.

this Engenho, together or separately, is the clay house with a double pitched roof, covered with ceramic tiles in a cover and channel style[9].

Over the set of ruins visible at the archaeological site, contrasted with studies addressing the probable source of the first engenhos, the remains of the Erasmos Engenho and the land under them reveal an architecture that expresses that common starting point: the ruins were part of a large rectangular area raised above the level of the São Jorge river, looking out over the landscape opposite, also reinforcing the defence of the property (Anjos 1996: 78). This understanding of the physical layout helps to clarify the extent to which the site represents and transmits the history of the social, economic, cultural and environmental history underlying the sugar industry in South America.

In this context, sugar mills are fundamental examples of the challenges overcome for the settling of humans and their adaptation to the inhospitable landscape around them - using cultural patterns that transcended space and borders. This was the motto uttered by Luis Saia when he examined the ruins. The architectural work completed by Saia reflect a modus operandi from the 1960s, when it was sought to rebuild significant building whose construction technique represented the civil construction foundations in the country, a key part of our architectonic treasures, born of a conservationist mindset adopted from the text of the Charter of Venice, signed in 1964.

Shift in focus: from colonial sugar farm to cultural landscape

The blending of landscape and environment is relatively recent in historical terms[10]. It is clear to us that this tendency towards the transformation of the landscape, and the unhindered artificialisation of the environment is not only the consequence of a capitalism not committed to environmental matters, or the paradox of a work battered by continuous financial crises. Today, it is essential to re-assess that discourse on the private use of landscapes, which is, *a priori*, a common right. The purpose this paper is the discuss the extent to which the concept of landscape has informed modern historians and how we can interpret it in the light of contemporary needs and transformations; its consumer value, its unnoticed changes, its significance in terms of the cultural subsoil of the people; in short, its value as a common asset. In order to do this we will analyse a case study: the modifications to the landscape in the region known as North-East Santos, where we find the oldest 15th century architectonic remains (in the production category) in the world, the ruins of the Engenho S. Jorge dos Erasmos and the socio-historic and environmental impact of this compulsive and unencumbered transformation. For some, the landscape is a starting point, a kind of equation or product of human testimony and activity; for others, it is an object in itself, resulting from a multi-faceted sphere of different transformation factors. So, from the landscape as a summary of everything that is visible, to the landscape as a complex mechanism of multiple variables, the concept has informed several perceptions about what this network that connects men to the territories where they live might be. It has therefore become fundamental to recognise this set of factors that, in a range of ways, make up the plurality of the landscape as a concept (Silva 1996: 216). For Europeans, nature conservation has emerged as a recent need in the history of territorial policy and presents as a system of protected areas that aims to provide the population with an element of recognition of their cultural identity. The Brazilians, initially mimicking European discussions, showed signs of similar concerns in the last quarter of the 20th century, classifying and acknowledging their concepts of the different landscapes of their country.

To add to the discussion on how landscapes became an element of historiographical concern and protected heritage in most European and American countries, Salvatore Settis, one of the most shrewdest voices of European intelligentsia, wrote in a book from 2011: "*Paesaggio, Constituzione, Cemento - il bataglio del ambiente contra il degrado civile*", pointing out that nowhere has been as built up as much as Italy, and

[9] See: http://www.premioiberoamericano.cz/documentos/15taedicion/3erPremioXV_AdaConeva.pdf
[10] Part of that discussion first took place in Christofoletti (2012).

Figure 8.1. General details of the Ruins of the Engenho São Jorge dos Erasmos. A place for viewing the landscape contrasting with the exceptional nature of the Azorean style of the Brazilian Engenho, compact and in close quarters. Photos: Heritage: RESJE-USP

Figure 8.2. General details of the Ruins of the Engenho São Jorge dos Erasmos. A place for viewing the landscape contrasting with the exceptional nature of the Azorean style of the Brazilian Engenho, compact and in close quarters. Photos: Heritage: RESJE-USP

at the same time never has the Italian landscape been so transformed. In the last fifty years, price of construction has increased fivefold, with the Italian natural landscape shrinking in the same alarming proportion. According to the author, the blame for this lies on the shoulders of a non-committed development policy shoving its way through short-sightedly and ensuring the prevalence of individual / private property over public property. The landscape that should be strictly considered to be a common asset was privatised to become the currency of exchange currency of those who regulated and transformed its use.

Still conversing with Settis' ideas, it must be understood that maintaining quality heritage conservation requires thinking about three different but related aspects : a) the close relationship between landscape and city, their uses and experiences; b) the capillary shape of the landscape, considering it as heritage, both environmental and cultural/historical and c) the ongoing use of these spaces, which is reflected in the re-classification and reuse of previously unused places or landscapes and which have objective functions beyond preservation or conservation alone. This is the case of banks, churches, forests, hills, urban and rural spaces, ruins, etc. All this subsidises a certain culture of conservation and provides a wider interpretation of the coexistence between tradition and modernity, landscape and existence.

In comparative terms, while in Brazil there is general concern about heritage, and specific concern about the landscape, this dates back to the 1930s at the most. Whereas in Italy, for example, it precedes the 15th century. In Italy today, landscape protection is regulated under the *Codice dei beni culturale e del paisaggio*, created under a Law Decree from January 22, 2000. In this document, the concept of *landscape* is irrefutably derived from the relationship between territory and people. This being the case, it comes from a position that takes into account sustainable development and a systemic view on safeguarding the landscape.

In 1992, UNESCO included the category of "cultural landscape"[11], to value all the interrelationships between man and the environment, between the natural and the cultural. Encompassing the ideas of belonging, meaning, value and uniqueness of a place, these cultural landscapes can be intentionally defined for aesthetic reasons (gardens and parks); organically evolved where a past construction process stopped (relic landscapes) or fossil landscapes and continuous or "living" landscapes, whose evolutionary process is still underway; and, associative cultural landscapes, whose value is determined according to associations made to them[12].

Out of this plural concept of landscape arise questions about what aspects to safeguard. According to the architect and technician at IPHAN, Carlos Eduardo Delphin, official listing is not the most effective instrument when it comes to the protection of landscapes, precisely because this conservation measure is truly restrictive, and the landscape is a living, breathing organism. So in Brazil the safeguard adopts the concept of the "cultural landscape," but in a much more permissive way than that indicated by UNESCO. The Brazilian concern regarding the legal figure of *the cultural landscape*[13] is mainly drawn on IPHAN Law No. 127, of April 30, 2009, a document that establishes the Brazilian Cultural Landscape seal, applicable to portions of the national territory. It would be the 2009 classification itself that would deliberately concern itself with the "contemporary phenomena of urban expansion, globalisation and

[11] The European Landscape Convention, approved in 2000, is different to the convention adopted by UNESCO not only because of its regional scope, but above all because it legally covers all landscapes, including those with no exceptional value, establishing standards of protection and management of all forms of landscapes. This perception ultimately encourages citizens to take part in decisions on policies affecting to the landscapes where they live.

[12] UNESCO. World Heritage, 2012.

[13] Until July 2012, there were no placed in Brazil recognised as cultural landscape on the UNESCO World Heritage list, nor any site included on the official conservation list for its value as "cultural landscape", in the sense defined by UNESCO, which prioritises interactions between culture and nature and material and immaterial components. However, in mid-July 2012, UNESCO listed the city of Rio de Janeiro as the world's first world city to obtain the title of World Heritage City under the category of Cultural Landscape. According to Iphan, from now on, the sites in the city bestowed with this title will receive integrated actions aimed at preserving their cultural landscape.

massification of urban and rural landscapes, risking local life and traditions across the planet"[14]; making it fundamental to appreciate the harmonious relationship between man and nature and the stimulation of the affective aspect of the country as a cultural mainstay. Therefore, inspired by this contemporary and revealing reading shared with us by Professor Salvatore Settis, we searched other literature for a discussion of the environmental and socio-historical impacts of two similar events in the last decade in the outskirts of the city of Santos – SP. Despite being geographically different from the examples given by the Italian expert, both events play the role of warning of the impoverishment and loss of character that the transformations to the landscape can cause.

The primary intention is to address the uncontrolled alteration of the landscape in the region known as north-west Santos, home to the oldest remaining architectural 15th century production site in the world, the Ruins of the Engenho São Jorge dos Erasmos. Consequently, proving how the consent of the authorities can both harm and protect unique parts of a community's cultural heritage. In this sense, we seek to expand the debate about on conservation by expanding the resonance that has been proven somewhat innocuous, revealing need to show, that if "forest conservation is silently increasing, a little more noise needs to be made before you can listen!" (Settis 2010: 89).

Today, the north-east of the city of Santos is considered the last frontier of the island's population and territorial expansion. The late urban development process (just over 60 years ago) certainly contributed to the summary preservation of much of the landscape, by now marginalised yet authentic in many ways. The Engenho São Jorge dos Erasmos ruins, currently located in what is called the north-west area of the city of Santos, are today the testimony of a history that needs to be preserved[15]. Although currently belonging to the City of Santos for administrative purposes, the territory where the ruins are located belongs, at least until the 19th century, to the city of São Vicente. The border crossing running through the very centre of the São Vicente island has made the exact location of the Monument confusing, and remains controversial today, from a geographical point of view.

The realisation that the territory in question has gradually changed until its shape was altered at the turn of the 20th century and, more slowly, since the 1950s, backs up the need to understand this transition as the result of a series of social/historical/spatial reconfigurations in the region. In other words, although nowadays the ruins of this ancient Engenho belong, administratively, to the area of Santos, its history shows that for centuries it was a significant part of the next municipality; for this reason we believe that the Engenho São Jorge dos Erasmos is the convergence of two politically different territories, a significant vein to understand the native transformations of the recent urbanisation of this place.

The concept of territory, as well as landscape, can be understood in its flexibility, its elasticity of shape and content (not restricted by geographical limitations), expressed in the relationship it has developed with the notions of space and time. In fact, it is through the land that the symbolic relationship between culture and space exists at all. The analysis of the "artificialisation of the environment", a term dear to so-called *landscape archaeologists*, then becomes a fundamental tool for measuring the impact environmental transformation on people's lives and memories.

As a result, it can be seen that the current debate on the concept of landscape gives rise to an amalgam of viewpoints ranging from perceiving it as a static element, devoid of historical and social aspects (and therefore immutable), to viewing the landscape as a complex and dynamic reality, a reflection of the

[14] Iphan Law No. 127, of 30 April 2009.

[15] This discussion is based on the project *Território e Transformações*, a concern originally developed at the National Monument and Ruins Sao Jorge dos Erasmos Engenho - Advanced Base for Dissemination, Culture and Research of the USP in Santos. 10 together with the project: Fronteiras Transitórias: o processo de construção histórica das identidades da Baixada Santista (1870-1996); Research Project funded from the MCTI /CNPq /MEC/CAPES edition No. 07/2011 in the area of Applied Social, Human Sciences, under the coordination of Profs. César Agenor Fernandes da Silva and Rodrigo Christofoletti. UniSantos (2012-2013).

physical, socio-economic and cultural realities of the local setting. Our understanding comes close to the latter, which has led us to study the impacts and possibilities of using the setting and contours of this landscape as something living, throbbing, and therefore, constantly changing.

Understanding the recent transformation of the spaces alongside the ancient remains of the Engenho makes it possible to understand the conditions under which the border region between the mill and the adjacent urban network interfered with the integrity and authenticity of the place, well as the recognition of the local population.

Once it had spread to the island, the dynamic of urban growth could not expand further than its coastlines, forcing the native population those settling there as migrants to re-size spatially, culturally and socially. Understanding the different transformations relating to the space in which people live becomes a significant point, because it identifies a construct that can favour the residents of this border by rethinking the history of occupation in this territory, under the magnifying glass of its own memory: bonds woven by the entanglement of individual and collective memories, primarily aiming to break the boundaries of a certain geographical demarcation.

So, if on one hand this region reflects a rather recent historicity (a history of urban transformation over less than a hundred years), on the other, between the lines of its daily life lie the traces of another, less immediate and longer-lasting history. In this sense, it is not a case of interpreting a short period of change, but more of reflecting on how, in the last quarter century there has been a re-characterisation of this territory, multi-faceted by nature based on the pillars of geographical, physical, human, historic and social change. A constantly ambivalent and ever-changing landscape: transformation and continuity that both make it unique.

Urban Landscape - between impact and awareness

Between the 1950s and 1970s parts of the ruined building were removed from the original site of the old mill, resulting in the first houses that began to populate the development of the area. Rocks, timber, and roof tiles have broken down the original buildings, which caused, on the one hand, the reduction of its architectural structure and, on the other hand, has reinforced what would become consolidated in subsequent decades, when the region went through a fast and unplanned urban development. This extended the edges of the island with the creation of new neighbourhoods, redesigning the land previously submerged in mangroves and cliffs, channelling the rivers that ran through the region, finally resizing the area itself. Such episodes triggered of concern for the preservation of this place.

Urban development reached its peak in the mid-1980s, when housing development moved closer to the site of the ruins. Currently, National Monument is surrounded by the base of the Morro da Caneleira hillside, a state school (opened in early 1980), two heavily populated housing developments: the Conjunto dos Estivadores (12 apartment blocks) and the more recently built accommodation for workers at the COSIPA steel company, which practically backs onto the walls of the university base; and an old iron wrecking firm, *Ferro Velho do Jabuca* (an impressive professional set-up that deserves careful analysis)[16].

A brief history of the occupations surrounding the Monument helps to explain the current spatial layout. In 1987, a private firm carried out illegal ground work, "land adjacent to the USP property, affecting the foundations of the remaining walls of the mill. However, thanks to prompt action by IPHAN this criminal action was contained"[17] (Katinsky 2002: 5). This dreadful incursion by the earthmoving com-

[16] The Santos Novos Tempos Programme has expropriated the site of the iron scrap company and is still awaiting eviction for relocation purposes.

[17] Letter from Julio Roberto Katinsky (Manager of the National Monument from 1998-2002) to Maria Cecília França Lourenço (Manager from 2003-2009). Maintenance file for work on the Ruins (1998-2003). RESJE- USP Archive.

pany ended up damaging the potentially archaeological site in the area, which resulted in the construction of the University Base over the area where the earthmoving had taken place.

The report on the catastrophic earthwork carried out in 1987 should also be examined, as it contains some significant information regarding the building. The report by architect Antonio Luiz Dias de Andrade, with plans included, dated 01/07/1987, shows that irregular building work has exposed some previously unknown remains and has certainly destroyed others on the west side of the Monument. It seems that those remains have suffered a "complete collapse" and may no longer exist today. However, a survey of the situation shows that the rectangle where the mill was originally located was extended to the north-west at some at some point in time, forming an L-shaped architectural layout, in the direction of the room known as the "chapel" (Mori 2001: 4). In the following section it is possible to see how the building were used. This transcription is and essential part of elucidating significant parts of the periods of appropriation over the landscape and the ruins.

> "A PRATEX Empreendimentos Imobiliários Ltda., que comprou as glebas da VIP, proprietária antecessora do terreno, entrou com projeto de loteamento para aprovação. A primeira versão do projeto arquitetônico elaborado pela PRATEX, sofreu restrições do IBPC (atual IPHAN) na implantação do setor 3, pois o projetista não considerou o recuo médio estipulado nas diretrizes, optando por um abstrato cone visual centrado na parte coberta do Engenho. O projeto teve que ser substituído. Neste mesmo ano, a USP construiu um muro na divisa da Rua Allan Cíber Pinto, onde está localizado o Engenho, fechando assim o acesso do público ao local. Em, 1990, conforme o combinado entre a PRATEX e a Prefeitura, a doação do terreno ocorreu de acordo com a lei nº666/90, que autoriza a PMS a receber em doação, um terreno de aproximadamente 48.070,23 metros quadrados de área envoltório do Engenho, que em seguida seria repassado à USP, conforme convênio firmado entre as partes. (...) A PRATEX vendeu suas glebas para a Cooperativa Habitacional dos Trabalhadores da Companhia Siderúrgica Paulista - COOPERCOS, que entrou com pedido na Prefeitura Municipal de Santos, para a construção de um conjunto habitacional para os empregados da COSIPA, contendo 20 edifícios com 15 andares cada, totalizando 1.200 unidades habitacionais. O projeto foi elaborado pelo Arquiteto Daniel Proença - Projetos e Consultoria S/C Ltda. Após longa discussão e aprovação do projeto pela Comissão Municipal de Zonas Especiais de Interesse Social - COMZEIS, que é composta por representantes de diversas Secretarias Municipais e da COHAB Santista, sabe-se que houve inviabilidade econômica para o início da construção do conjunto. A USP nomeou uma Comissão presidida pelo Professor José Witter, que iniciou uma discussão junto com os órgãos federal, estadual e municipal de preservação, sobre o uso permissível das áreas envoltórias ao Engenho, tendo como objetivo viabilizar projetos para o local. Foram deliberadas as seguintes ações: 1- O IBPC, (atual IPHAN), levantaria o embargo judicial sobre a área permitindo implantação de blocos verticais tanto na quadra entre a rua Alan Ciber Pinto e avenida do canal, como na área junto ao morro, remanescente da doação à Prefeitura. Nesta última os blocos deveriam guardar um recuo mínimo aproximado de 80 metros das ruínas do Engenho. 2 - A proprietária da área, PRATEX, doaria à Prefeitura de Santos uma área aproximada de 48 mil m^2 envolvendo o lote de 3250 m^2 do Engenho pertencentes à USP. 3 - A prefeitura repassaria à USP esta área sob convênio. 4 - A USP se comprometeria a realizar o projeto de pesquisa arqueológica, conservação da paisagem e construção da base de pesquisa, abrindo o espaço à visitação pública" (Plano de Infraestrutura e Serviços Emergenciais. PMS, 1997, pp. 7 e 8)[18].

[18] English translation: Real estate firm PRATEX Empreendimentos Imobiliários Ltda., which bought the land from the previous owner VIP, arrived with a plot division project ready for approval. The first version of the architectural project drawn up by PRATEX, was limited by the IBPC (now IPHAN) in the implementation of Sector 3, because the designer had not considered the average offsetting listed in the guidelines, opting for an abstract visual centre cone on the covered part of the Engenho. The project had to be replaced. In the same year, the USP built a wall along Rúa Allan Ciber Pinto, where the Engenho is located, to close public access to the site. In 1990, under an agreement between PRATEX and the City Council, the land was donated under Law No. 666/90, which authorises PMS to receive approximately 48,070.23 square metres of land, including the Engenho. It was subsequently transferred to USP, according to a further agreement. (...) PRATEX sold its land to the Workers' Cooperative

The option implemented by the Municipal Administration supervisory body that authorised the construction of the COSIPA accommodation project was the construction of low, overhanging floors, unlike tower blocks. This alternative was backed by the City Hall in response to the supposed housing deficit in the city in the mid-1990s. The authorisation, signed in February 1999, bears witness to an understanding that earth houses could not compete with the visual cone of the Monument, established by the current law after the region bordering to the Engenho was integrated into the new reality of the city's management plan[19]. In 2012, just over a decade after the contractor's appeal, the tertiary vegetation that had taken over the land was cleared. In a matter of days, the first buildings were erected on the plot, further exposing the feeling of visual debauchery and urban invasion around the 16th century ruins.

The dreaded verticalisation did not come about, but the question remains; to what extent did the solution provided by the Council benefit the existing property? It is a fact that living alongside with the changes to the region's cultural landscape eventually drew the constructive mesh of the old Engenho into the local dynamic itself (people recognise the ruins as a marker on the artistic landscape where is sits), so it seems clear to us that the claim for legal status, as seen fit for the conservation of its surrounding landscape, will gain strength if *the encompassing stain*, the surrounding neighbourhood, perceives the ruins as the epicentre of a future, significant transformation for the whole region. Once known internationally, through the listing of its cultural landscape, the entire region around to the ruins will reap the benefits and responsibilities of this guardianship. So, respect for the visual cone, healthy cohabitation with the local community and partnership in projects taking place at the site will ensure not only an act of devotion by people involved, but above all, a feeling of belonging to place: and this is the key to safeguarding this heritage.

It is important to remember that until the 1990s, the ruins were considered inaccessible by the people of the regions. The north-west area of Santos, which for many decades has been considered most socially neglected part of the city, has noticed the improvements that have helped to recreate the sense of belonging and the self-esteem among local people. The strategic position of the National Monument and Ruins Engenho São Jorge dos Erasmos in this re-classification process led to the site becoming a tourist attraction, particularly if we take into account the new contingencies that the City of Santos planned with the implementation of the Santos Novos Tempos programme, targeting urban and environmental revitalisation in the north-west area, and includes urbanisation, forestation, macro drainage, and the building of rain water reservoirs for flood control, among other improvements[20].

The positive and negative impacts of urban development should therefore be seen as the passport to increasing awareness among local residents. Without an effective and affective partnership with the

of São Paolo steel company COOPERCOS, which submitted a request to the City of Santos for the construction of an accommodation complex for the employees of COSIPA, consisting of 20 buildings with 15 floors each, totalling 1,200 homes. The project was designed by the architect Daniel Proenca at - Projetos e Consultoria S/C Ltda. After a long discussion and approval of the project by the Municipal Commission for Areas of Special Social Interest - COMZEIS, consisting of representatives from several Municipal Secretariats and the COHAB of Santos, it is known that it was financially non-viable to start work on the project. The USP appointed a committee chaired by Professor José Witter, who initiated talks with the Federal, State and Municipal conservation agencies on the permissible usage of the areas of the Engenho site, in order to enable projects for development there. The following actions were discussed: 1- the IBPC, (now IPHAN), would lift the judicial embargo on the area to allowing the installation of vertical blocks both on the plot between Rúa Alan Ciber Pinto and Avenida do Canal, and in the area close to the hillside, part of the donation to the City Hall. In the latter of these areas, the blocks should include a minimum recess of approximately 80 metres from the ruins of the Engenho. 2 - The owner of the area, PRATEX, would donate to the City of Santos an area of approximately 48,000 sqm, including the 3,250 sqm of the Engenho belonging to USP. 3 - The City Hall would then return this area to the USP under the relevant agreement. 4 - The USP would undertake to carry out archaeological research and landscape conservation projects, and build the research base, which would be opening to the public (Infrastructure and Emergency Services Plan. PMS, 1997, pp. 7 and 8). Our highlighting.

[19] Authorisation by the Projects Department - Secretariat of Urban Development for the City of Santos. REDJE Archive.

[20] Resumo Executivo do Projeto Santos Novos Tempos on the rainwater detention reservoir p.4. RESJE- USP Archive. Santos Novos Tempos file.

population, all these years of conservation and the search for visibility for this heritage site will be constantly under threat. Projects that reinforce studies, fruition and access to this cultural landscape are key tools for the consolidation of a conscious conservation policy.

Final considerations. Biodiversity and interdisciplinarity as the guardians of the Engenho

The basic premise of the conservation work at the National Monument and Ruins Engenho São Jorge dos Erasmos has always been the understanding that no science take priority in explanations of the phenomena and situations that occurred there. This means that the understanding of the social and historical dynamics and the transformations at this Engenho have always been seen through the prism of scientific plurality, seeking a multidisciplinary understanding, and an interdisciplinary vision. The Engenho is the epicentre of a complex cultural landscape and archaeological site, and its borders are limited to the frame of a rehabilitated Atlantic forest, directly influenced by the transformations imposed by the acceleration of the adjacent urban space. This picture alone, is the credence to be studied using a plural key to understanding.

Archaeologist José Luis de Moares (MAE-USP) has a very particular view of the disciplines that would explain the contradictions in this place: he believes the direct relationship between History and Archaeology would be the only one capable of explaining the dimensions of the site, but against a geographical backdrop. Geography would be the specialist field that could resolve the contradictions in the interpretations of other areas. A "geo-archaeology" or "landscape archaeology" would remain in permanent dialogue with earth sciences and biology and could build deeper frameworks of understanding about the diversity of the site.

We agree with the premise developed by Moares; some disciplines would indeed be more capable of accounting for contradictions in the dynamics of the Engenho, but we do not understand the primacy of one science over another. It is diversity and plurality of views that converts the historical compression of the Engenho so valuable. Over the fifteen years from 2004 to 2019, the issues brought to the table by history, biology, geography, archaeology, architecture and other sciences has contributed to a spiral of interaction, which eventually became the pedagogical marker for the educational conservation activities at the site. For the educational body, as well as the technical and management framework for understanding the historical unfolding of this ancient sugar mill, it became an exercise of constant leadership, which is why the historical and landscape memories of the Engenho, in the widest terms, remain under continuous development.

In this paper, we have sought to show how the Engenho São Jorge dos Erasmos has intertwined - and continues to do so - with the surrounding landscape, rather like a pendulum swinging between the past and the present. From the sugar production landscape of the 16th century to the dynamics of their modern setting, these ruins have witnessed a signification transformation. The purpose of this approach was to explore the relevance of the concept of "cultural landscape", believing that this is the role played by the area surrounding the ruins. The natural and historical remains of where we see today the oldest physical and archaeological records of Portuguese presence in Brazil could be lost if the unbridled urban development were to reach it out of step with conservation. The landscape is it historical context, its splendour and transitions, has been presented here as a connection between the impact and awareness of those who protect it. This landscape chose biodiversity and interdisciplinarity, as the guardians of the ancient sugar mill.

It is important to remember that over 60 years of limitations over the instruments of protection resulted in the creation of a limited understanding of the terms "preservation", "landscape" and "culture", which usually used to be understood separately. This situation reinforced the idea that heritage policies were intrinsically conservative and elitist, since the preservation criteria adopted ended up benefiting assets recalling traditional European social groups, which in Brazil are identified with the ruling classes.

UNESCO also suffered - and still suffers - this kind of criticism over Eurocentrism (Settis 2011: 90), which helped to further reinforce its conceptual tools when it pioneered cultural landscape mark.

In view of this reasoning, it is necessary to expand the repertoire of conservation practices that until recently were identified exclusively with listed heritage. A good example of this is the debate over the creation of the new mark: the cultural landscape. Internationally, the adoption of the Cultural Landscape category by the UNESCO World Heritage Committee in 1992 lead to a widening of possible perceptions about the concepts of both landscape and culture. Nationally, this debate has continued to spread since 2007, and the systematisation of the Bagé Charter. The Charter acknowledged that heritage listing was not the right instrument for preserving cultural landscapes, as it was limited, and promoted the cultural landscape as "a cultural asset, the broadest, fullest and most all-encompassing of them all; the result of multiple and different forms of appropriation, man's use and transformation of the natural environment".

In 2009, the IPHAN instated the Cultural Landscape mark. The seal is not an instrument of protection in itself, but rather a bestowal of value based on a general level where several instruments, such as listings, registrations, development plans, environmental legislation and urban development, can all be orchestrated. In 2012, Rio de Janeiro became the only city in the world with the right to use this heritage mark. The cultural heritage in Brazil is now living a new era, that new mark, because it signals the first steps taken to overcome a false dichotomy between material and immaterial heritage, emphasising the relationship between man and the environment. In the specific case of the National Monument and Ruins Engenho São Jorge dos Erasmos, the perception is the same. The orchestration of new instruments for the conservation of the cultural landscape refers to a day-to-day understanding of the value of memories and stories about the place.

The relevance of this intention is understood, both by the need to map out the trajectory of the site more effectively and to ask ongoing questions about its different functions, *modus operandi* and *modus vivendi*. This fountain will certainly help to build up a more consistent legacy for the activities taking place during its sugar-producing era, as well as its confrontations in terms of national heritage.

UNESCO's proposal has enhanced the understanding of what would be classified as a "cultural landscape," permanently combining the material and immaterial aspects of the concept, so often thought of independently, and has highlighted significant interactions between mankind and the natural environment. The National Monument and Ruins Engenho São Jorge dos Erasmos, through the diligent work of its managers and educators has consolidated itself over recent decades as a meeting place for words and objects. There is a synergy between the discourse of conservation and action and therefore bring in the ruins, not just the archaeological remains, but also biodiversity, and the landscape that frames it and its own history: the deep roots of a crossover of domains.

Bibliography

Anjos, F.M.F. 1998. *Engenho dos Erasmos: uma abordagem interdisciplinar do documento na Arqueologia Histórica* [Dissertação de Mestrado]. Universidade de São Paulo, São Paulo.

Carena, C. 1984. Ruína e Restauro. In *Enciclopédia Einaudi*. Porto, Imprensa Nacional - Casa da Moeda: 107-129.

Carta de Bagé. 2007.

Christofoletti, R. 2012. Remarks on the modification of a landscape: the surroundings of the National Monument and Ruins Engenho São Jorge dos Erasmos, originally published in: Anais do VI Simpósio Nacional de História Cultural Escritas da História: Ver – Sentir – Narrar Universidade Federal do Piauí – UFPI Teresina-PI.

Christofoletti, R. 2014. Ruínas Engenho São Jorge dos Erasmos: discussões sobre um possível candidato à Lista do patrimônio mundial da Unesco. In *Anais do XXII Encontro Regional ANPUH S. São Paulo*: ANPUH SP, 1: 1-17.

Christofoletti, R. 2018a. De Monumento Nacional à Patrimônio Mundial: uma análise comparativa entre o Monumento Nacional Ruínas Engenho S. Jorge dos Erasmos e os engenhos Dominicanos da Rota dos Escravos. In *Revista Albuquerque*, 10: 94-111.

Christofoletti, R. 2018b. Patrimônio e Direitos Humanos: o Monumento Nacional Ruínas Engenho São Jorge dos Erasmos como espaço do direito inalienável à cultura. *Educação em Direitos Humanos: aproximações teóricas e experiências didáticas. Contribuições do Brasil e Catalunha*, 1ed. Santo André – UFABC, UFABC, 1: 76-93.

Christofoletti, R. 2018c. De Engenho fortaleza a Monumento Nacional brasileiro: a trajetória das Ruínas Engenho São Jorge dos Erasmos. In *Genius Loci: lugares e significados- places and meanings/volume 3*. 1ed. Porto, CITCEM-ULP, 3: 171-180.

Christofoletti, R. and Leite, G. 2010. Moto-contínuo: consumo e produção de energia no Engenho São Jorge dos Erasmos. In *Revista Leopoldianum* (UNISANTOS), 2: 35-49.

Christofoletti, R. and Mello, A.M. 2005. Interdisciplinaridade como ação pedagógica; as Ruínas Engenho São Jorge dos Erasmos e sua vocação educacional. In *Anais do I Congresso Internacional de história do açúcar e engenhos*. USP/ Cátedra Jaime Cortesão/ Museu Republicano de Itu, Itu – SP: 33-46.

Christofoletti, R. and Mello, A.M. 2007. O Monumento Nacional Ruínas Engenho São Jorge dos Erasmos e sua vocação educacional. In *Revista Leopoldinum*. 33: 27-55.

Christofoletti, R. and Mello, A.M. 2010. Os projetos educativos das Ruínas Engenho São Jorge dos Erasmos: discussões preliminares sobre o patrimônio. In *Revista CPC USP*, 1: 116-139.

Christofoletti, R. and Mello, A.M. 2011. Monumento Nacional Ruínas Engenho São Jorge dos Erasmos - entre a teoria e a prática preservacionista. In *Histórica* (São Paulo. Online), 47: 65-80.

Christofoletti, R., Cunha, F.L., Santos, M. and Rebassa, J. 2018. Ruins of Engenho São Jorge Dos Erasmos as a Case Study: World Heritage Nomination in the Context of Hyperinflation and Depredation of Cultural Properties. In *Latin American Heritage: Interdisciplinary Dialogues on Brazilian and Argentinian Case Studies*. The Latin American Studies Book Series. 1ed. Londres UK, Springer, 1: 567-586.

Conselho da Europa. *Recomendação R (1995) 9*. Sobre a conservação integrada das áreas de paisagens culturais como integrantes das políticas paisagísticas, 11/09/1995.

Convenção Europeia da Paisagem. Florença, 20/10/2000.

Cordeiro, S.L. 2007. *A paisagem histórica do Engenho dos Erasmos - o vídeo como instrumento educativo na arqueologia do Monumento Quinhentista*. Dissertação de Mestrado. MAE-USP.

Ferlini, V.L.A. (Coord.) 2014. *Projeto de Restauro e Adaptação - Ruínas Engenho São Jorge dos Erasmos*. USP/BNDES.

Ferlini, V.L.A. 1988. *A civilização do açúcar.* 11 ed. São Paulo: Brasiliense. (1ª reimp.)

Ferlini, V.L.A. 2010. *Açúcar e Colonização*. Organização social no Brasil Colônia. São Paulo, Alameda.

Figueiredo, V. 2014. *Da tutela dos monumentos à gestão sustentável das paisagens culturais complexas: inspirações à política de preservação cultural no Brasil*. Tese (Doutorado em Arquitetura e Urbanismo) – FAU, Universidade de São Paulo, São Paulo.

Geampaulo, V.L. 2013. *Engenho São Jorge dos Erasmos: aproximações acerca da morte e da vida no complexo açucareiro vicentino (séculos XVI e XVII)*. Dissertação de Mestrado. FFLCH. USP.

Instituto do Patrimônio Histórico e Artístico Nacional (IPHAN) 2007. *Carta de Bagé ou Carta da Paisagem Cultural*. Rio Grande de Sul, 18/08/2007.

Instituto do Patrimônio Histórico e Artístico Nacional (IPHAN) 2007. *Carta da Bodoquena ou Carta das Paisagens Culturais e Geoparques*. Mato Grosso do Sul.

Instituto do Patrimônio Histórico e Artístico Nacional (IPHAN)/ Departamento de Patrimônio Material (DEPAM) 2008. *Proposta de Política Nacional de Paisagem Cultural*. Brasília: IPHAN.

Instituto do Patrimônio Histórico e Artístico Nacional (IPHAN) 2009. *Portaria nº. 127* de 30/04/2009. Estabelece a chancela da Paisagem Cultural Brasileira.

Instituto do Patrimônio Histórico e Artístico Nacional (IPHAN) 2011. *Reflexões sobre a Chancela da Paisagem Cultural*. Brasília: IPHAN.

Katinsky, J.R. 2002. *Apontamentos sobre a terraplanagem da Pratex*. Arquivo RESJE. Pasta Pratex.

Laga, C. 1963. O Engenho dos Erasmos em São Vicente: Resultado de Pesquisas em Arquivos Belgas. In *Estudos Históricos*, 1: 113-43.

Lourenço, M.C.F. 2006. *Projeto Educacional Vou Volto. Ruínas Engenho São Jorge dos Erasmos*. Pró-Reitoria de Cultura e Extensão Universitária – USP.

Lourenço, M.C.F., Christofoletti, R. and Mello, A.M. 2005. *Território e Transformações*. RESJE USP.

Lourenço, M.C.F., Christofoletti, R. and Mello, A.M. 2007. I-PAPO: *Programa Imaginário e Práticas Aproximativas do Patrimônio*. Monumento Nacional Ruínas Engenho São Jorge dos Erasmos. São Paulo, SP, PRCEU/USP.

Meinig, D. 1979. *The Interpretation of Ordinary Landscapes: Geographical Essays*. New York, Oxford University Press.

Meurs, P. 1990. *History of São Jorge: Europe- The historic documents- Brazil*. [Engenho São Jorge dos Erasmos; Santos Preservation Studies 1990]. CPC Universidade de São Paulo, São Paulo.

Morais, J.L. 1999. *Engenho São Jorge dos Erasmos estudos de arqueologia da Paisagem*. Projeto submetido à FAPESP. São Paulo, MAE-USP.

Nascimento, F.B. and Scifoni, S. 2010. A paisagem cultural como novo paradigma para a proteção do patrimônio cultural: a experiência do Vale do Ribeira-SP. In *Revista CPC*, São Paulo, 10: 29-48.

Nascimento, F.B. and Scifoni, S. 2011. Paisagem cultural do Vale do Ribeira (SP): novas ações e pesquisas nas políticas. In *Paesaggio, Constituzione, Cemento – il bataglio del ambiente contra il degrado civile*, Turim, Einaudi.

Ribeiro, R.W. 2007. *Paisagem cultural e patrimônio*. Pesquisa e Documentação do Iphan Rio de Janeiro, Iphan.

Rodrigues, M.R.C. 1967. O Engenho São Jorge dos Erasmos, Estado Atual do Problema da Preservação das Ruínas e Considerações sobre a Documentação dos Arquivos Belgas (I). In *Revista de História*, 35(71): 591-596.

Saia, L. 1958. *Relatório de restauração Engenho São Jorge dos Erasmos*. Cadernos da Campo. IPHAN.

Saia, L. 1967. *Mesa redonda sobre a conservação da natureza e a paisagem*. Rio de Janeiro, Mimeo.

Sauer, C.O. 1998. A morfologia da paisagem. In *Paisagem, Tempo e Cultura*. Rio de Janeiro, Ed. UERJ: 12-73.

Scifoni, S. 2016. Paisagem cultural. In *Dicionário IPHAN de Patrimônio Cultural*. 2. ed. rev. ampl. Rio de Janeiro, Brasília, IPHAN/DAF/Copedoc, (verbete).

Silva, C.A.F. and Christofoletti, R. 2013. *Fronteiras transitórias: o processo de construção histórica das identidades da baixada santista (1870-1996)*. Projeto de Pesquisa apresentado ao MEC/CNPQ como pré-requisito para obtenção de fomento a partir do edital MCTI /CNPq /MEC/CAPES Nº 07/2011 na área de Ciências Humanas, Sociais e Sociais Aplicadas. 2012-2013.

Siqueira, Z., Montes, M.L. and Malavoglia, F. 2014. *A História sob a terra: achados arqueológicos na Baixada Santista*. São Paulo, Governo do estado da Cultura/ Secretaria Cultural.

Stols, E. 1969. Um dos Primeiros Documentos sobre o Engenho dos Schetz em São Vicente. In *Revista de História*, 37(76): 407-19.

Tricart, J. 1982. *Paisagem e ecologia*. Inter-fácies Escritos e Documentos, Rio Claro, Unesp: 76: 1-55.

UNESCO. *Operational Guidelines for the implementation of The World Heritage Convention*. Paris: Unesco, 2008. Disponível em: <whc.unesco.org/archive/opguide08-pt.pdf>.

Vieira Filho, D. 2011. *Textos de trabalho*. Brasília, IPHAN.

9. Les débuts du raffinage du sucre en France et aux Antilles françaises. Une approche par l'outil céramique

Sébastien Pauly[1]
CRAHAM, Université de Caen-Normandie, CNRS. France

Abstract

Undertaking the study of the French sugar industry and its production facilities in the 15th and 16th centuries is not an easy task. The Kingdom of France, unlike its Mediterranean neighbours or the Dutch provinces, did not yet possess territories where conditions were suitable for economically viable sugar cane cultivation. As a result, references to sugar during the 14th, 15th and 16th centuries seem to consist mainly of reports of vessels captured at sea and Iberian or Moroccan imports – of varying scope – through ports such as Marseille, La Rochelle and Rouen, also linked to ports along the Channel and the North Sea.

Unrefined or partially refined sugar (muscovado, cassonade) and certain products (syrups, molasses) featured prominently in trade transactions and were mainly consumed in that form. The lack of significant demand for refined sugar during this period may explain why there was no major refining industry in France.

For the purposes of exploring the nascent sugar processing industry in the absence of any structures identified by archaeology for the period prior to the 17th century, an alternative material approach is needed. Such an approach is made possible by the study of ceramic processing utensils (sugarloaf moulds and jars for collecting molasses). By cross-referencing archaeological and archival sources, we are able to revisit and clarify the origins of sugar processing in the French territories and learn more about key players in Europe and the West Indies.

Keywords: *Sugar cane, Ceramic sugar, Sugar loaf molds, Sugar pots, French ports.*

Resumen

Abordar la cuestión del refinado del azúcar francés y de sus instalaciones en los siglos XV y XVI es delicado. En efecto, el reino de Francia, contrariamente a sus vecinos de la cuenca mediterránea o de las provincias neerlandesas, no disponía todavía de territorios cuyo entorno fuera propicio para un cultivo económicamente viable de la caña de azúcar. Así, los siglos XIV, XV y XVI semejan esencialmente ilustrados por menciones de azúcares procedentes tanto de capturas marítimas como de importaciones ibéricas o marroquíes más o menos estructuradas con ciertos puertos como Marsella, La Rochelle o incluso Ruán, en relación asimismo con los puertos de la Mancha y del mar del Norte.

Los azúcares sin transformar, o poco elaborados, (mascabados, "cassonades") así como ciertos derivados (jarabes, melazas) están muy presentes en las transacciones, pero se utilizan masivamente en ese estado. La ausencia de una demanda considerable de azúcares finos en este periodo explica verosímilmente la falta de una actividad significativa de refinado en Francia.

[1] Texte établi en collaboration avec Patricia Moitrel (Ministère de la Culture, Direction Régionale des Affaires Culturelles de Normandie), Annick Riani (Ville de Marseille, Direction de l'Action Culturelle, Direction des Musées, Pôle d'Archéologia) et Martijn van den Bel (Institut National de Recherches Archéologiques Préventives).
Cet article constitue l'amorce d'une réflexion plus large qui sera présentée dans *Les céramiques de raffinage du sucre du XVI*[e] *au XIX*[e] *siècle. Productions, circulations et usages dans l'espace transatlantique français* (titre provisoire), ouvrage en cours de rédaction qui synthétise deux programmes nationaux successifs de recherche.

Con el fin de percibir esta transformación potencial de azúcares, y ante la carencia de estructuras identificadas arqueológicamente para el periodo anterior al siglo XVII, es preciso acudir a una aproximación material alternativa. La cuestión de los utensilios cerámicos de refinado (moldes de panes de azúcar y ollas de purgación) permite, cruzando fuentes arqueológicas y archivísticas, tanto volver a interrogar y apuntalar la imagen de las primicias de la transformación de los azúcares en el seno de los territorios franceses, como informarnos sobre sus actores en Europa y en las Antillas.

Palabras clave: *Caña de azúcar, cerámicas de refinado, formas azucareras, ollas para melaza, puertos franceses.*

Résumé

Aborder la question du raffinage sucrier français et de ses installations aux XVe et XVIe siècles s'avère délicat. En effet, le royaume de France, contrairement à ses voisins du bassin méditerranéen ou des provinces néerlandaises, ne dispose pas encore de territoires dont l'environnement serait propice à une culture économiquement viable de la canne à sucre. Ainsi, les XIVe, XVe et XVIe siècles semblent essentiellement éclairés par des mentions de sucres provenant variablement de captations maritimes comme d'importations ibériques ou marocaines plus ou moins structurées avec certains ports tels Marseille, La Rochelle ou encore Rouen, en lien également avec les ports de la Manche et de la mer du Nord.

Les sucres non ou peu transformés (moscouades, cassonades) ainsi que certains dérivés (sirops, mélasses) sont très présents dans les transactions, mais massivement utilisés comme tels. L'absence d'une demande conséquente en sucres fins à cette période explique vraisemblablement l'absence d'une activité significative de raffinage en France.

Afin de percevoir cette potentielle transformation de sucres en l'absence de structures identifiées par l'archéologie pour la période antérieure au XVIIe siècle, une approche matérielle alternative s'avère nécessaire. La question des ustensiles céramiques de raffinage (moules à pains de sucre et pots à mélasse) permet, en croisant les sources archéologiques et archivistiques, de réinterroger et étayer l'image des prémices de la transformation des sucres au sein des territoires français comme de renseigner ses acteurs en Europe et aux Antilles.

Mots-clés: *Canne à sucre, céramiques de raffinage, moules à pains de sucre, pots à mélasse, ports français.*

Introduction

Aborder la question du raffinage sucrier français et de ses installations aux XVe et XVIe siècles s'avère délicat. En effet, le royaume de France, contrairement à ses voisins du bassin méditerranéen ou des provinces néerlandaises, ne dispose pas encore de territoires dont l'environnement serait propice à une culture économiquement viable de la canne à sucre. S'y ajoute le manque vraisemblable de savoir-faire technique et, en surimposition, la disponibilité régionale à nationale du miel.

Ainsi, dans l'historiographie française, la production sucrière est traditionnellement appréhendée à partir des années 1640-1650, pour deux raisons majeures. La première demeure effectivement liée à la capacité agricole, qui ne sera obtenue qu'avec le développement de la culture antillaise de la canne, puis de sa transformation, réussite due en large partie aux apports néerlandais et parfois ibériques. Cette période est ensuite marquée par la forte lucrativité du sucre, produit qui supplantera rapidement les autres cultures coloniales tels l'indigo ou le pétun, dont les cours se sont effondrés dans les années 1630. La seconde raison apparaît au travers du développement économique et urbain des ports métropolitains. L'expansion du nombre de mentions archivistiques de raffineries, couplée à l'essor du trafic transatlantique, contribuera très fortement à faire considérer les décennies 1650 à 1680 comme constitutives du véritable démarrage du raffinage français. Cette phase de développement sera étayée d'une part par la montée en puissance de certains ports, notamment Bordeaux et Nantes durant les années 1660-1670, d'autre part en raison de la politique protectionniste mise en place par Colbert, contrôleur général des finances et secrétaire d'État de la Marine. Parmi les mesures les plus éminentes, soulignons la création en 1664 de la Compagnie des Indes Occidentales, l'instauration de nouvelles taxations spécifiques aux sucres, de même que des interdictions de production sucrière raffinée adressées aux colonies, significativement dans les années 1680. Or, la demande en sucres fins sera alors démultipliée par la consommation conjointe d'autres produits exotiques tels le café et le chocolat. La recherche a pu ainsi amplement traiter, au travers des prismes de l'histoire économique et coloniale, par l'*Atlantic History*, l'épopée française du sucre jusqu'au XVIIIe siècle, corrélée à une diffusion sociale croissante, ainsi que ses mutations aux XIXe et XXe siècles.

Face à la richesse de cette masse documentaire, les XIVe, XVe et XVIe siècles semblent essentiellement éclairés par des mentions à la régularité variable d'importations méditerranéennes, d'Atlantique nord-est voire brésiliennes et de captations maritimes diverses, assez fréquemment sous formes brute ou semi-raffinée. Cependant, le potentiel manque de sucres à traiter, comme l'irrégularité globale des arrivages sur la façade atlantique, ne constituent pas l'explication première pouvant justifier l'absence d'installations françaises de raffinage. La question primordiale réside selon nous dans l'adaptation de la taille des structures sucrières à celle des débouchés. Les sucres non ou peu transformés (moscouades, mélasses) sont très présents dans les transactions, mais massivement utilisés comme tels dans les recettes des apothicaires, dans les pharmacies des institutions religieuses ou encore pour la préparation du tabac. Il faudra donc attendre l'émergence d'une demande significative en candi et sucres raffinés par les classes supérieures de la société pour rendre avantageux les projets d'établissements de manufactures sucrières en France.

Figure 9.1. Moules à pains de sucre, Saint-Jean Le Blanc (Loiret). Photo: Sébastien Pauly

Figure 9.2. Pots à mélasse, Orléans (Loiret). Photo: Sébastien Pauly et Sébastien Jesset

L'absence de structures identifiées par l'archéologie pour la période antérieure au XVIIe siècle nécessite une approche alternative afin de percevoir matériellement cette activité de transformation. La question des ustensiles céramiques de raffinage (moules à pains de sucre et pots à mélasse) permet, en croisant les sources archéologiques et archivistiques, de réinterroger l'image des prémices de la transformation des sucres au sein des territoires français[2] et de renseigner ses acteurs.

Le sucre en France du XIVe au milieu du XVIe siècle: des approvisionnements sans transformation locale avérée

Hormis pour son usage médicinal, le sucre aux XIVe et XVe siècles semble faire l'objet d'une considération restreinte aux classes les plus élevées de la société française. Il s'avère notamment le fait d'épiciers approvisionnant la noblesse, telle la fourniture rochelaise de sucre et confitures en 1372 à Philippe II «le Hardi»[3], produit encore associé à de la «*dragée*» en 1486 auprès de la famille de Coëtivy[4].

Au XVIe siècle, le sucre est assez fréquemment présent dans les ports du littoral atlantique français tels Bordeaux, Brouage, La Rochelle, Saint-Malo, Rouen, Calais et Dunkerque, alors port franc. Les produits sucriers que sont les moscouades et les cassonades, ainsi que plusieurs dérivés (panelles, sirops et mélasses) proviennent des possessions ibériques de Madère et des îles Canaries, plus rarement de Séville, mais également de la côte de Barbarie diffusant la production de la plaine du Sous, du Brésil et de São Tomé[5] depuis les ports d'Anvers, Viana do Castello, Porto, Figuiera da Foz et Lisbonne. Les approvisionnements se révèlent ainsi variés, de même que les modalités d'acquisition: détournement de cargaisons, prises de guerre, achats opportunistes ou encore approvisionnements réguliers pour les Normands, alors en lien avec les ports marocains de Santa Cruz du cap de Gué et Safi (Moitrel et al. 2019: 199), particulièrement grâce à la création d'une compagnie marchande spécifique[6].

Les principaux ports français, dont certains demeurent assez peu développés, servent alors essentiellement de centres de redistribution des produits sucriers. Rouen se trouve notamment au cœur des circuits commerciaux entre le Portugal et les ports de la Manche et de la Mer du Nord aux XVe et XVIe siècles, et sert de relais pour les marchands des différentes nations. On y réceptionne aussi bien les produits à transformer que les sucres les plus raffinés. Ainsi, en 1559, le marchand rouennais Masse Millie se fait livrer un tonneau comprenant 118 pains de sucre raffiné depuis Anvers[7], tandis qu'en 1567 des cassonades sont livrées en provenance de Béziers[8]. Les contrats peuvent également se conclure à Rouen, sans que la marchandise n'y transite, comme en 1574, lorsque le marchand rouennais François Daville affrète *La Marguerite* de Fécamp, navire de 70 tonneaux, pour aller chercher deux milliers de sucre ou panelle de São Tomé à Lisbonne, afin de les livrer à Dunkerque[9]. La redistribution des produits issus de la canne à sucre à l'intérieur des terres laisse également entrevoir la sphère d'influence du premier port normand quand, en 1555, Toussaint Berthe et Guillaume Lormyer vendent à Rémy Laurens, marchand de Troyes, 7247 livres de sucre, un ponçon de cassonade pesant 496 livres[10]. Cette diffusion terrestre se retrouve par exemple à La Rochelle: le marchand Nicolas Bobineau[11] fait charroyer à Lyon plus de dix mille livres de sucre entre juin 1540 et début août 1541. Entre fin janvier et début février 1544, un corsaire rochelais réalise une vente de soixante coffres, soit 20 800 livres de sucres, à deux marchands, lyonnais et limou-

[2] Cette notion nécessitant alors de distinguer, parmi ces moules céramiques, ceux effectivement acquis pour utilisation de ceux potentiellement limités à leur rôle de contenants, faute de savoir-faire raffineur local.
[3] Médiathèque de La Rochelle, ms. 50, 427 et ms. 497, fol. 109-110.
[4] «Lettres, missives originales du chartrier de Thouars, série du XVe siècle» in *Bulletin de la Société Archéologique de Nantes et du département de la Loire-Inférieure*, t. XI, 1872, 185-186.
[5] Arch. communales d'Anvers, Certificatieboeken n° 6, fol. 80.
[6] Arch. dép. Seine-Maritime, 2E1/885 fol 129-129, 136r.
[7] Arch. dép. Seine-Maritime, 2E1/426, 11 mai 1559.
[8] Arch. dép. Seine-Maritime, 2E1/885, Tabellionnage de Rouen, 2 octobre 1567.
[9] Arch. dép. Seine-Maritime, 2E1/508, 7 octobre 1574.
[10] Arch. dép. Seine-Maritime, 2E1/411, 4 avril 1555 [n. st.].
[11] Qui fit par ailleurs au moins deux voyages à Anvers, en 1555 et 1575. Coornaert 1961.

geaud[12]. Ces exemples ne doivent pas occulter l'importance du cabotage, qui accentue également la diffusion des produits sucriers le long des côtes françaises. À Bordeaux par exemple, les notaires mentionnent en 1578[13] des arrivages de sucres bruts en provenance de Saint-Malo et de Brouage.

De même, par voie maritime, Arles, Aigues-Mortes et Marseille reçoivent dès le XIVe siècle du sucre italien, notamment pour le compte des compagnies italiennes d'Avignon (Ouerfelli 2014: 4). Marseille est également approvisionnée en sucres méditerranéens durant tout le XVIe siècle depuis les royaumes de Grenade et de Sicile, éventuellement en provenance d'Égypte (Collier et Billioud 1951: 434), mais également du Cap-Vert et de «la Madera» depuis Cadix où les phocéens sont bien implantés. Néanmoins, la multiplicité de ces approvisionnements marseillais ne semble pas freiner l'idée d'une production in situ...

Les premières tentatives de raffinage et d'acclimatation de canne à sucre en France[14]

En 1547, un Italien de Crémone, Jehan-Baptiste d'Aspectats, ou Des Aspectat, obtint un privilège exclusif du roi Henri II pour l'installation à Marseille d'une raffinerie de sucre[15]. Plus connu sous le nom de Giovanni Battista Affaitadi, il s'est auparavant initié au raffinage du sucre à Venise, puis à Valence, avant d'aller pratiquer dans une manufacture familiale à Anvers (Collier et Billioud 1951: 434), où les Affaitadi possèdent l'une des plus importantes raffineries de la ville (De Almeida Mendes 2008: 755). Il semble cependant, en l'absence de sources complémentaires, que le projet d'une raffinerie marseillaise soit demeuré inabouti.

La seconde volonté de raffinage connue à ce jour en France est celle de l'apothicaire rouennais Pierre Dubosc (Moitrel et al. 2019: 201-203). Celui-ci conclu le 18 avril 1549 un contrat de deux ans avec le sévillan Balthazar Sanches afin d'apprendre, à Rouen, l'état de sucrier et raffineur de sucre[16]. Or l'apothicaire passe quelques années plus tôt, le 24 mai 1545, une commande importante auprès d'un potier et faïencier très renommé dans la région, Masséot Abaquesne. Il s'agit d'acquérir 310 douzaines de pots émaillés de cinq tailles différentes et 36 douzaines de «*potz façon chevrettes*» pour une somme totale de 6450 sols tournois[17]. Le contrat indique au potier qu'il doit réaliser la commande sans produire d'autres céramiques en parallèle, ni fournir ces mêmes types de pots sur une période allant jusqu'à six semaines après la livraison auprès de Pierre Dubosc. C'est ici un véritable projet réfléchi de l'apothicaire qui, loin de se restreindre à la seule utilisation du sucre pour la préparation de remèdes, entend proposer des mets sucrés tels les sirops et confitures, alors vendues dans leurs contenants céramiques.

Suivra en 1551 à La Rochelle une intention plus franche encore. Le marchand François Barbot y passe commande[18] de céramiques de raffinage à Jean Morillon, potier de La Chapelle-des-Pots en Saintonge, situé à environ 70 kilomètres par voie d'eau de La Rochelle. La commande du 23 septembre 1551 stipule mille «*formes de terre à rafinez succres*» ainsi que mille «*potz de terre à recuillyr le sucre*» pour un total de 47 livres et 10 sous. Pour cette réalisation, le marchand montre et prête au potier une ou plusieurs céramique(s) de raffinage pour exemple de «*forme, grandeur, manyère et bonté*». Un indice[19] qui démontre que l'artisan ne connaît pas ce type de poteries dans son atelier saintongeais, aire productrice céramique réputée de première importance régionale depuis le XIIe siècle et connue pour ses exportations européennes puis transatlantiques lors des siècles suivants. Le manque de connaissance de Jean Morillon ne doit cependant pas l'empêcher de réaliser cette commande, quantitativement importante, en l'espace de trois mois: l'échéance est fixée pour Noël, avec éventuelle rallonge de quinze jours.

[12] Arch. dép. Charente-Maritime, fond notarié Lecourt 3E/133, pièces du 22 juin 1540 et 6 août 1541.
[13] Arch. dép. Gironde, 3E/5418 fol.850, 26 août 1578 ; 3E/5418 fol. 921, 5 octobre 1578.
[14] Signalons que le port de Nantes n'a pas encore fait l'objet d'une recherche de notre part pour la période antérieure au XVIIe siècle.
[15] Arch. mun. Marseille, HH 425.
[16] Arch. dép. Seine-Maritime, 2E1/397 fol. 325r-325v.
[17] Arch. dép. Seine-Maritime, 2E1/2809 fol. 23-24.
[18] Arch. dép. Charente-Maritime, fond notarié Lecourt 3E/133.
[19] Souligné dans Chapelot 2005: 169.

Signalons qu'aucune trace archéologique de céramiques sucrières ou de leur production potentielle n'est actuellement perçue à La Chapelle-des-Pots ou aux environs, toutes périodes confondues. L'absence de découverte de telles terres cuites dans des contextes rochelais du XVIe siècle s'avère également une limite, et l'ambivalence des termes employés tels que «négociants» ou «marchands» laisse ouverte la question d'une activité de raffinage au port rochelais comme d'une revente exportatrice de ces céramiques, notamment par ce même marchand, François Barbot.

1551 marque également le dessein d'une acclimatation de la canne à sucre dans le sud de la France, à Hyères dans le Var. Cette tentative est relayée en 1556 par Claude Guérin, bourgeois d'Avignon, qui reçoit alors l'autorisation du roi Henri II de cultiver la canne pour douze années. S'y ajoute le privilège d'installer des moulins pour écraser ces cannes selon la méthode employée dans les îles ibériques atlantiques[20]. En 1567, Claude Guérin reçoit douze balles de canne pesant chacune 300 livres de la part de son frère Jean, domicilié à Valence en Espagne (Collier et Billioud 1951: 437). Cette même année, proche du terme de l'autorisation, le jardin royal d'Hyères s'associe à ces nouveaux essais de plantations, qui aboutissent cependant à un échec en 1684.

De 1554 à 1559, les initiatives s'accroissent à Rouen où Jehann Deshayes produit des sucres raffinés et candis dans «*sa sucrerie*» située paroisse Saint-Eloi[21], peut-être en concurrence ou avec l'aide de Nicolas Bayle, un raffineur qui réside dans la même paroisse entre 1553 et 1555. Nous retrouvons ce dernier, dont le patronyme paraît sud-occidental (Birot 1938: 82), comme marchand raffineur de sucre à Bordeaux en 1563[22], trahissant là une forte mobilité de ces fabricants.

Dans le même temps, vers 1559, l'ambassadeur de Hongrie fait dire à Henri II qu'à Anvers se trouve un raffineur français très renommé, Gabriel dit "le sucrier", et que celui-ci souhaite introduire la culture de la canne à sucre en Provence, selon les méthodes pratiquées sur l'île de Madère. Henri II, qui s'était déjà intéressé au sujet lors de la demande de Giovanni Battista Affataidi, accorde sa permission et paie des Italiens afin de mettre le projet en œuvre. En 1559, suite au décès d'Henri II, Gabriel assure au nouveau roi François II qu'en trois années, il se fait fort de produire et de bien raffiner le sucre «*en telle quantité que tout cela suffira pour tout le royaulme, joint qu'il les rendra à Marseille et à Lyon à si bon prix que les marchands les ont maintenant en Anvers, d'où toutes les fois ils les portent au dit Lyon et aultres lieux du Royaulme*». Gabriel veut apparemment installer une véritable habitation-sucrerie avec des plants de canne à sucre importés de Madère. Il sollicite pour ce faire une concession de terres pour dix ans assortie d'une avance sur les frais d'installation. Il demande par ailleurs l'interdiction d'importer des sucres raffinés en France ainsi que le privilège de raffiner et d'exporter jusqu'à la Seine, limite qu'il définit lui-même, sans doute par anticipation du mécontentement de ses concurrents rouennais et potentiellement parisiens. En dépit de toutes ces dispositions, le projet ne fut visiblement pas exécuté.

Un autre projet d'établissement de raffinerie se dévoile en 1560 lorsqu'un raffineur vénitien, exerçant alors à Lisbonne, souhaite relocaliser son activité dans le port de La Rochelle[23]. Les motifs invoqués auprès de Jean Nicot, ambassadeur de France, relèvent de l'approvisionnement en matières premières: la grande quantité d'œufs nécessaires à la clarification, en cette période de disette, ainsi que l'important volume de bois qui viendrait à manquer dans la région lisboète rendent alors l'activité trop incertaine. Fautes d'éléments postérieurs, cette requête semble a priori avortée.

En 1561 à Rouen, une brève mention présente Claude Channel[24], «*raffineur de sucre*» originaire de Lyon et époux de l'espagnole Vyolente Fernande, sans qu'il soit précisé s'il est de passage ou installé en ville.

[20] Arch. dép. Bouches-du-Rhône, B/48 : Permission à Claude Guérin d'Avignon de planter des cannes à sucre dans le territoire et la ville d'Hyères.

[21] Chanoine-Davranches 1904: 199-200; Arch. dép. Seine-Maritime, 2E1/425, Tabellionnage de Rouen, 27 janvier 1559.

[22] Arch. dép. Gironde, 3E/9849, 15 mai 1563.

[23] Bib. Nat. France, NAF 6638, fol. 188.

[24] Arch. dép. Seine-Maritime, 2E1/429, pièce du 19 février 1561.

L'année 1572 est marquée par le refus du procureur et du syndic des marchands de la ville de Rouen d'entériner les lettres reçues par Jean de Palma Castillo, originaire de Cordoue et lié aux communautés espagnoles de Bruges et d'Anvers, qui lui auraient donné le monopole pour «*affiner les sucres noirs en la ville de Rouen*»[28]. Cette mention laisse à penser que d'autres ateliers sont alors en activité, ce que tendrait à confirmer la présence, en 1574, du maître sucrier flamand Jors Montmants[29], sans doute sous contrat dans une raffinerie non précisée.

La première mention d'une création assurée de raffinerie sucrière provençale date de 1574, à l'initiative du marseillais François de Corbie et Pierre d'Hostagier. La création par acte sous seing privé en juillet 1574[25] d'une compagnie de commerce pour une durée de trois ans, permet l'établissement d'une raffinerie de sucre avec Jean Blanc, frère du notaire marseillais Pierre Blanc, et François de Corbie. Celui-ci, fils de Nicolas de Corbie, «*un conseiller de 1545, qui un demi-siècle durant (1522-1567) avait vendu du sucre et des épiceries à Marseille*» (Collier et Billioud 1951: 211), prend la direction de la manufacture avec son frère Jean et son beau-frère, l'armateur normand Claude Marsonat. Pierre d'Hostagier dirige l'entreprise commerciale et s'avère être le bailleur de fonds, avec 12 000 livres dédiées à l'achat de cassonades. À cette période, Marseille cherche à se libérer de la filière portugaise en s'assurant notamment la production marocaine, le souverain Charles IX soutenant cette initiative dès 1561. La source nord africaine est effectivement l'attention d'Hostagier et Corbie mais les problèmes d'approvisionnements se font jour : une mésentente avec le négociant Antoine de Lenche, chargé d'acheminer des cassonades de Lisbonne ainsi que la commandite ratée de la barque de Louis Vigier, lequel mettant la voile pour Lisbonne et, surtout, pour le Cap de Gué au Maroc (Collier et Billioud 1951: 434). Une autre piste hypothétique d'approvisionnement est celle de Nicolas du Revel, marchand bourgeois de Paris installé à Marseille dans les années 1550, qui se révèle être en affaires avec Pierre d'Hostagier au travers de participations dans deux compagnies qui exploitent le corail au Maghreb. En 1574, Nicolas du Revel affrète un navire de Fécamp pour aller vendre ses marchandises à Safi et faire chargement de sucre au cap de Gué, ensuite à destination du Havre de Grace, actuel port du Havre[26]. La question demeure ouverte quant à de possibles livraisons de sucres bruts de sa part à Marseille, d'autant que Nicolas du Revel participe également à l'armement de navires à destination du Brésil (Jeannin 1957: 50; Collier et Billioud 1951: 214). Cependant, les difficultés d'approvisionnements de la raffinerie marseillaise ainsi que le prix visiblement trop élevé des cassonades conduisent à la dissolution, prononcée le 9 février 1575[27]. L'emplacement de la manufacture Hostagier-Corbie n'a pu être déterminé, les modalités de son installation et de ses structures demeurent inconnues.

Quelques mois après sa fermeture, en juillet 1575, l'on fait appel à un marchand marseillais nommé Jean Pin afin de broyer des cannes, qui par ailleurs «*s'entendoit à raffiner les sucres*» (Collier et Billioud 1951: 437). Indice qu'une nouvelle manufacture a vraisemblablement vu le jour à Marseille.

En Gironde, un document daté du 19 août 1576[30] indique la vente par Marie Ayquem, veuve potière habitant la paroisse de Sadirac, de cinquante grandes formes à pain de sucre accompagnées de cinquante pots à mélasse, afin d'être livrées à Bordeaux au marchand «*Jean Delalyon de cette ville*», pour la somme de 12 livres et 10 sols. Ces céramiques semblent être destinées à un usage local, puisqu'en 1579 et depuis quatre ans, ce même Jean Lalyon fait raffiner du sucre par un certain Guillaume Tiken «*raffineur de sucres*»[31], rue Sainte-Colombe (Birot 1938: 81), où se trouvent des «*formes pleines de sucre*» (Michelot 1935: 181).

Le faible nombre de poteries achetées en 1576 amène à plusieurs hypothèses. Est-ce l'achat d'un reliquat de production du potier auprès de sa veuve? Cette quantité assez restreinte traduit-elle les difficultés

[25] Arch. dép. Bouches-du-Rhône, fonds notarié Laget-Maria, 901 fol. 1863.
[26] Arch. dép. Seine-Maritime, 2E1/508.
[27] Arch. dép. Bouches-du-Rhône, fonds notarié Laget-Maria, 903 fol.195.
[28] Arch. dép. Seine-Maritime, 3E 001-1NC-A19, fol. 231v-232v.
[29] Arch. dép. Seine-Maritime, 2E1/508 fol. 9r et 9v, 4 octobre 1574.
[30] Arch. dép. Gironde, 3E 4493.
[31] Arch. dép. Gironde, 7B, enquête des jurats du 17 avril 1579.

de s'approvisionner en quantité et/ou suffisamment régulièrement en sucres bruts? A moins qu'il ne s'agisse là d'un réapprovisionnement céramique partiel, l'activité rue Sainte-Colombe débutant apparemment en 1575. Le document bordelais, insistant sur l'aspect «*bien cuites et bien conditionnées*» des céramiques sucrières, témoigne d'une maîtrise technique au moins partiellement acquise dès le dernier tiers du XVIe siècle à Sadirac; les grandes formes s'avérant les plus délicates à obtenir en raison de leurs dimensions et de leur nécessaire tenue lors du façonnage comme lors des manipulations liées à la cuisson.

À proximité du lieu de raffinage de Jean Lalyon rue Sainte-Colombe, un second raffineur opère dans ce même quartier, le long du Peugue et non loin du port (Birot 1938). Malgré le caractère précoce de l'activité sucrière, au moins deux possibilités sont à envisager. Nicolas Bayle, «*marchand raffineur de sucre, habitant dudit Bourdeaulx*»[32] ainsi que Nicollas Bourdet, qualifié de «*raffineur de succres*» en 1578[33].

Ce n'est qu'en 1586 que le premier raffineur rochelais est explicitement décrit comme tel[34] et effectivement implanté: Jehan/Jean Barangier, «*raffineur de sucres*», s'installe rue des trois marchands, actuelle rue Chef de ville, soit à une centaine de mètres des quais[35]. Cette localisation en cœur de ville laisse à penser que la manufacture réemploie potentiellement un ou plusieurs bâtiments préexistants, dont les espaces initiaux n'ont pas été nécessairement pensés pour une telle activité. En décembre 1586, Jean Barangier apparaît associé à Pierre Dartou/Darthoux, marchand rochelais, auxquels le marchand droguiste Becquel fourni cassonade et pots de raffinerie, peut-être en tant qu'importateur. Le projet d'acte de vente, non signé, visiblement rédigé entre le 13 et 14 décembre 1586[36], précise: «*Jehan Barangier, raffineur de sucres en ceste dite ville et y demeurant,* [...] *estre justement tenu a honnorable homme Guillaume Becquel, marchant drogueur et bourgeois de ceste dite ville, a ce present, stippullant et acceptant la somme de soixante escuz sol a cause et pour, tant de la vente et livraison de cassonnadde que de potz propres pour la raffinerie* [...] *Et pour seureté du payement de ladite somme a faire audit terme, Pierre Darthou, marchant courratier en ceste dite ville*». L'acte définitif, daté du 15 décembre 1586, laisse apparaître en marge «*La présente a esté cassée du consentement et vollonté dudit Becquel présent qui s'est contenté du contenu en icelle et confirme estre nulle*».

Or, en cette même année 1586, d'autres rochelais s'avèrent également raffineurs: Jehan Decasaulx et Bernard Delastres, qui passent contrat en juin avec le potier vendéen Symon Martineau pour la fourniture de 100 «*grandes formes bastardes*» et 100 pots associables[37]. L'artisan du village de la Baffardière, paroisse du Champ-Saint-Père[38], dit «*bien scavoir* [la qualité et la taille des formes] *pour en avoir veu en leur raffinerie*», confirmant ainsi l'existence d'une raffinerie, dénommée comme telle, au sein de La Rochelle. Ce contrat est passé avec le potier sous forme d'exclusivité, pour cette livraison comme pour un éventuel complément envisageable. Serait-ce là un indicateur précoce de concurrence entre raffineurs? Ce type d'exclusivité pourrait alors expliquer l'approvisionnement indirect de Jean Barangier par l'intermédiaire d'un autre marchand rochelais, surtout s'il ne dispose pas lui-même de formes à sucre pouvant servir de modèles à des potiers inexpérimentés en la matière, contrairement à d'autres raffineurs implantés en ville.

---

[32] Arch. dép. Gironde 3E/9849, 15 mai 1563. Nicolas Bayle est alors créancier, pour la somme de 12 livres tournois, d'un certain Anthoine Auber de la paroisse de Cambes.
[33] Arch. dep. Gironde 3E/4611, pièce datée du 15 avril 1578. Nicolas Bourdet est alors témoin d'un contrat passé par Martin Bouyer, maitre paulmier, auprès du notaire Anthoyne Faure.
[34] Jean Chapelot signale, sans précision, des mentions de raffineurs à La Rochelle pour les années 1570-1580 (Chapelot 2005: 170) sans que nous n'ayons pu encore trouver d'éléments.
[35] Arch. dép. Charente-Maritime, fond notarié Naudin, 3E/2156, 31 mars 1586.
[36] Arch. dép. Charente-Maritime, fond notarié Naudin, 3E/2156, pièce non datée, placée entre les actes du 13 et du 14 décembre 1586, qui conduira au contrat du 15 décembre 1586.
[37] Arch. dép. Charente-Maritime, fond notarié Naudin, 3E/2156, 23 juin 1586.
[38] Fillon 1864:49. Ce centre potier, mentionné dès le XIVe siècle, apparaît caractérisé par une production de céramiques communes jusqu'au XIXe siècle, disposant d'une assez large diffusion dans le bas Poitou et un lien direct avec les ports de Moric (Moricq) et Saint-Benoît (Saint-Benoist-sur-Mer) le long du Lay, fleuve débouchant sur la côte sud-vendéenne, face aux rivages rétais et rochelais.

L'existence du raffinage sucrier apparaît de plus en plus nettement en cette fin de XVIe siècle à La Rochelle, même si l'on ne peut cerner d'autres mentions de manufactures. S'y emploie ainsi, entre 1598 et 1599, le flamand Joseph Baertz/Barré qui transforme de «*grandes quantités*» de cassonade, avant que sa veuve, flamande elle aussi, ne reprenne la succession de cette activité[39]. En 1599 également, apparaît impliqué un certain Gillis Tsermarttyns «*marchand raffineur de sucres*» originaire de Malines, province d'Anvers[40]. En 1600, Louis Douillard est décrit comme «*raffineur*» à deux reprises[41], puis Jean Douillard, «*raffineur de sucres*» qui fera faillite en 1607 (Huet 1699: 679); un sort connu deux ans plus tôt par un dénommé Brisson, «*flamand raffineur*» (Huet 1699: 678). À la charnière du XVIIe siècle, ces sucres rochelais, issus de moscouades brésiliennes, ibériques mais aussi anglaises[42], furent en concurrence avec les sucres raffinés des Néerlandais, localement[43] comme aux Provinces-Unies[44].

De même, la présence des raffineries rouennaises se perçoit toujours en filigrane à la fin du XVIe siècle. Ainsi, c'est parce qu'il est appelé comme expert devant les tabellions que nous apprenons l'existence du marchand sucrier flamand Pierre Quatsanbourg à Rouen en 1596. Il est accompagné d'Hanibal Léger, «*empapeleur de sucre*»[45]. Ils témoignent l'un et l'autre que parmi les 10 tonneaux de «sucre poisé» vendus à Jean Leguesne par le flamand Jean Pol, 500 livres y sont impropres au commerce. Une autre raffinerie est sans doute conjointement en activité, celle de Loys Le Grand, dont la veuve a repris l'affaire en 1604 lorsqu'elle s'achalande en sucres de Saint-Domingue, achetés à Séville par le maître de navire dieppois Henry Grillon pour le compte du marchand flamand installé à Rouen Michel van Damme[46]. On retrouve la famille Le Grand à la tête d'une raffinerie rouennaise en 1659[47], signe d'une grande pérennité de certaines structures. Un autre exemple plus manifeste se met en place en 1613 avec la raffinerie installée rue du Bac par l'Allemand Jhérémie Walens[48], reprise par ses cousins Zélandais Salomon et Daniel Dierquens jusque dans les années 1660. Cet établissement est suffisamment important pour figurer et être identifié comme «*Sucrie M. Dirc.*» sur le plan de la ville dressé par Jacques Gomboust en 1655, dont l'échelle ne permet pas de définir finement les agencements.

À La Rochelle, l'activité de raffinage n'est plus que vaguement mentionnée en 1621 par l'existence de «*sucre, raffinage de cette ville*»[49] où les sucres continuent d'arriver notamment des ports de Lisbonne, Porto, Vianna[50] et des Provinces-Unies[51], à une période correspondant néanmoins aux premiers éléments archéologiques découverts à La Rochelle. Les céramiques de raffinage, de petites dimensions et à parois fines, se trouvent en position de rejet dans le comblement, fin 1628 - début 1629, du fossé défensif de la ville (Pauly 2016: 38 et 40-44). Des analyses archéométriques ont été menées par pétrographie et analyse chimique par spectroscopie ICP-AES. Les résultats (Bocquet-Liénard 2017: 210) tendent à rapprocher ces exemplaires rochelais des échantillons néerlandais provenant d'Amsterdam (site de production (Gawronski et Veerkamp 2014), Rotterdam et Dordrecht (en rejets). Ces terres cuites spécialisées s'accompagnent à La Rochelle de quelques poteries à usage domestique, jattes et tasses ansées, également supposées d'origine néerlandaise. Leur présence, bien qu'anecdotique et ne reflétant pas nécessairement une importation commerciale, mérite toutefois d'être soulignée[52].

---

[39] Arch. dép. Charente-Maritime, fond notarié Bion, 3E/199, 15 août 1598, 3E/200 : pièces du 31 mars et du 24 décembre 1599.
[40] Arch. dép. Charente-Maritime, fond notarié Bion, 3E/200, pièces du 13 mai et du 3 novembre 1599.
[41] Arch. mun. La Rochelle, E suppl.284, v°163.
[42] Arch. dép. Charente-Maritime, B175, fol. 47.
[43] Arch. dép. Charente-Maritime, fond notarié Bion 3E/199, 5 septembre 1598, 3E/200, 13 mai 1599.
[44] Gemeente Archief Amsterdam, Notarial Archief 54, fol. 41 Iv, 13 juin 1602 : est décrit à Amsterdam la qualité d'un lot de sucre provenant de La Rochelle.
[45] Arch. dép. Seine-Maritime, 2E1/623, 21 octobre 1596.
[46] Van Damme 1606, comptes du 19 mars au 5 avril 1604.
[47] Arch. dép. Seine-Maritime, 2E1/2704, 16 avril 1659.
[48] Arch. dép. Seine-Maritime, 1B/884, Parlement de Normandie, arrêt sur requête du 22 février 1620.
[49] Arch. dép. Charente-Maritime, fond notarié Jacques Cousseau, 3E/221,1er avril 1621.
[50] Arch. dép. Charente-Maritime, fond notarié Jacques Cousseau, 3E/218, 16 juillet 1613 et 3E/219, 21 janvier 1615.
[51] Arch. dép. Charente-Maritime, fond notarié Jacques Cousseau, 3E/221, 1er avril 1621.

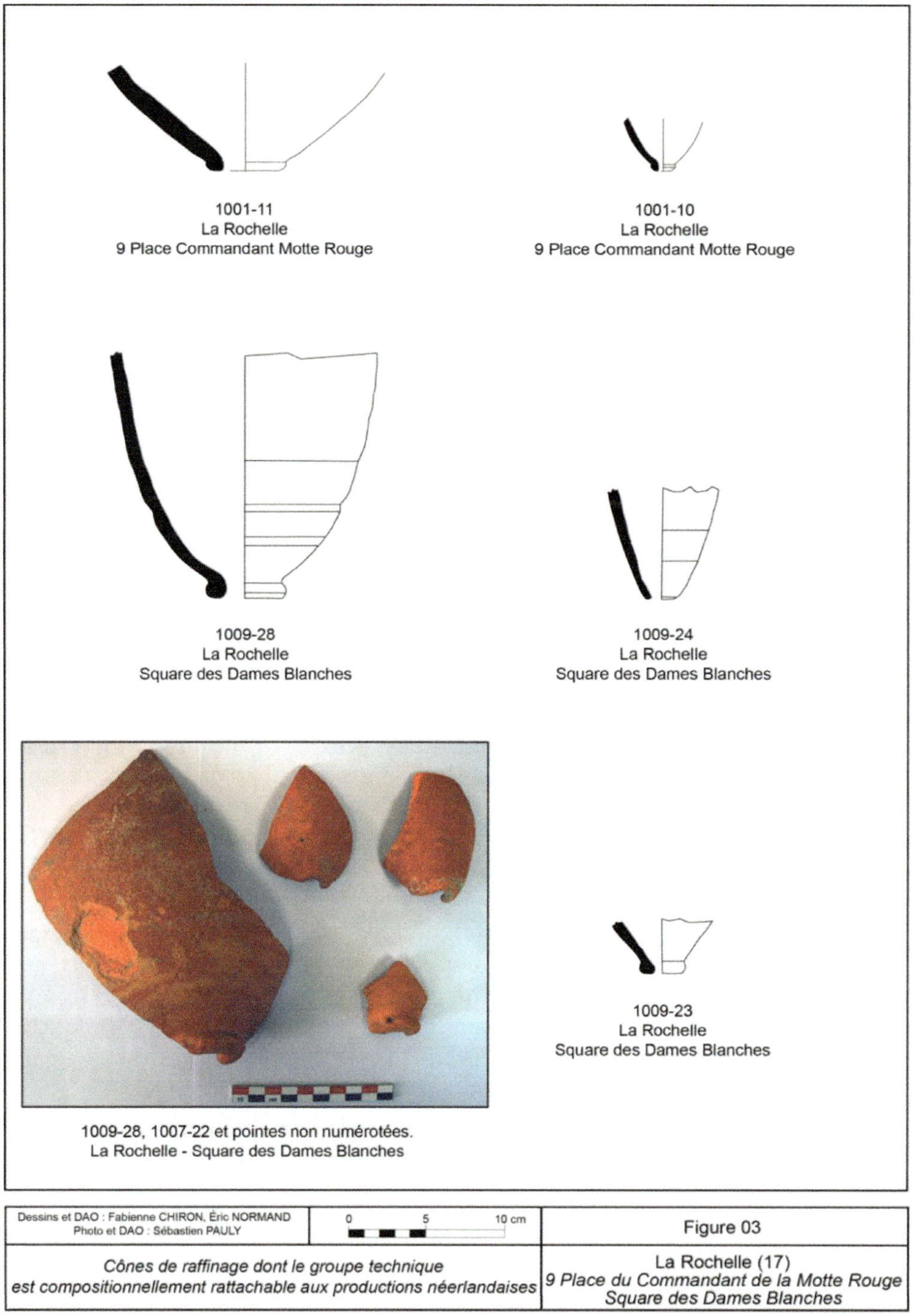

Figure 9.3. Moules à pains de sucre découverts à La Rochelle, en contexte antérieur à 1629 (place du commandant de la Motte Rouge) et en contexte 1628-1689 (square des Dames Blanches), compositionnellement comparables à des céramiques sucrières néerlandaises. DAO: Fabienne Chiron et Sébastien Pauly

Le cas de Rouen s'avère plus complexe. Les actuelles premières céramiques de raffinage, 18 exemplaires a *minima* (Moitrel et al. 2019: 209-211) parmi plus de 77 000 restes de poteries, ont été découvertes au sein d'un dépotoir assimilable à une décharge publique datable de la seconde moitié du XVIe siècle, rue du Donjon[53]. Les moules à pains de sucre et les pots à mélasse présentent plusieurs groupes techniques distincts. Associés à des typologies variées de pointes de cônes à sucre, le lot suggère divers approvisionnements d'échelles régionale à européenne[54].

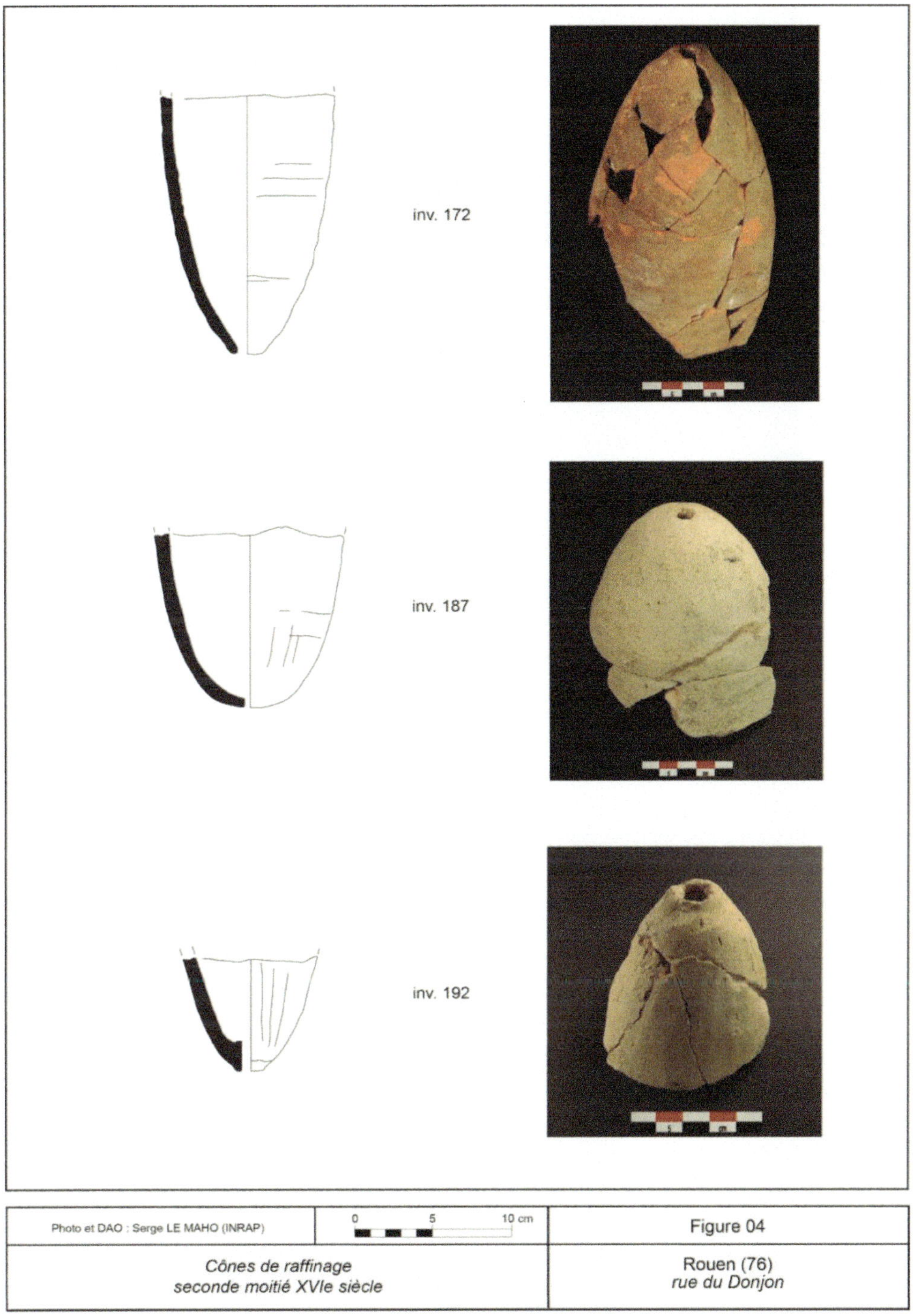

Figure 9.4. Céramiques de raffinage découvertes à Rouen, en contexte de la seconde moitié du XVIe siècle. Photos et DAO: Serge Le Maho

[52] L'ensemble des résultats et le mobilier associé seront présentés dans l'ouvrage en cours de rédaction et provisoirement intitulé « *Les céramiques de raffinage du sucre du XVIe au XIXe siècle. Productions, circulations et usages dans l'espace transatlantique français* », sous la coordination du présent auteur.

[53] Fouille préventive réalisée en 2015 sous la direction de Bénédicte Guillot (INRAP).

[54] Contrairement au Maroc et aux Pays-Bas, nous ne disposons pas actuellement d'échantillons ibériques à analyser, piste géographique envisagée suite à l'exclusion d'autres provenances étrangères et de la présence d'amphores ibériques dans des contextes rouennais de la même période. Par ailleurs, les terres cuites sucrières allemandes ne nous sont pas connues.

La question des débuts matériels sucriers français outre-Atlantique[55]

Au début de l'année 1639, le gouverneur Philippe de Longvilliers de Poincy s'installe à Saint-Christophe pour le compte de la Compagnie des îles de l'Amérique. Il a l'intention de produire du sucre puisque avant son départ il avait contacté Adam Raye, de Rouen, afin de mettre en place une habitation sucrière. Adam et son frère Jan/Jean Raye, natifs d'Amsterdam, installé comme sucrier à Rouen avant 1632, concluent un contrat avec Poincy pour cultiver la canne à Saint-Christophe. Ils s'engagent également à y faire venir tous les ustensiles nécessaires à son exploitation, avec cependant peu de détails matériels[56]. Puis Poincy s'associe aussi de manière exclusive au marchand Frederik van Roubergen de Middelbourg. Au lieu-dit la Pointe de sable, ce marchand zélandais a le privilège, au mécontentement des autres habitants, d'ouvrir des magasins ou dépôts de vente. En développant la production du sucre dont il confia la direction à «*un Espagnol, nommé Don Paul*»[57], le gouverneur de Poincy accumule finalement suffisamment de fonds pour racheter la partie française de Saint-Christophe lorsque la Compagnie fait faillite et finance la colonisation des îles de la Tortue et de Sainte-Croix à partir de 1650.

Avant cela, l'accord de la Compagnie des Îles d'Amérique avec Daniel Tresel/Trezel pour faire du sucre à la Martinique puis à la Guadeloupe, est considéré comme l'embryon de l'activité sucrière sur ces deux îles et constitue depuis près d'un siècle un sujet incontournable parmi les historiens[58]. Daniel Tresel est un marchand natif de Zélande, habitant de Rouen où il dirige une raffinerie[59]. La recherche de sucres bruts avec son fils Samuel Tresel les amènent d'ailleurs, entre 1636 et 1641, à commercer avec la veuve Maria Marischael[60], habitante de Pernambouc au Brésil. Samuel lui livre toutes sortes de marchandises (chaussures, eau-de-vie, textiles, clous, etc.) en échange de sucre. Mais la famille va rapidement s'intéresser aux îles, et Daniel Tresel signe le 6 avril 1639 un contrat avec Isaac Martin de Mauvoy et Pierre Chanut, respectivement contrôleur et conseiller du Roi, afin de produire du sucre à la Martinique dans les six années suivantes[61]. Tresel aura aussi la permission «*d'avoir une ou deux habitations dans l'Ile de la Gardeloupe*» pour y cultiver de la canne à sucre[62]. Après son décès en 1641, sa veuve et ses fils seront les seuls à fabriquer du sucre, protégés par les «Messieurs de la Compagnie» même si les ennemis du royaume de France occuperont l'île.

L'entreprise des Tresel à la Martinique s'avère cependant moins connue que celle de la Guadeloupe, gérée par Samuel Tresel[63]. Sur cette île, l'opération semble continuer sous la gouvernance de Charles Hoüel, même après l'échec de la sucrerie dite «La famille» (Roulet 2016). L'habitation de la Compagnie ou «La Famille», fruit d'une initiative de décembre 1642, est probablement située à la Cabesterre, sur ou près des terres du gouverneur de la Guadeloupe, mais le lieu exact demeure inconnu. En 1644, un moulin y est construit par la Compagnie. Des bœufs et des formes à sucre, sans autre précision, sont procurés afin de démarrer l'activité. Le père Du Tertre, résidant en Guadeloupe et en Martinique entre 1640 et 1648, indique qu'avant 1654 et l'arrivée notable des sucriers hollandais depuis le Brésil, les céramiques de raffinage employées aux îles venaient «*à grand frais*» de Hollande (Du Tertre 1667-1671 II: 439). Nous ne pouvons exclure que les céramiques décrites aient pu tout autant provenir des possessions hollandaises de Saint-Eustache,

---

[55] Cette partie doit majoritairement aux recherches menées par Martijn van den Bel, qu'il soit ici remercié.

[56] Bib. Nat. France, NAF, Ms 15466, fol. 209-210, pièces datées de 1638.

[57] Du Tertre parle d'un Portugais dans son *Histoire générale des isles*, 1654, p. 172. Également, selon Debien 1952, 81, deux engagés de la Rochelle font du sucre à Saint-Christophe en 1640.

[58] May 1930; Schnakenbourg 1968; Lafleur 1993; Roulet 2016.

[59] Selon Jean-Christophe Germain, la raffinerie de Tresel était située sur la rive gauche de la Seine, faubourg Saint-Sever, tandis que sa résidence était Rue des Chevaux, paroisse Saint-Pierre le Portier (*Généalogie et Histoire de la Caraïbe*, HC 2013 article 9, p. 19 et 23).

[60] NL-HaNA 1.05.01.01 56, document 284. Voir aussi NL-HaNA 1.05.01.01 67, document 97 pour les années 1636-1652 de Samuel Trezel [sic] avec ses compagnons Mareschael, G. Crol, L. de Keijser et A. van Daele.

[61] *Généalogie et Histoire de la Caraïbe* 2015, article 16.

[62] D'après Roulet 2016: 38-39, «*il ne dispose pas du monopole de la canne à la Guadeloupe, il est un producteur comme les autres, devant acquitter les droits à la Compagnie, vraisemblablement parce que la Compagnie a cédé à une association de marchands dieppois la mise en valeur de l'île pour six ans. Mais cela pourrait aussi indiquer qu'il y a déjà des planteurs à cette époque à la Guadeloupe*».

[63] On peut également mentionner la première tentative de produire du sucre en Guadeloupe, suite à la proposition du sieur Turque en octobre 1638, néanmoins sans trouver suite auprès de la Compagnie (Roulet 2016: 38; Du Tertre 1667, édition 1978, t.I, 126- 127).

Saint-Martin, Aruba, Curaçao ou encore Bonaire. Notons d'ailleurs que les formes à sucre en terre cuite sont vraisemblablement constatées aux Amériques dès les années 1620-1630[64]. En parallèle, l'utilisation de formes en acajou, fabriquées localement, est attestée sur certaines habitations françaises[65]. Cependant, la mélasse a tendance à adhérer aux parois en bois, rendant l'utilisation et le réemploi moins aisé que pour les récipients en terre cuite[66]. La fabrication et l'utilisation de formes en bois, moins efficientes, ainsi que les acquisitions étrangères traduisent censément le manque de céramiques de raffinage.

À la Guadeloupe, les membres de la Compagnie des îles d'Amérique trouvent conseils chez Tresel, finalement le seul véritable connaisseur du sucre sur l'île, sans toutefois arriver à régler le problème de la main-d'œuvre spécialisée, que la Compagnie tente de recruter à Madère ou encore en Hollande. Mais ce n'est pas uniquement avec Tresel que la Guadeloupe envisage le développement de l'exploitation de la canne à sucre: la famille Van Bolongien de Rotterdam représente une autre famille néerlandaise d'importance pour le gouverneur de l'île de la Guadeloupe et, dans une moindre mesure, l'île de la Martinique[67]. Les Van Bolongien sont installés sur la côte sous le vent, à la Montagne Saint-Louis dans la paroisse du Baillif, où ils construisent une sucrerie. Là encore, l'hypothèse de céramiques de raffinage néerlandaises est à considérer grandement, potentiellement en parallèle de moules en bois tels que mentionnés pour l'habitation guadeloupéenne du hollandais Jacob Suers (francisé Sweerts), à Saint-Claude[68]. Les recherches menées sur cette habitation (Casagrande 2018), très probablement fondée par Sweerts en 1655 suite à sa venue du Brésil, permettent de signaler la présence de céramiques sucrières néerlandaises durant la phase d'occupation de la seconde moitié du XVIIe siècle. Ceci concerne notamment des pots à mélasse à pied annulaire ou polypodes, qui présentent un profil chimique compositionnel très proche des céramiques de raffinage échantillonnées à Amsterdam, Rotterdam et Dordrecht (Bocquet-Liénard 2017: 210).

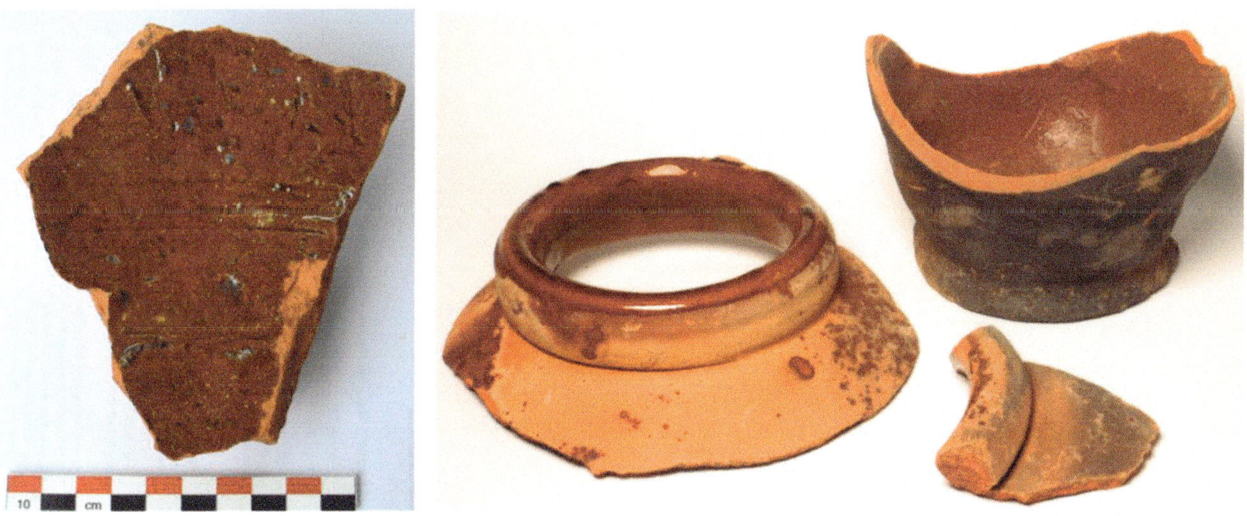

Figure 9.5. Fragments de pots à mélasse issus de contextes de la seconde moitié du XVIIe siècle. A gauche: habitation Sweerts, Saint-Claude (Guadeloupe). A droite: atelier potier situé au 5-19 Schoolstraat, Amsterdam. Photos: Sébastien Pauly

[64] Mentionnées dans le manuscrit de l'anversois Joannes de Laët, *L'Histoire du nouveau-monde ou description des Indes occidentales* (réédition augmenté de 1630 et édition française en 1640).

[65] Ordonnance du 3 février 1671 de M. De Baas, gouverneur général des isles, touchant la fabrique du sucre, repris dans Moreau de Saint-Méry 1784: 210: «*des formes de bois ou de terre sans se servir de barrique ni futaille*».

[66] Arch. Nat. Outre Mer, F3 162, fol. 75, *Mémoire touchant la manière de faire des belles cassonades blanches*, 4 janvier 1672.

[67] Lafleur 1995; *Généalogie et Histoire de la Caraïbe 2007*, numéro 200, 5094. Famille de Bologne, anciennement Van Bolongien et Machgielse (Pays-Bas, Guadeloupe). Il est d'ailleurs fort possible que le nom Machgielse concerne le nom anglais bâtardé de Michael, ce nom se retrouvant plusieurs fois en liaison avec Schotsman, ou écossais.

[68] Cette habitation sucrerie dispose en 1671 de 200 formes en bois d'acajou. Lafleur 1993: 72.

En conclusion, l'étude de la culture matérielle, structures et ustensiles[69], de l'exploitation sucrière permet de réinterroger les conditions concrètes de création et de développement de telles entreprises, à des temporalités régionales et nationales diverses. Au delà de l'histoire des techniques, dont les transferts assurent en partie la viabilité d'affaires individuelles, communautaires et nationales au sein d'une économie qui se globalisera, une telle démarche amène à souligner le dynamisme et la capacité d'adaptation de ses acteurs.

Bibliographie

De Almeida Mendes, A. 2008. Les réseaux de la traite ibérique dans l'Atlantique nord. Aux origines de la traite atlantique (1440-1640). In *Les Annales. Histoire, Sciences sociales*, 4: 739-768.

Birot, M. 1938. Anciennes raffineries bordelaises. In *Revue historique de Bordeaux et du département de la Gironde*, 2, avril-juin 1938, Bordeaux: 81-83.

Bocquet-Liénard, A. 2017, Caractérisation des productions de céramiques de raffinage. In Pauly 2017, Les céramiques de raffinage du sucre en France: émergences et diffusion de part et d'autre de l'Atlantique, du XVIe au XIXe siècle, rapport d'activité annuel de PCR, Caen, Université de Caen-Normandie: 201-233.

Casagrande, F. 2018. Le destin d'une habitation-sucrerie de l'île de la Basse-Terre en Guadeloupe. In *Les nouvelles de l'archéologie*, 150: 36-39.

Chapelot, J. 2005. Le raffinage du sucre dans la seconde moitié du XVIe siècle à La Rochelle et ses relations avec les ateliers céramiques régionaux. In *Archéologie médiévale*, 35: 141-173.

Chanoine-Davranches, L. 1904. Le sucre et ses variations de prix. In *La Normandie historique, archéologique, littéraire, etc.*, 19e année, 7: 196-203.

Collier, R., et Billioud, J. 1951. *Histoire du commerce de Marseille.* Marseille, Chambre de Commerce de Marseille, vol. III.

Debien, G. 1952. L'émigration poitevine vers l'Amérique au XVIIe siècle. In *Bulletin de la Société des Antiquaires de l'Ouest*, octobre-décembre 1952: 1-34.

Du Tertre, J.-B. 1667-1671. *Histoire générale des Antilles habitées par les françois.* Paris, chez Jolly, édition 1978, 4 volumes.

Fillon, B. 1864. *L'art de terre chez les poitevins. Suivi d'une étude sur l'ancienneté de la fabrication du verre en Poitou.* Niort, L. Clouzot.

Huet, E. 1699. *Commentaire sur la coutume de La Rochelle et pays d'Aunis.* Paris, chez Charles Osmont.

Jeannin, P. 1957. *Les marchands au XVIe siècle.* Le Seuil, Paris.

Gawronski, J., et Veerkamp, J. 2014. *De pottenbakkerij aan de Overtoom. Archeologishe bedeleiding Schoolstraat 5-19, Amsterdam (2012).* Amsterdamse Archeologische Rapporten n° 79, Gemeente Amsterdam - Bureau Monumenten & Archeologie, Amsterdam.

Lafleur, G. 1995. La distillerie Bologne. Du sucre au rhum. In *Bulletin de la Société d'Histoire de la Guadeloupe*, 103: 75-110.

Lafleur, G. 1993. *Saint-Claude, histoire d'une commune de Guadeloupe.* Paris, réédition Karthala.

May, L. Ph. 1930. *Histoire économique de la Martinique (1635-1763).* Paris, Librairie des sciences politiques et sociales, Marcel Rivière.

Michelot, A.-A. 1935. De quand datent les premières raffineries de sucre bordelaises ? In *Revue historique de Bordeaux et du département de la Gironde*, 28e année, Bordeaux: 180-182.

Moitrel, P., Lecler-Huby, É., Bocquet-Liénard, A. 2019. L'activité sucrière à Rouen aux XVIe et XVIIe siècles: premières approches archivistiques et céramologiques. In *Journées Archéologiques de Normandie. Caen, 9 et 10 juin 2017*: 197-215. Mont-Saint-Aignan, Presses universitaires de Rouen et du Havre.

Moreau de Saint-Méry, L.E. 1784. *Loix et constitutions des colonies françoises de l'Amérique sous le vent*, tome I, Paris, chez l'auteur.

Ouerfelli, M. 2014. Gênes et les réseaux du commerce du sucre à la fin du Moyen Âge. In *Les Cahiers de Framespa: e-Storia, laboratoire FRAMESPA*, Université de Toulouse.

Pauly, S. (coord.) 2017. *Les céramiques de raffinage du sucre en France: émergences et diffusions de part et d'autre de l'atlantique, du XVIe au XIXe siècle.* Rapport d'activité annuel de PCR, Caen, Université de Caen-Normandie.

Pauly, S. (coord.) 2016. *Les céramiques de raffinage dans les ports atlantiques: interactions économiques en métropole et avec les Antilles entre le XVIe et le XIXe siècles.* Rapport triennal de PCR, Poitiers, SRA Nouvelle-Aquitaine.

Roulet, E. 2016. *La Compagnie des îles de l'Amérique 1635-1651. Une entreprise coloniale au XVIIe siècle.* Rennes, Presses universitaires de Rennes.

Schnakenbourg, C. 1968. Note sur les origines de l'industrie sucrière en Guadeloupe au XVIIème siècle (1640-1670). In *Revue Française d'Histoire d'Outre-Mer*, tome LV, 200: 267-315.

10. Sugar in medieval and modern Britain

Alejandra Gutiérrez
Cotswold Archaeology. United Kingdom

Abstract

Throughout the medieval period, sugar arrived in England as a luxury good imported from southern Europe. With a limited supply and high prices, sugar was restricted to certain sectors of the population. The expansion of the colonies and the establishment of local refineries led to rapid growth in production, distribution, and consumption. This chapter will review the documentary and material evidence of sugar consumption and production in medieval and early modern England to highlight such transformations.

Keywords: *Sugar-refining, ceramics, archaeology, trade, Mediterranean.*

Resumen

Durante la época medieval el azúcar llegó a Inglaterra como un producto selecto más de los que se importaban desde el sur de Europa. Con una oferta limitada y altos precios, el azúcar estaba restringido sólo a ciertos sectores de la población. Con la explotación de las colonias y la instalación de refinerías locales el ritmo de producción se multiplicó a la vez que lo hizo la difusión y el consumo. Este capítulo revisará la evidencia documental y material del consumo y producción del azúcar en la Inglaterra medieval y temprano moderna para poner en evidencia tales transformaciones.

Palabras clave: *Refinería, cerámica, arqueología, comercio, Mediterráneo.*

Résumé

Au Moyen-Âge, le sucre, une denrée de choix parmi celles importées du sud de l'Europe, est arrivé en Angleterre. L'offre limitée et son prix élevé en faisait un produit consommé uniquement par certains secteurs de la population. L'exploitation des colonies et l'installation de raffineries locales va multiplier le rythme de production de même que celui de sa consommation et sa distribution. Pour mettre en évidence ces transformations, ce chapitre se basera sur les preuves documentaires et matérielles de la consommation et la production du sucre en Angleterre au Moyen-Âge et au début de l'époque moderne.

Mots clés: *Sucre, sucreries, preuves matérielles, preuves documentaires, Grande-Bretagne.*

Introduction

Classed as a spice, sugar was scarce and expensive in medieval England, where it remained a luxury commodity for six centuries until the late 19th century. As a rare, exotic spice, sugar had a variety of uses before the advent of tea and coffee. It was used as a sweetener, as decoration at the table, for preserving food and also as a medicine. In cooking, it was used for making *succades*, conserves and comfits. It was also added to drinks, and wine mixed with spices and sugar produced a special type of alcoholic beverage (*hippocras*) which remained popular until the later 18th century (Tannahill 1968: 83). In medicine, sugar was considered temperately warm and moist, and particularly beneficial for chest complaints; it was also mixed with butter and applied to wounds to seal and heal them, and was used as a powder or syrup to mix with herbs and spices for more palatable remedies (Furnivall 1868: 10; Rawcliffe 1999: 150; Willan 1959: 328-331).

Sugar was an important element during formal banquets and numerous recipes describe the process of making elaborate confections and fanciful decorations with sugar paste and how to coat seeds, fruits and spices, from violets, almonds and roses to ginger. Such comfits were served after the meal with a spiced wine which was also sweetened with sugar and served with other popular deserts, such as jams, sugared fruits and sugar bread. This fashionable eating reached its peak in the 16th century, when conspicuous consumption was promoted by the court and especially Queen Elizabeth I (1558-1603). By the middle of the following century, preservation skills had been mastered and cookery books included detailed recipes about candying and preserving with sugar while confectionery reached new heights of artistry (Colquhoun 2007; Thirsk 2006). By the time sugar-baking for the elite was no longer important in the 18th century, smaller sugar confections, such as biscuits and cakes, had reached a wider social base, especially in urban areas (Smith 2002: 92-102).

During the medieval period the basic natural sweetener was honey. Until the 16th century sugar had a limited distribution across society, only affordable to a few, and there would have been some social groups with no access to it. Only a select few managed to obtain large quantities, among them the royal household was the major consumer and could amass impressive orders from very early on, for example of 850kg of sugar in 1287 and 2838kg the following year (Mintz 1985). As an expensive item, sugar figured in ceremonial presentations and was gifted to patrons and important officials and visitors (Willan 1959: 326-327). It was even the object of targetted robbery, for example at Chester in 1566 when a person broke into a house and stole a sugar loaf; and it was kept securely, such as the 7 loaves of sugar weighing 85 pounds, which were stored by the bishop of Chester in his chamber (Garner 2008: 221).

English medieval documents record a range of sugar types of different qualities and prices, besides other sugared products as well as other by-products, such as treacle. Imports from the Mediterranean included *succade* or fruit preserved in sugar, either candied or in syrup, and *citronade*, perhaps a type of jam similar to lemon curd, together with dates *in confectioni*, or *pottes* of almonds *in confite* for example (Cobb 1990: 149; Salzman 1931: 414; Childs 1995: 29).

Apart from general references to 'sugar' (*sicore, sucre, suger, xukeris*), merchandise treaties of the medieval period mention up to ten different types, the most expensive being sugar 'candi', often described as 'beautiful pale rock-like crystals' and probably named after Candia in Crete, the name meaning 'crystallized sugar', one of the first sugar refining bases in the Mediterranean (Gual 1981: 93; Algeo and Acevedo 2014: 293; Ouerfelli 2008: 315). Port books list the arrival of sugar in barrels, boxes, bales, as sugar loaves and powder, although the common unit was the chest (*cophinus sucre*) until the 16th century, as recorded by the Book of Rates of 1507 (Salzman 1931: 418). During the 14th century, port books record sugar arriving *in pottes* or *in ollis*. In 1387, for example, several loads from Genoa in Italy included 186 boxes of sugar *en potz*, and also two quintals of sugar *en pot*'; a further reference in the same year to *pottsugre in pottes* seems to imply that the sugar did travel in pottery containers of some kind (Childs 1995: 29). The arrival of 'potsugar' is also recorded during this period (Gutiérrez 2000, Figure 3.4b). It is not clear how literal this description is, but it seems likely that it simply refers to the sugar being shaped in a cone mould, rather than sugar being encased inside a 'pot'. This type of ceramic mould was already in use in the refineries of the 14th and 15th centuries in the Mediterranean, such as at Valencia in Spain, Lisbon in Portugal and also Morocco (Amigues and Mesquida 1987; Guiral 1989: 428; Torres 1990; Fábregas and García 1998), although so far no ceramic sugar cones have been recognised in England that predate the late 16th century. Sizes of this type of 'potsugar' varied between 1 pound (450 g) and 20 pounds (9 kg) or even 25 pounds (11,3 kg), such as those sent to Bristol by a merchant of Bordeaux in 1304 (Salzman 1931: 418; Cobb 1990).

Contemporary lists of imports arriving in England sometimes record the origin of the sugar and also the quality, shape and even flavour. In 1577, for example, Moroccan sugar arriving in London was listed as being of 'second sort', 'third sort called scomes', 'coarse sugars', 'sugars in powders' and 'panele' (a kind of sugar inferior to muscovado; Ligon 1673: 91), or simply as 'panele', 'quebrado', 'ramels', 'scomes' and 'sugar loaves' (Willan 1959: 111, 317). Orders of spices by the royal household included 300 pounds (136 kg) of 'zucre de Roche' in 1243, and a few years later the same amount of violet-sugar together with 1,900 pounds (861 kg) of rose-sugar in 1287, for example (Salzman 1931: 417). This variety was still evident at the end of the 17th century, when the London port books registered the arrival of white sugar from Portugal (in baskets, boxes, chests and casks), loaves from America and the Canaries; brown sugar from America in casks and hogsheads; *succads* from Portugal, Spain, the Straights, Holland, America and the Canaries; as well as molasses from America (Houghton 1727, II: 323-324).

The use of sugar in England between the Middle Ages and the 19th century can be tracked in three distinct phases. During the medieval period England was a passive consumer and sugar was imported directly from producing areas, mainly from the Mediterranean. From the middle of the 16th century to the early 17th century, there were efforts to start refining sugar locally in London and Bristol using imported produce from Madeira, the Canary Islands, Brazil and Morocco. The last phase is the so-called 'sugar revolution', when semi-processed sugar cane arrived directly from the British colonies in the Americas, especially the West Indies, and so-called 'sugar houses' for the refining of sugar became widespread across Britain. Consumption leapt from 10,000 tons in 1700 to 81,000 tons by 1786. By now, varieties of sugar had been reduced basically to four, based on the different ways in which they were prepared: brown, or muscovado sugar; clayed sugar; refined, or loaf sugar; and sugar candy, all of which were produced in English refineries (McCulloch 1844: 1187, 1183).

Sugar in medieval England

Sugar seems to have arrived in the British Isles for the first time during the Middle Ages, perhaps as early as the 11th century, but more certainly after Crusaders returned from the Levant with a taste for sugar cane juice (Mintz 1985). Once the Islamic Empire began to lose its political control over the Iberian Peninsula and its bond with northern Africa was broken in the 13th century, sea trade began to flow from the Mediterranean to northern Europe through the Straits of Gibraltar (Constable 1994). At this point, sugar started to arrive as a small scale but constant trade from the south of Europe. Traded and shipped by Italian and Spanish merchants, sugar was one part of the spice trade from the Levant, north of Africa, Sicily and Spain. Sugar from Málaga in Spain, for example, is already recorded in the north of Europe by the early 14th century, but it decreased markedly once cultivation became established in the Atlantic islands, especially the Canaries and Madeira in the following century (Constable 1994, 233). In 15th-century Bristol, for example, Portuguese sugar from Madeira loaded at Lisbon dominate the lists of arrivals found in the port books there (Childs 1978, table 18).

Sugar arrived either directly into English ports or via Antwerp and Bruges in the Low Countries. These were the great re-distributing ports of Mediterranean goods in the north of Europe and the destination of many Portuguese traders looking to exchange their sugar and spices for German metals. Most of the sugar was imported legally from here into the southern ports of England, although many shipments were also captured by privateers and pirates. Ports along the English coast would also send great quantities of sugar to London as part of a very active re-distributing coastal trade (Figure 10.1).

Archaeologically, this first phase of sugar use in England has left no obvious physical traces of either its trade or consumption and is only known from written records. Treacle, the syrup from partly refined sugar, and transformed sugar products, such as jams and compotes or sugared fruits, can be inferred by the use of a special type of container coming from Italy and Spain in the form of a tall, cylindrical jar. These arrived in England between the 14th and early 16th centuries but they had many different uses which were not exclusively linked to sugar nor to foodstuffs more generally (Gutiérrez 2011). Written evidence offers some clues here, even when organic compounds have not survived in the archaeological record. In 1479, for example, Sir John Paston's brother was sent to London to buy two pots of treacle from Genoa for his mother (*ii pottys of tryacle of Jenne*; Gairdner 1904, vi, 25). Treacle was used to treat colds (Bennett 1922: 57-58) and in this case it had been recommended by Sir John's apothecary. He marked one of the pots with his mother's initials to identify that which he thought held the best product. The pots had arrived covered, perhaps with some kind of parchment, and stamped with the merchant's mark (Davis 1971: 512-513, no. 313). Coming from Genoa, it is very likely that these 'pots' refer to lead-glazed north Italian albarelli, which are not uncommonly recovered in England and archaeological evidence confirms their even distribution across the country (Hurst 1991: 215).

Figure 10.1. Main places cited in the text (© Alejandra Gutiérrez)

The beginning of local refining

By the beginning of the 16th century, Antwerp had become Europe's principal sugar market, importing sugar first, then processing it. Here sugar from Madeira and the Canaries was processed promoted by Flemish investment. By the middle of the century sugar was also supplied from Brazil; by then at least 24 sugar refiners were documented in Antwerp (Harreld 2003; Spufford 2006). Their sugar was exported to central and eastern Europe, and to England also.

In England, refining sugar had started by the middle of the 16th century in an attempt to counteract competition from Antwerp. At least two refineries in London were able to work with sugar from Spain, Portugal, Brazil and Morocco, but there were complaints initially about the quality of their products. A contemporary survey by Stow identifies two refineries built in London in 1544, one of them being located in Old Fish Street Hill, Queenhithe Ward, just south of St Paul's cathedral (Stow 1598: 244). A few years later, around 1560, the decrease in trade due to the political situation with the Low Countries gave a new impetus to local production. The two early London refineries prospered and seven new sugar houses opened in the capital so that by the 1590s London was already exporting the finished product (Stone 1949; Willan 1959: 317-318).

In Bristol a single sugar refinery was active in the first half of the 17th century. Built c. 1616 by the merchant Robert Aldworth at his house, the former St Peter's Hospital was located next to the church of St Peter (Leech 2014: 176). The existing structure was rebuilt and enlarged, converting part of it for this industrial purpose, coming to be known as Sugar House (1612-1696; Hall 1949: 110). Robert Aldworth was probably the most important merchant in Bristol at this time; he had been a factor or commercial agent in Spain and Portugal between 1577 and 1584, establishing his own trade directly with those countries by 1604 (Jones 1996). He became mayor of London and was a ship owner involved in direct trade with north America. He benefitted significantly from the sugar industry and, in acknowledgment his tomb in St Peter's church included sugar loaves as part of its decoration (the church was bombed and destroyed during the Second World War; Simpson 1926; Boucher 1909: 293).

This was a very short phase of production, concentrated in the south of England. It was driven by individual efforts, generally promoted by rich merchants who had been involved in trade with the Mediterranean and sometimes by foreigners, and it depended entirely on supplies of raw sugar from Spain, Portugal and Morocco. It would be quite possible for this phase to be documented archaeologically given that buildings could be excavated at all these early sites. At present, however, little is known of the form that the London refineries took at this time, but the earliest refinery at St Peter's, Bristol, is well documented, at least the owner's dwelling house, having been transformed by Aldworth into a fine house. With gables decorated with arabesque decoration, this building retained parts of the earlier 16th century house facing the churchyard; the whole front was almost 40 metres wide. The Jacobean 'sitting-room' is described as having a finely carved plaster ceiling and a deep cornice with armorial shields supported by griffins, over the Tudor porch was the date 1612 with Aldworth's monogram and his merchant's mark. The building became a mint between 1696 and 1698, and a poor house after that. A new board room was added to the south-west together with other building work (Heath 1910: 100; Simpson 1926). Otherwise, the building remained intact until it too was bombed during the Second World War in November 1940.

The 'sugar revolution'

A dramatic change occurs in the middle of the 17th century as a result of the acquisition of the West Indian colonies of Barbados, Nevis, Montserrat and St Kitts. After this, sugar became the most important international produce to be traded during the 17th and 18th centuries, more significant even than tobacco, spices, grain or fish (Deer 1949; Zahedieh 1986).

During this phase, sugar was partially processed in the colonies and then transported to England where the final refining was concluded. Not only was it sold across the country, but it was also exported to Europe. By now London was the most important port in the sugar trade in Britain, followed by Bristol and then Liverpool, but sugar refineries were eventually to be installed in most major ports of the country in the second half of the 17th century, especially those involved with the colonial trade, including Chester, Edinburgh, Exeter (Topsham), Glasgow, Hull, Newcastle, Plymouth, Southampton and Whitehaven (McNeil-Sale and Newman 2006: 160; Garner 2008: 221; Smouth 1961). Other refineries are also known, for example at Gloucester, to process excess sugar from Bristol, and, inland, at York (late 17th-early 18th centuries) which received its sugar from London. Numbers only declined in the 19th century, mainly because of protectionist measures, the abolition of slavery, and competition from sugar beet (Buchanan and Cossons 1969: 67-68).

During this period the number of sugar refineries in London increased from 45 in 1700 to 159 in 1766. All these houses were sited inside the city walls and next to the river in East London, adjoining the Sufferance Wharves where the landing of sugar was allowed by customs until the West India Docks obtained the monopoly in 1802. According to the 1851 Census, 1,037 of those engaged in sugar-refining lived in Whitechapel, St George's-in-the East, and Stepney, and only 105 in all other districts of London (Spate 1938). The industry flourished then with the influx of immigrants from northern Germany who would transform the industry into a dynamic and lucrative business until the second part of the 19th century, when it declined rapidly under the impact of duties (taxes), the arrival of sugar beet and foreign competition (Fairrie 1951; Mawer 2011; McCusker 1978; Ryden 2012).

In Bristol, a second sugar house was opened in 1653 at St Augustine's Back, and a third in 1665 at Whitson Court (Hall 1944: 2). By the end of the 17th century there were 10 sugar houses in the city and between 15 and 18 in the following century. They were distributed across the city, mostly on the edge of the river and in areas where good drainage could be installed, with a small concentration in the area of Lewis Mead (Buchanan and Cossons 1969: 67; Jones 1996). These were large complexes; in St Augustine's Back, Bristol, for example, the owner John Knight built thirteen houses in 1661 for those working in the sugar house. The houses were built on two sides of a central courtyard, each with a single room on 3 floors and a small yard at the rear of the building (Hall 1949: 141). Five years later, Thomas Ellis, another sugar house owner, built two houses for his works manager and foreman in Whitson Court sugar house, Bristol (Hall 1944: 20).

One of the major risks posed by the sugar works was the risk of fire; this was one of the reasons why some sugar houses were moved to certain areas of a city and also why some of them disappeared, such as at Newcastle, for example, where in 1785 a great conflagration finished not only with the sugar house but with all neighbouring buildings (Mackenzie 1827: 67).

According to surviving accounts of those who witnessed the refining in England, all the sugar houses from this phase seem to work in a very similar way. The processing was based on the successive boiling and drying of sugar using cone-shaped moulds and syrup-collecting jars (Anon 1854). During the 19th century, parts of the production began to be mechanised, with systems first introduced in Bristol by Conrad Finzel, a German immigrant who set up a small refinery in Counterlip in 1836. After the fire that consumed the sugar house in 1846, a new building was erected with mechanised systems, vacuum pans and centrifugal driers that for the first time allowed the production of crystalised sugar both in large quantities and more cheaply. The modernisation of the sugar houses of London, Liverpool and Glasgow soon followed by the 1870s, increasing their competitiveness (Buchanan and Cossons 1969: 67-68).

The archaeology of sugar refining in England

The process of refining sugar changed very little through the centuries until the advent of mechanised systems in the 19th century. One of the early writers to describe the process was British author Richard Ligon, who in 1673 wrote a chapter about the cultivation and processing of sugar in his book about

Barbados (Ligon 1673). Other chapters on sugar refining of the late 17th, 18th and even 19th centuries all describe very similar processes in England (for example, Houghton 1727, II: 302, 319; Campbell 1747: 272-273), including the detail recorded in 1686 as part of a judicial decision in a dispute between partners at the Whitsun Court refinery at Bristol, the documentation about which has been compiled in detail by Hall (1944: 49-53). The process started at the plantation, by crushing the sugar cane with iron rollers to extract the juice. This was then boiled for 'a considerable time' and granulated by mixing it with lime. This blend was placed in casks with a hole at the bottom that allowed the syrup or molasses to drain away; the remaining muscovado or resulting semi-refined sugar was then sold in this form. It was this product which was exported to England and other European countries where it was refined again. In Britain, the 'sugar-baker' supervised the separation of the pure crystallisable matter from the molasses and other impurities. According to the process recorded at Bristol in 1686, the sugar was poured into a copper pan, to which water mixed with lime was added in order to destroy any remaining acid in the molasses, since the presence of acid prevented the sugar from crystallizing. The mix was boiled for hours until a certain consistency was obtained. It was then poured into a second and then a third copper pan, repeating the process each time and with greater care as each pan was shallower than the previous one. From the last pan the liquid flowed into three copper coolers situated on the same floor but in an adjoining room, and gradually the cooling mass coagulated forming grains in the drip-pots placed to receive them. These drip-pots were then hoisted by means of four pulleys and ropes to an upper apartment where the claying took place. In order to drain the syrup from the sugar, the mass was poured into conical-shaped earthenware vessels, with their tips sealed with a plug ('with wet linen rags'; Rees 1810a). After some 12 hours and once the sugar had crystalized, the bungs were removed and the tips were pricked with an awl, the size of which was proportional to the mould, then the moulds were placed to drip into the syrup-collecting jars for a further 12-24 hours. The syrup gradually separated from the sugar and was collected for further refining or to be distilled. The next process was the whitening of the sugar using pipe clay mixed with water. This clay was laid over the surface of the sugar in the cone moulds in order to purify it, allowing the clay to drain through the sugar to remove the impurities (Hall 1944; Rees 1810a). Clay was used, rather than simply water, so that the liquid ran slowly through the sugar without moistening it. Finally, the solid loaves were knocked out of their moulds and sent to a drying room before being wrapped for sale.

All texts agree on the need to tip the molasses into moulds (*sugar pots*) in the shape of a cone with a hole at the tip. Depending on the chosen system (whether using clay or not), the cones required one month (for muscovado) and four months (for white sugar) of curing. According to Houghton, the best quality was obtained with lime water ('and sometimes urine') and egg whites (Houghton 1727, II: 303). This system continued in use until the beginning of the 19th century.

The production of candy sugar required further processing, using either brown or clayed sugar. This mixture was boiled until it thickened, and then removed into a hot room where the candy-pots were placed. The candy-pots had rows of holes on two sides, very close laterally, and were traversed with little sticks, rods or threads to which the sugar crystals would adhere to form a hard cake. The moulds were suspended in a hot stove with a pot underneath where the syrup dripping from the mould could be gathered. When the sugar was dry, the moulds were broken and the sugar taken out. By the early 19th century candy-pots were made of thin copper, without feet, with an iron rim round the top to strengthen them, and with very flat bases to stand firm and steady; they had tiny holes about one-tenth of an inch in diameter (3mm), kept at 'a proper distance' (i.e. one inch and a half [3.8cm] in the upper rows, and widening downwards to two inches [5cm]) in order to obtain bars of sugar rather than a large lump (Grew 1681, 224; Rees 1810b).

Buildings

Parts of sugar houses have survived until recent times when they have been converted to other uses; one sugar house in Lewin's Mead, Bristol, is now a hotel and another in the same area (Walsall Conduits) has been converted to offices and a warehouse. Changes in use and later alterations complicate their analysis. Building work at industrial buildings at the former site has included, for example, change of use to a warehouse (1953), rebuilding due to fire damage (1956), change of use to a workshop and store (1958), demolition of structures (1988), refurbishment, extensions, alterations and further demolitions (1989, 1994, 1998)[1]. Archaeologically, very few later sugar houses have been excavated in Britain, often targetting limited areas rather than extensive investigations, bar for a few exceptions. Results often comprise the discovery of wall foundations and cellars, but little else (for example, Harvard 2005; Wills and Hoyle 2007: 345; Wilson 2012; Wragg 2004; and see below).

One of the earliest sugar houses to be investigated is that established in London in the 17th century at 61-75 Mortlake High Street; the date of its construction is not known but it was in full production by 1688, when documents refer to it as being run by Quaker Mucklow and his partners (Sloane and Hoad 2003: 49-51). By 1741, it was described in an insurance policy as a 'sugar house with warehouses to the west and a dwelling house adjoining to the east'; the building was left empty by 1743 (and demolished and the site reused by 1745). The excavation (1996-1997) uncovered wall remains from a building parallel to the river comprising a small room (3.75m x 4m) and others either side of this and a large yard (10m x 15m). Two brick-lined drains were also found running towards the waterfront which emptied waste into the Thames (Figure 10.2).

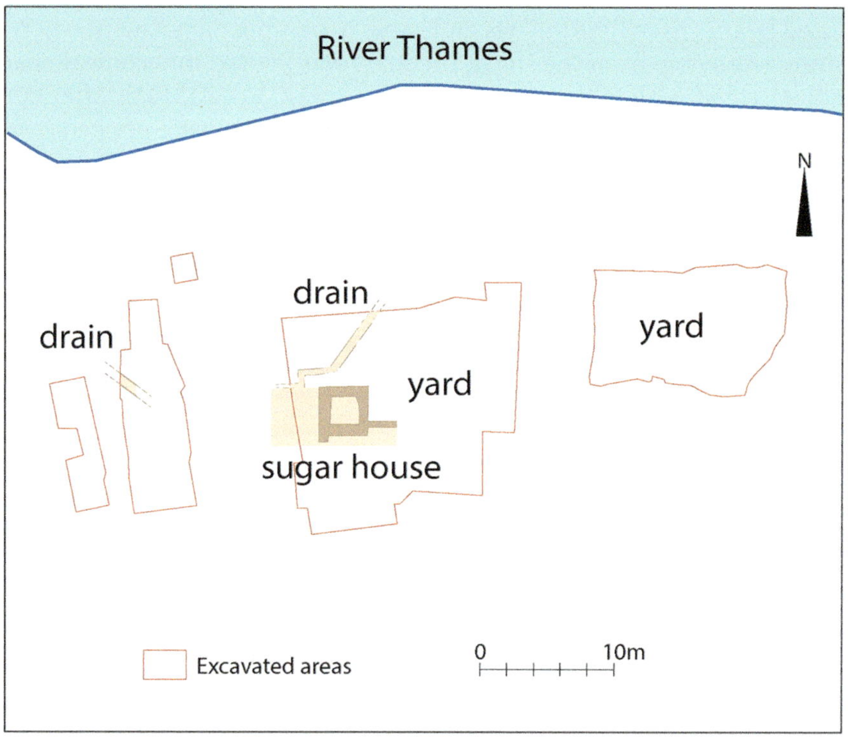

Figure 10.2 . Excavated remains of the 17th-century sugar house at 61-75 Mortlake High Street, London (after Sloane and Hoad 2003, fig. 28) (© Alejandra Gutiérrez)

Another early example is the sugar refinery at 18 Redcliff Street, Bristol, newly built in 1695 by joining together three different tenements and clearing them of buildings. This refinery was active until 1816, but it only survived at cellar and wall foundation level, although excavations also recorded drains, soakaways and several wells, together with an adjacent warehouse (Leech 2015: 8; Alexander 2015: 32-34).

The sugar house at Gloucester Square in Southampton was built around 1740 on the site of the former Franciscan friary. This refinery was active until 1775 when it was sold after the business went bankrupt in August 1774; after this date it had several uses, from granary to warehouse to military hospital, being

[1] Planning for Narrow Lewins Mead, Bristol; www.bristol.gov.uk.

finally destroyed by bombing during the Second World War. Excavations here in the 1960s (SOU 153) and 1985-86 (SOU 199) uncovered the plan of a rectangular building some 26 m long and 12.2 m wide internally, with walls 76 cm thick. In the interior there was a rectangular cistern in the centre of the room, two stoves and three oblong cauldron bases set into walls with ash pits in front of them (Aberg 1975; Hughes 1986: 43-44). The sale of the premises in 1775 provides further detail. Of the 4 lots to be sold, Lot 1 comprised the sugar house which was described:

> *Lot 1: A large, airy, substantial, well-built, and extremely convenient Sugar-House, consisting of seven Stories, with two arched Stoves, five Pans, and all other well-contrived Apparatus for carrying on an extensive Business; together with a good Dwelling-House adjoining to the said Sugar-House, and also a Mill-House, and spacious Lodging Rooms for Workmen, and all necessary Cisterns, Store-Houses, Cooperage, Stabling, and Coal-House, and a large well-situated Piece of Land contiguous to the said Sugar-House, abutting upon the said High Street of the Town of Southampton, which Piece of Land measures 52 Feet in Front, and 106 Feet in Depth, and whereon may be erected two good Dwelling-Houses*
> *(St James's Chronicle, April 1775)*

Besides this, there was a further dwelling house with a shop at the front (Lot 2), another house occupied by the owner John Brissault (Lot 3), several storehouses and a wharf near the quay, 'very convenient for landing goods' (Lot 4). The sale also included about 15,000 pots and moulds, besides other tools and utensils used in the sugar house.

Even when remains found during archaeological excavation are slight, by the 17th century sugar houses were important buildings and substantial complexes that could include the owner's dwelling, warehouses, offices and living quarters for workers. Space was also needed for a mill house, a cooperage for making casks, storehouses for raw sugar and also for coal, drying rooms, a master boiler's house, workshops for refining, and stables (Figure 10.3). At the beginning of the 18th century many of the sugar refineries also incorporated a distilling house (Hall 1949: 158; Jones 1996: 10).

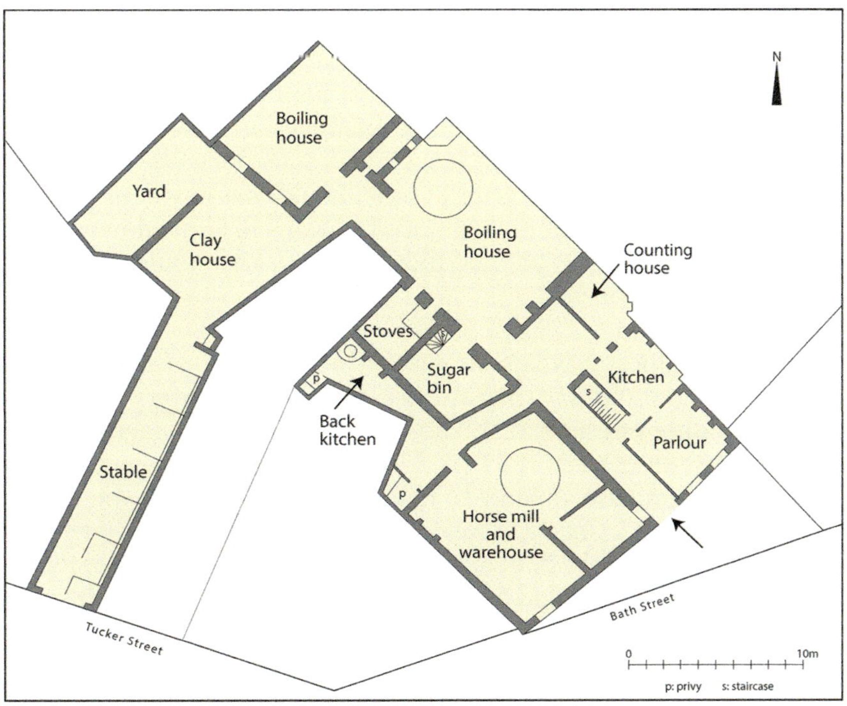

Figure 10.3. Plan of Kroger's Sugar House, Bath Road, Bristol, in 1805, showing the main rooms and spaces (after Jackson 2006, fig. 10) (© Alejandra Gutiérrez)

More frequently, excavations have also taken place near sugar houses. In Lambeth Road, London, although the buildings themselves were not located, a thick deposit of white clay for clarifying the sugar, together with sugar pots, was found associated with the 18th-century sugar refinery (Webber 1991: 348). In Havering, London, a lime deposit has also been linked to a sugar house there; and in York, several cisterns rendered with clay were interpreted as the place where clay was diluted and mixed with water prior to being used to clarify the sugar (Maloney 2004: 8; Brooks 1983, n 7).

Ceramics

As mentioned above, the main ceramic forms required for sugar refining are the cone moulds and the syrup-collecting jars, which were always in use at refineries until the middle of the 19th century. Overall, the ceramics used are all very similar and lack any distinctive traits of chronological significance. Vessels are therefore difficult to date with any precision in themselves, especially in those places where the industry had a long timespan.

The cone moulds have a hole at the tip and may have a thickened or projected rim to facilitate their handling, but not so thick as to difficult their stacking in rows; their shape is very similar across all the countries where sugar refining was carried out. Moulds from England have a very smooth interior surface (intentionally removing throwing marks with an edged tool), sometimes washed with a white slip, perhaps to ease the extraction of the cone once set.

During the first phase of the refining process, the moulds were filled to the brim, stack in rows with their tips sealed, and propped by other moulds which were placed the other way up in front of the outermost row; these 'stayers' were often broken (Rees 1810a). After this, the sides of the mould were scraped with a long wooden 'knife' to prevent the sugar from adhering to the mould and the sugar was stirred to disperse the crystals homogenously across the mix. The smooth walls of the cones must have facilitated this operation. Moulds must have been easily broken then and at other stages in the process, for example after 'claying' the sugar, when the sugary blend was left for a few days in the cones to dry and harden. During this time the sugar was loosened in the cones by 'a gentle blow' with a stool or against a post to avoid the sugar adhering to the interior of the cone (Rees 1810a).

Cone moulds came in different sizes, depending on the quality of the sugar: the larger the cone, the more inferior the quality (Anon 1848: 32). Complete examples are rarely found during excavation, but diameters of cones vary between 14 and 40 cm at their widest (Brooks 1983). There is nothing to confirm that the presence of slip coating on the interior of cone moulds has any dating significance, as has been suggested, nor that this practice started c. 1700 (Jarrett 2004: 93). Slipped moulds are already recorded around 1660, for example at London (Pryor and Blockey 1978), and moulds with and without slip it are usually found mixed in the assemblages.

Syrup-collecting jars are usually sturdy vessels with a thickened rim and a foot-ring to provide a good solid stand. In some areas of the country they are also glazed on the interior. They were paired with the cones and so they come in different sizes. When used, they are often damaged on the interior of the rim, most probably as a direct result of wear and tear from dropping the heavy cones in them and trying to dislodge them. Glaze, if present, also appears to have been rubbed off on the interior at the top of the rim (as in Exeter; Allan 1984: 138). Once the cone moulds were set into the jars to drip, the quantity of syrup collected would have filled more than half the jar (Rees 1810a); the tip of the cone would have had to stand clear of the liquid to achieve good drainage and the pairing of the right size cone and jar would have been essential.

This first syrup was then poured into large earthen jars called 'gathering pots', with a capacity of 50 to 60 pounds, or 22 to 27 kg, of syrup (Rees 1810a). So far these 'gathering pots' have not been identified in the archaeological record; they might have been jars of undistinctive shape, or perhaps bowls with straight sides, such as those illustrated from a pottery kiln in London (Pryor and Blockey 1978), but it should be easier to confirm their function and determine their form when found at a sugar house site.

All the tools related to the sugar industry were illustrated by Randle Holme in 1688, including ceramics, which he lists as 'large moulds', 'little moulds', 'lumping moulds of a middle size', together with the jars ('drip pot') and the drawing of a mould sat in a jar (Figure 10.4). He also included 'a candy pot' with two parallel rows of holes, 'another candy pot' with three feet, together with a 'candy basin'. Other utensils were made of metal and wood, including cooling pans, colanders and brushes for clay, prickers and bottoming knives, together with stools, ladles etc. (Figure 10.5). Such pictorial evidence is matched by archaeological finds of ceramic cone moulds and syrup-collecting jars of the 17th and 18th centuries recovered from many excavations across the country.

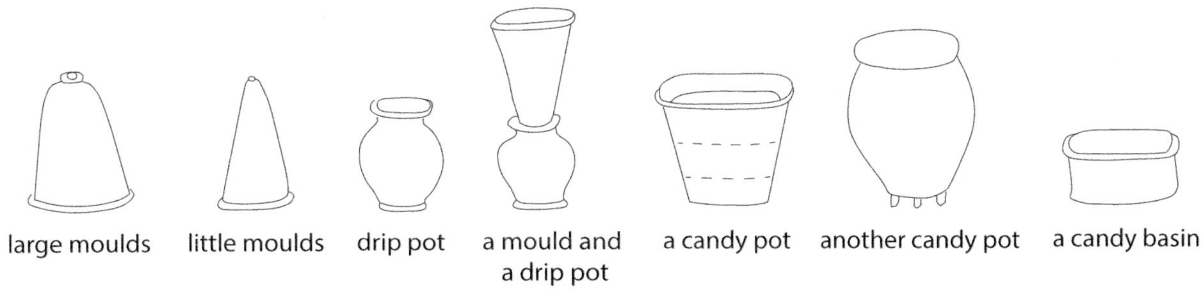

Figure 10.4. The ceramic utensils used by the sugar baker, extracted from the illustrations by Randle Holme in 1688 (see Figure 5); the 'lumping moulds of a middle sizes' were listed but not drawn (© Alejandra Gutiérrez)

The production of candy-sugar involved clarifying and crystallizing sugar through slow evaporation. This process was a specialist task not carried out at all sugar houses but more often at specifically designated rooms nearby. 'Candy-pots' were used for the task and so far they have also been missed in the archaeological record. From contemporary illustrations (Figure 10.4), confirmed by the process described above, they seem to be bowls with straight sides, flat bases and two parallel of several holes on the side near the base. The closest to these are finds from a kiln site in London that produced sugar-refining wares, although in the original report they were identified as domestic strainers (Pryor and Blockley 1978, Figure 10.13). Whether these were used for the purpose of making candy-sugar or not is difficult to ascertain. The same assemblage also included similar bowls with no holes, very similar to the 'candy basin' illustrated by Holme. Plain bowls like these look like flower pots when they are broken, and being undistinguishable from domestic bowls, the only way to confirm their possible role in sugar production is to recover them at consumption sites, rather than pottery-making sites. Nevertheless, it is intriguing that

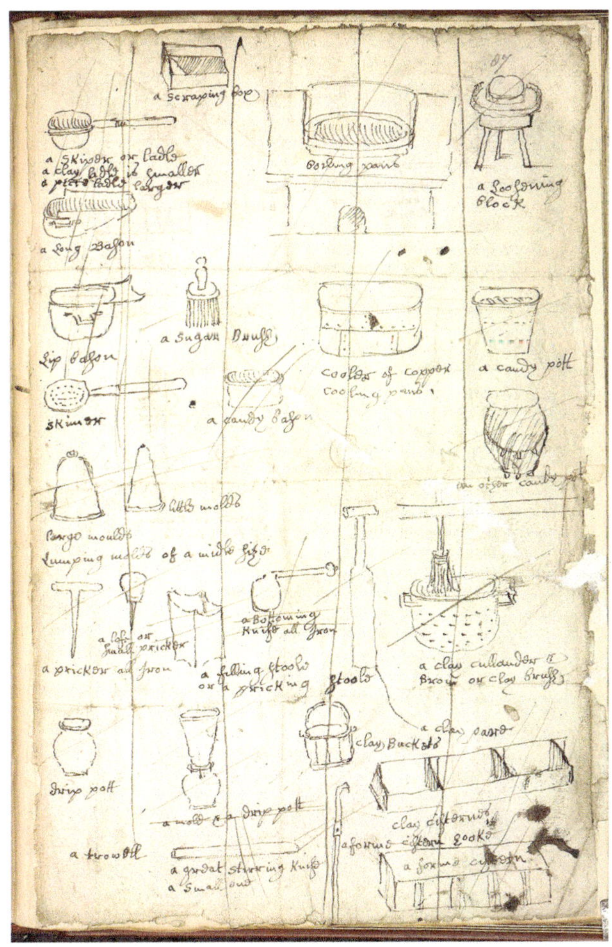

Figure 10.5. The range of all the utensils and tools used by the sugar baker, as illustrated by Randle Holme in 1688 (© British Library). For pottery forms, see Figure 10.4

domestic bowls are usually glazed on the inside, and here unglazed vessels are also present—so it is quite possible they had an industrial role.

In England all local production seems to consist of fine red earthenwares whose source is difficult to pinpoint by eye (Figures 10.6-10.8). One of the best assemblages to date is from a pottery production site at Woolwich, London, dating to the third quarter of the 17th century, which produced a range of all the main forms involved in sugar-refining (not all identified as such at the time of the publication; Pryor and Blockley 1978). They include thin cone moulds of 18-35 cm in diameter and 45 cm tall; syrup-collecting jars, 20 cm tall and 11-18 cm in diameter, all with a marked foot-ring added after the pot had been made on the wheel; and possible 'candy-pots' with holes near the base, c. 23 cm tall and 30 cm in diameter (Figure 10.6). Some of the jars are glazed on the inside with a clear lead glaze. It is likely that the bowls with horizontal handles were also used in the refining of sugar as they look

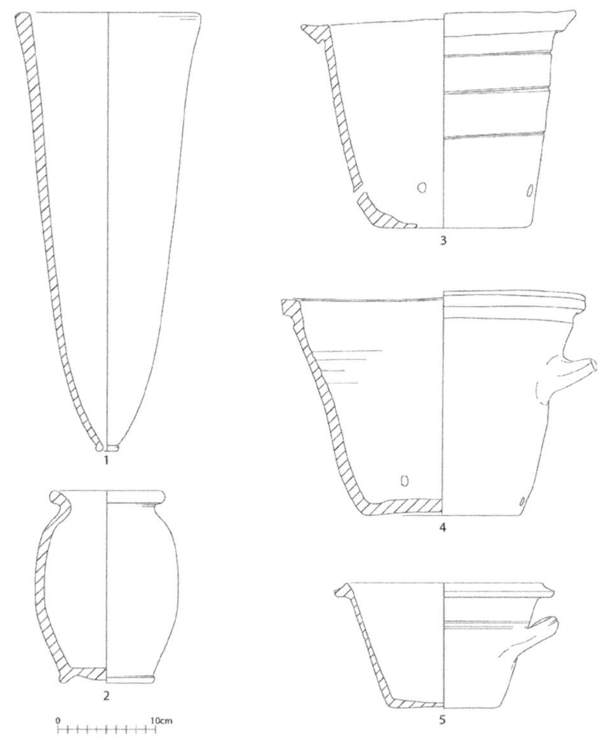

Figure 10.6. Sugar-refining pottery made at the Woolwich kiln, London: cone mould (1), syrup-collecting jar (2), and other related forms: possible candy-pots (3-4) and basin (5) (after Pryor and Blockley 1978, figs 13 and 14) (© Alejandra Gutiérrez)

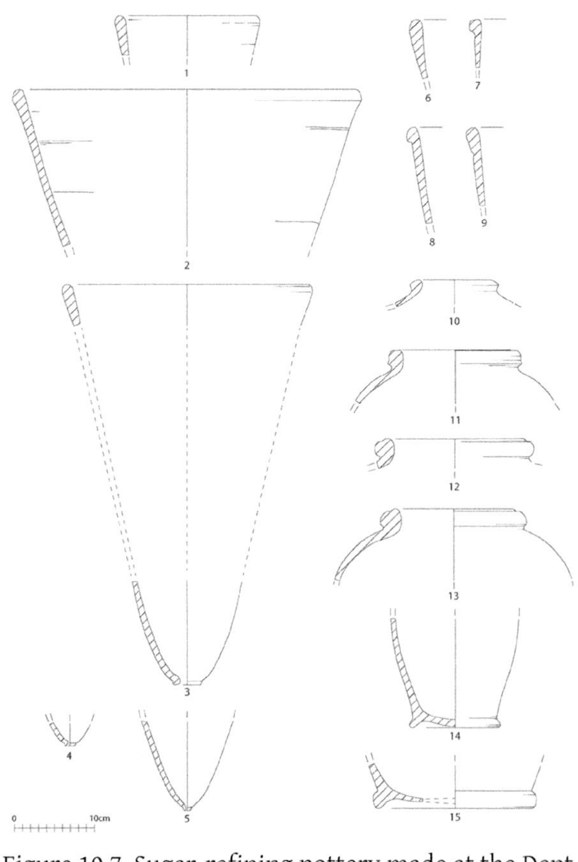

Figure 10.7. Sugar-refining pottery made at the Deptford kiln, London: cone moulds (1-9), syrup-collecting jars (10-15) (after Jarrett 2004, figs 74-75) (© Alejandra Gutiérrez)

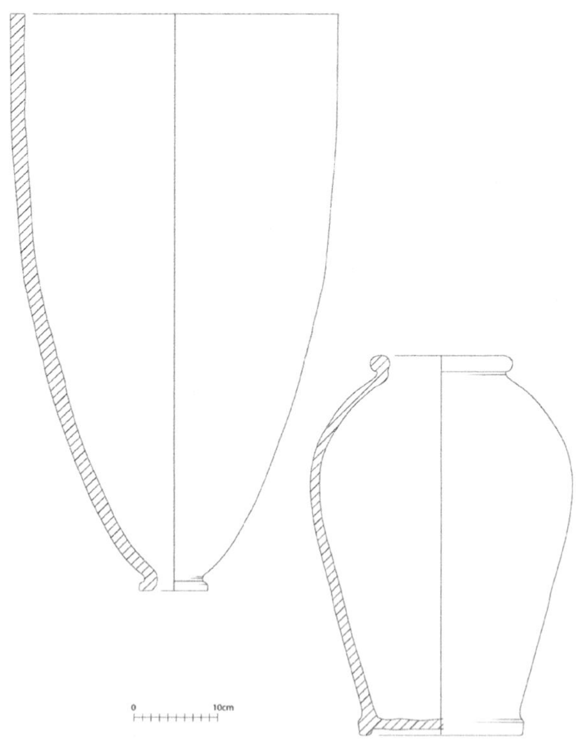

Figure 10.8. Cone mould and jar found during excavations of the sugar house at Southampton (after Platt and Coleman-Smith 1975, fig. 173) (© Alejandra Gutiérrez)

very similar to the 'candy pots' mentioned above; could they have been 'gathering pots' perhaps? The pottery assemblages of sugar-refining wares, especially those linked to sugar houses, should be carefully checked in future to try and identify other forms beyond cone moulds and syrup jars. The lack of archaeological finds of 'gathering pots', 'candy-pots' and other containers described in contemporary texts is likely to reflect their similarity to domestic vessels. If identified, this would also help to confirm if exceptional forms from pottery kiln sites were also used during the refining of sugar, one example being the 'industrial pedestal beakers' from the Deptford site in London, an unusual pottery form of as yet unidentified function (Jarrett 2004, fig. 77, 1-3).

Unexpectedly, not all excavations at sugar refineries in England yield a huge concentration of ceramic sugar pots and jars. Given the high number of pots required for the refining, this general lack of ceramics at sugar houses is at first surprising, but fragments are more likely to be found reused as hardcore in make-up surfaces or in the fills of wells, ditches and also in land reclamation (Blackmore 2006; Ponsford and Jackson 1994: 131; Colls 2010; Maloney 2004: 20; Perry 2013). At Manchester Dock in Liverpool, for example, an important collection of 3,381 cone moulds and jars were used as infill behind the dock walls as part of land reclamation in this part of the port between 1803 and 1807 (Speakman 2014). Accidental breakages of pot, but also bankrutpcy and cease of business, sale of premises or change of use could all provoke the discard of large numbers of moulds and jars in single 'clearance' episodes. Changes in the refining system during the first part of the 19th century, especially after the advent of metal moulds, would have made the older ceramic moulds and jars redundant quite quickly and in very large quantities.

Ligon mentions less than 2,000 pots in use in Barbados, but an inventory of the Whitsun Court sugar house in Bristol dated 1690 lists 9,974 moulds of different sizes, 1,848 of them 'broken' (BRO 36772). Even in the 19th century, numbers remained high: sales of sugar houses advertised in newspapers included, for example, 30,000 pots and moulds at Leman Street, London, in 1837; and 10,000 at Rupert Street, London, in 1840 (Mawer 2020).

With such a need for large quantities of pots for refining, it made sense that demand for them would be met by local potters. Documentary evidence for the production of these forms together with ceramic assemblages is abundant across the country, for example at London, Bristol and Liverpool. In some cases both pottery and sugar industries were adjacent to each other, which would have facilitated and reduced the cost of transport, as was the case of Lambeth Road in London in the 18th century (Webber 1991: 349). The link between these two local industries was so strong that on occasions sugar-refiners sought to support the running of potteries by seeking tenants, for example at Bristol when the Old Bread Street Pottery came up for letting or sale in 1768 (Pountney 1972: 260).

In Bristol, although cone moulds and jars are frequently found across the city, no definite wasters have been identified among the numerous potteries established there from the late 17th century onwards (Figure 10.9). At nearby Westbury-on-Trym, some 4.5 km from Bristol city centre, documentary references specify that potters dedicated themselves to 'making pans for sugar bakers in Bristol' and this merited the name Sugar House Pottery, which it was known as at the time (Jackson 2005: 121). Wasters of sugar-refining wares have also been found, including cone moulds (with diameters of 22, 26 and 33cm) and syrup-collecting jars, all fine red earthenwares (Ponsford 2001).

In Liverpool, local potteries were producing 'sugar moulds or potts' in 1716 and 50 years later they advertised their wares in the local newspaper (Longworth 2004, Appendix 2). Local archaeological finds include examples from a pottery production site in the city itself (Brooks 1989). Prescot, just 10 miles east of Liverpool, is described in the middle of the 18th century as making sugar moulds and 'candy moulds' of red clay. The cones made there were of three sizes: the largest was 2 feet 3 inches (68 cm) in height with a capacity of 10 gallons (45.5 litres), which were sold for 7 pence; a medium one, 1 foot 6 inches (45.7 cm) in height, 9 inches (22.8 cm) in diameter, sold for 3 pence; and a small one 1 foot 3 inches (38.1 cm) in height sold for 1½ pence (Angerstein 2001: 329-330). A sugar mould with the stamp

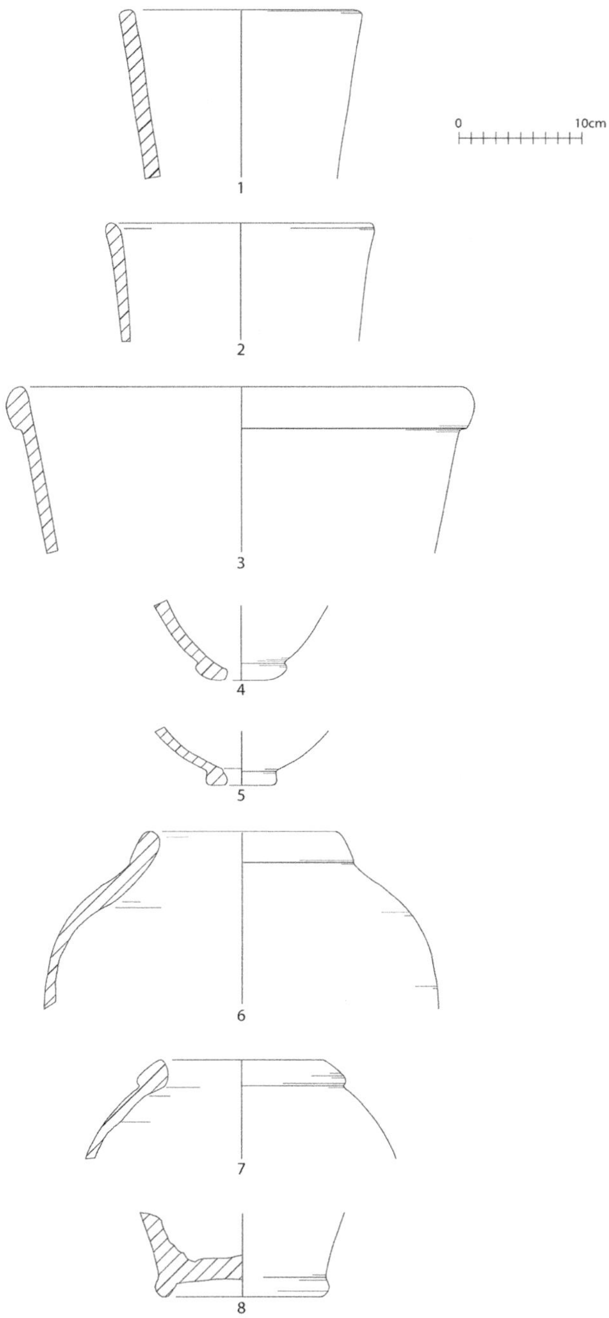

Figure 10.9. Cone moulds and syrup-collecting jars found during excavations in Bristol (after Brooks 1983, figs 2 and 3) (© Alejandra Gutiérrez)

of William Ashcroft, a Prescot potter, was found in Liverpool docks as part of the large assemblage of cones excavated there (Speakman 2014) and confirms that potters sought to fill gaps in the demand wherever possible, especially locally.

Nevertheless, inspite of the local availability of refining forms, there are cases where pottery also travelled long distances. Exports from London to Exeter, for example, are documented in 1673 when 300 cones were sent, although the source does not specify if they were London-made or were being re-exported from the Low Countries. Ceramic exports from the Low Countries are documented in the written record: in 1680 some 300 cones came to Exeter from Rotterdam, and a further 600 followed the next year, plus 100 more in 1711 (Allan 1984: 139). As the assemblage of sugar-refining wares excavated at Exeter includes three-legged pots, similar to those used in Amsterdam (Gawronski 2012: 72), and also possible Dutch redware cone moulds, these could be foreign imports.

Even further afield, it is also remarkable that cone moulds made in Portugal (former 'Merida-type wares') do appear from time to time in English excavations. These have been identified in Plymouth, Exeter, Southampton and London, all in 16th and 17th-century contexts (Brooks 1983: 2; Brown 1995: 326). The assemblage from Southampton is the largest by far with about 100 cones having been found in a storehouse by the quay (Gutiérrez 2007). In this case, the assemblage represents a pottery consignment of diverse ceramics forms, including domestic jugs and jars, which arrived at the port with the hope of being sold locally. The early date of these imports is of some interest, as it corresponds to the earliest phase of refining in England when these forms were unheard of locally. Such early examples of cone moulds would represent vessels needed in the refinery, but imported to fill in a gap in the local production of ceramics, until local copies could be produced.

Even longer distances were travelled by the 17th century, when pottery was sent the other way, from England to the West Indies. At the beginning of the sugar industry, the colonies were victualled with goods sent from England, from foodstuffs to domestic items, books, newspapers, etc; although wooden moulds were instead also used there to make up for the lack of local production of refining pots, copper pans and casks. Sugar moulds were also part of this exchange during the first phase of the sugar industry (Ligon 1673: 68, 91). In the 17th century, William Freeman, agent and merchant in London, explained how he had ordered from a potter, perhaps in Chester, cone moulds and syrup jars (*potts and dripps*), 200 of which he sent to his plantation in Nevis in 1678, to be followed by 600 more the following year (Freeman 2002: 44, 50, 126, 180, 248, 277). Once local production of ceramic forms developed, local supplies were used instead (Handler 1963; Yvon 2011).

This system of boiling, crystallising and purifying was used in England between the 16th and 18th centuries, but at the beginning of the 19th century innovations included vacuum pans. Patented in 1813, these permitted boiling the cane juice at a lower temperature and using a closed pan so that there was less risk of fire, explosion and personal injuries (Dickson et al. 1831). During that century mechanization also expanded, with numerous patents being registered (Hawkins 1827) and new variations being introduced, such as the use of charcoal for clarifying, new steam engines and air pumps (Tomlinson 1848: 27; Jones 1996: 17). By the middle of the 19th century most of the tools and equipment were made of metal, and iron cone moulds painted on the interior had superceded those made of clay (Figure 10.10) (Anon 1854).

THE FILL-HOUSE.

Figure 10.10. The fill house in 1848 showing the stacking and filling of metal cone moulds (from Anon 1848, 'Sugar')

Sugar in context

The social context of a person in the medieval period was also demonstrated through the food they put on the table, not only the quantities on offer, but also through its quality, variety and source. Within this context, sugar, as for other spices, was an exotic and expensive addition, one that demonstrated the links that the owner had to exclusive markets and far away worlds. During the 18th century consumption of tea, coffee and chocolate started to spread in England and with them went the use of sugar. Before 1700 the practice of drinking these exotic beverages had been restricted to aristocratic circles or specialised places in urban areas, such as coffeehouses and teahouses. By the beginning of the 18th century drinking tea formed part of the daily routine of increasing numbers of people in Britain and the generalization of this ritual sustained the growing demand not only for tea but also for sugar (Austen and Smith 1990). Tea-drinking became a cultural ritual which denoted 'respectability' and involved a certain way of serving it, using the 'correct' tools, such as teabowls of Chinese porcelain and silver teapots. In this polite atmosphere, sugar had to be shared correctly and a new range of tools was specifically designed for this, including sugar bowls, pincers and teaspoons, all of which appeared for the first time during this period.

The widely popular *Book of household management* by Mrs Beeton dedicates whole chapters to puddings, creams, jellies and sweet dishes, preserves and jams, biscuits and cakes. First published in 1861, sugar 'in considerable quantities' was recommended to preserve fruit; careful instructions as to how to achieve the perfect syrup to 'the right degree of strength, which neither ferments nor crystallizes' were given for marmalades, jams, fruit jellies, conserves and compotes, all simply described and achieved, it seems, by the basic addition of sugar. Sugar loaf, powdered as necessary, was the best type to be used for this purpose, although the cost implications were acknowledged.

In 1874 Prime Minister Gladstone abolished the Sugar Tax and the price of sugar came down drastically until it became a cheap commodity, almost universally available and abundant. The consequences of this were soon felt: fruit jam, with its 60% sugar content, became one of the more important foodstuffs by the end of the 19th century and an equally important export. For some social groups this constituted the only way of eating fruit and what used to be a luxury now became a necessity (Barker et al. 1966: 122; Oddy 2003: 8). This increase in high-sugar diet by the population had an impact on oral health, visible in the archaeological record through the study of human remains. Although sugar is not the only factor contributing to this (dependence upon carbohydrates is also blamed), there does seem to be a higher prevalence of dental caries in the populations of the 17th century to the 19th centuries than in any previous periods (Mant and Roberts 2015).

Conclusion

The availability of sugar has changed in Britain through the centuries, transforming it from a medieval luxury to a modern necessity. The impact on human remains recovered through excavation at burial sites helps to chart the impact of this increased consumption but sugar production and consumption have also left traces in buildings and in material culture. The often rather limited remains of walls give little impression of the work conditions, scale and activities that took place inside sugar house complexes, but map evidence and documentary records do help to reconstruct further detail. The spirit of those individuals who first took a chance on a brand new industry had an impact far beyond England that would finally result in the exploitation of overseas colonies.

In Britain, the collaboration of sugar-refining business with other local industries speaks of the evolution and advancement in industrial practices by the 17th century. More often than not, the thousands of ceramic pots needed during operations are frequently found disassociated from the places where they were used, but they do document the local production of pots for local industries and, at times, the remarkable long distance movement of such unassuming and practical objects.

Acknowledgments

The author is grateful to the British Library, London, for kind permission to reproduce Figure 10.5. She would also like to thank Jacqui Pearce, Lyn Blackmore and John Allan for discussing the ceramics over the years. Jeff Speakman made available a draft of the Liverpool assemblage ahead of publication. Chris Gerrard read the draft of this text and, as always, made useful suggestions to improve it.

References

Aberg, F.A. 1975. Gloucester Square. In C. Platt and R. Coleman-Smith, *Excavations in medieval Southampton 1953-1969*, vol I, Leicester, Leicester University Press: 210-218.

Alexander, M. (ed). 2015. *Medieval and post-medieval occupation and industry in the Redcliffe suburb of Bristol*. Kemble, Cotswold Archaeology Monograph 8.

Algeo, J. and Acevedo, C. 2014. *The origins and development of the English language, vol 1*. Wadsworth, Cengage Learning (7th edn).

Allan, J. 1984. *Medieval and post-medieval finds from Exeter, 1971-1980*. Exeter Archaeological Reports 3. Exeter, Exeter City Council and the University of Exeter.

Amigues, F. and Mesquida, M. 1987. *Un horno medieval de cerámica: el testar del Molí, Paterna (Valencia)*. Madrid, Publicaciones de la Casa de Velázquez, Série études et documents IV.

Anon. 1848. *The useful arts and manufacturers of Great Britain*. London, Society for promoting Christian knowledge.
Anon. 1854. Sugar refining. In *The Illustrated Magazine of Art*, 4(19): 63-67.
Angerstein, R.R. 2001. *R. R. Angerstein's illustrated travel diary, 1753-1755: industry in England and Wales from a Swedish perspective*. London, Science Museum.
Austen, R.A. and Smith, W.D. 1990. Private tooth decay as public economic virtue: the slave-sugar triangle, consumerism, and European industrialization. In *Social Science History* 14.1: 95-115.
Barker, T.C., McKenzie, J.C. and Yudkin, J. 1966. *Our changing fare. Two hundred years of British food habits*. London, MacGibbon & Kee.
Bennett, H.S. 1922. *The Pastons and their England*. Cambridge, Cambridge University Press.
Blackmore, L. 2006. Assessment of the pottery. In Compass Archaeology, *11-21 Old Paradise Street, Lambeth SE11 6AX, London Borough of Lambeth: an archaeological evaluation*. Compass Archaeology Project 319: 27-34.
Boucher, C.E. 1909. St Peter's Church, Bristol. Transactions of the Bristol and Gloucestershire. In *Archaeological Society* 32: 260-300.
BRO 36772: Whitsun Court Sugar House, Bristol. 1690 [BRO 36772 Box 5 - I V Hall]. Chancery Proceedings, Bridges Division, Bundle 192/24. Webb v Pope & Whiting following the death of Nehemiah Webb, www.mawer.clara.net/inventories.html.
Brooks, C. 1983. Aspects of the sugar-refining industry from the 16th to the 19th century. In *Post-Medieval Archaeology* 17: 1-14.
Brooks, C. 1989. The sugar-refining pottery. In R. McNeil, '*Excavation of an eighteenth century pottery in Eccleston St, Prescot (site F)*'. *Journal of the Merseyside Archaeological Society* 5: 63-64 (49-94).
Brown, D. 1995. Iberian pottery excavated in medieval Southampton. In C. M. Gerrard, A. Gutiérrez and A. Vince (eds), *Spanish medieval ceramics in Spain and the British Isles*. Oxford, British Archaeological Reports International Series 610: 319-328.
Buchanan, A. and Cossons, N. 1969. *Industrial archaeology of the Bristol Region*. Newton Abbot, David & Charles.
Campbell, R. 1747. *The London tradesman, being a compendius view of all the trades, professions, arts...* London, T. Gardner.
Childs, W.R. 1978. *Anglo-Castilian trade in the Later Middle Ages*. Manchester, Manchester University Press.
Childs, W.R. 1995. Documentary evidence for the import of Spanish pottery to England in the Later Middle Ages (thirteenth to early sixteenth centuries. In C.M. Gerrard, A. Gutiérrez and A. Vince (eds), *Spanish medieval ceramics in Spain and the British Isles*. British Archaeological Reports International Series 610: 25-31.
Cobb, H.S. 1990. *The overseas trade of London*. London, London Records Society 27.
Colquhoun, K. 2007. *Taste: the story of Britain through its cooking*. London, Bloomsbury.
Colls, K. 2010. The Avon floodplain at Bristol: excavations at Templar House, Temple Way, in Bristol, 2004 and 2005. *Transactions of the Bristol and Gloucestershire Archaeological Society* 128: 73-120.
Constable, O.R. 1994. *Trade and traders in Muslim Spain. The commercial realignment of the Iberian Peninsula, 900-1500*. Cambridge, Cambridge University Press.
Davis, N. (ed.). 1971. *Paston letters and papers of the fifteenth century: part 1*. London, Clarendon Press.
Deer, N. 1949. *The history of sugar*. London, Chapman and Hall.
Dickson, J.W., Dunbar, W.H. and Rymer, J. 1831. 14th June 1831, patent, agreement, construction. In *The Scottish Jurist* III: 497-499.
Fábregas, A. and García, A. 1998. Un aspecto de la producción azucarera marroquí. In *Arqueología y Territorio Medieval* 5: 153-174.
Fairrie, G. 1951. *The sugar refining families of Great Britain*. London, Tate & Lyle.
Feeman, W. 2002. *The letters of William Freeman, London merchant, 1678-1685*. London, London Record Society.
Furnivall, F. 1868. *Early English meals and manners*. Early English Text Society 32. London, Oxford University Press.
Gairdner, J. 1904. *The Paston letters AD 1422-1509*, vol VI. London, Chatto & Windus.
Garner, D. 2008. *Excavations at Chester: 25 Bridge Street 2001, two thousand years of urban life in microcosm*. Chester, Chester City Council.
Gawronski, J. 2012. *Amsterdam ceramics: a city's history and an archaeological ceramics catalogue 1175-2011*. Amsterdam, Bas Lubberhuizen.
Grew, N. 1681. *Musæum regalis societatis or a catalogue & description of the natural and artificial rarities belonging to the Royal Society and preserved at Gresham Colledge*. London, W. Rawlins.
Gual, M. 1981. *El primer manual hispánico de mercadería (siglo XIV)*. Barcelona, Consejo Superior de Investigaciones Científicas.
Guiral, J. 1989. *Valencia puerto mediterráneo en el siglo XV (1410-1525)*. Valencia, Institució Alfons el Magnánim-Centre Valencià d'Estudis i d'investigació.
Gutiérrez, A. 2000. *Mediterranean pottery in Wessex households (13th to 17th centuries)*. British Archaeological Reports 306, Oxford.
Gutiérrez, A. 2007. Portuguese coarsewares in early modern England: reflections on an exceptional pottery assemblage from Southampton. In *Post-Medieval Archaeology* 41.1: 64-79.
Gutiérrez, A. 2011. The versatile bote: Spanish decorated jars and their uses. In M. Carver and J. Klapste (eds.), *The archaeology of medieval Europe, vol. 2: twelfth to sixteenth centuries*. Aarhus, Aarhus University Press: 305-307.
Hall, I. V. 1944. Whitson Court sugar house, Bristol, 1665-1824. In *Transactions of the Bristol and Gloucestershire Archaeological Society* 65: 1-97.
Hall, I.V. 1949. John Knight, junior, sugar refiner at the great house on St Augustine's Back (1654-1679). In *Transactions of the Bristol and Gloucestershire Archaeological Society* 68: 110-164.
Handler, J. 1963. Pottery making in rural Barbados. In *Southwestern Journal of Anthropology* 19.3: 314-334.
Harreld, D.J. 2003. Atlantic sugar and Antwerp's trade with Germany in the sixteenth century. In *Journal of Early Modern History* 7.1: 148-163.

Harvard, T. 2005. *The former Drill Hall, Old Market, Bristol: archaeological evaluation*. Kemble, Unpublished report, Cotswold Archaeology.
Hawkins, J.I. 1827. On the refining of sugar. In *The repertory of patent inventions and other discoveries and improvements in arts, manufactures and agriculture* 28: 219-227.
Heath, S. 1910. *Old English houses of alms*. London, Francis Griffiths.
Houghton, J. 1727. *A collection for the improvement of husbandry and trade, consisting of many valuable materials...* London, Printed for Woodman and Lyon (2 vols).
Hughes, M.F. (ed.). 1986. *Archaeology in Hampshire annual report for 1984/5*. Southampton, Unpublished report, Hampshire County Council.
Hurst, J.G. 1991. Italian pottery imported into Britain and Ireland. In T. Wilson (ed.), *Italian Renaissance pottery*: 212-231. London, British Museum Press.
Jackson, R. 2005. Pottery production in Westbury-on-Trym during the late 17th and 18th centuries. In *Transactions of the Bristol and Gloucestershire Archaeological Society* 123: 121-131.
Jackson, R. 2006. Archaeological excavations at the former Courage Brewery, Bath Street, Bristol, 2000-2001. In *Transactions of the Bristol and Gloucestershire Archaeological Society* 21: 1-58.
Jarrett, C. 2004. The post-medieval red earthenware and Peninsular House earthenware pottery. In D. Divers, *Excavations at Deptford on the site of the East India Company dockyards and the Trinity House almshouses, London. Post-Medieval Archaeology* 38.1: 89- 120 (17-132).
Jones, D. 1996. *Bristol's sugar trade and refining industry*. Bristol, Bristol Branch of the Historical Association.
Leech, R. 2014. *The town house in medieval and early modern Bristol*. Swindon, English Heritage.
Leech, R. 2015. Historical and archaeological background. In M. Alexander (ed.), *Medieval and post-medieval occupation and industry in the Redcliffe suburb of Bristol*. Cotswold Archaeology Monograph 8: 6-13.
Ligon, R. 1673. *A true & exact history of Barbadoes*. London, Printed for Humphrey Moseley.
Longworth, C. 2004. Buckley ceramics in the seventeenth century: socio-economic status of the potters and possible design influences. In *Internet Archaeology* 16: doi: 10.11141/ia.16.1.
Mackenzie, E. 1827. *A descriptive and historical account of the town and county of Newcastle-upon-Tyne, including the borough of Gateshead*. Newcastle, Mackenzie and Dent.
Maloney, C. 2004. Fieldwork round-up 2004. In *London Archaeologist* 11.1: 1-22.
Mant, M. and Roberts, C. 2015. Diet and dental caries in post-medieval London. In *International Journal of Historical Archaeology* 19: 188-207.
Mawer, B. 2011. *Sugarbakers: from sweat to sweetness*. Devon, Anglo-German Family History Society Publications.
Mawer, B. 2020 Sugarhouse archaeology. www.mawer.clara.net/archaeology.html.
McCulloch, J.R. 1844. *A dictionary, practical, theoretical, and historical, of commerce and commercial navigation*. London, Longman, Brown, Green and Longmans.
McCusker, J.J. 1978. *The rum trade and the balance of payments of the thirteen continental colonies, 1650-1775*. Pittsburgh, University of Pittsburgh.
McNeil-Sale, R. and Newman, R. 2006. The post-medieval period: resource assessment. In M. Brennand (ed.), *The archaeology of North West England: an archaeological Research Framework*. Archaeology North West 18: 145-164.
Mintz, S.W. 1985. *Sweetness and power: the place of sugar in modern history*. New York, Penguin Books.
Oddy, D.J. 2003. *From plain fare to fusion food. British diet from the 1890s to the 1990s*. Woodbridge, The Boywell Press.
Ouerfelli, M. 2008. *Le sucre. Production, commercialisation et usages dans la Méditerranée médiévale*. The Medieval Mediterranean. Peoples, Economies and Cultures, 400–1500 volume 71. Leiden and Boston, Brill.
Perry, D. 2013. The Dundee sugar house, Seagate, Dundee. In *Tayside and Fife Archaeological Journal* 19-20: 103-118.
Ponsford, M. 2001. *An archaeological evaluation at Trym Lodge, Henbury Road, Westbury-On-Trym, Bristol*. Bishopston, Unpublished report, Channel Archaeology.
Ponsford, M. and Jackson, R. 1994. Post-medieval Britain and Ireland in 1994. In *Post-Medieval Archaeology* 29: 113-193.
Pountney, W.J. 1972. *Old Bristol potteries*. Wakefield, EP Publishing (2nd edn).
Pryor, S. and Blockley, K. 1978. A 17th-century kiln site at Woolwich. In *Post-Medieval Archaeology* 12: 30-85.
Rawcliffe, C. 1999. *Medicine & society in later medieval England*. London, Sandpiper Books.
Rees, A. 1810a. Sugar, refining of. In *Cyclopaedia or universal dictionary of arts, sciences and literature, vol. XXXIX*. London, Longman, Hurst, Rees, Orme & Brown, London (unpaginated).
Rees, A. 1810b. Sugar-candy. In *Cyclopaedia or universal dictionary of arts, sciences and literature XXXIX*. London, Longman, Hurst, Rees, Orme & Brown (unpaginated).
Ryden, D.B. 2012. Sugar, spirits, and fodder: the London West India interest and the glut of 1807-15. In *Atlantic Studies* 9.1: 41-64.
Salzman, L.F. 1931. *English trade in the Middle Ages*. Oxford, Clarendon Press.
Simpson, J.J. 1926. St Peter's Hospital, Bristol. In *Transactions of the Bristol and Gloucestershire Archaeological Society* 48: 193-226.
Sloane, B. and Hoad, S. 2003. *Early modern industry and settlement: excavations at George Street, Richmond, and High Street, Mortlake, in the London Borough of Richmond upon Thames*. London, Museum of London Archaeological Service Studies Series 9.
Smith, W.D. 2002. *Consumption and the making of respectability 1600-1800*. London, Routledge.
Smout, T.G. 1961. The early Scottish sugar houses 1660-1720. In *Economic History Review* 14: 240-253.

Spate, O.H.K. 1938. Geographical aspects of the industrial evolution of London till 1850. In *The Geographical Journal* 92.5: 422-432.
Speakman, J. 2014. *Manchester Dock excavations: sugar refining pottery*. Liverpool, Unpublished report, National Museums Liverpool.
Spufford, P. 2006. From Antwerp and Amsterdam to London: the decline of financial centres in Europe. In *De Economist* 154: 143-175.
Stone, L. 1949. Elizabethan overseas trade. In *The Economic History Review*, New Series 2.1: 30-58.
Stow, J. 1598. *A survey of London written in the year 1598* (new edition, 1876, London, Chatto & Windus).
Tannahill, R. 1968. *The fine art of food*. London, Folio Society.
Thirsk, J. 2006. *Food in early modern England: phases, fads, fashions*, 1500-1760. London, Continuun.
Tomlinson, C. 1848. *The useful arts and manufactures of Great Britain, second series, metals, chemical manufactures, &c*. London, Society for promoting Christian knowledge.
Torres, C. 1990. Um forno cerâmico dos seculos XV e XVI na cintura industrial de Lisboa. In *Fours de potiers et 'testares' médiévaux en Méditerranée occidentale*. Madrid, Publications de la Casa de Velázquez: 131-141.
Webber, M. 1991. Excavations on the site of Norfolk House, Lambeth Road, SE1. In *London Archaeologist* 6.13: 343-350.
Willan, T.S. 1959. *Studies in Elizabethan foreign trade*. Manchester, Manchester University Press.
Wills, J. and Hoyle, J. (eds). 2007. Archaeological review no. 31 for 2006. In *Transactions of the Bristol and Gloucestershire Archaeological Society* 125: 341-366.
Wilson, D. 2012. *Sugarhouse Close, 160 Canongate, Edinburgh, archaeological works*. Edmburgh, Headland Archaeology report SCED10.
Wragg, E. 2004. *An Archaeological evaluation and watching brief at the Bristol Brewery, Counterslip, city of Bristol*. London, Unpublished report Pre-Construct Archaeology.
Yvon, T. 2011. The provenance of refining pottery in Guadeloupe: indispensable utensils for the sugar industry from the seventeenth to the nineteenth centuries. In *Journal of Caribbean Archaeology* 11: 1-23.
Zahedieh, N. 1986. Trade, plunder, and economic development in early English Jamaica, 1655-89. In The *Economic History Review*, new series, 39.2: 205-222.

11. Documentación y patrimonio lingüístico: la terminología del oro blanco

Dolores Corbella
Universidad de La Laguna. España
Ana Viña Brito
Universidad de La Laguna. España

Abstract

No one today would dispute the fundamental historical, social, environmental and economic impact of the sugar culture. Sugar cultivation left its mark wherever it flourished and its route from east to west may be traced in the significant archaeological sites that still survive today. Together with this legacy, however, archival documents shed light on a rich linguistic heritage that tells us about daily life on the plantations, the construction of the sugar mills, the social stratification and the organisation of work which, as technology advanced, required a more highly skilled workforce and, consequently, an increasingly specialised vocabulary. Through documents from the 15th and 16th centuries, we will analyse the development of this specific lexicon, an intangible cultural heritage that represents one of the most important contributions of the era of white gold.

Keywords: *Sugar, heritage, linguistic, documentation, Canary Islands.*

Resumen

Nadie pone en duda hoy en día que la huella de la cultura del azúcar ha sido fundamental desde el punto de vista histórico, social, medioambiental y económico. El desarrollo de su cultivo fue marcando los enclaves en los que se fue asentando y, con una ruta bien orientada desde el Este hasta Poniente, su trazado puede rastrearse en los importantes restos arqueológicos conservados. Pero, junto a ese legado, la documentación nos descubre todo un patrimonio lingüístico que da cuenta de la vida cotidiana en las haciendas, de la construcción de los ingenios, de la estratificación social y de una organización del trabajo que, a medida que avanzaba la técnica, requería un personal con mayor grado de cualificación y, por tanto, un vocabulario cada vez más especializado. A través de la documentación archivística de los siglos XV y XVI, analizaremos la conformación de ese léxico específico que, como patrimonio inmaterial, constituye una de las contribuciones más relevantes del periplo del oro blanco.

Palabras clave: *Azúcar, patrimonio, lingüística, documentación, islas Canarias.*

Résumé

*Nul doute aujourd'hui de l'empreinte indélébile que la culture du sucre a laissé sur l'histoire, la société, l'environnement et l'économie. Le développement de la mise en culture de la canne à sucre a profondément marqué les régions dans lesquelles elle s'est installée, des vestiges archéologiques importants ponctuant clairement son expansion d'est en ouest. Cet héritage matériel s'accompagne d'un fonds documentaire qui dévoile tout un riche patrimoine linguistique reflétant la vie quotidienne dans les domaines sucriers, la construction des sucreries, la stratification sociale et l'organisation du travail. Au fur et à mesure que les moyens techniques s'amélioraient, le degré de qualification du personnel augmentait et le vocabulaire devenait de plus en plus spécialisé. L'étude des archives des XV*e* et XVI*e* siècles permet une analyse de la formation de ce lexique spécifique qui, en tant que patrimoine immatériel, constitue une des contributions les plus remarquables sur le périple de l'or blanc.*

Mots clés: *Sucre, patrimoine, linguistique, documentation, Îles Canaries.*

Introducción

A los vestigios arqueológicos, históricos y económicos que han quedado como legado tangible del cultivo y la cultura del azúcar en el Atlántico Medio hay que sumar el conjunto terminológico de palabras azucareras que fue creándose en el entorno de los ingenios y que constituye el fiel reflejo del crisol de culturas que hicieron posible la aclimatación de este dulce producto en el Mediterráneo y en la península ibérica, así como su introducción posterior en las islas del mar océano y en los distintos enclaves americanos.

Aunque ese vocabulario comparte un fondo común con sus precedentes, cada región azucarera incorporó al léxico inicial una serie de novedades específicas que permiten distinguir la terminología de cada una de las singularidades diatópicas y, por tanto, la procedencia de la documentación generada en las distintas regiones y las relaciones que se establecieron entre ellas. En el caso del léxico azucarero atlántico de la época colonial, los estudios de "arqueología" lingüística realizados en los últimos años confirman la extraordinaria riqueza y novedad de su terminología frente a la que se había utilizado en la época nazarí y en el Levante español durante la Baja Edad Media, debido en buena parte al progresivo desarrollo de un cultivo intensivo de grandes dimensiones, a la introducción del molino hidráulico (el "ingenio"), a la incorporación masiva de mano de obra esclava y a la especialización de las labores en las distintas fases de la cultura del azúcar. Esas voces del llamado "oro blanco" constituyen una buena muestra del patrimonio inmaterial custodiado en los registros archivísticos y a través de ellas es posible dar nombre a cada uno de los vestigios arqueológicos recuperados, conocer la estratificación del trabajo en el trapiche, describir cada una de las etapas del cultivo de la caña y de su tratamiento posterior, distinguir los diversos espacios del azúcar o detallar los elementos del molino y el instrumental necesario para el trabajo en esta agroindustria.

Una parte importante de esa documentación relativa a los ingenios canarios de los siglos XVI y XVII, mayoritariamente notarial pero también inquisitorial y señorial, se encuentra disponible en acceso abierto (tanto en transcripción paleográfica como modernizada) en la base de datos *CORDICan* (*Corpus documental de las islas Canarias*). A través de la consulta temática de esta base de datos es posible recuperar la valiosa herencia archivística formada por numerosos testimonios extraídos de inventarios de ingenios, contratos, libros de cuentas y transacciones procedentes de las cuatro islas azucareras del archipiélago: Gran Canaria, La Gomera, La Palma y Tenerife. El contraste de esta documentación con la que se conserva de los ingenios madeirenses (analizados por Nunes 2003) y con los primeros registros americanos custodiados en el Archivo de Indias permite esbozar una ruta que unió las dos orillas del Atlántico. Se cumple así uno de los objetivos de la UNESCO, de reconocimiento de un legado que ha conservado en el tiempo la memoria de esta última etapa occidental de la tradición azucarera y que contiene las claves de aquella primera fase de globalización transoceánica.

Memoria histórica y documentación

Si se trata de patrimonio inmaterial siempre se hace alusión a la memoria oral. Sin embargo, cuando esa manifestación oral no ha perdurado en el entorno espacial en el que surgió, sino que corresponde a una determinada sincronía de los siglos pasados (como sucedió con el primer ciclo del azúcar en Madeira y Canarias), que se ha mantenido viva en otros espacios transfronterizos, hay que extraer de la documentación escrita y, si ha quedado huella, también de la toponimia los vestigios de esa tradición truncada. Los historiadores y filólogos, como los arqueólogos, deben rastrear en los registros de archivo los resquicios y evidencias histórico-lingüísticas que les guíen sobre las pistas de dónde y cómo se desarrollaron aquellas haciendas azucareras y el vocabulario empleado en los distintos niveles y contextos de uso en épocas pretéritas. Este trabajo interdisciplinar ha permitido poner de relieve que, en comparación con la documentación de los ingenios americanos coloniales, los registros madeirenses y canarios corroboran que la que ha sido considerada la primera agroindustria indiana hundió sus raíces en el Atlántico oriental.

Los testimonios documentales dan noticia, por ejemplo, de la diatopía de voces tan comunes en esta industria como *almazara, trapiche, aduana, ingenio, zangarro o central*, al poner de manifiesto la circunscripción de cada uno de estos términos y, por tanto, la procedencia de los registros archivísticos que los contienen (Corrales y Corbella 2015). El primero, aplicado en español al molino de aceite, fue la voz tradicional empleada en Sicilia para la molturación de la caña (con la forma *mazara*, sin el artículo árabe *al-*) y, también, de la aceituna. Junto a esta palabra convivió, en la isla mediterránea, el término de procedencia latina *trapiche*, que sería el vocablo más difundido en el Levante español, con la grafía *trapig*. Martín de Viciana, en la *Segunda parte de la crónica de Valencia*, señalaba que el conde de Gandía "Tiene para hazer el azúcar siete casas, que se nombran *trapig*, y en todas ellas ay cincuenta y cinco piedras molares que machucan las cañas dulces" (1564 [1892]: 26)[1].

En la Andalucía nazarí de finales del siglo XV y durante las primeras décadas de la centuria siguiente, ya de dominación castellana, se registra con cierta regularidad otro nuevo término, el arabismo *aduana o aduana del azúcar*, seguramente en el sentido de pequeña oficina de beneficio donde se procesaba la caña, tal como puede advertirse en la documentación árabe (*El aduana del açucar de Motril*, Díaz García 1988) y castellana de 1493 (*Libro de Repartimiento de Salobreña*, Malpica y Verdú 2008), en el *Diplomatario del reino de Granada* de 1504 (Arroyal Espigares et al. 2005: 82-83), en dos de las *Ordenanzas de Almuñécar* correspondientes a 1516 y 1557[2], y en el *Libro de Repartimientos* de esta misma ciudad o en documentación notarial posterior ("para vos servir de foguero en la *aduana del azúcar* que tenéis en la villa de Motril", en un registro de 1562)[3].

En Madeira, la creación del *ingenio* (hidráulico) supuso un cambio radical en la capacidad y calidad de prensado y llevó a la progresiva especialización del término *trapiche* para designar el molino de menor entidad y de tracción animal (*trapichas de bestas*), frente al término de mayor frecuencia *ingenio*, novedad que se verá reflejada asimismo en los asentamientos canarios de finales del siglo XV (*vid.* los repartimientos y los primeros protocolos notariales conservados de Gran Canaria, donde se especifica "trapiches de caballos") y que se trasladará al Nuevo Mundo (Fernández de Oviedo señalaba que en La Española existían "veinte ingenios y cuatro trapiches de caballos", 1535: I, lib. IV, cap. VIII). En determinadas zonas de Honduras, México y Nicaragua se añadiría a este conjunto terminológico una nueva voz, *zangarro* (*sangarro* o *changarro*), para el trapiche manual de dos rodillos de madera y manivela[4]. Aunque esta terminología atlántica se mantuvo durante tres siglos, la revolución técnica e industrial llevó a una reestructuración de las haciendas, especialmente en los latifundios americanos, y a la creación, en época más reciente, de nuevos términos como *central* en Cuba, Nicaragua, Perú, Puerto Rico, la República Dominicana y Venezuela para designar tanto la 'fábrica donde se procesa la caña de azúcar' como el 'ingenio azucarero'.

---

[1] En época más tardía (finales del siglo XVIII), Pérez Vidal recoge el derivado *trapichador* en Valencia: "convertían en azúcar por medio de los ingenios o molinos llamados *trapichadors*" (1973: 154).

[2] En la segunda mitad de ese siglo XVI estas mismas ordenanzas andaluzas incorporarían, como novedad, la palabra *ingenio*, que ya se había generalizado en todo el Atlántico y se había integrado en el léxico americano: "El señor alcalde mayor mandó a mí el escribano del cabildo [que] saque un traslado de las dichas hordenanças, de lo tocante a los ingenios e aduanas de açúcar" (1577, marzo, 8). El nuevo invento llegaría, asimismo, al levante español, de ahí que Gaspar Escolano dé cuenta de las dos posibilidades: "Assí començaron a cortar las cañas dulces a pedaços y a desentrañarles el çumo, echándolas en atahonas y moliéndolas con muelas de piedra, rodeadas por bestias, o con ruedas de madera de inmensa grandeza (que llaman *ingenios*), las quales reboluiéndose con grandíssima furia sin cessar, por vna canal de agua que desde muy alto da en ellas como en los molinos, cortan y desmenuzan las cañas y las sacan todo el xugo, hasta dexarlas más prensadas y secas que el esparto" (1610: col. 704).

[3] Archivo de Protocolos del Colegio Notarial de Granada, leg. 123, fols. 1513-1514.

[4] "Y de allí por dicho rumbo a distancia de dos leguas se halla el trapiche o zangarro del beneficio de hacer azúcar, nombrado Mazatlán, perteneciente a doña María Ana Bermúdez y Cruz, viuda y se compone de 27 piezas de esclavos y de 19 familias de indios libres e indios matriculados en sus propios pueblos", según uno de los ejemplos extraídos del *Corpus diacrónico del español (CORDE)* procedente de las *Relaciones geográficas del Arzobispado de México* (de 1743). Se trata de una voz relacionada con el término *gangorra* 'palo grueso y resistente con que se batía el melado en las tachas', documentado en los ingenios canarios de La Orotava, Los Realejos, Taganana, Garachico o Argual, y en los primeros inventarios de ingenios americanos como el de Hernando Gorjón (Corrales et al. 2014: 198-199).

Esta concreción terminológica asociada a los espacios en los que se cultivó la caña y a los distintos tipos de molino empleados se puede advertir, asimismo, en otros aspectos relacionados con el cultivo y el procesamiento posterior del azúcar, de tal manera que la lengua aparece indisolublemente ligada a la historia y a la difusión geográfica de este producto, símbolo ambivalente de riqueza y esclavitud.

El paisaje azucarero

Señalaba Álvarez Salas (1977) que "De la misma forma que el paisaje acumula historia nos habla de ella, pues el paisaje es la forma y por ello también la información de la relación entre el hombre y la naturaleza". Tanto en Madeira como en Canarias, los primeros repartimientos de tierras estuvieron asociados a la plantación de caña de azúcar: se requería áreas de cultivo relativamente extensas con suficientes recursos hídricos y madereros (Delgado y Viña 2017), por lo que la deforestación progresiva y la roturación de las tierras pronto modificó el paisaje primigenio. El diálogo entre el hombre y el espacio estuvo supeditado, a partir de aquel momento, a los intereses económicos, a los asentamientos estables de núcleos de población, a la puesta en explotación de nuevas tierras, a la creación de una red de canalizaciones para la traída de agua y a la explotación de los recursos madereros, imprescindibles tanto para la construcción de los ingenios como para el funcionamiento de las calderas y el procesado del azúcar.

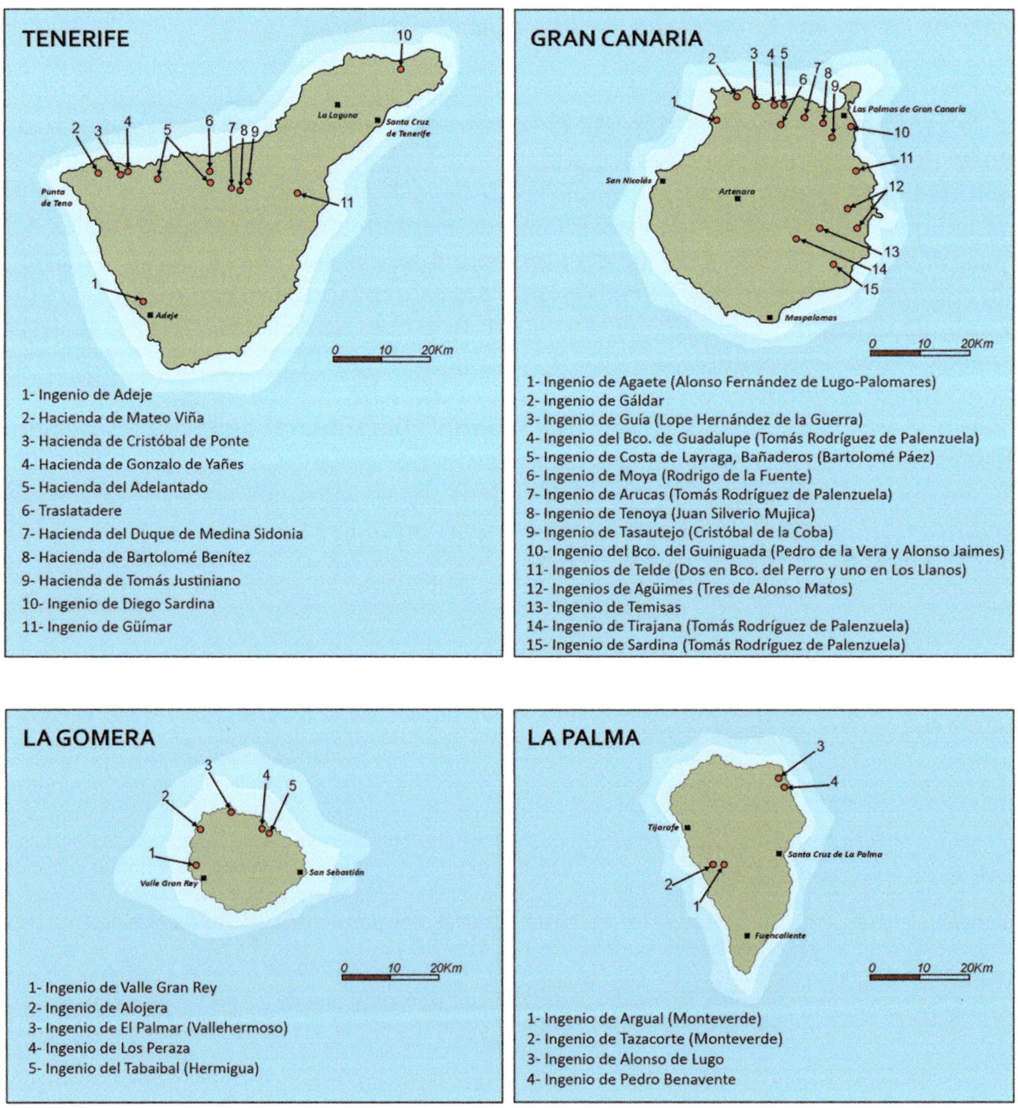

Figura 11.1: Ubicación de los ingenios canarios en el siglo XVI. Elaboración propia

La ubicación de los molinos dependía de la posibilidad de abastecimiento inmediato de agua y de madera, elementos imprescindibles para su puesta en funcionamiento. Así lo entendieron los primeros gobernadores de Canarias, de tal manera que adjudicaron las mejores tierras y recursos hidráulicos a aquellos propietarios que podían invertir en este tipo de edificaciones. Poco a poco, se procedió a la construcción de los ingenios, generalmente con mano de obra procedente de Madeira, que ya tenía experiencia previa en este tipo de industria. La localización de las grandes haciendas del archipiélago a mediados del siglo XVI, a través de las fuentes documentales, es la que presentamos en el siguiente mapa (Figura 11.1), siempre teniendo en cuenta que muchas veces los registros dan cuenta de diferentes propiedades cuando en realidad hacen referencia a la misma, cambiando únicamente su denominación como sucedió, por ejemplo, en el caso del ingenio de Aumastel: el topónimo originario aparece en un proceso inquisitorial de 1505 contra Gonzalo Segura y volverá a registrarse en un contrato para purgar las "escumas" de 1519[5], si bien a partir del año 1522 pasaría a denominarse "de Azuaje" por su nuevo propietario, el mercader genovés y regidor de Gran Canaria Damián de Azuaje. En otras ocasiones, el complejo azucarero hubo de desplazarse desde su ubicación inicial, como sucedió con el ingenio del Tabaibal en Hermigua (La Gomera), que fue trasladado a un lugar más elevado por las crecidas de los barrancos de Monforte y de La Calle.

Estas localizaciones han sido confirmadas por las campañas arqueológicas, como las realizadas en Agaete, Guía-Gáldar, Adeje o Vilaflor, entre otras, y por los testimonios recogidos en la documentación. Sebastián de Miñano, por ejemplo, en 1826, en su *Diccionario geográfico-estadístico* indicaba, bajo la entrada *Hermigua*, que "En lo antiguo hubo hazas de cañas de azúcar y 2 ingenios de que solo quedan los vestigios". También la toponimia contribuye, indudablemente, a situar la presencia de los complejos azucareros, como es el caso del construido por Alonso de Matos y que daría nombre al municipio de Ingenio, en el sureste de Gran Canaria (Sánchez y Martín 2003), denominación que se ha conservado asimismo en otras localidades (*Lomo del ingenio, Acequia del ingenio, Barranco o Barranquillo del ingenio, Piedras del ingenio, Hornitos del ingenio*) de esta misma isla (Santa María de Guía, Agaete, Santa Lucía de Tirajana), de Tenerife (Taganana, Adeje, Vilaflor, San Miguel de Abona) o La Gomera (Vallehermoso, Hermigua, San Sebastián de La Gomera). También debe hacer referencia a una hacienda azucarera el topónimo *El Blasino*, en alusión a su propietario Blasyno Ynglesco de Plonbino, vecino de Tenerife y dueño en la isla de La Gomera de un "yngenio de moler e hazer açucar, e tierras, e cañaverales, e viñas e parrales, e molinos de pan moler"[6]. En otras ocasiones, la toponimia menor rememora la existencia, a veces efímera, de una pequeña construcción y la actividad a ella asociada, como sucede con los topónimos *Estanque, Barranco del pilón, Llano del ingenio* o *Gangorra* registrados en el entorno que ocuparía el ingenio de los Soler, en el municipio de Vilaflor, tal como se recoge en la memoria de la excavación realizada por Pou Hernández (2019), o como puede deducirse de los lugares conocidos como *Pago de los Trapiches* y *Masapeces* localizados en Arucas (Gran Canaria) o *Puerto del Azúcar*, en el valle de Hermigua (La Gomera), según los datos que ofrecía Miñano en su *Diccionario geográfico* (1826: 26, 34). Como ha señalado Trapero (2016), la toponimia se convierte así en otro testigo más de ese pasado perdido al dar cuenta de voces que en su día estuvieron ligadas a las labores que se desarrollaron en esos lugares y que los estudios de lexicología histórica han vuelto a resemantizar, como *Gabacera* (en Tazacorte y en Argual, La Palma), *Cenicera* (San Juan de la Rambla, Tenerife), *Hacienda* (en Tenerife: *Hacienda de los Príncipes*, Los Realejos; *Hacienda Perdida*, La Orotava; *La Hacienda*, Taganana; en La Palma: *Hacienda de los Príncipes*, San Andrés y Sauces; en Gran Canaria: *La Hacienda*, Arucas), *Los Picachos* (en Telde y en Valleseco, Gran Canaria), *Tendal* (La Palma: *Lomo de los Tendales*, Puntallana; *Barranco del Tendal*, San Andrés y Sauces), *Trapiche* (Arucas, Gran Canaria) o la *Zoca(s)* o *Soca(s)* (en San Andrés y Sauces y en Tazacorte, La Palma, así como en San Miguel de Abona, Tenerife).

Para las islas azucareras atlánticas, la introducción de la caña supuso, como se ha señalado, una agresión devastadora sobre el medioambiente, tanto en lo referente a las zonas boscosas como a la necesidad de

[5] Archivo Histórico Provincial de Las Palmas de Gran Canaria (en adelante AHPLP). Protocolos notariales, leg. 734 (1519, noviembre, 5), fols. 229v-230v.
[6] 1504, diciembre, 2. *Apud* Moreno 1988: 121.

desvío y canalización de los recursos hídricos que resultaban fundamentales para el funcionamiento del ingenio. Ese cambio está descrito con todo detalle por Alvise Cadamosto en relación con la biodiversidad madeirense: "Madeira, esto es, isla de madera, deriva su nombre de que, cuando fue descubierta por los marinos del Infante, no poseía un palmo de tierra que no estuviera cubierto de árboles inmensos, hasta el punto de que los primeros habitantes llegaron a prenderle fuego y permaneció ardiendo durante largo tiempo" (Aznar et al. 2017: 80-82)[7]. En Canarias, durante esta primera fase de preparación del terreno también se alude a la tala y al "desmonte", como se aprecia en el arrendamiento de Diego García Viejo a Juan Sánchez de la mitad de las tierras de regadío que poseía en el barranco de Aumastel, "asi las desmontadas como las por desmontar"[8]. La tala de árboles para proveer de combustible a las calderas de los trapiches fue continua y todavía a principios del siglo XIX Sebastián de Miñano apuntaba que, en Agulo (La Gomera), "la playa de las Sepulturas es su principal surgidero, y por allí han solido embarcarse algunos maderos de palo blanco y barbusano para los ingenios de Adexe en Tenerife" (1826: 25).

Aparte de los textos de viajeros y cronistas, la documentación ofrece algunas referencias relativamente antiguas de personajes que por variados motivos se acercaron al archipiélago y dejaron constancia de su experiencia y visión del cambio que habían experimentado o debían experimentar aquellos paisajes. Es el caso de dos alemanes: Lucas Rem y Carl Mollwo. El primero, factor de la compañía de los Welser (que, a partir de 1528, recibiría de la corona castellana el arrendamiento de la provincia de Venezuela), permaneció en la hacienda de Tazacorte (en La Palma) durante una semana en septiembre de 1509, para elaborar un informe sobre la viabilidad de esta plantación, adquirida al teniente gobernador de la isla Juan Fernández de Lugo Señorino (Viña 2010). En su diario (*tagebuch*), Lucas Rem indicaba la necesidad de ejecutar con premura las conducciones de agua y poner en cultivo toda la tierra para hacer rentable la explotación de esta zona, que describía como *verfluoch land* o tierra maldita. Algo más tarde, hacia 1533, en un informe dirigido seguramente al concejo de la ciudad de Colonia, Carlo Mollwo denunciaba la adquisición de este mismo ingenio por el factor Jacob Groenenberg (conocido en la bibliografía canaria como Jácome de Monteverde). Su relato nos proporciona datos de los terrenos de cultivo y las cantidades de madera y agua que estas propiedades consumían. Ambos factores, probablemente sin ser conscientes de ello, nos han legado una descripción fidedigna y ajustada del paisaje agrario surgido tras la conquista, en este caso de la fachada oeste de La Palma. Como demandaba Lucas Rem, al mismo tiempo que se preparaban para el cultivo las tierras, había que realizar fuertes inversiones en la construcción de embalses, canales, etc., para llevar o derivar el agua desde la cuenca principal a los cañaverales, la denominada "traída del agua" (Viña 2015: 251). Estas enormes cantidades dinerarias, necesarias para la construcción de un ingenio, fueron afrontadas generalmente por mercaderes extranjeros, como se observa en el caso de Batista Riberol, de cuyas declaraciones se deduce que antes del año 1502 había gastado más de 500.000 maravedís en la preparación de la tierra, la edificación de su ingenio y las canalizaciones en su hacienda de Santiago de Gáldar (Aznar 1981: doc. 550).

Las actas de los cabildos así como las ordenanzas locales aluden tanto a los procesos de plantación como a los repartos de tierra, con una importante protección de los cañaverales, de tal manera que se otorgaba carta de naturaleza a aquellos que habían plantado cañas y que, incluso, podían aspirar al título de regidor, como sucedió con el portugués Lorenzo Fernández en Gran Canaria, a quien se recompensó por haber sido de los primeros en hacer azúcar, o con Gabriel de Socarrás en La Palma, respectivamente (Viña 2013). En los primeros momentos, las concesiones de tierra para caña llevaban aparejada la construcción de un ingenio: "sesenta fanegas de riego para cañaverales de azúcar en la qual fagais un ingenio", según la *data* otorgada en el año 1501 (Serra 1978: 66). Una vez concedida la tierra de regadío o susceptible de ser irrigada, tras el desmonte las labores se centraban en despedregar el

[7] El navegante portugués, que había visitado la isla en su primer viaje a África en 1455, ofrece información fidedigna sobre la plantación de cañaverales: "Dado que la isla posee agua en abundancia, el Infante ha hecho plantar en ella mucha caña de azúcar, que se ha adaptado perfectamente y de la que se obtiene cuatrocientas cántaras de primera cochura y siguientes" (2017: 82-83).

[8] AHPLP. Protocolos notariales, leg. 735 (1522, febrero, 26), fol. 118r.

terreno, arrancar las malas hierbas y allanarlo. Así se advierte, por ejemplo, en el contrato por el que Andrés Suárez Gallinato hizo entrega de una parcela de riego para "limpiar e despedrar e arar"[9]. Estas labores resultaban imprescindibles y suponían una significativa inversión: el vecino Alonso de Mora señalaba que en el año 1511 había gastado 3000 maravedís en desmontar y despedregar cuatro fanegas; más tarde, durante el año 1599 en Firgas, a través de un remate de cañaverales la documentación pone de relieve que el arrendador hubo de limpiar y plantar de nuevo las cañas "porque estaban holgadas y cubiertas de majanos" (Everaert 2014). La escasez de abonado obligaba a limpiar el suelo volteando la tierra y, en ocasiones, a ararlo para así *desturronarlo*, lo que permitiría una mayor permeabilidad y, al plantar la caña, las raíces pudieran extenderse sin impedimento. A veces la técnica utilizada para la preparación del terreno era la quema de restos vegetales y la limpieza del terreno; en otros registros se menciona el abonado con palomina y, fundamentalmente, con *bagazo* y *cogollos* quemados sobre el terreno (Aznar 1983: 266).

La denominada "traída del agua", como se ha señalado, supuso asimismo grandes inversiones para sus propietarios y una tendencia a la apropiación de la tierra por unos pocos. Por ello, los concejos dictaron una serie de ordenanzas para su control, aunque los grandes terratenientes llegaron a obtener de la corona el beneplácito para beneficiarse indirectamente de los terrenos por los que debían pasar las canalizaciones, al dictaminarse que todos los dueños de las haciendas que atravesara la acequia debían contribuir a la obra y a su mantenimiento o, en caso contrario, perderían la propiedad a favor del dueño del ingenio que las transformaría en regadío, como sucedió con los propietarios de los ingenios de Argual y Tazacorte, al menos con anterioridad a 1513. Destaca dentro de este contexto la importancia del maestro de sacar agua que, en ocasiones, también fue beneficiario de *datas*, como se advierte en la concesión del adelantado Alonso Fernández de Lugo a Juan Gutiérrez de cuatro fanegas de tierras de regadío para cañas y cahíz y medio *de sequero* en Los Sauces (Viña 1997: 88). A veces, como sucedió con el caudal del barranco de Godínez, en El Realejo de Abajo (Tenerife), esa canalización y desvío del agua se realizó incluso contra los derechos adquiridos por los vecinos que, en el verano de 1508, argumentaron que "don Alonso Hernandes de Lugo, siendo gobernador de esta dicha isla, a tomado la dicha agua de cerca de cinco a seys años a esta parte, para regar con ella çiertas tierras e cañas suyas, para que con ella muela como a molido e muele las dichas cañas vn yngenio suyo que tiene abaxo del dicho Realejo" (Báez 2014: 96).

En la documentación es frecuente la mención de técnicos en la construcción de embalses y acequias, como en el concierto entre Marcos Pérez con Diego de Monteverde y sus hermanos para llevar a cabo la canalización de las aguas que poseía en La Caldera (Hernández 1999: 71). Este tipo de construcciones, y la actividad con ellas relacionada, llevó a la utilización en los ingenios canarios de un conjunto de palabras que luego aparecerán también en la documentación americana, como *ferido*, *albercón* o *tanque*, voces que, aunque no sean exclusivamente azucareras, aparecen con profusión en los registros notariales alusivos a las haciendas.

Ferido o *herido* era el canal estrecho por donde salía el agua con potencia para mover la rueda del molino. El primer registro canario se recoge en 1496[10], referido al ingenio de Agaete: "faser las acequias e *heridos* que convengan para que venga el agua al dicho engenio e mudar las aguas que teneys e vienen a la dicha vuestra heredad" (Corrales et al. 2014: 205). En América, las documentaciones más antiguas también aparecen relacionadas con la industria azucarera, como se registra en un contrato entre Pedro Vázquez

[9] Archivo Histórico Provincial de Santa Cruz de Tenerife (en adelante AHPTF). Protocolos notariales, leg. 183 (1507, septiembre, 15), fol. 422v.

[10] Existe documentación andaluza anterior, referida al molino en general, como el ejemplo de 1432 que ofrece la documentación de Santa Clara de Moguer (Vilaplana 1975: 350): "el dicho monesterio era obligado de fazer e reparar en al dicha açenna e casa e *ferido* de molino". En este caso, no se trataría de una voz portuguesa como otras muchas relativas a este campo terminológico, aunque sin duda la lengua lusa contribuyó al mantenimiento de la consonante fricativa labiodental.

[11] 1519, noviembre, 22. Contrato de compañía entre Pedro Vázquez y Diego Morales, Archivo General de Indias (en adelante AGI). Sección Justicia, leg. 45, fol. 149.

[12] AGI. Indiferente General, 416, leg. 3, fol. 69 (1533, noviembre, 12). Petición para hacer un ingenio en Paria.

y Diego Morales, de 1519[11] y en una petición para construir un ingenio en Paria (Venezuela), de 1533[12]. Las columnas, tradicionalmente de madera (Figuras 11.2 y 11.3), que servían de soporte a los canales que conducían el agua y que, con su altura, proporcionaban la inclinación suficiente para aumentar su velocidad y la fuerza de caída, se han solido denominar en Canarias como *esteos* o *esteyos* (del portugués *esteio*, en el sentido de 'puntal o poste'), tal como aparece en las cuentas del ingenio de Agaete, en un documento de 13 de febrero de 1505: "Yten por la madera que se corto y se llevo al Agahete para las dentaduras de los hexes para espeques e para masantes e caxas, e diez *esteos* para el herido" (*DHECan*, s.v.)[13]. A veces, en lugar de *esteos* de madera de tea se realizaron balaustres de piedra seca que, con el paso de los años y al perder la canalización que sustentaban, pasaron a denominarse *picachos* (Figura 11.4) por su similitud con las puntas agudas que, a modo de pico, presentan algunos montes y riscos (tal como aparece definida la palabra *picacho* en los diccionarios al uso). Aunque no se trata de un vocablo antiguo dentro de la terminología azucarera, sino que parece una denominación tardía (no se ha recogido documentación escrita anterior a 1805)[14], las siluetas de estos *picachos*, vestigios de un pasado remoto, delimitan la zona donde se ubicaban los ingenios, como sucede con el topónimo *Los Picachos* recogido en Telde o con el registrado en el Barranco de la Virgen, en el municipio de Valleseco.

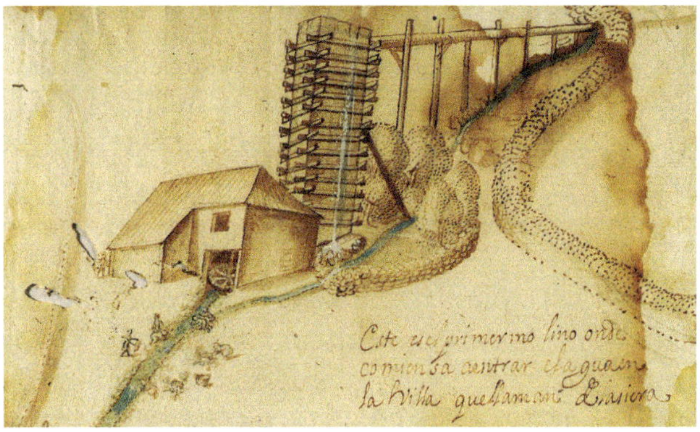

Figura 11.2. *Esteos*. c1700 (AHPTF, Fondo Zárate-Cólogan)

Figura. 11.3. *Esteos* del ingenio de Taganana (Tenerife, princ. s. XVI). Recreación de Antonio Díaz Jerez

Figura 11.4. Vista de los soportes, hoy día conocidos como Los Picachos, del tramo final del acueducto de uno de los ingenios de Telde (Gran Canaria). © Arqueocanaria

[13] En una memoria sobre el aprecio del ingenio y casas que quedaron en La Orotava como herencia a los hijos de Cristóbal de Valcárcel e Isabel de Lugo (1584, febrero, 4), se indica el número de postes en los que se asentaba la canalización y el coste de su tasación: "los canales que estan desde el tomadero hasta el herido del yngenio veinte y un *esteo* a ducado" (*DHECan*, s.v.). La importancia de estos puntales se observa asimismo en el ingenio de Güímar (1577, mayo, 9): "las condiciones que donde fuere menester poner *esteos* y traviesas, sea obligado a ponerlas" (Gómez 2000: 224).

[14] El 20 de octubre de 1805 José María Zuaznávar anotaba en su *Diario* la visita que había realizado a uno de los antiguos ingenios de Telde (Gran Canaria): "por la tarde me fui a ver los «picachos», columnas de piedra por donde se dirigían en otro tiempo los canales del agua al yngenio de azúcar que fue de Don Bernardino García del Castillo" (*DHECan*, s.v.).

Para almacenar el agua que luego se emplearía en el riego de los cañaverales se utilizaron *albercones* y *tanques*. El heredamiento de Agüimes (en Gran Canaria), que fue propiedad de Juan Martínez de Bilbao, lindaba "con el *albercón* del ingenio", según consta en un documento de 1534 (Corrales et al. 2014: 84)[15]. La voz castellana *estanque* (con la variante *estanco*) se usó, además, con el valor portugués que poseía *tanque*, esto es, como recipiente para recoger la remiel[16]. Los registros documentales confirman que, desde un principio, tanto el lusismo como el castellanismo fueron de empleo frecuente en los ingenios canarios ("con sus corrientes e canalejas por donde va la remiel de la casa de refinar al *tanque* de la dicha remiel", aparece en el arrendamiento de Elvira Díaz, de 1527)[17] y que, junto a la acepción propiamente azucarera, se empleó con el significado de 'depósito de agua', de fuerte arraigo en la toponimia isleña, para asegurar el riego permanente de las cosechas y mover el molino del ingenio. En una *Descripción de La Gomera*, anónima, escrita en torno a 1770, al tratar sobre Alojera, el barranco del Mono y sus afluentes, se indica explícitamente la presencia de ese *estanque* como vestigio de aquel pasado azucarero: "Divide este valle, del barrio de Taso y Cubava con un barranco que nace al pie del monte y corre hasta la mar llamado Epina de las mas apreciables aguas de esta jurisdiccion, á este barranco se unen las aguas que salen del barrio de Taso, de que se hablará en su lugar, pero esta, y las demás aguas que se nombrasen caen en dicho Aloxera, todas se juntaron á un *estanque* que se hizo para moler un ingenio de azúcar que se dice hubo en la primitiva cuyos vestigios aun se conservan para memoria"[18].

Las voces del cultivo de la caña

A pesar de la escasez de tratados técnicos sobre el cultivo de la caña de azúcar para Canarias en los inicios de los colonización[19], los numerosos contratos que recogen los protocolos notariales nos han permitido conocer cómo se desarrolló esta técnica y su posterior trasvase al mundo americano, así como el personal que intervenía en la roturación y plantación de los campos (*cañavereros, desburgadores, escardadores, regadores*, etc.), un trabajo duro y muy reglamentado, desde el surcado y siembra hasta las labores de "guarda y cura". Todas estas técnicas del cultivo atlántico de la caña tienen en el portugués madeirense su fundamento, aunque no difieren sustancialmente de las empleadas en otras áreas peninsulares.

Una vez preparado el terreno se procedía a la siembra, que tenía lugar durante los meses de marzo a mayo. Este proceso constituía la primera fase de lo que se denominó *zafra* en Madeira y en Canarias (y después en América), un arabismo empleado previamente en la industria aceitera y que, en relación con el cultivo de la caña, ha pasado a denominar no solo la 'cosecha' sino también el 'período que dura el proceso de elaboración del azúcar'[20]. Con este significado se emplea, por ejemplo, en el contrato de la mitad del ingenio de Moya, de 14 de marzo de 1517: "asy arrendamos pagado todo lo que montare la dicha renta al dicho respeto dentro de quinze dias primeros siguientes despues que dexaredes y acabardes de moler en el dicho yngenio la dicha *çafra*" (Corrales et al. 2014: 312). Dada la vulnerabilidad de la caña, que inicia su fermentación tras su recogida y, por tanto, debe pasar inmediatamente a la molienda, *zafra* pasó a designar todo este proceso de fases encadenadas y perfectamente supervisadas, desde el cultivo hasta la preparación de los distintos tipos de azúcar para su comercialización, y con el mismo sentido pronto se trasladó el vocablo a América, como puede advertirse en las Cuentas del Ingenio de Santi Espiritus, de 1523-1526[21].

[15] En Andalucía se emplea esta palabra como depósito rudimentario para el agua de riego. También se ha recogido en Venezuela.

[16] La documentación muestra el registro de la voz taína *canoa* para este mismo uso en los ingenios americanos, junto al portuguesismo *tanque* en Nueva España, al menos desde 1549. El tainismo ha seguido empleándose con este significado en el valle del Cauca (Colombia), según Figueroa (1963: 603-604).

[17] AHPTF. Protocolos notariales, leg. 608 (1527, julio, 30), fols. 521v-522r.

[18] Copia manuscrita de Agustín Millares, en *Colección de documentos para la historia de Canarias*, El Museo Canario (en adelante EMC), fol. 29v.

[19] El Archivo General de Simancas (en adelante AGS) conserva en su sección Consejos y Juntas de Hacienda, leg. 122-17, un documento relativo a las plantaciones de caña de azúcar para el territorio de Gandía de la segunda mitad del XVI, que probablemente sería el mismo método utilizado en el archipiélago.

[20] Para indicar el período de inactividad en la hacienda se ha solido emplear la locución *tiempo muerto* en Cuba y la República Dominicana.

[21] AGI. Sección Justicia, legajo 4, pieza 3 (1528 [1523-1526]).

El factor inglés Thomas Nichols describía con precisión las etapas de plantación de la caña, fruto de la observación *in situ* que había realizado en los ingenios canarios: "Después de cosechado de este modo el primer fruto, llamado *planta*, en el cañaveral de donde se ha quitado se queman con paja de caña las cepas que quedan de las primeras cañas; y después de podado, regado y limpiado, al cabo de otros dos años produce el segundo fruto, llamado *zoca*. El tercer fruto se llama *tercia zoca*, el cuarto *cuarta zoca*, y así en seguida, por su orden, hasta que la edad obliga a replantar las cañas viejas" (1583 [1963]: 110). De manera similar describía el proceso Francisco Ximénez en sus *Qvatro libros de la Natvraleza y virtvdes de las plantas, y animales que estan receuidos en el vso de Medicina en la Nueua España*, publicado en México en 1615[22]: "siembranse de pedaços dellas mismas, o de sus pinpollos enterrados atrabesados en la tierra, de las quales nacen las que llaman *plantas*, las quales cortadas vna vez para hazer el açucar. Nacen otras luego, y en espacio de año y medio llegan a su sazon y perfecta grandeza, y a estas llaman *çoca*, y luego al cabo de vn año se cojen las que llaman *reçoca*". *Planta* ('esqueje cañero'), *zoca* ('retoño que da el tocón de la caña de azúcar después del primer corte') y *rezoca* ('segunda zoca o caña que se cosecha después del segundo corte, producida por retoño de los troncos'), voces empleadas también en los ingenios portugueses (*pranta, çoca* y *ressoca* –esta última en Brasil–), se integraron fácilmente en el campo terminológico atlántico y llegaron a tener un uso metonímico al poder designar ocasionalmente el terreno plantado con este tipo de cañaveral. Su registro fue inmediato, tanto en Canarias (se documentan desde 1502 –"cañas para *planta*"–, 1505 –"podays vender la *çoca*"– y 1511 –"ni otro ningún animal en zoca ni *rezoca* para comer en los cañaverales ni entre ellos" –, respectivamente)[23], como en América (en la Tasación del ingenio de Hayna, de 1571 –"un pedaço que se corto para *planta*"–; en el Inventario del ingenio de Santa Bárbara, de 1532 –"mas vn pedaço de cañas *çocas*"–, y en la Ejecutoria en el ingenio de Tlatenango, de 1570 –"prometió de ver las suertes de caña, así de planta, como de *zoca* y *rezoca*"–)[24]. En los ingenios granadinos, el término tradicionalmente empleado fue el arabismo *alifa*, tanto para la 'caña de azúcar de dos años' como para el 'trozo de caña que se destinaba a nueva plantación' (López Lengo 1991: s. v.)[25].

La medida usada para la extensión del cultivo era, mayoritariamente, la *suerte*[26], mientras para el riego se emplea la *azada de agua* y, para el acarreo de caña, la *tarea*. No se trata de voces propiamente azucareras, aunque aparecen con frecuencia unidas a la documentación sobre las plantaciones de caña, especialmente en los textos del siglo XVI. Según M. Lobo (1989: 39), la *suerte* no era propiamente una medida sino una parte de tierra de labor perfectamente deslindada que todavía hoy delinea los campos isleños, si bien en algunas ocasiones se especificaba una "suerte de la medida de Gran Canaria", equivalente a cinco fanegadas o aranzadas. La palabra se empleó en La Española ("suertes de cañas" se ha registrado en documentación archivística de 1519, 1523-1526, 1571 y 1591)[27], en Nueva España

[22] El libro de Ximénez es, en realidad, una traducción del texto latino que unos años antes había preparado Francisco Hernández como informe para Felipe II (Corrales y Corbella 2014). Tal como indicaba este protomédico, introducía esta descripción en su relato por la importancia que había adquirido la plantación de caña en América. Se basaba en el conocimiento que había adquirido en los ingenios de Gran Canaria, que pudo visitar en el inicio de su periplo hacia Nueva España. El fragmento reproducido se inserta en el capítulo XIV: "Del modo de sembrar las Cañas de açucar, y de la manera que se prepara y como se haze", de la parte primera del libro primero de la materia medicinal (1615: fols. 56v-59r).

[23] Los registros han sido tomados de Corrales et al. 2014: 255, 282 y 315. Hay que tener en cuenta, no obstante, que la documentación perteneciente a la isla de Gran Canaria de finales del siglo XV y los primeros años del XVI se perdió irremediablemente y que, de haberse conservado, con toda seguridad los primeros textos (datas, protocolos y acuerdos) ofrecerían dataciones anteriores para muchas de estas voces.

[24] Corrales et al. 2014: 257, 283 y 317; *caña soca* en el valle del Cauca, en Colombia (Figueroa 1963: 563). Sobre *zoca* se formó el verbo *deszocar* ('arrancar la zoca o cepa de la caña de azúcar'), documentado en Canarias desde 1531 y empleado posteriormente en Granada (se registra en 1680), así como el sustantivo *deszoque*, del que existe documentación marbellí del siglo XVIII (Pérez Vidal 1971: 242-243).

[25] Se recoge en Marbella durante el siglo XVIII, junto con *zoca* (Pérez Vidal 1971: 227 y 275). En Motril se denominó como *caña segundera* o *caña de arranque*.

[26] A veces, como medida agraria también se empleó el marinerismo *braza*.

[27] Señala el historiador G. Rodríguez (2012: 255) que en Santo Domingo la *suerte de caña* era la medida más empleada, con una equivalencia que oscilaba entre los 6000 y 6500 montones de cañas. Hoy continúa usándose este término en las plantaciones de Centroamérica.

("suertes de tierras", en textos de 1534 y 1546) y en el Virreinato del Perú (con registros que se remontan a 1586)[28]. *Azada* (o *azada de agua*), sin embargo, se creó en el léxico isleño y constituye una de las voces de documentación más antigua que ha permanecido en el habla de los regantes canarios para el cómputo del reparto de aguas que proceden de los heredamientos y galerías. Así aparece, por ejemplo, en la *Reformación del repartimiento de Tenerife en 1506*, donde uno de los testigos declaraba al licenciado Ortiz de Zárate que en la hacienda de Mateo Viña, situada en Daute, "se puede coger cada año mucha cantidad de açúcar porque dizen que ay en ello quatro *haçadas de agua* e más e dizen que podrán aver dos engenios e más" (Corrales et al. 2014: 89-90). Aunque la palabra no se generalizó en América, en las plantaciones azucareras del siglo XVI de La Española es posible registrar su empleo, quizá como reflejo del uso canario: "con el estanque que fuere necesario e aguas que baste para moler el dicho su yngenyo sin falta alguna e que entienda que no sea menos la dicha agua de tres *açadas* con el herido acabado"[29]. *Tarea*, por su parte, era una medida variable en el acarreto de los cañaverales, equivalente a la cantidad de caña empleada para moler de seis a ocho calderas. Se trata de otro arabismo procedente de la industria aceitera que, en el portugués madeirense, pasó a incorporarse a la terminología azucarera[30], de tal manera que su uso acabó por generalizarse en Canarias, Andalucía (López Lengo 1991: s.v. la recoge en documentos del Ayuntamiento de Motril de 1582 y 1637, y Pérez Vidal 1971: 269 ofrece testimonios marbellíes desde 1725) y América (se ha documentado en los ingenios de Nueva España y, en la actualidad, continúa su empleo en Costa Rica, Cuba y Paraguay).

Esta fase de cultivo, cuidado y transporte de la caña era realizada por *cañavereros* (préstamo semántico del port. *canavieiro*), *desburgadores* (del port. *esburgador*, 'encargado de mondar las cañas de azúcar') , *regadores* y *almocrebes* ('persona provista de carreta y animal de arrastre que era contratada para llevar las cañas hasta el ingenio o para acarrear leña')[32]. Los contratos de plantación, ya fuera con planta propia o comprada previamente, que podemos ver a través de los protocolos notariales, son similares: "y estando la dicha tierra asi labrada y asurcada y aderesada y despues la tengo de plantar de las dichas cañas de açucar las quales dichas cañas que asi se an de plantar las tengo de desburgar a mi costa..."[33]. En ocasiones se recurría a peones para realizar esta labor, como en el ingenio de Los Realejos (al norte de Tenerife), donde se pagaron seis reales a cuatro trabajadores por *desburgar* caña para plantar[34], e incluso algunas de estas faenas podían ser desempeñadas por mujeres. A veces la documentación especifica que, junto al *desburgue* de las cañas, debían amarrarlas en haces[35]. El control de todas estas labores corría a cargo del *cañaverero* o *cañavero*, cuyas obligaciones aparecen recogidas en las ordenanzas de cada isla, de tal manera que no podía abandonar la plantación más de dos días, no podía atender más de dos suertes, los contratos tenían vigencia por dos años (aunque contamos algún caso excepcional de un año) y se estipulaban sus funciones: "escardar, desgusanar, cavar, regar, bien labrar, armar a los ratones y hacer todas las bienhechorías que el buen *cañavero* debe hacer, envarar las madres si fuera necesario y hacer

[28] Figueroa anotaba su pervivencia en Colombia (1963: 560). Pérez Vidal (1973: 154) da cuenta del que podría ser el equivalente de *suerte* en el Levante español. Se trataría de la voz *trofa*: "divide [el terreno] en *trofas*, esto es, en faxas de seis o siete palmos de ancho paralelas entre si", si bien no ofrece más documentación que la que aporta José Cavanilles en sus *Observaciones sobre la Historia Natural, Geografía, Agricultura, población y frutos del reyno de Valencia*, de 1795-1797. En Venezuela se ha recogido para este mismo significado el sustantivo *tablón*.

[29] AGI. Sección Justicia, leg. 45, fol. 149r (1519, noviembre, 22). Contrato de compañía entre el Licenciado Pedro Vázquez y Diego de Morales.

[30] *Tarefa* 'Quantidade de 480 arrobas de cana de açúcar necessária para alimentar o engenho, durante um dia ou moídas por dia, no engenho de açúcar', según la definición de Nunes (2003: 561).

[31] El *desburgador* efectuaba en la planta, cuando había alcanzado su madurez, un corte limpio a pie de tierra que permitía a la caña retoñar de nuevo. Esta especificidad está recogida tanto en las ordenanzas de Gran Canaria como en las de Tenerife (Viña 2013). En Ecuador se denomina *zafrero*.

[32] En Motril se han usado los términos *parihuelero* y *ventanero* para designar al trabajador que llevaba las cañas desde el almacén a las calderas del ingenio.

[33] AHPTF. Protocolos notariales, leg. 1004 (1578, enero, 15), fol. 105r. Contrato entre Hernando de Alarcón y Pedro Báez para plantar cañas en la Montañeta de Güímar.

[34] AHPTF. Protocolos notariales, leg. 4736 (1573, marzo, 2. El Realejo), fol. 134r.

[35] 1565, marzo, 26. San Andrés (La Palma). *Apud* Hernández Martín 2014: 476. Sin embargo, en Andalucía, esa labor la realizaba el *arrumbaor*.

los otros beneficios que convengan" (Coello et al. 1980: doc. 333). El *cañaverero* era, en definitiva, el encargado de las labores "de guardar de todo daño los cañaverales" como se aprecia en el acuerdo establecido entre Luis Alberto Guiraldín y Luis Álvarez para la cura de las plantaciones en Güímar[36]. Una vez plantada la caña de azúcar, el riego era imprescindible, efectuado por el *cañaverero* mediante la contratación de personal no especializado o por los "regadores de caña"[37], labor que debía realizarse cada diez días hasta que comenzara a brotar.

La terminología atlántica de la manufactura del azúcar

Si la plantación de la caña de azúcar ocupó amplios espacios en las islas azucareras atlánticas y se convirtió en uno de los ejes vertebradores de su incipiente economía, su industria estuvo asociada siempre a la transformación del producto cuya demanda en el mercado europeo fue aumentando progresivamente en las postrimerías del siglo XV y los inicios del XVI. Para la manipulación de la caña y su conversión en azúcar de calidad resultaba imprescindible contar con una serie de instalaciones que suponían unos costes de inversión considerables y, por tanto, solo asequibles para las familias pudientes de la oligarquía isleña, asociadas generalmente a inversores extranjeros que, con el transcurrir de los años y a pesar de la normativa protectora, consiguieron hacerse en algunos de los casos con la titularidad de las haciendas.

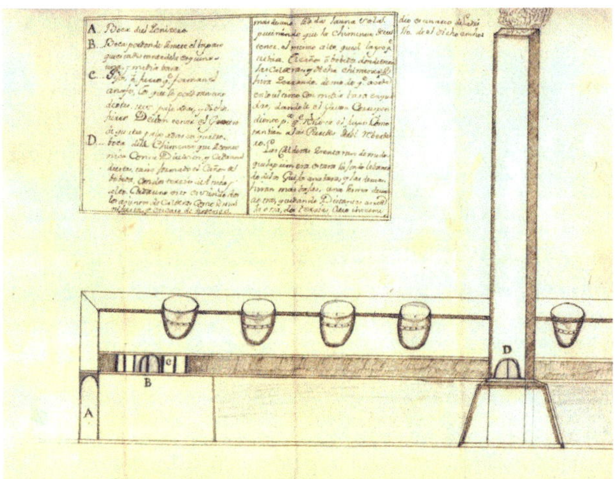

Figura 11.5: Horno de reverbero del ingenio de la Casa Fuerte de Adeje, en la isla de Tenerife, c1730. Archivo de la Casa Fuerte de Adeje

Un modelo de la tipología constructiva que hubo de realizarse puede apreciarse en el ingenio palmero de Argual (Viña 2015), cuya construcción inicial se mantuvo con ligeros cambios hasta el Siglo de las Luces[38]. Las descripciones conservadas señalan que la parte delantera de las estancias edificadas la ocupaba la *casa de prensas* con su rueda, eje, molienda y las canales que llevaban el caldo a la *casa de calderas y fornallas* (Figura 11.5); a su lado se disponía el corral y el sitio de la *ruma* o almacén, y delante de las *fornallas* se dejaba un espacio para la *gabacera*, donde se acumulaba el desecho de la caña prensada, reutilizada como combustible. El *corral de la leña* medía, en este ingenio, 580,5 brazas; por su parte, la *casa de purgar* alcanzaba los 271x30 pies, y esta y la de *pilleras* ocupaban cuarenta y tres brazas de cumplido; el balcón para asolear los azúcares tenía cinco brazas y siete palmos; el establo, catorce brazas de medida de cordel, y la casita usada de apereria, junto al *granel*, setenta pies de cumplido. Para el proceso de transformación se mencionan además, en el ingenio de Tazacorte, cuarenta y dos andamios de *furos* con sus *corrientes* y canales y cada andamio con dos mil *formas* y doscientos once *sinos*; sobre el *tanque* de la miel se situaban veintidós tablas de *furos* y, en la *casa de calderas*, una *caldera grande* donde se echaba el *caldo* de las cañas, una *caldera de escumas* o *espumas* y otra de *recibir*, donde se hacía el *melado*; tres *paroles* de cobre; tres *tachas* de cocer el *melado*, un *parol* para lejía, otro *parol* y varios cubos, tres *prensas* con sus *husillos* y *espeques*; en la *casa de prensas*, cuatro *escumaderas* o *espumaderas*, cuatro *pombas* de pasar el

[36] AHPTF. Protocolos notariales, leg. 594 (1521, marzo, 24), fols. 305r- 306v.

[37] Como fue, entre otros, Rodrigo Pérez en el ingenio de Tazacorte (1526, abril, 21. AMC, Colección BUTE III, 1.a, fol. 244r). En ocasiones se estipula su salario, como los regadores de la hacienda del Realejo que recibieron por 10 meses de trabajo entre 15 y 20 doblas anuales (AHPTF, Protocolos notariales, leg. 4736, fol. 1423 (1573, marzo, 2. El Realejo).

[38] Los documentos analizados comprenden desde la partición de 1557 hasta los gastos del apuntamiento del ingenio realizados en 1746.

caldo de caldera a caldera, dos *batideras* y tres *remillones*. Estos ejemplos de la distribución espacial de los ingenios, de sus dependencias y utillajes, si bien presentan algunas particularidades dependiendo de su capacidad, serían aproximadamente similares para las distintas haciendas madeirenses, canarias y, posteriormente, americanas, según la documentación consultada.

Frente a la terminología del cultivo, donde las modificaciones fueron mínimas, ya que se continuó con las técnicas de la agricultura tradicional, la aparición de grandes complejos azucareros supuso un cambio en los vocablos que habían sido utilizados en los enclaves anteriores de Andalucía y Levante, sustituidos por nuevos términos más especializados que tuvieron en el portugués de Madeira su punto de partida. Muy pocas voces permanecieron de aquella terminología mediterránea inicial, excepto *azúcar*, *romiol*, *sino* y *forma* que, en algunos casos, también vieron modificados sus significantes (o alterada su evolución) por la impronta lusa[39]. Tampoco se conservaron los catalanismos *broma* 'espuma', *(d)esbromar* 'espumar' y *esbromadora* 'espumadera' (presentes en Levante y en Andalucía, según Pérez Vidal 1973: 146-148), que fueron sustituidos por la familia de portuguesismos formada por *escuma*, *re(e)scuma*, *escumar*, *escumadera* y *escumero*, documentados en Canarias junto a los dobletes castellanos *espuma*, *espumadera* y *espumero* que arraigaron en América. El barro que se empleaba para clarificar el azúcar pasó de denominarse *grita* en Valencia ("vn poco de barro hecho de tierra que la nombran *grita*", en 1563, vid. Pérez Vidal 1973: 150) o, castellanizado, *greda* (en Motril, López Lengo 1991: s.v.), a ser simplemente *barro* (y, en algunas ocasiones, *masapé*) en los ingenios canarios y americanos. De la terminología vitivinícola (y también de la aceitera)[40] se tomó *bagazo* (o, con metátesis, *gabazo*) de la que se derivó *bagacera* (del port. *bagaceira*)[41] y *bagacero* (del port. *bagaceiro*). Los registros documentales que muestran la implantación de esta terminología en los ingenios canarios son de relativa antigüedad, en la mayoría de las ocasiones anteriores a la puesta en funcionamiento de los primeros ingenios americanos: *escuma*, 1506; *escumadera*, 1505; *bagazo*, 1505; *bagacero*, 1516; *forma*, 1494; *remiñol*, 1505; *sino*, 1517; *masapé*, 1510; *casa de calderas*, 1494; *fornalla*, 1505; *furo*, 1505; *corriente*, 1507; *caldera*, 1494 (*vid. DHECan)*.

Por su calidad, parte del utillaje alfarero empleado en los ingenios isleños procedía de Portugal, tal como declaraba Álvarez Rodríguez, vecino de la localidad portuguesa de Aveiro y estante en La Palma, que se comprometía a importar mil *formas* y trescientos *sinos*: "Las quales *formas* e *signos* an de ser del tamaño que yo las suelo traer a esta ysla, por razón de lo qual me aveys de dar e pagar por cada vn millar de *formas* treinta ducados de a honze rreales nuevos cada vno, e por cada vn *signo*, dos rreales, e los signos an de ser del tamaño e grandor de los que se suelen traer a la ysla de Canaria"[42]. Desde la Gran Antilla, años más tarde, seguirían reclamando el envío desde Portugal de *cobres* y *formas* porque "En esta isla [Cuba] no las hay, ni hay quien sepa hacerlas, el barro es tan ruin que se quiebran. Quintero ha concertado con nosotros traer a la ciudad dentro de ocho meses 50.000 *formas* de Abero [Aveiro] que son las mejores que se hacen y con las cuales se abastecen las islas Canarias"[43].

El funcionamiento del ingenio no era posible sin la concurrencia de un personal numeroso que trabajaba en estos complejos agroindustriales, ya fuera asalariado o esclavo. Desconocemos los datos concretos para cada hacienda y la proporción entre ellos, aunque es posible confirmar, al menos para la primera etapa, la importante presencia de técnicos portugueses tanto para la construcción de los ingenios como para ejercer de maestros de azúcar, de la misma manera que técnicos y personal cualificado de origen

---

[39] Se ha mantenido *forma* (junto a *horma*) y *ramiols* parece el origen del lusismo *remiñol* o *remillón*. *Porrón*, otro término empleado en Levante (y posteriormente en Marbella, Pérez Vidal 1971: 260-261), apenas tuvo uso en el Atlántico dentro de este campo terminológico.

[40] El *Diccionario de Autoridades* (RAE 1739) ofrecía, bajo la entrada *vagazo*, la siguiente definición: "Lo mismo que Orujo de las uvas: y en algunas partes llaman tambien assi el residuo de la aceituna molida, y exprimida en el lagar".

[41] Se conserva en la toponima "el cercado de la *Bagasera*" en el ingenio de Agüimes (AHPLP. Protocolos notariales, leg. 929 (1596, junio, 13), fols. 18-21).

[42] 1558, junio, 23. *Vid. DHECan*: s.v.

[43] Documento de solicitud de préstamo de quince vecinos de La Habana, extraído de la obra de Leví Marrero y reproducido por López Morales 1989: 205.

canario pasarían posteriormente a América, alentados por la corona. De hecho, varias reales cédulas autorizaron la salida de maestros y oficiales azucareros de los ingenios del archipiélago para Indias, trasvase que continuaría en los siglos siguientes (Viña 2006). Aparte del *administrador* y el *mayordomo* (que actuaba como coordinador), entre los técnicos destacaban los *maestros de azúcar*, como fue el caso del madeirense Leonel Rodríguez, que permaneció en La Gomera por un período de 12 años (Díaz y Rodríguez 1990: 316). Las labores que debían realizar estos maestros de azúcar quedaban especificadas en los diferentes contratos, como templar las *escumas*, esto es, ejercer de *escumeros* (como el mayordomo del ingenio de Santa Gadea, en el año de 1527, *vid.* Camacho 1961: 36; o Adrián González, según el acuerdo al que llegó con los hermanos Monteverde, dueños de los ingenios de Argual y Tazacorte, "para hacerle templar las escumas de la zafra de 1554 y hacerlas buenas, limpias y lavadas", trabajo por el que percibiría cuarenta doblas, aparte del sustento). Debían de tener asimismo cierta cualificación los *purgadores* que, además de purificar el azúcar, se encargaban de extraerlo de las *formas* antes de la llegada de los *lealdadores*[44], como el portugués Gonzalo Fernández, trabajador del ingenio de Daute (Guimerá 1980: 138), o Juan Gómez, en el ingenio de Telde[45]. Otra figura clave dentro de las distintas etapas de cocción y purga del azúcar era el *refinador*, cuyo oficio consistía en proceder al blanqueo del azúcar con cal, lejía y ceniza, aparte de cuidar de la pureza de las *mieles* y *remieles*[46].

El trabajo más intenso y de mayor dureza en el procesado del azúcar corría a cargo de los *moledores, cocedores* (o *caldereros*), *tacheros* y *bagaceros*. Los primeros se encargaban de introducir la caña de azúcar en el molino y de supervisar la *molienda*; el segundo cuidaba del cocimiento y limpia del *caldo* o *guarapo* en las *calderas*; el tercero era el trabajador responsable de que la miel adquiriera en las *tachas* (o calderas pequeñas) la concentración adecuada; y el cuarto recogía y retiraba el *bagazo* de las prensas. Aunque no necesariamente, muchos de estos oficios los llevaban a cabo esclavos, tal como se desprende del compromiso que adquirió el portugués Miguel Moros en 1513 al responsabilizarse del ingenio de Santa Gadea, en Gran Canaria, "con tal que le diesen dos negros que se encargaran de hervir y otro para transportar el líquido" (Fernández 1997: 139). Unos años más tarde, en una escritura protocolizada por el escribano Antón Vallejo el 24 de diciembre de 1516, se indicaba que se recibían "treze preças de esclavos es saber Marcos moledor e Zanba bagaçero de los exes e Anton acarreador de vagaço" (Corrales et al. 2014: 235).

En Canarias, el número de mano de obra esclava que trabajó en aquellos ingenios coloniales resulta difícil de cuantificar (Lobo 1982: 103-118) y su huella, borrosa durante siglos, va resurgiendo en la documentación analizada, en los vestigios arqueológicos y en la terminología lingüística. Sebastián de Miñano daba cuenta, a principios del siglo XIX, de la existencia en Tirajana de "algunas familias de negros, cuyo origen se ignora, y tal vez están allí desde que hubo ingenios de azúcar" (1823: 49) y, en 2009, se encontraron en Guía (también en Gran Canaria) los restos de una necrópolis de esclavos africanos. Una reliquia lingüística del léxico de origen subsahariano que se introdujo en la terminología azucarera canaria lo constituye, sin duda, la palabra *buganga*, inédita en la lexicografía isleña hasta que la documentación archivística ha corroborado su empleo con el significado de 'residuo que queda al purgar el azúcar y del que podía obtenerse, por destilación, una bebida alcohólica'. Los testimonios de su uso

---

[44] El *lealdador* era el oficial encargado de comprobar y verificar la pureza del azúcar ya purgado, una figura muy presente en las ordenanzas canarias pero que apenas perduró en América (solamente se encuentra algún testimonio de uso aislado en las primeras *zafras*).

[45] AMC. Colección BUTE II, 1ª (1524, junio, s.d.), fol. 289r.

[46] *Vid.* el contrato suscrito entre el Adelantado y un refinador por el que este se comprometía a servirle en el ingenio del Realejo por espacio de dos años y recibiría a cambio una arroba de cada diez que refinara, así como su sustento y el de su ayudante. 1509, abril, 17, *apud* Díaz Castro 1953: 123.

[47] *Neta* (otro portuguesismo de la terminología atlántica del azúcar) era la tercera espuma del azúcar y el encargado de templarla era el *netero*. Aparte de los distintos tipos de azúcar (*blanca, buena, de cogucho, de escumas o espumas, de panela, de recibir, de rescumas, lealdada, mascabada* o *quebrada*), en la documentación canaria también aparecen otros productos como la *cachaza* (con un registro que se remonta al año 1527), *caldo, miel, remiel, melado, panela, rapadura* y *guarapo* (esta última voz de datación bastante tardía en los textos archivísticos).

son continuos, al menos en las islas de Tenerife y Gran Canaria, como uno de los productos que se extraían de la caña: "les podays ypotecar e ypoteque en todos los açucares, esqumas, nietas[47], panes, remiel, *buganga* e todos los otros generos y especies de açucares que proçedieren esta presente çafra e las demás venideras" (en los protocolos de Sancho de Urtarte, referidos al ingenio de Güímar, de 17 de octubre de 1573); "y aviendose molido los dichos dos cañaverales por quenta de ambos como esta dicho se hizieron del de Hernando Lescano 481 panes de blanco y 150 panes de suertes y vbo dies y seys barriles y medio de *buganga*" (en el testamento de Daniel Van Dame, de 20 de marzo de 1602); "Memoria de la *buganga* que es en el ingenio de los canaverales que se molieron de compañia entre mi y el señor Don Gregorio del Castillo es lo siguiente. *Buganga*. Del cañaveral de Jussepe R[ilegible] Loranca se hicieron 16 barriles de *buganga*" (en las cuentas del ingenio de Telde, de 1604, Figura 11.6)[48]. Aunque en el archipiélago canario esta voz dejó de emplearse en los inicios del siglo XVII y nunca llegó a generalizarse en el habla común, su registro americano con las variantes *ganga, frucanga* y *burundanga* constata, una vez más, la ruta que tanto este término, como el resto de la terminología azucarera, siguió por el Atlántico. En 1777, Manuel José de Ayala, en su *Diccionario de voces americanas*, daba cuenta de ella por primera vez un texto lexicográfico: "*frucanga* es una bebida mui usada en la governación de La Habana por la gente plebeya tanto como la del pulque en México".

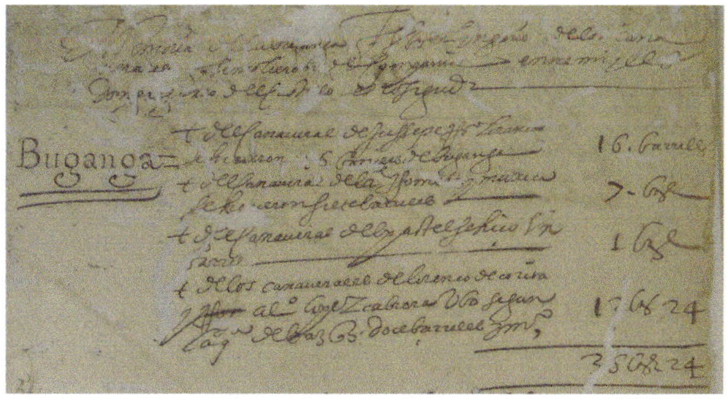

Figura 11.6: Cuentas del ingenio de Telde.
Fuente: AHPLP. Real Audiencia, Leg. 16250. Año 1604

Conclusión

Las plantaciones e ingenios azucareros constituyen una micro sociedad que es fiel reflejo de los distintos grupos que integraron la comunidad atlántica del seiscientos, como eje dinamizador de aquella época, no solo desde la perspectiva económica, sino también en las relaciones interculturales. El léxico canario se renovó y enriqueció con la aportación portuguesa (pionera en la fase atlántica de la cultura de lo dulce), adoptó y españolizó nuevos términos procedentes de la simbiosis que se produjo en el complejo azucarero y, como puente transoceánico, legó a América un patrimonio cuyos antecedentes han pasado desapercibidos y olvidados en los archivos isleños.

Rescatar esos testimonios constituye un ejercicio de arqueología lingüística, imprescindible para poner de manifiesto unas relaciones ininterrumpidas y la novedad de una terminología que unió desde sus inicios los complejos azucareros atlánticos de la época colonial.

Bibliografía

Álvarez Salas, D. 1977. Territorio e intimidad: el paisaje en la construcción de la ciudad. En *III Simposio Internacional «Conservar el futuro»*: 1-18. Santiago de Compostela, Dirección Xeral de Patrimonio Cultural.

Arroyal, P.J., Cruces, E., Gutiérrez, R. y Martín Mª.T. 2005. *Diplomatario del Reino de Granada. Registro General del Sello 1504*. Granada, Universidad de Granada.

Ayala, M.J. de. 1777 [1995]. *Diccionario de voces americanas*. Madrid, Arco/Libros.

Aznar Vallejo, E. 1981. *Documentos canarios en el RGS (1476-1517)*. La Laguna, Instituto de Estudios Canarios.

Aznar Vallejo, E. 1992. *La integración de las Islas Canarias en la corona de Castilla (1478-1526)*. Las Palmas de Gran Canaria, Cabildo Insular de Gran Canaria.

Aznar, E., Corbella, D., y Tejera, A. 2017. *Los viajes africanos de Alvise Cadamosto (1455-1456)*. La Laguna, Instituto de Estudios Canarios.

[48] Todas las referencias han sido tomadas de Corrales et al. 2014: 116-117.

Báez Hernández, F. 2014. Proceso del adelantado de Canarias contra los vecinos del Realejo. En *Fuentes canarias en red 1*: 91-159.
Camacho y Pérez-Galdós, G. 1961. El cultivo de la caña de azúcar y la industria azucarera en Gran Canaria (1510-1535). En *Anuario de Estudios Atlánticos* 7: 11-70.
Coello, M.I., Rodríguez, M. y Parrilla, A. 1980. *Protocolos de Alonso Gutiérrez (1522-1525)*. La Laguna, Instituto de Estudios Canarios.
CORDE = Corpus Diacrónico del Español. <www.rae.es>
CORDICan = Corbella, D. y Viña Brito, A. 2022-: Corpus Documental de las Islas Canarias. <https://www.ull.es/corpora/cordican>
Corrales, C. y Corbella, D. 2014. Voces azucareras en *De Materia Medica Novae Hispaniae*. En *Fortunatae* 25: 73-98.
Corrales, C. y Corbella, D. 2015. Del ingenio al central: terminología e interculturalidad. En *Studium grammaticae. Homenaje al profesor José A. Martínez*: 231-247. Oviedo, Servicio de Publicaciones de la Universidad de Oviedo.
Corrales, C., Corbella, D. y Viña, A. 2014. *Léxico azucarero atlántico*. Logroño, Cilengua.
Delgado, L.M. y Viña, A. 2017. Utensilios agrícolas en el primer siglo de la colonización. En *Anuario del Instituto de Estudios Canarios* 67: 223-245.
DHECan = Corrales, C., y Corbella, D. 2013. *Diccionario histórico del español de Canarias*. La Laguna, Instituto de Estudios Canarios. <https://apps2.rae.es/dhecan.html>
Díaz Castro, A. 1953. El trabajo libre y asalariado en Tenerife en el siglo XVI. En *Revista de Historia Canaria* 101-104: 112-126.
Díaz García, A. 1988. *Documento árabe sobre "El aduana del açucar en Motril"*. Motril, Ayuntamiento de Motril.
Díaz, G. y Rodríguez, J.M. 1990. *El señorío de las Canarias occidentales. La Gomera y El Hierro hasta 1700*. Excmos. Cabildos Insulares de La Gomera y El Hierro.
Escolano, G. 1610. *Década primera de la Historia de la insigne y coronada ciudad y reyno de Valencia*. Valencia.
Everaert, J. 2014. El mercader hacendado Daniel Vandama. En *Azúcar y Mecenazgo. El oro blanco de Gran Canaria*, 149-210. Las Palmas de Gran Canaria, Cabildo de Gran Canaria.
Fabrellas Juan, M.L. 1952. La producción de azúcar en Tenerife. En *Revista de Historia* 100: 455-494.
Fernández Armesto, F. 1997. *Las Islas Canarias después de la conquista*. Las Palmas de Gran Canaria, Cabildo de Gran Canaria.
Fernández de Oviedo, G. 1535 [1851]. *Historia general y natural de las Indias, islas y tierra-firme del mar océano*. Madrid, Real Academia de la Historia.
Figueroa Lorza, J. 1963. Léxico de la caña de azúcar en Palmira y La Cumbre (Valle del Cauca, Colombia). En *Thesaurus* XVIII/3: 553-621.
Gómez Gómez, M.Á. 2000. *El valle de Güímar en el siglo XVI. Protocolos de Sancho de Urtarte*. Santa Cruz de Tenerife, Cabildo de Tenerife y Ayuntamiento de Güímar.
Guimerá Ravina, A. 1980. El Repartimiento de Daute (Tenerife) 1498-1529. En *II Coloquio de Historia Canario Americana*: vol. I, 113-158. Las Palmas de Gran Canaria, Cabildo de Gran Canaria.
Hernández Martín, L.A. 1999. *Protocolos de Domingo Pérez, escribano público de La Palma (1546-1553)*. Santa Cruz de La Palma, Caja General de Ahorros de Canarias.
Hernández Martín, L.A. 2014. *Protocolos de Blas Ximón, escribano público de la Villa de San Andrés y sus términos (1546-1573)*. Santa Cruz de La Palma, Cartas Diferentes Ediciones.
Lobo Cabrera, M. 1982. *La esclavitud en las Canarias orientales en el siglo XVI (negros, moros y moriscos)*. Las Palmas de Gran Canaria, Cabildo Insular de Gran Canaria.
Lobo Cabrera, M. 1989. *Monedas, pesos y medidas en Canarias en el siglo XVI*. Las Palmas de Gran Canaria, Cabildo Insular de Gran Canaria.
López Lengo, J. 1991. *Motrileñismos. Léxico azucarero*. Motril.
López Morales, H. 1989. Orígenes de la Caña de Azúcar en Iberoamérica. En *Actas del Primer Seminario Internacional La Caña de Azúcar en tiempos de los Grandes Descubrimientos (1450-1550)*: 189-208. Granada, Junta de Andalucía y Ayuntamiento de Motril.
Malpica, A. y Verdú, C. 2008. *El Libro de Repartimientos de Salobreña*. Salobreña, Ayuntamiento de Salobreña.
Martín de Viciana, R. 1564 [1892]. *Segunda parte de la crónica de Valencia*. Valencia.
Miñano y Bedoya, S. de. 1826. *Diccionario Geográfico-Estadístico de España y Portugal*. Madrid, Imprenta de Pierart-Peralta.
Moreno Fuentes, F. 1988. *Las Datas de Tenerife*. La Laguna, Instituto de Estudios Canarios.
Nichols, Th. 1583 [1963]. *A Pleasant description of the fortunate Ilandes...*, traducción de A. Cioranescu. La Laguna, Instituto de Estudios Canarios.
Nunes Nunes, N. 2003. *Palavras doces*. Funchal, Centro de Estudos de História do Atlântico.
Pérez Vidal, J. 1971. Cañas y trapiches de azúcar en Marbella. Historia, Etnografía, Léxico. En *Revista de Dialectología y Tradiciones Populares* XXVII: 189-281.
Pérez Vidal, J. 1973. *La cultura de la caña de azúcar en el Levante español*. Madrid, CSIC.
Pou Hernández, S. 2019. *Intervención Arqueológica en el ingenio azucarero de los Soler (Llanos del Ingenio, Vilaflor de Chasna)*. Memoria inédita.
RAE, 1726-1739. *Diccionario de Autoridades*. En *Nuevo Tesoro Lexicográfico de la Lengua Española*. <https://apps2.rae.es/DA.html>
Rodríguez Morel, G. 2012. *Orígenes de la economía de plantación de La Española*. Santo Domingo, Editora Nacional.
Sánchez, R. y Martín, F.E. 2003. *Génesis y desarrollo de Ingenio durante el siglo XVI*. Ingenio, Ayuntamiento de la Villa de Ingenio.
Serra Ràfols, E. 1978. *Las datas de Tenerife (1978): libros I a IV de datas originales*. La Laguna, Instituto de Estudios Canarios.

Trapero, M. 2016. Lo que queda del léxico azucarero de los siglos XVI y XVII en la toponimia actual de Canarias. En A. Viña, C. Corrales y D. Corbella, *Islas y voces del azúcar II (Gran Canaria): 11-25*. Las Palmas de Gran Canaria-Santa Cruz de Tenerife, AHPLP-AHPTF.

Vilaplana, M.A. 1975. *La Colección Diplomática de Santa Clara de Moguer. 1280-1483*. Sevilla, Secretariado de Publicaciones de la Universidad de Sevilla.

Viña Brito, A. 1997. *Conquista y repartimiento de La Palma*. Santa Cruz de Tenerife, Búho ediciones.

Viña Brito, A. 2006. La organización social del trabajo en los ingenios azucareros canarios (siglos XV-XVI). En *En la España Medieval* 29: 359-381.

Viña Brito, A. 2010. Lucas Rem y la tierra maldita. En *Anuario de Estudios Atlánticos* 56: 115-138.

Viña Brito, A. 2013. Ordenanzas sobre el azúcar de caña. Un análisis comparativo. En *Historia Instituciones Documentos* 40: 397-425.

Viña Brito, A. 2015. El cultivo de la caña de azúcar en Canarias en los inicios de la colonización. En *Anuario del Instituto de Estudios Canarios* LX: 239-264.

Ximénez, F. 1615. *Qvatro libros de la Natvraleza y virtvdes de las plantas, y animales que estan receuidos en el vso de Medicina en la Nueua España...* México, Casa de la Viuda de Diego Lopez Daualos.